고도성장 시대를 열다

박정희시대의 경제외교사 증언

양윤세 답(答)
주익종 문(問)

도서출판 해남

고도성장 시대를 열다–박정희 시대의 경제외교사 증언

초판1쇄 인쇄 2017년 5월 18일
초판1쇄 발행 2017년 5월 25일

지은이 양윤세 · 주익종
발행인 노현철
발행처 도서출판 해남

출판등록 1995. 5. 10 제 1-1885호
주 소 서울특별시 서대문구 충정로 38-12(충정로 3가) 우리타워 6F
전 화 739-4822 **팩스** 720-4823
이 메 일 haenamin30@naver.com
홈페이지 www.hpub.co.kr

ISBN 978-89-6238-107-8 03320

일러두기

1. 증언자의 성장 과정과 공직 생활에 관한 증언을 청취하였음.
2. 증언자와 질문자는 2015년 9월부터 2017년 3월까지 인터뷰를 가졌음.
3. 게재 사진에 대해서는 국가기록원 등 출처 표시를 하였으며, 별도 출처 표시가 없는 것은 증언자 소장 자료임.

고아가 장관이 되는 대한민국

나를 아껴 주는 많은 친지들로부터 자서전을 쓰라는 권유를 여러 번 받았지만, 펜을 들지 않았습니다. 자화자찬, 자기 자랑으로 빠지기 십상이고, 수많은 인간관계를 언급하다 보면 공연히 타인에게 해를 끼치는 일도 염려했기 때문입니다. 무엇보다도 기본적으로 내가 할 일을 성심을 다해서 했을 뿐인데, 그게 뭐 그리 자랑할 만한 일이겠냐는 생각 때문이었습니다.

1년 6개월 전 우연치 않게 대한민국역사박물관에 근무하는 주익종 박사의 인터뷰 청을 받아서 인터뷰를 하게 되었습니다. 몇 차례의 인터뷰가 끝난 후 그는 나의 인생 행적을 기록으로 남기고 싶다는 제안을 했습니다. 내가 그동안 많은 권유를 여태껏 물리쳐 온 이유를 이야기 했더니, 그는 자기와 문답식으로 나의 성장 과정과 공직 생활의 행로를 기록한다면 좀더 객관적이고 가치 있는 역사 자료를 남기는 일이 될 수 있다고 제안했습니다. 그의 제안이 일리 있다고 여겼습니다. 특히 가슴에 많은 못을 박는 비통함과 수난을 넘어 희비가 파도와도 같았던 인생을 산 사람으로서, 하잘것없는 월남 거지 같은 소년이 장관이 되기까지 지연 · 학연 · 혈연과는 전혀 무관하게, 희망과 노력을 잃지 않고 살게 해 준 우리 사회와 대한민국에 대한 고마움과 감사함을 전하고 후대에게 희망과 용기를 줄 수 있는 일이라면, 해 보는 게 좋겠다고 생각했습니다. 이에 지금까지 여러 차례 그와 만나서 문답을 가졌습니다.

내가 혈혈단신 월남해서 고아 아닌 고아로 살면서 미군 통역과 국군 통역장교를 거쳐 미국 유학을 마치고 돌아오기까지는 갖가지 우여곡절이 있었습니다. 나는 이북에서 공산도당이 실시한 최초의 학교재판에서 엄중 최후 경고 처분을 받고 학교에서는 퇴학 처분과 함께 학생증, 인민증을 빼앗기고 집에 연금 상태에 있었습니다. 학교재판 한 달 후 노동당 황해도당에 나와 자아비판하고 노동당 입당원서를 쓰면 즉시 모스크바에 유학을 보내 줄 것이지만, 내가 거절하면 안전을 보장할 수 없다는 최후 통첩을 받았습니다. 그 후 이남장사를 하시던, 나의 당시 가장 친했던 친구의 모친을 따라 혼자 월남했습니다.

남한에서 살아남기 위해 담배 장사와 붕어빵 장사를 했고 동성중학에 편입한 후에는 입주 가정교사를 했습니다. 6.25 때는 공산의용군에 끌려갈 뻔한 고비도 있었고, 미군 통역이 되었으며 휴전을 앞두고는 국군 통역장교로 입대해 군복무를 했습니다. 그리고 기회를 잡아 미국에서 대학과 대학원 유학까지 했습니다.

그 과정에는 가슴 아픈 일도 많았습니다. 해주 수양산 밑 바람 부는 벌판에서 어머니와 헤어진 일, 집에 남은 단 하나의 재물 재봉틀 판 돈 3만 원을 나에게 주려고 서울에 오셨던 아버지와 3일을 같이 지낸 후 서울역에서 새벽 4시 반에 뒤도 돌아보지 못하고 헤어진 뒤 기차의 기적 소리가 가슴을 후벼팔 때 역 근처에 주저앉아 "아버지!" 하고 부르짖으며 땅을 치고 통곡했던 일, 담배 장사하며 무교탕반 집에 들어갈 때 혼잡한 입구에서 방해가 된다 해서 깡패의 뾰족구두에 항문을 걷어차이고, 어느 여관에서는 신발도둑으로 오인되어 밟히고 발길질을 당해 온몸에 시퍼렇게 멍이 들었어도 아프다 하소연 한마디 할 수 없었던 일이 그러했습니다. 특히 내 소중한 부모님께 물 한 모금 대접 못하고 가야 할 인생이라고 생각하면 한없는 원망조차 들기도 합니다.

나는 역경과 투쟁하는 한 방법으로 몇 권 안 되던 책과 공책의 첫 장에 반드시 다음 시조를 써두고 나를 채찍질했습니다.

"태산이 높다 하되 하늘 아래 뫼이로다. 오르고 또 오르면 못 오를 리 없건마는…"

이를 악물고 그날그날을 살아가면서도 희망을 잃지 않았고 하나의 인간으로서 프라이드를 잊지 않았습니다. 여기에는 어려서 듬뿍 받은 부모님의 사랑, 형제들의 존경과 사랑이 큰 힘이 되었습니다.

나는 내가 가는 길에서 만난 여러 분들에게서도 큰 도움을 받았습니다. 6.25전쟁이 터져 살 길이 막막하던 차에 길가에서 우연히 동창 친구를 만난 것을 계기로 미군 항공공병부대로 갔고, 마침 그 부대가 해주로 이동할 부대여서 미군 장교에게 해주 지형을 설명한 것을 계기로 그 어려운 통역 자리를 얻게 되었습니다. 미군 공병대가 진해로, 김해로, 횡성으로, 또 춘천을 거쳐 서울로 이동하면서는 통역 일 외에 한국인 종업원 총책임자 일도 맡게 되었습니다. 소박하고 인정이 풍부한 이분들은 내가 아플 때 정성들여 나를 돌봐주었습니다. 국군 통역장교로 복무할 때에도 2군단장 비서실에서 만난 김성두 군은 이후 평생 형제같이 서로 아끼고 돌보는 사이가 되었으며, 군단장과 참모총장으로 모신 정일권 장군은 내 공직 생활의 후원자가 되었습니다. 또 우연히 만나게 된 미 공보원의 로이 해버캠프 군은 나의 도미유학을 준비해 주고 평생 친구가 되었습니다.

미국 유학 시절 나는 육체적으로는 고되나 정신적으로는 너무나 알찬 시간을 보내며 언제나 희망과 앞을 내다보며 생활할 수 있었습니다. 코넬대는 나에게 등록금을 면제해 주었고 디크 프래터니티(DKE fraternity)는 숙식을 제공해 주었습니다. 큰 은덕이 아닐 수 없습니다. 특히 디크 프래터니티의 생활 일과는 오늘까지도 나의 생활 습성이 되었습니다. 코넬대 도서관에서 앤드류 실라드라는 학생과 우연히 만나 친해지고 그의 소개로 여름방학 아르바이트를 하다가 소년 감화원에서 일자리를 얻었고 그 덕분에 유학 생활의 재정 문제를 해결할 수 있었습니다. 소년 감화원에서 내 업무에 대해 좋은 평을 받아 후일 귀국 여비까지 준비하게 되었습니다. 지성이면 감천이라는 격언이 현실로 이루어진 것입니다.

내가 직면했던 모든 경험과 성실하고 근면하게 배우며 일한 것이 모두 헛되지 않아서 나의 살이 되고 훗날의 동력이 된 데 대한 감사의 마음은 지금도 변함이 없습니다.

나의 18년간의 공직 생활은 보람과 희망에 찬 삶을 나에게 내려준 고마운 시간이었습니다. 1960년대의 우리 사회에는 "하면 된다", "무에서 유를 만들어 낸다"는 구호가 유행했습니다. 당시 우리 사회에는 무에 가까울 정도로 아무것도 없었지만 우수한 인적 자원이 있었고, 그래서 무슨 일이든 조금만 생각하고 손을 대기만 하면 곧 결과가 나타나는 보람이 있었습니다. 내가 나의 직급을 뛰어넘어 이런저런 일을 할 때 상사들은 나를 잘 이해하고 격려해 주었습니다. 특히 지구를 몇 바퀴 돌다시피 해외협력을 구하려고 고락(苦樂)을 같이 했던 장기영 부총리와의 관직을 넘은 인간관계는 나의 소중한 자산이 되었습니다. 동료들도 필요할 때면 언제나 협조해 주었고, 같이 일하는 직원들은 성심성의껏 나를 따르고 떠받쳐주었습니다. 이분들은 내가 공직을 떠나 40년 가까이 지난 오늘까지도 귀한 친구들이 되었습니다.

청와대에서 관광진흥을 맡아 일한 약 2년간 나를 아껴주시고 이끌어주신 박정희 대통령을 아무 때나 뵙고 보고 드리고 지시받은 것은 잊을 수 없는 그리운 추억입니다. 또 6개월 남짓 동력자원부 장관직을 맡았을 때 제2차 오일쇼크의 어려운 상황에서 기름값을 대폭 올릴 수밖에 없었고, 그 때문에 국회를 비롯해서 언론의 질타를 받을 때는 안타깝고 서운함도 있었으나, 이런 직책을 맡은 이상 심적 고통을 감수하고 앞날을 대처해 나가야 한다고 나 자신을 채찍질했습니다. 다만 이것을 기회로 돈을 벌겠다는 사람들을 볼 때는 슬픈 감정조차 생겼습니다.

되돌아보면, 가는 길이 막히는 듯 했다가도 탁 열리곤 했던 우리 사회가 한없이 고맙습니다. 나는 거지나 다름없는 소년이 장관까지 될 수 있는 우리 대한민국이 희망이 있는 나라라는 것을 널리 알리고 싶습니다. 내가 성장하기까지와 공직 생활의 경험이 다른 이들에게 얼마라도 참고가 되고 격려와 위로가 된다면 더 이상 바랄 게 없습니다.

끝으로 이 책을 구상하고 집필해 주신 주익종 박사에게 깊은 사의를 표하고 싶습니다. 그가 바쁜 와중에도 폭넓고 깊은 학식과 일에 대한 정열로 적절한 질문을 구상하고 학술논문 못지않게 사실 검증을 해 주어, 나에게 깊은 감명을 주었음을 첨언하여 둡니다.

2017년 4월

양윤세

증언록 소개의 말

이 책은 1960년대에 경제기획원의 외자총괄과장, 투자진흥관, 1970년대에 농림부 농정차관보와 청와대 경제3비서관, 주미공사, 동력자원부 장관으로 재직한 양윤세 씨와의 대담 증언록이다. 양 전 장관은 1962년 4월 경제기획원에 들어가서 1980년 5월 동력자원부를 떠날 때까지 우리나라 경제외교의 최일선에서 활약한 인물이다. 경제외교는 외국의 원조를 얻고 차관을 도입하고 외국인 직접투자를 유치하며 수출시장을 개척하기 위한 대외 교섭을 말한다. 우리나라가 경제개발에 본격 착수한 1960년대 전반에는 원조 없이는 국민과 나라의 살림을 꾸려가기 어려웠고, 더욱이 외자 없이는 경제개발계획안의 공장들을 건설할 수 없었다. 그래서 경제외교는 우리나라의 초기 경제개발 시대에 생명선이나 다름없었다. 1960년대 경제기획원에서 이 경제외교를 담당한 이가 바로 양윤세 전 장관이었다.

그와의 대담은 오원철 전 청와대 경제수석의 책의 한 구절에서 비롯되었다.

"세계은행은 경제적 타당성이 없다는 이유로 (종합제철) 차관을 거절한다. …세계은행에서 반대하자 다른 나라에서도 차관을 거부했다. …사절단 일행은 호텔에 모여 그간의 교섭 내용을 정리하는 회의를 가졌다. 박대통령의 특명 사항인 종합제철에 대한 차관 획득에 실패했으니 모두 암담할 뿐이었다. 이때 양윤세 투자진흥관이 대일청구권 자금을 요청하면 가망이 있을 것 같다는 의견을 내놓았다. …”(《한국형 경제건설》 제7권, 1999, 129쪽).

포항종합제철을 건설할 외자의 도입 길이 막혔을 때 양윤세 투자진흥관이 대일청구권 자금을 쓰자는 아이디어를 냈고 그 덕분에 포항종합제철소가 건설될 수 있었다는 것이다. 개발연대의 핵심 프로젝트에 관여한 인물로서 그에 대해 관심을 갖게 되었다.

2011년에 황병태 전 주중 대사의 책 《박정희 패러다임》이 나왔다. 황 전 대사는 이 책에 자신이 경제기획원의 공공차관과장, 경제협력국장, 운영차관보로서 제3, 4비료 공장, 포항종합제철, 경부고속도로, 4대 핵공장사업 등을 어떻게 추진했는지를 썼다. 1960년대와 1970년대 초의 중요 프로젝트에 얽힌 생생한 이야기를 들을 수 있었다. 그리고 다른 여러 회고 기사를 통해서 1960년대의 경제기획원에서는 양윤세, 황병태 두 과장 · 국장이 경제협력 분야에서 맹활약했다는 것도 알게 되었다.

필자가 대한민국역사박물관에서 우리나라 경제개발사에 관한 다큐멘터리 영상을 만들 때 마침내 그를 만나게 되었다. 2015년 9월 시작된 그와의 인터뷰는 단지 영상 제작만을 위한 것이 아니라 그의 공직 생활 전체에 걸친 경제외교 활동에 관해 상세한 이야기를 듣기로 하면서 해를 두 번이나 넘겨 2017년 봄까지 계속되었다.

그는 20여 차례에 걸친 필자와의 대담에서 자신이 관여한 경제개발사의 주요 사건들을 두루 언급했다. 몇 가지 항목만 소개하면, ① 1960년대 전반 한미경제협력위원회(ECC)를 통한 미국의 한국 경제정책 교화 노력, ② 1965년경 한국(의 경제개발)에 대한 미국의 시각 호전, 그에 따른 적극적 지원, ③ 월남 기술자 파견, 기업 진출, ④ 한국에 대한 선진국들의 협력기구인 대한국제경제협의체(IECOK)의 창설과 운영, ⑤ 1960년대 후반 전자부품업 등에 대한 외국인 직접투자 확대, ⑥ 포항종합제철의 성사, ⑦ 1970년대 초 전천후 농업 개발 및 농업기계화, ⑧ 1970년대 전반의 관광업 진흥, ⑨ 박정희 정부 말기 한미 관계 안정화 외교, ⑩ 제2차 석유파동과 박정희 대통령 유고(有故) 사태 속의 원유 확보 활동 등이다.

1960~1970년대 우리나라 경제외교의 중요 현장마다 양윤세, 그가 있었다. 미국, 일본, 대만, 월남, 태국, 캐나다, 서독, 프랑스, 스웨덴, 노르웨이, 이탈리아, 이란, 사우디아라비아, 쿠웨이트, 인도네시아… 그가 뛴 경제외교의 현장은 일일이 열거하기에도 숨 가쁘다.

그는 미국 원조기관 유솜의 한국 측 파트너로서 한미경제협력 체제를 구축하는 일을 했다. 그리고 이어서 한일 국교 정상화와 베트남 파병으로 열린 1965~1966년의 한미 밀월 국면에서는 정상회담의 실무를 담당하였다. 그는 1965년에 미국 정부에게서 1억 5,000만 달러의 AID 차관을 신속히 제공한다는 확약을 받았으며, 1966년에는 미국 기업의 직접투자를 늘리겠다는 약속을 얻어 냈다. 또한 1966년부터 한국 기업과 근로자가 월남에 본격 진출할 길을 열었으며, 1969년에는 건국 이후 최대 프로젝트인 종합제철소 건설을 성사시키는 데도 참여했다. 그는 당시의 구미 제철 관련 회사들에게 맡긴 종합제철소 건설

계획에 문제가 있음을 파악하고 그를 백지화하도록 했다. 1969년 4월 파리의 IECOK 총회에서 종합제철소 차관을 얻지 못했으나, 이는 우리 정부가 제대로 손도 못쓰고 당한 일이 아니라 우리 정부의 사전 각본대로 진행된 일이었다. 그 후 그는 일본 정부와 교섭해서 종합제철소 건설에 대일청구권 자금을 사용할 수 있게 했다. 이처럼 1960년대에 그는 경제개발의 사령탑과 국제 무대를 활발히 오가면서 일했다. 그가 경제기획원을 떠나 농림부로 가던 날 한 신문은 그를 '한국 정부의 대외 창구'(《신아일보》, 1971.1.18)라고 불렀다.

그는 1971년부터는 농업과 관광업의 개발 현장과 대미경제외교와 석유외교의 최일선의 지휘관으로 뛰었다. 1960년대 말부터 정부는 낙후된 농업과 농촌의 개발에 역점을 두어, 홍수와 한발에서 자유로운 전천후(全天候) 농업 개발과 농업기계화에 본격 착수했다. 그는 농림부 농정차관보로서 금강 · 평택지구 농업 개발 사업이 원활히 완수되도록 힘을 썼으며, 경운기 보급을 중심으로 한 농업기계화 사업에도 일조했다.

또 그는 청와대의 처음이자 마지막 관광 전담 비서관으로서 관광업의 진흥에도 나섰다. 그는 민간 대기업 계열의 호텔들이 서울에 건설되는 데 산파 역할을 했으며, 설악산과 경주, 제주 중문단지 등 오늘날 한국을 대표하는 관광지를 개발하는 일도 추진했다. 이후 그는 주미 경제공사로서 1970년대의 어려운 한미 관계를 헤쳐 가는 일을 맡았다.

5년간의 주미공사를 마치고 1979년 귀국한 그는 수출입은행장으로 임명되었으나, 박정희 대통령이 10.26사건으로 서거한 후 최규하 과도 정부에서 동력자원부 장관으로 부름을 받았다. 밖으로부터 제2차 석유파동이 몰아치고 국내적으로는 전두환 신군부의 집권 음모와 야당과 학생들의 민주화 요구가 맞부딪치는 어려운 상황에서 그는 석유물량을 확보하는 중차대한 임무를 완수하기 위해 동분서주했다. 그 성과를 볼 즈음에 신군부의 5.17 쿠데타로 공직에서 물러났다.

이렇게 그는 1970년대에도 농업의 근대화와 관광업 진흥, 한미 간 경제협력, 제2차 석유파동기의 석유확보 외교 등에서 굵직한 족적을 남겼다.

필자는 그가 경제기획원의 과장, 국장으로서 펼친 경제외교의 이야기를 들으면서 우리나라 초기 경제개발 과정에서 경제외교가 얼마나 중요했는지를 새삼 깨달았다.

널리 알려졌다시피 경제기획원은 경제개발계획을 수립하고 집행하는 정부 핵심 부처였다. 경제기획원은 과거의 기획 및 원조 담당 부처인 부흥부에 내무부의 통계국과 재무부의 예산국을 합해서 출발하였다. 개발계획을 수립하기 위해서는 국내 경제사회 전반을 파악하고 있어야 했기에 기획원은 통계 조사 및 작성 업무를 맡았다. 또 개발계획을 실행하기 위해서는 국내 · 외에서 자원을 동원해야 했기에 기획원은 예산 편성권과 외자도입 심의권을 부여받았다. 경제개발에 동원할 국내 자원이 매우 제한된 현실에서 외국 원조의 획득과 외자의 도입은 사활적 중요성을 가졌다. 개발연대 초기 경제외교의 중요성이 바로 여기에 있다.

이 경제외교는 우리나라 경제개발이 본궤도에 오르고 가속력을 얻을 수 있게 했다. 1962년부터 제1차 경제개발5개년 계획이 실시되었으나, 실상 우리나라의 경제개발은 이 개발계획대로 진행된 게 아니었다. 초기 3년간 박정희 정부는 시행착오를 반복하다가 기존 계획을 사실상 포기하였다. 박정희 정부는 계획 4년 차인 1965년에야 훗날 우리나라 경제개발의 대표 브랜드가 되는 수출주도공업화 전략을 전면에 내세울 수 있었다. 수출주도공업화라는 새 길을 찾기까지는 혼돈의 연속이었다. 박정희 정부는 우리 현실에 맞지 않는 기왕의 단순한 투자 일변도 계획을 접고 경제 안정화와 시장 자유화 조치 후 새 길을 찾았다.

1965년 우리 정부는 한일 국교 정상화와 월남 파병을 단행한 후 미국 정부에게서 좋은 조건의 공공차관 제공과 미국 기업의 직접투자 촉진 등의 지원을 얻었다. 특히 우리 정부가 미국 및 월남 정부와 긴밀히 협의한 결과, 1960년대 후반에 월남에 근로자와 기업이 대거 진출할 수 있었다. 월남에 대한 수출, 기업의 건설 및 용역 소득, 군인과 근로자의 봉급 소득 등 베트남 특수는 우리나라가 제2차 5개년 계획을 성공적으로 수행하는 데 큰 힘이 되었다. 또 1960년대 중엽 우리의 경제성장이 본 궤도에 오르자 선진국들은 대한국제경제협의체(IECOK)를 만들어 우리가 필요로 하는 차관을 제공하였다. 전자부품 계열의 미국 기업을 중심으로 외국인 직접투자의 시대도 열렸다. 그 덕분에 국내에서 전자부품공업이 출범하고 가난한 농가 출신의 소녀가 돈을 벌고 기술을 익힐 일자리가 생겼다. 그리고 1960년대 말 우리 정부는 일본 측의 자금 및 기술면의 적극적 협조를 얻어 포항종합제철소를 건설할 수 있게 되었다.

경제외교는 한국 경제에 고도성장 시대를 열었다. 한국 경제는 1966년에 사상 처음으로 두 자릿수 성장률(12.2%)을 기록했고, 그 후 1968, 1969년에 다시 두 자릿수 성장(11.3%, 13.8%)을 이룩했다. 이 고도경제성장에 시동을 건 것은 공산품의 수출이었다. 경공업 공산품을 중심으로 수출이 1960년대에 연평균 40%씩 성장했다. 하지만 1960년대 초 수출 경공업이 경제에서 차지하는 비중은 작았다. 경공업품 수출이 급증한다고 해서 경제 전체가 고도성장할 수는 없었다. 고도성장은 박정희 정부가 전(全) 방위로 투자 사업을 펼쳤기에 가능했다. 박정희 정부는 이미 1960년대부터 비료공장 · 석유화학공업단지 · 종합제철소 등 대형 중화학 프로젝트와 화학섬유 · PVC · 전자공업 등의 중형 프로젝트, 그리고 도로 · 항만 · 발전소와 수리시설 등 사회간접자본 투자를 강력히 추진했다. 이 대규모 투자는 외자 도입과 외화 확보 없이는 불가능했다. 외자를 도입하고 외화를 확보할 수 있게 만든 게 경제외교였다. 따라서 이 경제외교를 통해 한국경제에 고도성장의 문이 활짝 열렸다고 하겠다.

그러나 무엇보다도 필자는 그 개인의 이야기에 매료되었다. 필자는 일제치하 황해도 태생의 그가 남북분단 후 북한 공산당의 박해를 피해서 혈혈단신 월남한 이래 만 서른에 미국 유학을 마칠 때까지의 고난과 근면의 성장 과정에 깊이 감동받았다. 그는 일제 때에는 황민화 교육을 받다가 해방 후에는 공산주의 교육을 받았고, 반공학생으로 몰려 처벌받을 위기에서 고등학생의 나이에 홀로 월남하였다. 그는 월남한 후 천애고아나 다름없는 상태에서 고학으로 중등학교를 다니고, 또 6.25전쟁으로 오갈 데 없는 처지에서 미군 하우스보이로 시작해서 미군 통역을 했고, 국군 통역장교로 군복무까지 했으며, 전역 후에는 아무것도 가진 것 없는 상태에서 미국 유학을 떠나 미국의 명문 대학과 대학원을 졸업했다. 그는 미국에서 경제학과 외교학을 배워 1960년대 우리가 경제개발의 시동을 걸 때 꼭 필요한 인물이 되었다.

이것은 한마디로 위대한 인간 승리의 드라마였다. 마치 한 송이 국화꽃을 피우기 위해 봄부터 소쩍새가 그리 울었던 것처럼, 그는 장차 개발연대 경제외교의 전선에서 맹활약하기 위해 청소년 시절부터 엄청난 역경을 겪으며 단련되었다. 오히려 그는 대한민국을 상찬(賞讚)했다.

> 원래 내가 날 적에 빈곤했던 것은 아니지만, 이북에서 여기 올 적에는 완전히 빈털터리요, 거지나 다름없었잖아요. 그런 신분에서 장관까지 할 수 있었던 이 대한민국이 희망이 있는 나라라는 것을 이야기하고 싶어요.

그의 증언은 단순히 경제개발사의 숨겨진 사실들을 밝히는 것뿐 아니라, 고난과 격랑의 한국현대사를 살아온 한 선배 세대의 파란만장한 역정을 진솔하게 보여 준다. 그는 일제의 식민지배, 분단과 북한의 공산화, 6.25전쟁, 경제개발 등 한국현대사의 일대 사건들을 온몸으로 겪었다. 그가 거쳐 온 길이 바로 한국현대사였다. 그는 이 일련의 엄청난 사건들에 휘말리며 큰 난관을 겪었으나 쓰러지지 않고 그를 이기고 일어섰다.

이 책에서 필자는 그의 증언의 객관성을 확보하기 위해 애썼다. 그는 비상한 기억력으로 많은 사실을 소상히 증언했지만, 개중에는 이미 50년도 더 지난 시절의 일이라 사실관계가 불분명한 경우도 있었다. 그도 인간인지라 분명 자신의 손을 거친 일이며 자신이 만난 사람임에도 제대로 기억하지 못하는 경우도 있다. 필자는 그의 증언이 객관적 사실인지, 신문기사나 정부 문서, 기존 연구 등 다른 자료와 부합하는지를 체크했으며, 그의 증언이 다른 객관적 자료와 상충될 경우 정확한 사실을 밝히고자 했다. 여기에서는 그가 제공한 사진 앨범과 신문스크랩, 잡지 기고문, 강연원고, 그리고 KISA협약서와 같은 소장 문서가 큰 도움이 되었다. 또 필자는 국가기록원과 세계은행, 미 국무부의 각종 문서와 보고서, 사진, 신문보도 및 현대사 주요 인물들의 전기나 회고록도 활용했다.

그는 자신의 경제외교에 관해 몇 년 전에 이미 인터뷰한 적이 있다. 한국학중앙연구원의 경제외교사 구술 아카이브 사업단은 2009년 가을 2회(2009.10.29, 2009.11.19)에 걸쳐 그를 인터뷰하고 그 결과를 현대한국구술자료관 사이트(http://mkoha.aks.ac.kr)에 공개하였다. 이 인터뷰에는 그의 성장 과정과 기획원 관료 생활의 개요가 담겨 있다. 그러나 이 인터뷰는 양윤세 전 장관의 구술을 단순히 청취하고 채록하는 데 그쳤을 뿐, 인터뷰를 통해 기존 연구사에 알려지지 않은 중요한 논점을 새로 제기하지 못했으며, 아울러 그의 구술의 진위 여부도 제대로 검토하지 않았다. 반면, 이번 증언록은 더 심층적인 질문과 자료 검토를 통해 더 풍부하고 더 정확한 사실을 담았다고 할 수 있다.

본래 대담자는 아는 만큼 질문할 수 있다. 필자 역시 그러했다. 필자는 그의 증언을 듣고 관련 사실을 확인하면서 경제개발사에 대한 이해를 심화할 수 있었다. 그에 따라 새롭고 더 심층적인 질문을 할 수 있었고, 더 깊고 풍부한 증언을 들을 수 있었다. 이 책에는 이렇게 이어지는 보완 질문과 그에 대한 답변이 담겼다.

필자는 이 책에서 독자들이 그의 증언을 좀 더 쉽고 더 정확히 이해할 수 있도록 각종 해설 자료와 증거 자료도 별도로 제시하였다. 이 책을 읽는 독자는 각주와 통계를 싣지 않은 보통의 증언록, 대담록을 읽을 때와 달리 관련 사실을 더 소상히 이해할 수 있을 것이다.

이 책이 나오기까지 여러 분의 도움이 있었다. 대한민국역사박물관의 동료 직원인 최상오 박사와 박현 박사는 초고를 읽고 수정할 곳과 개선 방향을 알려 주었다. 서울대 경제학부 명예교수이자 낙성대경제연구소 이사장인 이영훈 선생님은 과분한 격려와 함께 필자가 미처 몰랐던 갖가지 문제점을 지적해서 이 책이 한결 더 나은 책이 되게 도움을 주셨다. 당초 1960년대의 경제외교사만 담았던 초고는 이 선생님의 조언에 따라 1970년대의 경제개발 및 경제외교 현장에서의 활동까지 담게 개선되었다. 또 필자는 대한민국역사박물관의 2016년 여름 특별전 〈일하는 해 1966년〉을 여러 직원들과 같이 준비하면서 이 책의 구성 작업과 자료 입수에도 큰 도움을 받았다. 이 모든 도움에 깊이 감사한다. 물론,

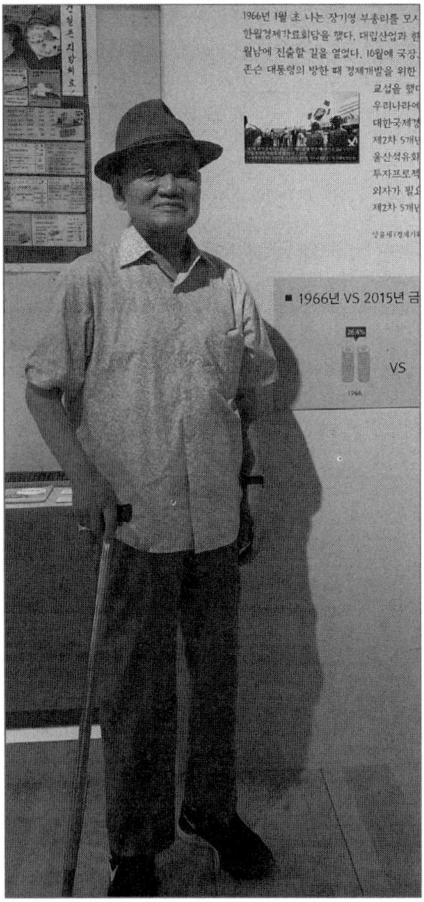

▮ 대한민국역사박물관을 방문한 양윤세 전 장관
특별전 〈일하는 해 1966년〉, '나의 1966년: 경제외교의 현장에서' 코너, 2016.8.10.

이 책에 남아 있을 여러 오류나 미흡한 점은 전적으로 필자의 책임이다.

격동의 한국현대사를 살았던 이들의 삶 자체가 한국현대사의 산물이자 작품이며, 거꾸로 한국현대사가 그들의 작품이기도 하다. 때로는 목숨까지 잃을 수도 있던 고난과 역경을 헤치고 나와서, 보잘것없던 나라를 오늘의 번듯한 나라로 만든 그들의 분투와 노고에 경의와 찬사를 표하고 싶다. 필자는 뒤늦게나마 양윤세 전 장관의 이야기를 접하고 그를 소개하게 된 것을 큰 행운이라 여긴다. 아무쪼록 이 대담 증언록이 우리나라 경제개발사를 제대로 소개하고 그에 참여한 이들의 분투와 노고를 일부나마 전달한 것으로 평가받는다면 그 이상의 보람이 없겠다.

차례

제1부

소년, 분단과 전쟁의 격랑을 타고 넘다

CORNELL UNIVERSITY
FOUNDED · 1865

제 1 부

소년, 분단과 전쟁의 격랑을 타고 넘다

01 출생과 가계 내력

1931년 7월에 황해도 곡산에서 태어나신 것으로 알고 있습니다. 집안 내력에 관해 말씀해 주십시오.

내 아버지(양두칠 梁斗七)는 1903년 황해도 서흥군의 부유한 가정에서 태어나셨어요. 본래 우리 할아버지네는 상당히 부유했던 모양이에요. 서흥에서 사리원이 가까워요. 내가 한 5, 6살 때 아버지 따라서 사리원을 갔는데, 아주 번화가에 커다란 쌀가게가 있더라고요. 시장 한쪽을 전부 점유한 가게인데, 전에는 우리 할아버지 거였대요. 그때는 땅도 있었고요.

딸만 셋을 얻은 조부모님은 아들을 무척 갈망하셨다고 해요. 할머니가 북두칠성을 보며 정성어린 기도까지 드린 끝에 할아버지 40대에 얻은 아들이어서 이름을 북두칠성에서 두 글자를 따서 두칠로 정했다고 합니다. 딸만 셋 있다가 어렵게 얻은 아들이니 금이야 옥이야 한 모양이에요.

아버지는 성장하셔서 평양의 명문 중등학교인 평양고보에 3학년까지 다니다 황해도사범학교로 전학하셨습니다. 당시 도 사범학교는 1년 과정의 강습과(講習科)만 있어서 아버지는 1년 후에 을종 훈도(訓導)로 임명되어 보통학교, 요즘 초등학교죠, 보통학교 교사로 교직 생활을 시작하셨어요.[1] 그 후 약 2년마다 전근 근무를 하셨고요. 아버지가 훈도로 부임한 초기에는 조그만 칼을 차고 다니셨다는 이야기를 들은 기억이 납니다.

내 어머니(최은형 崔恩馨)는 황해도 곡산 태생인데, 1907년생으로 기억합니다. 저의 외조부네는 퍽 가난했으나 일찍부터 독실한 가톨릭 신자였습니다. 그 가난 속에 믿기 힘든 일인데, 어머니는 서울 진명여학교에 유학해서 3학년을 마치고 고향에 돌아오셨다고 해요.

아버지가 교사가 아니었다면 아마 어머니와 결혼하지 못하셨을 겁니다. 교사라 2년마다 전근을 다니는데, 곡산으로 발령받아 근무하던 중 어머니를 소개받아 결혼을 하셨어요. 당시 중등교육을 받은 어머니는 내 아버지를 제외하면 곡산에서는 아마 결혼 상대를 찾기 힘들었을 것으로 생각합니다.

두 분의 첫 아이는 여자 아이였는데 돌 전후해서 죽었다고 해요. 1931년에 두 번째로 첫 아들인 내가 태어난 것입니다.

장관님 아버님은 황해도에서 초등학교를 마치고 중등학교 공부하러 평양에 가신 건가요?

네, 그랬을 겁니다. 그때도 서울에서는 경기고보, 평양에서는 평양고보 등이 명문학교였어요. 평양고보로 가신 건 그래도 황해도 서흥에서 가까운 명문학

1 1923년 해주에 황해도 공립 사범학교가 생겼다. 2년 과정의 사범과와 1년 과정의 강습과 학생을 각기 50명씩 모집해서, 졸업생 중 성적이 우수한 자를 보통학교 훈도로 채용하였다. 이후 3년제와 2년제 과정으로 확대되어 운영되었다.

▌아버지와 바로 밑 여동생(1940년대 초) 곡산면 천도교회관에서 열린 한 결혼식의 주례를 선 아버지(가운데 뒤 국민복 입은 이)와 바로 밑 여동생(신랑 앞의 화동). 아버지 제자의 여동생 결혼식 사진을 양윤세가 월남 후 만난 아버지 제자로부터 얻어 복제했다.

교를 택하신 거죠. 아버지는 평양고보를 다니시다 관비로 운영되는 도 사범학교로 옮겼는데 일찍 교편을 잡아 자립하기 위한 것이었다 해요. 할머니가 일찍 세상을 떠난 후 할아버지가 재산을 좀 탕진해서 집안 사정이 어려워지니까, 아버지가 자립할 방편으로 학비가 안 드는 사범학교로 바꾼 거죠.

장관님 형제분은 어떻게 됩니까?

내 위로 배다른 형이 한 분 있었고, 내 밑으로 우리 어머니가 낳으신 여동생 넷, 남동생 둘 해서 6명의 동생이 있었지요. 막내 여동생은 내가 월남할 때 어머니 뱃속에 있었고요.

부모님이나 다른 형제분은 6.25 때도 내려오지 못했나요.

못했어요. 9.28수복 후 국군이 북으로 밀고 올라갔을 때 아버지가 활발히 활동하실 수 있어 좀 준비되는 대로 나를 찾으러 서울로 오시려고 했다는데, 1.4 후퇴를 당하고 며칠 안 되어서 북한 공산당에 체포되어 월남할 기회를 잃었다고 합니다. 이북 내 고향을 오가던 사람에게서 전해 들었어요.

막내가 여동생이라는 건 어떻게 아셨나요. 이북에서 내려오실 때는 막내 동생이 아직 태어나기 전인데요.

나는 어머니가 막내 동생을 임신했다는 걸 몰랐어요. 나를 남한에 데려다준 이남(以南)장사하는 사람 통해서 나중에 들었지요. 그때 몰래 남북을 오가며 장사하는 사람을 이남장사라 불렀어요. 보따리장수죠. 해주사범에서 나와 제일 가까운 박양원이라는 친구가 있었는데 그의 어머니가 이남장사를 오래 하셨어요. 내가 그분을 따라서 월남하였고, 그 후에도 그분이 우리 집과 나의 소식을 양쪽에 전해 주셨어요. 어머니 편지까지 받았어요. 그 덕에 내가 월남하던 해(1948년) 11월에 아기 낳았다는 것, 이름을 윤해라고 지었다는 걸 알았지요. 나를 금이야 옥이야 하고 기른 외할머니가 계셨는데, 외할머니가 나 월남한 다음 해, 그러니까 1949년에 돌아가셨다는 소식까지도 들었어요.

하여튼 지금 와서 참 답답한 게, 그 편지를 제대로 간수하지 못했어요. 이남장사 통해서 소식도 전할 수 있었고, 또 곧 만나게 되겠지 하고 생각했어요. 이북은 곧 망한다, 망한다 하는 이야기를 믿고서 조금 있으면 만나겠지, 조금 있으면 만나겠지 하다가 지금까지 온 거예요. 이렇게 될 줄 알았으면 그 편지라도 그대로 간직했을 텐데 말이죠.

내가 여태까지 탐문해서 들은 바로는, 아버지는 평양 이북으로 끌려가셨다고 하고 내 동생들도 전부 해주에서 쫓겨나 함경도, 강원도 쪽으로 갔다는 겁니다. 그래도 내 동생들은 아직 나이가 있으니까 살아 있지 않을까 하는 기대가 있어요. 남동생이 일흔 여덟 그 아래가 일흔 넷, 나 월남하던 해 태어난 여동생은 일흔(2017년 기준)이고… 그동안은 걔네들에게 해가 될까 염려해서 기회가 있다 하더라도 내가 생사 확인이나 상봉 노력을 하지 않았어요. 최근에 이산가족 생사 확인만 의뢰해 놓고 기다리고 있지만, 소식이 없습니다.

아주 어릴 때 기억은 어떠하나요.

내가 세 살 때부터 기억이 조금씩 나요. 곡산에서 신천으로 옮겼을 때죠. 내 아버지가 자주 전근을 다니니까 내가 두 살 때 곡산에서 신천군 문화면의 시골 학교로 전근이 되었어요. 그때부터 내 한두 가지 어슴푸레한 기억이 나요. 세 살 쯤 되었을 때 새벽 두, 세시에 아버지가 업고 밖에 나가야 한다고 떼를 써서 거리를 한 바퀴 돌았던 일, 할아버지가 돌아가신 일 들입니다.

내가 네 살 때 아버지가 다시 안악군 서하면 상촌리라는 곳의 간이학교로 전근이 되어 이사를 했어요. 이때는 관사가 있었는데 가구 수가 약 50호 정도 되는 작은 동네였어요. 주변 여러 동네에서 늦은 공부하는 나이든 학생들이 간이학교를 다녔습니다. 내가 네 살 때는 우리말과 일본어를 익히고 쉬운 글자는 쓸 수 있게 되었어요. 《문교 조선 文敎朝鮮》이라는 학교 선생들이 보는 잡지가 있었는데, 내가 그걸 읽는다고 하면서 들고 돌아다닌 기억이 있어요.

어머니가 시골에 가서 보니 워낙 처참해서 안되었던 모양이죠. 그래서 어머니가 야학을 했어요. 그 옆 동네에서도 학생이 오기도 했죠. 교사 부인인 어머니에 대한 통칭이 어른들은 사모님이라 불렀는데, 아이들은 선생님이라 불렀어요. 아버지가 거기서 5년을 근무했어요.

부모님으로부터는 어떤 가르침을 받으셨는지요.

내 부모님은 나를 무슨 신동(神童)으로 알아서 내가 하는 대로 맡겨두셨어요. 내가 뭘 뭘 했다, 이런저런 일이 있었다고 말씀드리면, 내 부모님은 잘했다고 칭찬하시지 내게 이래라 저래라 하는 말씀한 적이 없습니다. 아버지는 나에게 '이놈' 소리 한 번 안 했습니다. 소소한 일로 어머니와는 다툰 일이 있습니다.

02 일제하의 학교 생활

그러면 초등학교로는 어느 학교를 다니셨나요?

내가 5살부터 9살까지는 안악군 서하면 상촌리에서 살았는데, 거기서 정규 학교를 다니려면 10리를 걸어가야 해요. 내가 그때 몸이 아주 약하고 잔병을 자주 앓았어요. 8살 아이가 새벽에 일어나서 그 10리를 걸어갈 수 없었어요. 학교 들어가기 전에 1학년 학습 과정은 이미 충분히 터득했기 때문에 1학년을 그냥 집에서 자습했어요. 이미 4년을 그곳에서 교편을 잡고 계시던 아버지의 전근을 오늘 내일 하면서 기다렸던 것 같습니다.

다행히 다음 해, 내가 9살 된 1939년에 아버지가 다시 곡산으로 전근이 되었어요. 이번에는 교두(敎頭)로 왔어요. 교두가 지금의 교감 선생님입니다. 아버지가 곡산면의 보덕국민학교 교두로 오면서 나는 2학년으로 입학했어요. 1학년은 건너뛰었습니다.

그래서 초등학교도 5년밖에 안 다녔고, 중학교는 일본 정치, 왜정 하에서 한 학기 다니고 빨갱이 밑에서 3년 다니고 이남 와서 한 1년 반 더 다니고는 끝마치고 나왔어요. 그게 내가 중등학교까지 받은 학교 교육의 전부예요.

초등학교 다니신 곡산면은 읍내인가요?

곡산면이라 불렀지만, 곡산군에서는 읍에 해당하는 곳이었어요. 그 면에 하나 있는 초등학교가 보덕국민학교입니다. 다른 면에 가야 초등학교가 또 있었습니다.

학교 규모는 어떠했는지요?

우리 학년에 두 학급이었고, 내 학급에는 60명 정도의 학생이 있었습니다. 교사는 일본인과 한국인이 섞여 있었어요.

1939년이면 이미 전시체제 하여서 수업은 전부 일본어로 한 것이죠? 초등학교 저학년이면 일본어 수업을 따라가기 어려운 것 아닌가요.

수업은 물론 일본어로 진행되었습니다. 나는 네 살 때 이미 일본어를 할 줄 알았어요. 그래서 어려움이 없었습니다만, 다른 아이들 중에는 어려움을 겪은 아이들이 있었던 것으로 기억해요.

우리 집 가족끼리는 물론 한국어를 썼지만, 집에서도 일본어를 늘 들을 수 있었어요. 아버지가 근무하신 학교가 시골 학교라 학생들이 집에 많이 찾아왔어요. 그러면 일본어로 이야기를 할 때가 있는데 내가 그걸 많이 들었고, 그렇다 보니 자연스럽게 일본어를 알아듣게 되었어요. 또 어머니도 일본어를 유창하게 했고요. 그래서 어머니가 가르쳐 주신 것도 있습니다. 또 책도 우리글로 된 게 별로 없었어요. 동화책도 일본어로 된 것뿐이라, 그걸 들춰보다 보니 자연스럽게 일본어를 읽고 이해할 수 있게 되었습니다.

제가 전에 들은 일제 말 학교에 관한 체험담에, 학교 뒷동산에서 조선인 학생들끼리 우리말로 이야기를 나누고 있는데, 거길 마침 지나가던 교사가 듣고는 조선말을 쓴다고 학생들을 때리고 혼을 냈다는 게 있던데요. 보덕국민학교 다니실 때는 어떠했나요.

그때 국어상용(國語常用)이라는 게 있었어요. 이 국어는 물론 일본어지요. 어디에서나 한국말은 못쓰게 되어 있었어요. 학교를 떠나 집 근처로 가거나 하면 동무들끼리는 당연히 우리말을 썼지요. 하지만 그게 습관이 되어서 걸리면 야단이 났어요. 누군가라도 곁에 지나가다가 그걸 들으면 학교에 일러바치기도 했습니다. 일본인 선생이 지나가다가 그걸 들으면 문제가 돼요.

나도 한 번 걸린 적이 있어요. 일본인 선생 중 쓰지 선생이라고 학생들 사이에서는 잘 가르친다고 상당히 인기가 높은 이가 있었어요. 내가 그 선생 집 앞을 지나가면서 우리말로 이야기하던 걸 마침 집에서 나오던 그 선생이 들었어요. 그랬더니 다음 날 전교생 조회 시간에 그걸 지적했어요. "국어상용을 해야 하는데 이 앞에 급장으로 나와 있는 녀석도 조선말로 지껄이는 걸 봤다. 그렇게 하지 말라"고 훈시했어요. 내가 보덕국민학교에서 2학년을 우등생으로 마치니 3학년 때는 학생들의 투표로 급장이 되었고 그 후 쭉 급장 생활을 했습니다. 그래서 급장으로서 학생들 앞에 서 있던 것이에요. 쓰지 선생은 나를 특별히 가리키거나 따로 불러서 혼을 낸 것은 아니지만, 급장으로서 앞에 나와 있는 학생이 몇 명 안 되니, 나로서는 '어이쿠, 나로구나' 하고 뜨끔한 것이죠.

조선과 일본이 하나라는 내선일체(內鮮一體)가 제창되고 황민화 교육이 행해져서 조선인에게도 일본 국민이다, 대일본제국의 신민이라고 교육을 했습니다만, 조선인으로서는 자신이 조선인이면서 또 일본인이라는 이중의식을 가졌을 거 같습니다.

무슨 애국심이 있어서가 아닌데, 자신이 조선인이라는 생각은 늘 하지요. 그때는 조선이라는 말을 쓰지 못하게 해서 조선인이라 하지 않고 반도인(半島人)이라 했습니다. 곡산면 내에 극장이 없었는데, 무슨 선전영화 같은 걸 상영하려면 곡산경찰서 마당에서 해요. 거기서 학생들을 모아놓고 상영을 하는데, 일본 학생들과 조선 학생들 자리를 따로 구별해 놓았어요. 이쪽은 일본 학생들 자리다, 반도 학생들은 저쪽에 앉으라 하는 겁니다. 일본 학생들은 일본말로 와글와글하고, 조선 학생들은 일본말에 한국말이 섞여서 이야기를 합니다. 그러면 아무래도 구별감, 차별의식을 느낄 수밖에 없습니다.

곡산경찰서장의 아들 아이가 나랑 동갑이었어요. 학교는 달랐지만, 어떻게 해선가 나와 알게 되고 서로 친해졌어요. 서로 집에도 찾으러 가고 놀러 가고 그러면 어머니가 음식을 해 주고 그랬어요. 내 어머니가 부인회 부회장이었어요. 그 지역의 일본제국부인회 회장은 당연직으로 군수 부인이 하고, 부회장이 둘인데 하나는 경찰서장 부인이 당연직으로 하고, 나머지 부회장 하나는 조선인 지방유지 부인이 했어요. 내 어머니가 유지 부인으로서 부회장을 했어요. 그 아이에게 내 어머니가 집에 갖다드리라고 음식을 해 주면, 그 집에서도 또 우리 집에 답례 음식을 보내주곤 했어요. 그렇게 친한 경우도 있어서 그때 꼭 일본에 대한 반감이나 저항의식까지 품은 건 아니었어요. 하지만 위화감, 구별의식, 차별의식은 분명히 느꼈지요.

내가 나중에 해주사범학교에 들어갔는데, 그때 우리 반에 일본인 학생 몇 명이 있었어요. 소수였죠. 다수는 조선인 학생이고요. 우리가 다수니까 그 일본인 아이들이 맥을 못 추었죠.

나는 일본인이 아니고 조선인이라는 의식은 있는 거죠. 그러나 그게 애국의식이니 민족의식이라고까지 할 만한 건 아니었어요. 때때로 일본 아이들이 메스껍게 구는데, 그게 감정 문제는 되어도 민족의식을 낳았다고 할 만한 것은 아니었어요.

일본이 1942년 6월 북태평양의 미드웨이해전에서 패할 때까지는 진주만 기습(1941년 12월)이나 싱가포르와 필리핀 점령(1942년 2월) 등 파죽지세로 승승장구했습니다. 소설가 박완서 씨가 그와 관련된 이야기를 자전 소설《그 많던 싱아는 누가 다 먹었을까》(1992년 출간)에서 했습니다. 박완서 씨가 1931년생으로 장관님과 같고 중학교(숙명고녀) 입학연도도 1944년으로 같습니다. 그분이 아마도 초등학교 1~2학년 때의 일이겠는데, 전교생의 '애국조회' 때마다 중일전쟁에서 일본군이 중국군에게 이겼다는 소식을 듣곤 했는데, 그 어린 소녀도 공연히 신이 나서 손이 뜨거워지는 느낌이었다 합니다. 또 일본군이 싱가포르인가를 점령했을 때에는 학교에서 기념으로 학생들에게 고무공을 하나씩 나누어 주었다고 회고했습니다. 장관님도 그 시절에 그런 경험을 하셨는지요.

승전 기념 고무공은 나도 받은 적이 있어요. 난 지나사변(중일전쟁)은 기억이 안 나고 대동아전쟁부터 기억이 나는데 일본의 전승(戰勝) 소식을 듣고는 일본이 전쟁을 잘 하는구나 라고 생각은 했지만, 뭐 나도 덩달아 신난다든가 하지는 않았어요. 일본 학생들은 좋다고 열광했지요. 그걸 곁에서 본 내 감정은 그 아이들만큼은 안 된다는 거였어요. 나에게서는 일본 학생들만큼의 반응이 안 나왔어요. 그렇다고 해서 내가 일본의 승전에 반감(反感)을 가졌던 건 아니고요.

초등학교 6학년이나 중학교 1학년 때 조선 아이들이 흔히 일본 군가의 가사를 비꼬아서 바꿔 부르곤 했어요. "아침이다. 4시 반이다. 파도 소리가 들린다…"라는 가사의 일본어 군가가 있는데, 그걸 "아침이다. 4시 반이다. 도시락통을 들고서 집을 나가는 아비의 모습. 우리 아비는 거지의 두목이다. 하루에 오전 일당을 받고 월월화수목금금 나간다…" 이런 식으로 비꼬는 가사로 바꾸어서 조선 아이들이 많이 불렀어요. 이런 노래들이 여럿 있었어요.

주말도 없이 일하는 걸 요즘은 월화수목금금금이라 하는데 이미 일제 말에 그런 게 있었군요. 월월화수목금금이라, 재미있는 말입니다. 게다가 일제의 황민화(皇民化) 압박이 거센 때인데도 조선 학생들이 그렇게 일본 군가를 비판조로 바꿔 불렀다는 것도 이채롭습니다. 그런데 고려대에서 화학공학을 가르친 김용준 교수-장관님보다 연배가 좀 높습니다(1927년생으로 4살 연상)-가 일제하에서 자기는 《이순신》 등 춘원 이광수의 소설을 보고 민족의식을 갖게 되었다고 회고한 게 있습니다. 황민화에 앞장섰다고 비난받는 춘원이 실은 어린 날의 김 교수를 '충직한 황국신민으로부터 한국 사람으로' 만들어 줬다는 아이러니인데요. 양 장관님께도 그런 경험이 있는지요.

난 일제 때는 춘원 소설을 몰랐어요. 주위에 일본 책들뿐이었어요. 해방되고 나서 춘원의 책이나 김동인의 소설을 좀 읽었을 뿐이에요. 내가 월남하기 전에 북한에서 반공학생으로 몰려 취조당할 때 조사원이 나에게 요즘 어떤 책을 읽고 있냐고 묻더라고요. 그 무렵 내가 이광수의 시집을 보던 게 있어서 그걸 본다고 답했더니, 그 조사원이 버럭 소리를 지릅디다. "이 새끼야. 춘원이 누구야? 반역자 아냐! 이 상놈의 새끼야!" 하더라고. 그 후에 한 달 남짓 집에서 연금되어 있을 때 시간 보내느라 이런저런 한글 소설을 읽곤 했습니다.

그 밖에 보덕국민학교 다니실 때 기억할만한 일은요?

공부는 좀 잘해서 쭉 일등을 했어요. 집에서는 내 밑으로 딸만 셋 있는 집에 외아들이니 나에게는 상당히 정성을 쏟아 귀하게 기르는 환경에서 자랐습니다.

내가 4학년이 될 무렵 아버지가 다시 전근이 되어 서흥군의 시골 간이학교로 가셨어요. 아버지는 한 학기인가를 홀로 근무하시고는 교사직을 그만두고 돌아오셔서 당시 전시라 해서 군마다 만든 '생활필수품상업조합'의 상근 이사로 취임하셨어요. 당시 대우가 좋은 편이었던 것으로 기억합니다.

내가 5학년 때에는 학생들을 전시체제에 맞게 조직해서 매주 한 번씩 군사훈련을 시키고 군대식 사열, 분열 등을 시켰죠. 우리 학교를 1개 대대로 편성했습니다. 곡산의 국민학교 정도는 대대로 편성되고, 도회지의 큰 학교는 연대로 편성되죠. 학교에서 대대장, 중대장, 소대장들을 정했는데, 6학년 학생을 제치고 5학년인 나를 대대장으로 임명했어요.

그때는 매년 도지사가 초도순시라고 해서 도내 각지를 순시했는데, 학교를 방문할 때에는 학교에서 군대식으로 대대 사열, 분열로 영접했습니다. 일제 때 황해도 지사는 대부분 한국 사람이었어요. 내가 5학년 때 가네무라(金村)라는 도지사가 왔는데, 학교 측에서 5학년인 내가 대대장인 걸 자랑삼아 이야기한 모양이에요. 5학년인데 똑똑해서 대대장 시켰다 뭐 그런 식으로 설명했겠죠.

그런데 경성일보사(京城日報社)가 주관해서 전선학동(全鮮學童) 대표 성지(聖地)참배단이란 걸 만들었어요. 초등학생이니까 학도(學徒)가 아니라 학동(學童)이라 했고요. 도지사 추천으로 경성부 3명, 나머지 13개 도에서 두 명씩 대표가 나와서 26명, 이렇게 총 29명의 대표를 선정해서, 그 아이들이 약 2주간 소위 일본의 성지를 순례하는 겁니다. 아마 1939년부터인가 만들었을 거예요.

내가 6학년 되어서도 학교의 대대장을 했는데, 이 전선학동의 황해도 대표 2명 중 하나로 뽑혔어요. 그때가 5년째, 제5회로 1943년의 일입니다. 이때는 이미 일본이 첫 번 도쿄 공습을 맞은 후였어요. 조선 청년 학생들의 적극적인 전쟁 참여를 권장하기 위해 내선일체를 강조하려는 취지의 행사였지요. 일본 내에서는 가는 곳마다 대대적인 환영행사를 벌이고 최고위급 인사들이 직접 나서서 환대를 해 주었습니다.

참배단 단장은 히라야마라는 충청북도 시학(視學)- 조선인입니다, 부단장은 평안남도의 학교 교장, 고문으로 총독부 학무국 간부, 이 세 명이 정규 인솔자고, 경성일보사 기자 두 명을 더해서 모두 5명이 인솔자예요.

서울역에 집결해서 기차를 타고 대전, 대구를 들러서 부산으로 이동했어요. 대전, 대구는 그냥 지나가는 게 아니라 하차해서 행사를 갖습니다. 가는 곳마다 환영행사가 성대히 열렸는데, 행사에서 학동의 대표로 지명된 학생이 나와서 답사를 해야 해요. 대표가 인사말을 하거나 답사를 하는 일을 몇 차례 하다 보면 그 학생이 좀 실수를 할 수 있습니다. 그러면 이 학생을 바로 교체해요.

인솔자 5명이 의논해서 참배단 대표를 뽑아야 하는데 누가 누군지 알 수 없잖아요. 그러니까 먼저 서울 아이, 학교는 덕수국민학교로 생각나는데 그 학생을 시켰어요. 그런데 뭔가 자기네 마음에 안 들었어요. 제대로 못한다 이거예요. 인솔자들이 또 이야길 하더니 키가 제일 큰 아이를 새로 시켰어요. 함경도 아이였는데, 시켜보고는 그 아이도 뭔가 마음에 안 들어 했어요.

부산에서 배 타고 일본 시모노세키에 도착했어요. 거기 환영행사에 한 천 명이 나왔어요. 그리고는 철도로 이동하는데, 그때 일본의 철도구조가 산요센(山

陽線), 산인센(山陰線) 그랬어요. 산요센은 일본의 태평양 쪽을 쭉 들러서 히로시마, 오사카로 해서 도쿄로 가는 거예요. 도쿄가 끝이고 다시 기차로 시모노세키로 돌아옵니다.

같은 길로 돌아오나요?

아니요. 일본의 우리 동해 쪽 철도가 산인센이라 하는데, 거기로 옵니다. 시모노세키 와서 거기서 다시 송별 모임 하고 조선으로 돌아오는 겁니다. 도쿄에서 일주일인가 있기로 했는데, 첫날 도쿄역에 도착해서는 환영행사는 아무것도 없어요. 거기서 내려서 줄서서 궁성까지 걸어가요. 이중교(二重橋 니주바시)라고 있잖아요. 이중교 앞에 가서 절하고, 천황에게 왔다고 신고하고.

그 다음에 이왕궁(李王宮)으로 걸어가요. 이은(李垠) 중장[2]을 이왕(李王)이라고 했는데, 다른 곳과 달리 거기서는 예복을 입어요. 다른 데는 웬만하면 군복을 예복으로 입는데, 여기서는 모닝코트 차려 입어요. 문에서부터 들어가니, 여기서 이제 우리 28명이 쭉 서 있고 그 대표로 뽑힌 아이, 전선학동 대표가 가운데에 선 거예요.

이왕이 나타나서 말을 하는데, 내가 지금 생각해도 기가 막혀요. 이왕은 전하(殿下 덴카)거든요. "전하가 오십니다" 해서 긴장하고 있는데, "きょうはきてくれてありがとう. ごきげん よろしく" 하는 거예요. "오늘 와 줘서 고맙다. 잘 가거라"는 말이에요. 그렇게 단 두 마디를 하더니, 끝이에요. 그때 나에게 민족

2 이은(1897~1970). 영친왕이라 부른다. 고종의 일곱째 아들로 1926년 순종 사망 후 이왕 지위를 계승했다. 일본 왕족으로서 일본군 중장을 지내는 등 일제에 순응하였다.

사상이 있는 것도 아니고 아무것도 아닌데, 이왕은 조선 사람이라는 걸 알고 있으니까 뭔가 좀 더 따뜻한 이야기가 나올 줄 알았어요. 그런데 "오늘 와 줘서 고맙다. 잘 가거라" 딱 이 두 마디예요. 그때 '인사말이 뭐 이래?' 하고 어이없었어요.

여하튼 그 다음 순서로 전선학동 대표가 쓴 걸 갖고 나가서, 고맙다는 인사를 읽어야 합니다. 정식 프로토콜(의전)로는, 모자를 썼으면 거수경례를 하고, 아니면 모자를 벗고 고개 숙여 절을 해야 하는데, 대표인 친구가 당황을 했던지 모자 쓴 채로 고개를 숙여 절을 했어요. 야, 따라 왔던 선생들이 난리를 쳐요. 전하께 저런 무례가 어디 있냐 이거예요. 잘못 인사하는 그 모습의 사진이 이튿날 아침 신문에 크게 났어요.

그러니 난리가 나서 대표 학생을 그만두게 했어요. 이제 전선학동 대표가 없는 겁니다. 그날은 내무대신이 우리를 초청해서 점심 식사를 했어요. 그런데 내무대신이 바쁘다고 해서 다케우치(竹內)라는 관리국장이 대신 점심 자리에 나왔어요. 내무성의 귀빈실 같은 데인데, 신문기자들이 먼저 쫙 와 있어요. 뭐 있으면 찍으려고요.

밥을 다 먹고 나더니, 이 사람이 명단을 쭉 봐요. 내 이름 위치가 29명 중에 맨 마지막입니다. 왜냐하면 황해도가 서열상 제일 마지막 도인데다가 황해도 대표 두 명 중 하나는 연백, 연안에서 오고 다른 하나(나)는 곡산에서 왔는데, 황해도의 군내 서열에서 곡산이 제일 꼴찌였기 때문이에요. 사람이 어떤 명단을 보면, 맨 처음 아니면 맨 끝을 보잖아요. 내 성이 남원 양가이기 때문에 창씨 성이 미나미하라(南原)였거든요. 그 국장이 "미나미하라군, 동경에 들어와서 느낀 감상을 좀 이야기해라” 이렇게 된 거예요. 내가 일어나서 차고 있던 시계를 풀고 인사말을 했어요. “5분 동안 감사하는 말씀 드리겠습니다. 오늘 각하께서 좋은 식사대접 해서 고맙습니다” 하고 그때 좋다는 이야기 들은 걸 그대로 다 나열했어요. “앞으로는 천황 폐하의 적자로서 어쩌고저쩌고…” 하는 겁니다.

내가 말을 마치니, 그냥 주변 사람들 입이 이렇게 벌어졌어요. 좋아서 말이죠. 내가 이야기 끝나고 앉으려고 하니까, 다케우치 관리국장이 단장 쪽을 보면서 “아, 똑똑합니다”라고 평하니 박수가 나와요. 단장이 입이 좋아서 찢어졌어요. 신문기자들이 몰려오더니 사진을 팍팍팍 찍어요. 나는 정신없이 앉아 있는 거죠. 단장이 오더니 “오늘부터는 네가 전선학동 대표다” 하는 거예요.

그 다음 날 도조 히데키(東條英機) 수상을 만나러 갔어요. 그날 아침 8시면 도조는 관저를 떠나서 필리핀에 초도순시를 나가야 한데요. 우리가 한 10분인가 20분 정도 먼저 가서 도조가 나오길 기다리며 서 있었어요. 도조 그 사람 앞에서도 연출대로 합니다. 28명이 줄지어 서 있고 내가 대표로 앞쪽에 섰어요. 도조하고 부관이 나오는데, 모두 군복 입고 훈장 달고 나옵니다. 또각또각 구두소리까지 영화에 나오던, 뉴스에 나오던 거랑 똑같아요. 도조가 내 앞에 서서 “제군(諸君)은…” 하는 얘기로 시작해서 연설을 해요.

거기에는 우리가 인사말 하는 게 없었어요. 그냥 서 있는데 도조가 인사말 마치곤 또각또각 걸어온단 말이에요. 그때 우리가 유니폼, 단복으로 반소매 웃옷, 반바지에 긴 양말을 신고 있었어요. 도조가 내 앞에 서더니 아무 소리 안 하고 배낭을 열어봐요. 배낭에 손을 넣어서 소지품 하나를 꺼내는데, 기념스탬프 찍는 자바라 같이 접는 카드가 나왔어요. 성지참배(聖地參拜)라는 게 주요 신사들을 다 들르는 것인데, 신사마다 스탬프를 하나씩 찍어 주는 거예요. 도조가 그걸 보더니 "오, 좋은 기념이로구나. 아버지는 뭐하시냐" 물어요. "아버지는 학교에서 원래는 선생님인데 지금은 그만두시고 어디어디에 계십니다." "어머니는 건재하시냐" "네, 어머니는 어디어디 나오시고 지금 애국부인회 부회장을 하시고 계십니다."

그러니까 도조가 내 머리에 손을 딱 대고 쓰다듬으면서 물어요. "너는 장차 크면 뭐가 되겠느냐?" "대일본제국의 군인이 되겠습니다." "군인이 되려면 육군이 되겠느냐, 공군이 되겠느냐, 해군이냐?" 그때 번쩍 생각이 드는 게 도조가 육군이거든요. "육군이 되겠습니다." "오, 훌륭하다." 탁탁 내 어깨를 두드리고, 그게 끝이에요.

그러니 인솔자와 배석자들이 뭐, 성공이라고 좋다고 난리예요. 그 이튿날 아침 도하 신문에 '아버지와 같은 도조상'이라는 기사가 나왔어요. 나와 일문일답한 이야기도 쭉 나오고요. 이제 내 위치가 확고해진 거예요. 그래서 계속 대표 노릇을 했어요.

그 다음에는 고마진쟈, 고려신사를 방문해서 참배도 하고 그곳 학교 학생들의 환영을 받고 내가 감사하다는 답사를 했어요. 그 지역 사람들은 고려에서 건너온 조선인의 후예라고 하더군요.

그 후 일본 시모노세키에서 성대한 환송을 받고 돌아왔어요. 부산, 대구, 대전에서 환영행사가 있어서 모두 내가 나가서 답사를 했어요. 최종 해산 장소인 서울역에 도착했는데, 역 광장에서 학생들 약 천 명의 환영을 받고 내가 나서서 인사를 했습니다. 우리 아버지가 나를 마중 나왔다가 내가 대표로 인사하는 것을 보셨어요. 내가 뭐 써 놓은 것도 없이 잘 하는 걸 보고 아버지가 눈물을 흘리셨다고 해요. 거기서 해단식을 하고 집으로 돌아갔어요. 이게 초등학교 시절의 아주 특이한 경험이에요.

지금으로 치면 전국 어린이 대표를 하신 셈이니 아주 인상 깊은 경험이겠습니다. 그런데 일제 말에는 일본이 쌀 공출제를 실시하고 전시 군수물자 생산에 집중했기 때문에 조선인들은 식량 등 생활물자 부족으로 심한 고통을 겪었는데요. 장관님네는 어떠했나요.

우리는 그걸 별로 못 느꼈어요. 우리 땅에서 나오는 쌀이 있었거든요. 아버지가 개간한 땅이 있는데 그걸 소작 주고 소작료를 받았어요. 소작료 쌀을 받으면 큰 독을 땅에 묻고 거기에 넣어둡니다. 공출하러 다니는 사람들이 와서 조사하는데, 예전에 내 아버지가 가르친 제자들이에요. 면서기 뭐 그런 사람들이요. 그 사람들이 "선생님 댁이죠? 뭐, 쌀 있습니까?" 하고 건성으로 묻고 그냥 가는 겁니다.

또 곡산에 큰 중석광으로 백년광산, 소림(小林)광산 등이 있었는데 거기서도 물자 도움 받은 게 있어요. 아침에 차량 백여 대가 광산으로 들어갔다가 저녁 때 중석 싣고 나옵니다. 백년광산은 국가 소유이고, 소림광산은 민간 광산입니다. 백년광산의 보급과장이 이용재라고 아버지 제자예요. 그 사람에게서도 물자를 받기도 했어요. 해방 직전에도 난 깡통 안에 든 파인애플을 먹기도 했어요.

네? 파인애플 깡통은 1960년대에도 먹어보기 힘들었던 것 같은데요. 일제 말에도 너무 풍족하게 사신 것 아닌가요. 하하.

그런 것 때문에 북한 공산당이 볼 때는 죽일 놈이라 했는지도 모르겠어요. 아버지도 교사 그만두고 통제품상업조합의 상임이사를 했잖아요. 그것도 물자 얻는 데 도움이 되었고요. 뭐, 다른 사람들에게 자랑할 일은 아닌데, 여하튼 사실대로 이야기하는 겁니다.

1942년 여름부터 1943년 초까지 벌어진 남태평양의 과달카날 전투에서 일본군이 진 후 미군이 북상하면서 공격을 가하는데요. 일본이 전쟁에서 점점 몰리고 있다는 건 아셨나요.

느끼죠. 전세가 일본에 불리하고 얼마가지 못할 거라는 건 느꼈습니다.

전황(戰況)을 어떻게 아셨나요. 함석헌 씨는 해방이 도둑같이 왔다는 말로, 해방될 줄 몰랐던 사정을 표현한 바 있는데요.

일본군이 대동아전쟁에서 미군과 싸우다 옥쇄(玉碎)했다는 뉴스는 계속 나왔어요. 일본군이 남태평양 과달카날에서, 사이판과 필리핀에서, 또 이오지마에서 옥쇄했다는 것은 뉴스로 보도되었어요. 그러니 전황이 일본군에게 불리하다는 것은 알았지요. 하지만 그러니 우리가 곧 해방된다고 생각한 것은 아니었고요.

초등학교 졸업 후 해주사범에 진학을 하셨고요.

거기에 좀 사연이 있어요.내가 특이한 좌절을 겪었어요. 전선학동 대표로 일본을 다녀온 후에는 내가 아주 자신만만했어요. 내가 초등학교 졸업하고 중학교 입학시험을 치러야 했는데, 서슴지 않고 서울의 경기중학교를 지원했어요. 조선인 학교로 가장 좋은 학교지요.

그때 나는 몸이 무척 허약했어요. 자라나는 과정에서 자주 잔병을 앓아 부모님께 심려를 크게 끼쳤고요. 입학시험을 보는 중 신체검사를 하는 날 학교 교장이 와서 내 몸 앞뒤를 살펴보고 가더라고요.

경기중학교장이요?

네. 교장이요. 실제로는 아마 한 2, 3분간 본 것일 텐데, 내 느낌으로는 한 10분은 본 것 같았어요. 그런데 떨어졌어요. 그해 그 시험에서 낙방의 고배를 겪어 큰 좌절을 맛보았어요. 후에 생각난 것은 아마도 당시 폐를 찍은 사진에 이상이 있었던 것 같아요. 월남 후 군에 들어갈 때 폐를 앓은 흔적이 X 레이 사진에 나타난다고 지적을 받았거든요.

치료는 안 받으셨나요?

그때는 폐병인 줄 모르니까 의심은 하면서도 치료를 안 받고 위에 문제가 있다고 생각했어요. 여하튼 경기중학 떨어진 후로 밥을 잘 먹지 못하고 자다가 고통스러워 신음하기도 하니, 부모님이 생각하다 못해 옆의 수안군에 있는 약수터로 나를 보냈어요. 거기서 한 달 동안 약수를 마시고 깨끗이 낫게 되었어요. 거기 약수가 지금 사이다보다 더 강해서 한 컵을 단숨에 절대 못 마십니다. 이 물로 밥이나 국, 또 모든 반찬을 하고 우물가로 깨소금을 한 줌 가지고 가서 깨소금을 먹고 갈증을 유도해서 계속 하루 종일 물만 마시다시피하는 일과였어요. 몸에 문제가 있는 사람은 첫날을 지내면 심한 설사를 하는데, 2, 3일 후부터는 정상으로 돌아옵니다.

다음 해 1945년에 경기중학에 다시 응시할까 하다가 안전한 길을 찾아서 해주사범에 지원했어요. 결국 해주사범에 합격해서 해주로 가게 되었어요.

그러면 교사가 되겠다고 진로를 잡으신 건가요?

그건 아니었고, 우선은 확실하게 학교에 합격하자는 거였어요. 그때 사범학교가 1차고, 일반 중학교가 2차인데, 내가 재수를 했으니 우선 1차에 합격할 수 있으면 합격하자고 한 거였어요. 또 사범학교는 군대를 안 가도 돼요. 징병제 때문에 징집연령이 되면 군대를 가야 되잖아요. 그런데 사범학교 졸업생은 교사 근무를 하면 군대를 안 가도 되니까, 그때 사범학교 시험 본 사람이 무척 많았어요. 그 두 가지 이유 때문에 사범학교에 갔습니다.

그때는 장관님만 해주에 가셨나요.

처음에는 나만 가서 하숙을 했고, 나중에 우리 가족이 이사를 했어요.

03 공산치하의 박해와 혈혈단신 월남

해주사범학교에 대해서 먼저 설명을 해 주시면요?

내가 해주사범학교의 제3회 입학생입니다. 일제 말 1942년에 새로 생긴 학교인 거죠. 황해도에 정규 사범학교가 없었어요. 일제 말에 초등학교를 막 늘리다 보니 교사가 부족해서 황해도에도 정규 사범학교를 신설한 것이지요. 해주사범이 자체 교지와 건물을 확보하지 못해서 처음에는 해주직업학교에 더부살이를 했어요. 그런데 해주사범을 주간으로 하고, 직업학교를 야간으로 하니, 주객이 바뀐 셈이었죠. 해주사범은 해방 후에 아사히마치(旭町)국민학교라는 일본인 초등학교가 비게 되자 그리로 이사를 갔습니다.

우리 학년이 세 반이었는데, 나는 2반의 반장이 되었어요. 키 순서로 반을 정한 겁니다. 큰 아이들이 1반이고, 중간이 2반, 작은 아이들이 3반이었어요. 우리 반에 학생이 65명이었어요.

본래 일제 때 중등학교 학급 정원은 50명이었는데, 교원을 급히 양성하느라 학생 수도 65명으로 늘린 모양입니다. 학생은 기숙사 생활을 했나요. 장관님은 어떻게 하셨나요.

기숙사가 있었는데, 거기 안 들어간 학생도 있었지요. 나는 하숙을 했습니다. 그런데 직업적으로 하숙하는 집이 아니라 아는 사람 소개로 돈을 비싸게 주고 들어간 집입니다. 하숙비로 1달에 쌀 서말, 돈 10원, 숯 1가마니, 비누 한 세트를 냈어요. 매달 트럭에 실어서 하숙집에 들여 놓는 겁니다. 하숙생은 나 혼자였어요. 그 집에 아들이 있는데 해주사범을 떨어졌대요. 그 집에서는 그 아들더러 나를 보고 좀 배우라는 뜻도 있었던 거 같아요.

해주사범에 입학하신 게 1945년 봄, 그러니까 일본이 항복하기 얼마 전입니다. 그 첫 학기에 수업은 제대로 진행되었는지요. 근로보국대 등 노력 동원에 치중한 것은 아니었나요.

수업은 제대로 진행했어요. 국어(일어), 영어, 수학, 물리… 그런 과목을 배웠고 교련 수업도 있었어요. 일본군 현역 장교가 교련 과목의 교관이었어요.

초등학교 때에는 산에 솔뿌리 채취하러 몇 번 갔어요. 해주사범에 입학한 첫 해에 1주일 간 연백에서 모내기를 했어요. 그곳 농민들 집에 학생들이 몇 명씩 분산해 묵으면서 일을 하는 겁니다. 일을 죽어라 하고, 밥과 무나물만으로 식사를 했어요. 시골 사람들이 봐주질 않더라고요. 모내기할 때 줄을 맞춰서 모를 심게 하잖아요. 한 줄 심으면 곧바로 다음 줄 심게 줄을 금방 이동시켜요. 그러면 우리는 그에 맞추어야 하잖아요. 정말 힘들었어요. 허리가 끊어지는 것 같더라고요.

네, 중학교 1학년생이 그 일을 한 거고, 게다가 체격도 요즘 중학교 1학년생보다 훨씬 작았을 텐데요, 참 힘들었겠습니다. 원로 문학평론가 유종호 씨의 회고담에 따르면, 초등학교 때 산에서 솔가지를 채취해서 마대자루에 넣는 일을 하는데 학교의 조선인 선생님이 봐주질 않고 자루에 꽉꽉 채워오라고 닦달을 해서 정말 힘들었다고 합니다.

시골 사람들이야 비싼 밥 먹이니 그만큼 일을 시켜야겠다고 생각했는지 하여튼 봐주질 않았어요. 나도 산에서 솔뿌리를 채취하는 일을 하긴 했는데, 그 일은 모내기한 거에 비하면 그렇게 힘들었다는 기억은 없네요. 선생님이 닦달을 한 기억도 없고요.

해주사범 입학 첫 해에 해방을 맞으셨죠?

네. 한 학기 마치고 8.15해방을 맞았어요. 그때 학교가 1주일 정도 짧은 방학을 하고 나서 개학할 때가 되었는데 15일 일왕의 항복 발표가 난 겁니다. 그 후에 학교를 갔어요. 16일인가 일본인 교장이 이별사를 하더라고요.

그리곤 학교 수업이 중단되었어요. 우리 집에 별 일 없나 걱정되기도 해서, 나는 곡산으로 돌아갔어요. 해주에서 버스를 타고 가는데, 버스에 탄 사람들이랑 "동해물과 백두산이 마르고 닳도록…" 하는 애국가를 천 번이고 만 번이고 계속 불렀던 기억이 나요. 애국가를 목 놓아 불렀어요. 애국심, 민족의식이 묘한 것이더라고요. 뭐 그 전에는 그런 모습을 전혀 볼 수 없었는데, 다들 신이 나고 감격해서 어떤 학생이 선창을 하면 어른들도 따라서 크게 합창했어요.

그런데 시골에 가 보니 좀 잘 사는 집은 사람들이 몽땅 때려 부수었더라고요. 거기 우리 아버지와 친하던 큰 부잣집이 있는데 그 집을 사람들이 쳐들어가서 살림살이를 부수고 그 사람들은 도망갔고요. 또 왜정 때 잘 살았다고 해서 어떤 의사 집도 때려 부수었고요.

내 아버지가 곡산에서 4인 위원회인가에 들어갔어요. 곡산에도 인민위원회가 만들어졌는데 아버지가 거기 나가시더라고요. 민생부장 자리를 맡았어요. 위원장, 부위원장, 민생부장, 무슨 다른 부장 이렇게 넷이 간부였던 것으로 기억해요.

장관님 아버지께서 곡산군 인민위원회 민생부장을 맡은 것은 좌파가 인민위원회를 완전히 장악하기 전일 것 같습니다. 아마도 주변의 평판이 나쁘지 않았던 덕택이겠습니다. 장관님은 해주사범으로 언제 다시 돌아가셨나요?

곡산군 인민위원회에는 좌익이 없었어요. 곡산인민위원회는 지역 유지로 구성되었습니다. 내 아버지는 평판이 괜찮았습니다. 무슨 악질 친일파로 몰렸으면 사람들이 우리 집에 쳐들어와 부수었을 겁니다.

나는 해방되고 1945년 하반기에는 곡산에 있었고, 이듬해 봄에 해주사범으로 돌아갔어요. 1945년에 9월부터 학제가 시작되는 것으로 변경되었는데요, 1946년 봄에 1학년 2학기부터 시작되었어요. 그러니까 내가 1946년과 1947년, 그리고 1948년의 1학기까지 공산 치하의 해주사범에서 빨갱이 교육을 2년 반 쯤 받았습니다. 그 학교를 도합 3년 다닌 거죠.

학교의 학생들이 청년동맹으로 편성되었고 그 아래에 학급위원회가 있고 거기에 교양간사, 조직간사 등이 있었는데, 내가 교양간사를 쭉 했습니다. 뭐, 밖에서 열성자대회에 간다고 하면, 내가 교양간사로서 학생들을 인솔하는 겁니다.

교사가 싹 다 바뀌었나요? 일제 때 사범학교에는 조선인 교사가 별로 없지 않았나요?

해방 전에는 사범학교 선생을 교유(教諭)라고 불렀어요. 해주사범에는 조선인 교사가 1명뿐이었어요. 이남산이라고, 내 아버지 제자입니다. 그가 심리학 과목 교사였던 것으로 기억해요. 해방 이듬해인 1946년 봄에 학교에 가 보니까 일본인 선생들은 다 떠났고 새 조선인 교사들이 와 있었어요. 대학 졸업생이나

중퇴생이 대거 교사로 들어왔어요. 이남산 씨는 교장이 되었는데, 얼마 안 있어 평양으로 전근했습니다. 중앙 교육부서에서 차관이 되었다는 이야기를 들었습니다.

일제하 사범학교의 교유는 제국대학이나 사립대학 출신으로 상당한 엘리트였습니다. 단 1명의 조선인 교사라는 점에서 이남산 씨가 그런 엘리트였다는 걸 알 수 있겠습니다. 평양의 중앙 교육부서라면 북조선임시인민위원회의 교육국이겠는데, 지금 장관님 말씀대로면 이남산 씨가 국장 밑의 차장 쯤이 된 게 아닐까 합니다. 그런데 학교에서는 그 전까지 황민화 교육을 한참 하다가, 이제는 공산당 교육을 하는 것 아닙니까.

조금이라도 자유로운 사고를 할 수 없게 하는 겁니다. 일례로 무슨 회의를 하는데 찬성 발언만 할 수 있지 비판적인 발언은 일체 할 수 없어요. 보통 회의를 하면 누가 먼저 보고를 하잖아요. 그러면 그 다음 사람은 판에 박은 듯이 "아무아무 동무의 보고를 전폭적으로 지지하면서 나의 소감을 말씀드리겠습니다" 라고 하면서 발언을 잇는 겁니다. 그 보고를 찬양하는 발언 이외에는 허용되질 않습니다.

그건 일제 때보다도 더 심한 거 아닌가요.

더 심하죠. 왜정 때도 '덴노 헤이카'(천황 폐하) 이런 말을 잘못 했다가는 혼쭐이 났지만, 아이들끼리는 웬만한 농담, 놀리는 말을 다 했거든요. 그 무슨 행사 때마다 읽는 천황 칙어가 있었어요. 아이들이 그 대사를 바꾸었어요. "내가 생각하건대 방구를 뀌었다. 너희 신민들아, 참으로 구렸을 거다…" 이런 식으로 바꾸어서 줄줄이 외우는 거예요.

하지만 북한 공산치하에서는 만약의 경우 김일성 이야기를 잘못했다가는 큰 일 납니다. 아침마다 학교에서 김일성 장군가를 불렀는데, 그 앞머리에 '김일성 장군'이란 구절이 나오고 끝에도 그 구절이 나와요. 맨 끝 부분에서 "김일성~ 멍군" 하는 게 최고의 반항이에요. 장기에서 '장군' 불렀으면 '멍군' 하잖아요. 그래서 '멍군' 하는데 그것도 들리게는 못해요. 큰 소리는 못하고 작은 소리로 우물우물 합니다.

공산치하의 해주사범 재학중 해주운동장의 조선민족해방기념탑 앞에서 맨 오른쪽이 양윤세. 탑 오른편에는 "우리의 영도자 김일성 장군 만세"라 새겨져 있다. 양윤세의 《컨사이스 영일사전》 안에 끼어 있던 것으로 남한에 갖고 온 유일한 사진이다.

회의에서 보고자를 비판하는 다른 이야기를 했다가는 그 사람이 그 다음에 없어져요. 학생이면 그 다음부터는 학교에서 보이질 않아요. 그 이튿날 아침부터 그 엄마가 해주 시내를 미친 여자처럼 돌아다니면서 자기 아이가 어디 갔는지 아냐고 수소문하고요. 슬그머니 없어진 사람이 많아요. 그런 걸 많이 봤어요.

그리고 서로서로 감시를 시켜요. 두 집이 있는데, 한쪽 집에 가서는 저 옆집이 이상하다고, 앞으로 이상한 걸 보게 되면 신고해 달라고 합니다. 또 다른 쪽 집에 가서도, 저 옆집이 이상하니까 앞으로 이상한 걸 보게 되면 신고해 달라고 해요. 두 집이 서로 감시하는 입장이 되니 친해질 수가 없어요. 원래부터 알고 친했던 사람들 말고는 새로 친해질 수가 없어요. 옆 사람을 믿을 수가 없어요. 그러니 반정부 데모가 일어날 수 없는 겁니다.

내가 나중에 월남해서 동성중학 급우들에게 이런 이야기를 하면, 그 친구들은 설마 그럴 리가 있냐고 믿지를 않았어요. 이상한 소리를 한다는 거죠. 그러다 6.25 때 서울에서 공산치하를 체험한 다음에는 내 말이 맞다고 했어요. 그 전에는 내 말을 도대체 이해를 못했어요.

여하튼 이렇게 공산당 교육을 하는데 왜정 때의 황민화 교육보다도 더 강압적이고 숨 쉴 틈이 없었어요. 그러니까 학생들 불만이 가득 차 있죠. 그걸 공산당 측에서도 알고요. 그런데 학교 내에서는 공산당 활동 조직을 드러내진 않았어요. 나중에 보니, 학생들 중에서 그다지 똑똑하지 못한, 좀 못난 듯한 아이들이 공산당 하부의 세포조직원이 되어 있더라고요. 이 아이들이 한동안은 조용히 학급 내 아이들을 지켜보고 기록했던 겁니다.

공산정권을 세워 놓고는 또 학교 내에 비밀 조직을 만들어서 감시하고 있었다니 무섭네요. 그런데 그 비밀 조직에 가입하라는 권유는 받지 않으셨나요.

나는 그런 제안을 받지 않았습니다. 하지만 내 아버지는 1946년에 곡산에서 좌익 정당인 조선신민당 간부를 맡아달라는 요청을 받았습니다. 조선신민당이 나중(1946년 여름)에 북조선공산당이랑 합당해서 북조선노동당이 되었잖아요. 내 아버지가 지역에서 이름 있는 인텔리이니 포섭하려 했던 것 같아요. 하지만 그들이 아버지를 찾으러 오면 다락에 숨은 채 집에 안 계시다고 하는 식으로 피했어요. 그러다 가족이 해주로 이사를 하게 되었지요.

이사한 경위는 어떻게 되는지요.

내가 2학년, 그러니까 1946년 봄부터는 기숙사에 들어가 있었어요. 그때는 기숙사가 엉망이었어요. 식사로 조밥을 주는데 도정이 안 되어 꺼끌꺼끌해서 목에 넘어가질 않아요.

3학년이던 1947년에 우리 집이 해주로 이사를 했습니다. 내 아버지는 해방되고 나서는 직장이 없었어요. 땅 약간 있던 것은 해방 이듬해 봄 토지개혁 했을 때 뺏겼고, 장사를 하겠다고 왔다 갔다 했는데 그것도 제대로 안 되었어요. 곡산에서 제자들이 주동해서 소방대를 조선민주당의 단체처럼 만들어서 결속해 가자는 움직임이 있었어요. 그래서 아버지께 소방대장을 하시라고 했어요. 그런데 이분이 뭐 불을 제대로 꺼본 적이 있겠어요. 겨울이면 바지저고리에 두루마기 두툼하게 입고 나가시곤 하는 정도지요. 그리고 좌익들이 만든 조선신민당에 가입하라는 권유도 받았지만, 협조하지 않았습니다.

그러니 빨갱이들이 내 아버지를 제거해야 할 터인데, 곡산에 있는 사람들은 잘 아는 사이여서 아버지를 잡아 가지 못하는 겁니다. 결국 평양에서 특수부의 어떤 놈이 내려와서 아버지를 잡아 갔어요. 그리곤 사흘 동안 아버지를 유치장에 가둬놓고 책 몇 권을 주면서 그걸 읽고 자아비판하라고 했어요. 내 아버지가 그런 일을 겪다 보니 곡산에 정이 떨어졌고, 외지 나가 있는 장남(나)과도 같이 살 겸, 또 남한에 가까운 해주에서 월남할 기회도 엿볼 겸 해서 해주로 이사를 한 겁니다.

해주가 서해주, 해주, 동해주의 세 구역으로 나뉘는데, 서해주의 구제동(옛 북행정 北幸町)에 집을 구했어요. 우리 집 바로 옆이 구제초등학교인데, 왜정 때는 사와이마치(幸町)국민학교라고 해서 조선 학생들 다니는, 가장 좋은 학교였어요. 내 아버지가 젊은 시절에 근무하신 적이 있고, 또 내 작은 아버지가 교두(敎頭, 교감)를 오래한 학교입니다. 앞쪽으로 큰 블록 하나가 도청이었어요. 그리고 우리 집 바로 위에는 수양(首陽)여자고등학교가 있는데, 왜정 때는 사와이마치고등여학교였어요. 주변에 학교가 많고 아주 편리하게 되어 있었어요.

장관님과 장관님 아버지가 점점 좌익들에게 몰리는 형국입니다. 그러면 장관님께서 월남하시게 된 경위는요?

1948년 봄에 4학년 되었을 때 해주사범학교에서 선생 세 명이 밤에 같이 남한으로 도망갔어요. 그 사건이 확대되어서 해주사범학교에서 반체제 운동 가담자를 대대적으로 색출했어요.

내가 그 선생님들과 친했습니다. 그 때문에 내가 그 양반들의 월남에 관계된 것처럼 되어서 반공학생운동의 주도자로 만들어졌어요. 내가 쭉 반장을 했거든요. 그런 관계도 있고 여러 가지 문제가 얽혀서 내가 처벌 대상에 걸려서 취조 받고 재판 받았어요.

재판까지 가는 과정의 그 고통은 말할 것도 없어요. 학생 자치조직이 나를 조사하게 했어요. 학년별로 몇 명씩 전 학년을 통틀어 열 몇 명이 위원입니다. 이 녀석들이 처음에는 나를 점잖게 취조하다가 내 대답이 마음에 안 들면 "이 새끼, 저 새끼" 하면서 소리 소리를 지릅니다. 그리고 그동안 나를 상대로 비밀리에 기록해 놓은 자료를 갖고 압박을 합니다. 내가 월남한 선생님들과 친해서 만나러 다닌 것을 다 파악해 놓았더라고요. 한 명을 상대로 열 몇 명이 취조를 해대니 넋이 나갈 정도가 되요.

그때 인민재판 외에는 재판 방식이 없다가 학교 재판이라는 게 처음 생겼어요. 이거는 그래도 학생들을 특별대우한다고 해서 만든 겁니다. 내가 학교 재판 1호로 걸렸어요. 거기서 '최후 엄중경고'란 처분을 받았어요. 이렇게 되면 학생증 뺏기고 인민증 뺏깁니다.

학생이 아닌가요?

그러니까 퇴학당했으니 학생은 아닌 거죠. 그런데 인민증 뺏기고 학생증 뺏기면 집 밖으로 나갈 수가 없어요. "동무, 증명서 내놓으시오" 하면 없거든요. 그럼 곧바로 끌고 가는 겁니다. 그러니까 가정에 연금시킨 거예요.

학교 재판하는데 황해도의 요직에 있던 자들은 다 왔습디다. 소위 주석단이라는 걸로 쭉 앉아 있고, 형식적으로 교장이 재판장입니다. 판결하기 전에 노동당 도당위원장인 박 동무라고 부르는 자가 나를 불러서 "이제부터 한 달 후에 당을 찾아와서 자아비판하라. 그리고 입당원서에 서명하라. 그러면 즉시 양 동무를 모스크바로 유학을 보내주겠다" 이러는 거예요.

공산당 식으로 말하면 역전향시키는 거죠.

네. 우리 아버지가 몇 번 끌려 다니고 투옥도 되고 했으니까 우리 집이 반동분자의 소굴, 이런 거로 되어 있었죠. 그렇게 시키는 대로 따르지 않으면 그놈들 말이 내 문제를 사회화하겠다는 거예요.

사회화요?

사회문제화. 그게 뭐냐면 나를 더 이상 학생으로 취급 안 하고 사회인으로 취급해서 잡아간다는 거예요. 내가 저들이 시키는 대로 하겠다고 해서 그 판결을 받아온 거예요. 그 후 한 달 될 때 남한으로 도망 나왔죠.

가족 중에서 혼자만 남한으로 오신건가요. 남한에 무슨 연고가 있었나요.

혼자 왔죠. 거기서는 살 수 없다고 생각해서, 할 수 없이 도망한 거예요.

그때가 언제인가요. 또 혼자서 월남하기는 힘들었을 텐데요.

그게 1948년 4월인데, 나중에 확인해 보니 김구 선생이 뭐 남북협상인가 하러 이북에 올라가던 날이에요. 박양원이라는 내 친구의 어머니가 그때 이남(以南) 장사를 했다고 앞서 말했지요. 이남장사가 북에서 나오는 특산품을 남한에 가져와서 팔고 또 반대로 남한 물건을 북한에서 파는 거잖아요. 남북을 오가는 건데 그 사람들이 비밀로 다니는, 그 사람들밖에 모르는 산속 길이 있어요. 내가 이남장사하는 내 친구 엄마를 따라서 도망 나왔어요.

월남 과정을 좀 더 말씀해 주십시오.

남한에 무일푼으로 갈 수는 없고 돈을 좀 갖고 갔습니다. 북한에서는 통화개혁(1947. 12)이 되어서 옛 조선은행권을 못쓰게 되었는데, 그걸 집 장롱에 모아두었어요. 한 1만 원 정도 되었습니다. 남한에서는 쓸 수가 있으니 그걸 갖고 떠났습니다.

이남장사는 깜깜한 그믐날에 떠납니다. 어머니가 이남장사하는 내 친구는 동해주에 살았어요. 서해주의 우리 집에서 그 집까지는 빨리 걸어서 40분 정도 걸려요. 우리 집 뒤 쪽으로 사람들이 별로 안 다니는 길이 있는데, 그게 동해주로 이어지는 길이었어요. 어둑어둑한 그믐날 저녁 때 내가 작은 룩색에 짐을 넣고 어머니와 같이 집을 떠났어요. 그런데 남의 눈이 있으니 어머니와 나란히 걸을 수는 없어요. 내가 앞장서고 좀 뒤에 떨어져서 어머니가 따라오시는 겁니다. 그렇게 양원이네 집에 갔습니다.

거기서 내 친구 어머니와 그 누나와 함께 넷이 해주 동쪽 외곽의 수양산 입구까지 갔습니다. 그 근처는 거의 허허벌판이라 할 정도로 인가가 없었어요. 내 친구 집도 외딴 집이었고요. 그래서 이동하기에 좋았지요. 내 어머니가 거기 지리를 모르기 때문에 나중에 잘 돌아가도록 내 친구 누나도 동행했습니다. 아마도 저녁 7시에 동해주에서 수양산으로 출발한 것으로 기억해요.

수양산은 거대한 바위가 있고 높이도 900미터가 넘는 제법 큰 산입니다. 산 입구에 도착하니 마침 바람이 휙휙 불었어요. 나는 긴장해서 정신이 없죠. 그런데 어머니를 보니, 머리칼이 바람에 휘날리고 치마가 바람에 펄럭여요. 어머니를 휙 돌아보고는 제대로 인사도 못하고 떠났어요. 너무 겁먹은 상태라 눈물도 안 나와요. 그리곤 산길로 올라갔습니다.

산 위 꼭대기가 이남장사 집결지였어요. 나 포함해서 31명이 일행이었어요. 한 줄로 서서 산길을 갑니다. 양원이 엄마는 내가 처지지 않게 나를 가운데 서게 하고 내 륙색에 막대기를 하나 꽂아 주었어요. 일행이 나를 놓치지 않게 하는 일종의 인식표 같은 것으로요.

그렇게 해서 거기서 청단까지 걸어 나왔습니다. 그 도중에 산이 한 열 개 있는데, 그걸 넘어야 해요. 예성강 근처에서는 보초에게 거의 잡힐 뻔도 했죠. 그런 사경을 넘어서 마침내 청단으로 와서 남한으로 넘어온 거예요. 예성강 바로 건너오면 청단이에요. 그때는 이북에서 사람이 내려오면 일단 개성의 수용소로 보내거든요. 개성 수용소 가서 한 주일인가 머물면서 여러 가지 조사도 받고 교육도 받고 그 다음에 자기 가고 싶은 대로 가는 건데, 나는 서울로 일단 올라왔죠.

동생들과 작별 인사도 제대로 못하셨겠네요. 어린 동생들이라 어디 밖에서 이야기할 수도 있을 것이고요.

작별 인사를 할 수 없지요. 어디 바람 쐬러 나가는 것처럼 슬쩍 나왔지요. 이별 이야기는 하지도 못하고 나왔습니다.

가족과 생이별한 후 내내 마음 아팠던 기억이 있어요. 내가 집에 연금을 당하고 나서, 우리 집에서 도청으로 한 바퀴 빙 도는 길을 산보 겸 다녔어요. 그렇게 안 하면 집에 완전히 박혀 있어야 하니까 너무 지루했어요. 도청 앞에는 조금만 상점들이 쭉 있는데, 하루는 그 앞을 지나오는데 아이스케키 집이 눈에 띄어요.

하나에 10원인가밖에 안 해요. 싸요. 걷다가 더우니까 별 생각 없이 하나 사먹었어요. 그리고 집에 돌아왔어요.

그러니까 나갔다 오는 데 보통 때보다 시간이 좀 더 걸렸단 말이에요. 내 바로 밑 남동생, 10살 아래라 8살짜리 동생이 "형, 어디 갔다 왔어?"하고 물으며, "기다렸다"고 해요. '아차, 얘네들 안 먹이고 나만 먹고 왔구나' 생각이 들어요. 오던 길에 혼자 아이스케키 사 먹었다는 말을 할 수는 없고, 누구 좀 만나서 이야기하다 왔다고 둘러댔어요. 그리고는 동생들 데리고 나가서 아이스케키 한 번 사 먹여야지 했는데, 그럴 기회가 없었어요. 그냥 헤어진 거예요. 그걸 못하고 온 게 후회가 되어서 그 생각 날 때마다 울었어요. 또 그 후로는 아이스케키를 먹을 수가 없어요. 몇 십 년간 그랬어요. 우리 애들 태어나서 큰 다음에는 울던 버릇이 없어졌는데, 추석 날 같은 때는 어디도 가고 싶지 않아서 혼자 지냈어요. 내가 장인 댁에서 제사 지낼 때도 마음 아파서 안 갔어요.

어머니의 마지막 모습도 평생 잊히지 않아요. 이남장사들 집결한 언덕 꼭대기에서 아래쪽을 내려다 보았을 때, 머리 흐트러지고 치마가 휘날리는 어머니 모습을 다시 본 것처럼 기억해요. 환영이었을지도 모르지만요. 어머니 마지막 모습이 지금까지도 머리에 박혀 있어요. 죽기 전에는 잊히지 않을 겁니다. 생이별하는 게 사별하는 것보다 훨씬 더 힘듭디다. 돌아가신 걸 보고 장례를 치르고 땅에 묻었으면 끝난 일로 잊을 수 있는데, 생이별은 끝난 일이 아니니까 잊히지도 않고 참 힘들어요.

04 천애고아로서의 남한 생활

서울 생활을 어떻게 시작하셨나요. 아무런 연고도 없지 않았나요.

남북을 오가면서 장사하던, 이남장사 사람들이 묵는 여인숙이 남대문 인근에 있었어요. 숙소는 거기로 하고 낮에는 서울 시내 거리를 다니며 아는 사람이 없나, 아는 사람 만날 수 없나 살폈어요. 그런데 며칠 안 되었을 때인데 다행히 광화문 앞 길가에서 우리 아버지 제자로서 우리 아버지가 그 집 결혼 주례를 한 김만복이라는 사람을 만났어요. 우리 집 건넌방에 세 들어 살았던 사람입니다 (5쪽의 결혼식 사진 참고).

우연히 만나신 거예요?

네, 아주 우연히요. 내가 그 사람이 서울에 있다는 건 알고 있어서 찾아가보려고 생각하고 있던 차였습니다. 여하튼 내가 혼자 내려 왔다는 이야기를 들은 그 사람이 나더러 자기 집으로 같이 가자고 해서 내가 따라갔습니다. 조그만 단칸방에 부부와 애 둘, 그렇게 넷이 살고 있더라고요. 그 조그만 방에 나를 같이 끼워서 두어 달을 같이 살았어요.

그 다음에 이북 해주사범에서 담임선생님이던 분을 만났어요. 이북에서 같이 월남해서 문제가 된 선생님 3명 중 1명이 내 담임 장 선생님이었어요. 그분이 남한으로 떠나기 전날 나에게 자기가 떠난다는 이야기를 하려고 우리 집에 왔다가, 내가 없으니까 내 어머니에게 그 말을 전한 일이 있습니다. 내가 남한으로 떠나고 한 달 쯤 후에 그 선생님 부모와 누이동생이 월남했어요. 선생님 가족이 월남할 때에 우리 집에 들러서 며칠 자고 갔다고 해요. 나는 나중에 알았지만요.

그런데 그 선생님 가족에게 돈이 한 푼도 없었어요. 내가 월남하면서 갖고 온 옛 조선은행권 1만 원을 남한의 새 조선은행권으로 바꾸어 두었는데, 그걸로 독립문 근처에서 선생님 가족과 같이 방을 얻었어요. 보증금은 내가 내고, 월세는 선생님 가족이 부담하는 것으로요. 그 집이 안방과 부엌 있고, 가운데 마루 있고 그 옆에 건넌방이 있는데 거기에는 다른 가족이 세 들어 있었어요. 그 선생님 가족 네 식구가 단칸방에서 자는데, 내가 거기 끼어들어서 잘 수는 없잖아요. 그래서 내가 마루에서 잠을 자면서 지냈어요. 아직은 여름이어서 그렇게 할 수 있었지요.

그 무렵 낮에는 무얼 하면서 하루를 보내셨나요?

도서관에 나가서 공부했습니다. 그 집에서 아침밥 먹고는 나와서 도서관에 갔습니다. 지금 서울 2호선 을지로입구역 롯데백화점 부지 한 쪽에 국립도서관이 있었어요. 일제 때 총독부도서관입니다. 거기서 영어과목과 수학과목 책을 빌려서 공부를 했어요. 내 앞날을 위해서는 영어와 수학 공부를 꼭 해야 한다고 생각했거든요.

그런데 시간이 좀 가서 9월 쯤 되었으니까 단칸방에서 같이 살 수가 없더라고요. 그 집 식구는 넷이나 되고 난 혼자인데, 그분들이 내가 나가주었으면 하는 눈치를 주더라고요. 결국은 내가 독자적으로 뭘 벌어서 먹고 살아야겠다 하는 생각이 들었어요. 학교 가려면 돈도 있어야 했고요.

원래 장관님 돈을 보증금으로 내고 방을 얻은 건데 나가달라고 눈치를 줄 수 있나요?

그렇죠. 하지만 나는 현실적으로 그 집에 더 있기 어려우니, 이러쿵저러쿵 따지지 말고 그동안의 하숙비로 생각하고 털어버리려 한 겁니다. 내가 아침과 저녁은 그 집에서 먹었고, 월세도 그 집에서 냈거든요.

선생 집에서 나올 적에 그때 돈으로 1,400원인가를 갖고 있었어요. 그 선생의 형이 아는 성악가가 명동에 있는 한 극장에서 독창 공연을 하는데, 그 프로그램 리플릿을 파는 일이 있었어요. 그걸 나보고 하라고 해서 내가 동창인 양원이와 함께 그 일을 해서 돈 1,400원인가를 벌었어요. 그 돈을 갖고 그 집에서 나온 거예요. 겨울도 되고 하는데 단칸방에서 같이 살 수가 없어요.

나와서는 양원이의 자취집에 들어갔어요. 그 친구는 연평도에서 학교 선생을 하던 누나의 뒷받침으로 자취를 하고 있었어요. 마포 종점 쪽이었어요. 왜 지금 마포역에서 한강 마포대교 쪽으로 가면 왼편에 불교방송국이 있잖아요. 그쪽 어디에요.

이제 어떻게 돈을 버나 궁리하다가 밤에 담배 장사를 시작하게 되었어요. 그 무렵 어느 날 광화문에서 해주사범 동창 아이를 만났어요. 보니까 담배 장사를 하고 있어요. 그 친구는 다른 학교를 다니다가 해방 후에 공산 세력이 해주사범을 확장할 때 끼어서 들어온 친구예요. 키 작은 친구인데, 광화문에서 양담배 장사를 하고 있더라고요. 대를 하나 놓고 그 위에 양담배를 올려놓고 파는 거예요.

내가 배 쫄쫄 굶을 땐데, 그 친구가 날 보더니 반갑다고 중국집에 데리고 들어가서 호떡을 한 무더기 사주네요. 내가 낮에 점심을 못 먹고 다녔거든요. 배가 무척 고팠는데 참 맛있게 먹었어요. '담배 장사하면 이렇게 한턱도 낼 수 있구나' 하고 담배 장사를 해야겠다고 생각했어요.

그때 남대문에 가면 목판에 양담배, 라이타 돌, 면도날을 놓고 메고 다니며 파는 사람들이 꽤 있었어요. 곡조를 넣어서 "양키 담배나 라이타 돌이요~ 양키 담배나 면도날이요~" 하고 외치면서 파는 겁니다. 지금도 그 멜로디가 그대로 생각나요.

자세히 담배 장사에 관해 물었더니, 내가 할 수 있는 일이 아니더라고요. 양담배 사려면 자본이 너무 많이 들어요. 또 내가 물건 메고 다니며 외치는 데에도 겁이 났고요. 당시 마포에 배가 들어오는 부두가 있고 그 옆에 백사장이 쭉 펼쳐져 있었는데 그 끝에 가면 사람이 없어요. 거기 가서 혼자 소리 질러 보기도 했어요.

아, 연습이요? 하하하.

"양키 담배나 라이타 돌이요~" 하고 크게 외쳐보는 겁니다. 이게 울려서 내 귀에 들어오는데 도저히 못하겠더라고요. 내가 별로 부잣집은 아니지만 귀여움 받으며 자랐고 돈 십전을 벌어본 적이 없는데, 남들 하는 거 보고 장사를 하려니 도저히 사람들 있는 데서는 소리 지르며 다니질 못하겠더라고요.

그래서 생각을 하다하다 다른 담배 장사를 궁리했어요. 밑천 조금 들여서 하는 건데, 국산 담배를 사서 호주머니에 넣고 겉으로는 학생처럼 하고 다니면서 여관 같은데 들어가서 조용히 "담배 사십시오" 하는 거, 그게 생각이 났어요. 그걸 해야겠다고 결심하고 그 루트를 알아보았어요. 남대문 시장에 가면 사실은 전매청에서 부정으로 나온 건데 싸게 사다 파는 담배가 있어요.

전매청에서 빼돌려진 담배요?

실제로는 빼돌린 담배인데, 명목은 불합격했다는 거예요. 그런데 불합격 이유가 하나도 없어요. 남대문에서는 그걸 한 보루 650원에 팔아요. 한 갑에 100원씩 받고 한 보루를 1천 원에 팔면 350원이 남는 거예요. 그런 계산으로 남대문에 갔더니 그 담배를 파는 가게가 있어요.

그건 친구가 알려 준 건 아닌가요. 그 정보는 어디서 얻으셨나요.

친구가 알려 준 건 아니고, 내가 어느 식당에 들어갔을 때 누군가 들어와서 그렇게 담배를 파는 걸 보고서, 나도 저렇게 해야겠다고 생각한 거예요. 이제 밤에 여관하고 대중 술집을 쭉 도는 거예요. 그때는 목로집이라고 불렀는데 사실은 탕반(湯飯)집이에요. 요즘 식으로는 국밥에 술 먹을 수 있는 집이죠. 그거를 쭉 도는 거예요. 그러면서 "담배 사십시오" 하는 거예요.

담배 열 갑을 주머니에다가 넣고 다닙니다. 그러니까 겉으로 보면 뭐 학생이 지나가는 줄 알지, 담배 파는지 몰라요. 그럼 여관에 들어갈 적에는 두 갑을 손에다 놓고 "담배 사십시오" 하고 방문 두들기고 얘기하면, 담배 필요한 사람이 "그래 한 갑 줘" 하면서 100원을 줘요. 그렇게 하루에 열 갑을 파니까 수입 1천 원에서 비용 650원 빼고 350원이 남더라고요.

그러면 그때 밖에서 사 먹는 싸구려 밥으로, 마포 종점 근처의 그 나루터에 가면 할머니들이 앉아서 파는 국밥이 있어요. 한 끼에 50원. 그럼 아침, 저녁만

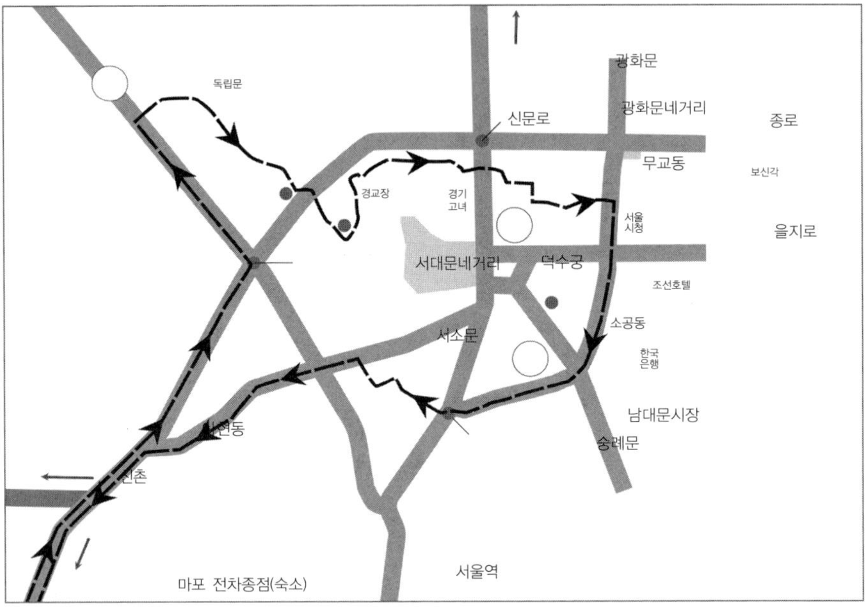

▮담배 장사 길

먹으면 100원이면 되거든. 그러면 250원 저축이 되요. 그렇게 하루에 한 갑 100원씩 열 갑 팔면 생활이 되요.

그렇게 1천 원을 벌려고 마포 종점에서 서대문으로 가고 서대문에서 독립문으로, 다시 독립문에서 옆길로 해서 지금 그 삼성에서 하는 고려병원(강북삼성병원) 있죠, 그 앞으로 내려갔어요. 맞은편으로 쭉 걸으면 거기에도 왼편으로 여관들이 꽤 있었어요. 그러면 그 길로 해서 경기고녀 그 자리 지나서 광화문 네거리 동아일보사 지나서 시청 쪽으로 나오면 무교동에 현대건설 있었잖아요. 그 앞으로 가는 거예요. 거기서 다동 탕반집 많은 데를 지나서 우측으로 내려가서 을지로 입구의 롯데백화점, 미도파 자리 지나서 남대문으로 쭉 걸었어요. 그

도중에 있는 탕반집이나 여관집은 다 들르는 것이니 대로변을 걷는 게 아니라, 그 안쪽 골목길을 따라서 가는 거예요. 그래서 다시 서소문으로 가요.

밤에 걸으신 거죠.

그렇죠. 저녁 6시 쯤 나와서 한 거예요. 그래서 쭉 가서 서소문 앞을 지나서 아현동 고개로, 아현동 가서 다시 마포 종점으로 가요. 그 거리가 얼마나 되는지 아시겠어요? 그걸 매일 하는 거예요.

그럼 끝나서 마포 종점에 다시 오시면 몇 시 쯤 되나요?

밤 11신가, 12시. 그 전에는 못 옵니다. 탕반집이나 여관 들르는 시간 빼고 매일 4~5시간을 걷는 것이죠. 그렇게 마치고 나면 그 친구 방에 들어가서 한 구석에서 한 댓 시간 자고 아침 5시 반에 다시 나가는데, 낮에는 별로 할 일 없으니까 전처럼 을지로의 국립도서관에 다녀요. 도서관에서는 참고서를 갖고서 영어와 수학을 공부했어요. 이 두 과목은 내가 앞으로 뭘 공부하게 되어도 그 기반이 되고 도구가 되는 과목이라고 생각했어요. 같은 학년의 공부 수준에 뒤떨어지지 않게 했습니다. 그래서 내가 나중에 학년을 잃지 않고 중학에 편입하게 되었지요.

그런데 내가 담배 장사하면서 무지하게 얻어맞은 적이 있습니다. 내가 담배 팔러 여관 방문을 두드릴 때 그 사람이 문을 확 열면 내가 도망가요. 얼굴을 보이는 게 창피해서요. 내가 "담배 한 갑 사십시오" 해서 안에서 "무슨 담배냐" 하고 되물으면 내가 "XX 담배입니다" 해요. 그럴 때 "한 갑 줘" 하면서 문을 살짝 열면 내가 담배를 넘겨주고 돈을 받습니다. 얼굴 안 마주치고 담배 주고 돈 받는 겁니다. 그런데 어떤 사람은 내가 "담배 한 갑 사십시오" 하면, 갑자기 문을 확 엽니다. 방안 불빛이 내 얼굴에 확 쏟아져요. 그러면 내가 창피해서 덮어놓고 도망갔어요.

내가 도는 코스 중에 현 강북삼성병원 길 건너에서 정동 쪽으로 들어가는 길이 있습니다. 그 길에 큰 여관이 하나 있는데, 거기 들어가면 담배 한 갑 정도는 늘 팔았어요. 눈이 와서 길이 미끄러운 날이었어요. 내가 여관에 들어가서 어느 방 앞에서 "담배 사십시오" 하니까 문이 벌컥 열렸어요. 불빛이 비치니까 내가 반사적으로 몸을 돌려 도망갔어요. 그런데 안에 있던 사람은 즉각적으로 이건 도둑이라고 생각한 모양이에요. 그 사람이 나오려는데 신이 없어요. 그러니까 "도둑이야!" 하고 소리를 질러요. 나는 더 겁이 나서 오던 길로 막 뛰었어요. 그런데 길에 차가 다니고 하니 빙판이 생겨서 내가 미끄러져서 꽈당 하고 넘어졌어요. 그랬더니 쫓아온 그 사람이 나를 막 밟고 걷어차는 겁니다. 그리고는 그 사람이 나를 여관으로 끌고 갔어요.

그리고는 나에게 "이 도둑놈 새끼야!" 하면서 구두를 내놓으라고 닦달해요. 나로서는 청천벽력 같은 소리죠. 소란이 벌어지니 식모가 부엌에서 나와서 "신, 여기 있는데요?" 해요. 젖은 신발을 아궁이 앞에서 말리려고 갖고 들어간 겁니다. 막 화가 나더라고요. 그 사람이 자기가 형사라서 의심한 거라고 해요. 방 안에 있던 일행 여자가 돈 200원인가를 내놓으니 그 사람이 나에게 미안하다고 하면서 그걸 주더라고요. 난 돈에 침을 뱉어서 던지고 나왔어요.

나중에 집에 돌아가서 보니 온몸에 시퍼렇게 멍이 들었더라고요.

그렇잖아도 외로운데 아무 잘못 없이 얻어맞기까지 하니 몹시 서러우셨겠습니다.

담배 팔러 다니면서 비슷한 일을 또 겪었어요. 무교동에 목로주점이 있었는데 그 집에서도 항상 한 갑 이상은 팔았어요. 그 가게 들어가는 골목이 아주 좁았어요. 그때 깡패들이 뾰족한 구두를 신는 게 유행이라 깡패를 뾰족구두라 불렀어요. 그 가게 골목길에서 내 앞에 사람이 있어서 내가 멈칫 하니까 뒤에서 깡패가 그 구둣발로 내 항문 부위를 냅다 걷어찼어요. 순간 머리끝까지 통증이 찌르고 올라오고 정신이 아득해지더라고요. 내가 비켜주면서 밖으로 나와서 돌을 집어 들었다가 정신을 차리고 돌을 내려놓았어요.

그러고 나니까 내가 이 짓을 계속해야 하나 생각이 들어요. 자동적으로 발걸음이 한강으로 가지더라고요.

죽으시려고요?

한강에 가서 빠져 죽으려 한 거죠. 그때가 장마 때인지 한강 물살이 셌어요. 내가 다리 위에서 물을 내려다보니 밤이라 검은 색인 흙탕물에 물살이 일면서 아주 무서워요. 죽지도 못하겠구나 하고 돌아왔어요. 내가 나이 40대에 주미공사로 미국에 있을 때 치질 수술을 했는데, 그때 깡패한테 걷어차인 때문이 아닌가 싶어요.

여하튼 이런 어려움을 겪으며 내가 담배 장사를 9월에 시작해서 11월 말인가 되니까 2~3만 원이 모아졌어요. 그때쯤 내 아버지가 오셨어요.

네? 아버지께서 남한에 오셨다고요?

네. 11월 말인가 12월 초인가, 가족 중에서는 혼자 오셨어요. 내가 걱정되어서 오신 거예요.

내가 집을 떠나기 전에 우리 집에서는 한동안 어머니 치마, 할머니 치마, 집 안에 있는 물건을 시장에 내다 팔아서 그 돈으로 쌀과 부식거리를 조달했어요. 그러다 돈 될 물건 딱 하나 남은 게 재봉틀, 싱거 미싱이었어요. 그때 조선은행권이 이북에서는 통화개혁으로 폐지되었지만 남한에서 바꿔서 쓸 수 있는데, 그 돈 1만 원가량이 집에 있었어요. 내가 그 돈 쓰면 된다고 미싱을 팔지 못하게 했어요. 미싱은 한 20년 넘게 집에서 쓴 물건이죠. 우리 어머니가 손재주가 있어서 그 미싱으로 학생복도 만들고 애들 옷도 만들고 했어요.

내가 월남해서 예전 담임선생님과 같이 방 얻어서 살다가 오래 못 있고 따로 나왔다는 이야기를 그 남북을 오가던 내 친구 양원이 어머니, 이남장사 아주머니가 우리 집에 전해 준 거예요. 집에서는 "이거 큰 일 났다. 이 겨울 엄동설한에 윤세가 어떻게 지내겠냐" 걱정한 거예요. 그래서 재봉틀을 팔아서 돈 3만 원을 만들어서 아버지가 그걸 주려고 오신 거예요. 아버지는 내가 담임선생님과 같이 구한 집에서 나왔다는 걸 알고 몹시 화를 내셨어요. 선생이라는 사람이 어떻게 어린 제자를 내쫓을 수 있냐는 거였죠.

아버지는 나 있는 거 보시고 해주로 돌아가셨어요. 지금 같으면 못 가시게 했을 텐데, 그때는 "이 북한 놈들 오래 못 간다. 얼마 안 가서 망한다" 그렇게 생각을 했어요. 게다가 '아버지가 안 계시면 우리 집안은 어떻게 되느냐. 할머니는 오늘내일 하고 계시지, 어머니는 아기까지 또 낳으셨지, 아버지 없이 어머니 혼자서 어떻게 할 거냐' 걱정하기도 한 겁니다. 그래서 내가 가시라는 말씀도 못하고 계시라고도 못하고, 다만 그 돈은 도로 가져가시라고, 안 받겠다고 이틀 밤을 싸웠어요. 내가 혼자서도 충분히 살 수 있으니, 집에 가져가셔서 쓰시라고 했어요.

마지막 날 회현동의 하숙집 비슷한 데서 이북에서 온 이남장사 하는 이들이 모여서 하룻밤을 보냈어요. 그리곤 새벽에 서울역으로 갔어요. 새벽 4시 반에 서울역에서 헤어지는데, 아버지는 돌아보지도 못하고 성큼성큼 뛰어서 열차에 올라타셨어요. 나는 울음이 막 터지는 걸 억지로 참고 손을 흔들고 돌아서서 서소문 가는 길 쪽으로 갔어요. 다리 위로 왔는데 기차가 막 출발해서 지나가는 거예요. 빽~ 하고 기적소리를 울리면서요. 내가 주저앉아서 소리소리 내서 통곡을 했어요. 이제 또 아무도 없이 나 혼자라는 생각에 한참 울었어요. 그리곤 털고 일어나서 돌아왔지요.

그런데 이듬해 1월 쯤 양원이 어머니가 다시 왔어요. 내 아버지가 집에 가시다가 잡혔다는 소식을 전했어요. 그때 이남 갔다 오다가 잡히면 물건, 돈 다 빼앗기고 한 달을 구류시켰는데, 아버지가 붙잡혀서 구류를 살고는 형편없이 마른 채로 집에 돌아왔다는 이야기였어요. 내가 양원이 어머니에게서 직접 들은 건 아니었어요. 그분이 양원이에게 이야기한 걸 내가 전해 들었어요. 그 후에 기적 소리만 들리면, 그때 헤어진 아버지와 내 가족 생각에 가슴이 사무쳐 오는 겁니다. 내가 지금은 노안 건조증에 걸려서 눈물이 안 나오지만, 전에는 내가 이 생각만 해도 눈물을 엄청 흘렸어요.

네. 참 힘드셨겠습니다. 그런데 담배 장사는 계속 하신 건가요.

담배 장사를 하다가 다른 장사를 하게 되었어요. 길에서 원명이라는, 해주사범의 다른 동창 아이를 만나서 그렇게 되었어요. 그 친구는 온 가족이 월남했는데 명륜동 판자촌에 거처를 잡았어요. 명륜동 위로 올라가면 판잣집들이 많았어요. 이북에서 온 사람들이 거기에 사는데, 이 친구는 가족과 같이 와서 덕수상업학교 야간에 편입했어요.

그 친구가 "너, 나와 같이 장사 한 번 안 할래?" 해요. "무슨 장사?" 하니, 붕어빵 장사래요. 자기가 한 2만 원 댈 수 있다고 해요. 내가 그때 벌어둔 게 2만 원이에요. 그래서 그 친구하고 2만 원씩 내서 4만 원으로 붕어빵 틀을 샀어요. 무쇠로 된 거죠. 요즘은 붕어빵 틀도 아주 번쩍번쩍하던데 그때는 그런 것도 없었어요. 붕어빵도 아마 우리가 시조일 거예요. 장소는 혜화동의 옛날 장면 씨 집 바로 밑으로 정했어요. 그 친구의 명륜동 집에서 덕수상업학교(현 동대문 두타빌딩 자리) 가는 도중인데, 그 친구가 거기서 하자고 했어요. 그래서 내가 그 친구 집 근처로 이사했어요. 그 친구 형이 은행원이었는데, 적산가옥(옛 일본인 가옥)을 하나 인수해서 사람들에게 세를 주었는데, 방 한 칸이 비어 있다 해서 내가 그리로 들어갔습니다.

길가에다 나무판자로 지붕을 갖춘 탁상을 만들어 놓고 붕어빵 장사를 했어요. 동대문에서 재료로 밀가루와 설탕을 사 갖고 와서, 낮에는 그 친구가 장사하고 밤에는 내가 하는 겁니다. 아침에 내가 그 친구 집에 가서 아침밥을 얻어먹고, 내가 먼저 나가서 붕어빵 만들 수 있게 차려 놓습니다. 그 친구가 좀 후에 와서 낮 장사를 시작하면 나는 도서관 가고요. 그리곤 내가 오후 2~3시경에 돌아와서 그걸 인수하면 그 친구는 학교 덕수상업으로 야간 수업 가고요. 밤 10시

넘으면 그 친구가 수업 끝나고 와요. 그러면 이제 정리하는 겁니다. 붕어빵 틀과 밀가루 반죽한 것 등 남은 재료를 정리해서 그 친구 집에 옮겨 놓고 집으로 돌아갔습니다. 시간이 밤 12시 쯤 돼요. 그걸 한 넉 달 했어요. 처음에는 돈이 좀 벌리는 것 같더니 나중에는 본전도 조금 힘이 들 정도예요.

아무튼 1948년 말, 1949년 초 겨울을 그럭저럭 지내고 봄이 됐어요. 붕어빵 장사하는 곳에서 동성중학교가 한 5분 거리밖에 안 돼요. 점심때 학생들 몇이 들어오더니 고개를 갸우뚱갸우뚱 하면서 보결생 얘기를 해요. 그 얘기에 귀가 번쩍 뜨이는 거예요. "동성학교 보결 시험 칩니까?" 하고 물었어요. "그래, 왜?" 해요. 내가 하도 남루하게 생겼으니까 너 같은 놈이 시험 보러 오겠냐 하는 거죠. "그래, 왜?" "아니요. 알고 싶어서요." 그래서 그 친구들 간 다음에 그대로 장사를 엎어버렸어요. 그리고는 동성중학에 바로 갔어요. 그날이 원서 마감일이더라고요.

하하.

그래서 편입시험 원서를 써서 학교에 제출했어요. 그리고 시험을 쳤는데, 합격이 됐어요. 그러니까 그때 한 200명 가까이 왔는데 10명 좀 넘게 뽑았어요. 4학년 2학기 편입생을 뽑는 시험이에요. 합격한 후 학교에 등록하러 갔더니 입학금 4만 4천 원을 내래요. 내가 있는 대로 다 긁어모으면 2만 2천 원이에요. 그래서 2만 2천 원 내겠다니까 안된다 이거예요. 서무실 직원, 성이 박가예요, 그를 한 주일 간 매일 찾아다녔어요. 매일 아침 와서 사정사정하니, 나중에는 "이 새끼, 안된다면 안되는 줄 알지. 저리 가!" 하고 욕지거리를 해요. 그래서 등록

마지막 날 이제는 안되겠구나 생각하고, 학생들 아침 조회를 하는 운동장의 한 구석에 가서 맥없이 앉아 있었어요.

조회가 끝나도록 앉아 있었어요. '이제 안되는구나' 하고 기가 막혀서 앉아 있는데, 선생님 한 분이 오시더라고요. "군은 왜 여기 앉아 있나?" 묻기에, 자초지종을 이야기 했어요. '내가 보결시험 쳐서 합격했다. 4만 4천 원 내라는데 난 지금 2만 원 정도밖에 없다' 했어요. 이북에서 왔느냐고 해서 그렇다고 했죠. 교장선생님 만나보았느냐 물어요. "교장선생님을 어떻게 만납니까. 서무실 박 선생이 이 새끼 저 새끼 하면서 욕지거리만 하는데 어떻게 만나느냐"고 대답했죠. 그랬더니 "내가 교장선생님께 말씀 한 번 드릴 테니 조금 기다려보아라" 하는 거예요.

조금 있으니까 그 선생님이 다시 와서는 10시에 교장선생님 방으로 오래요. 그래서 시간 맞추어 교장선생님 방에 갔더니 학부형 몇이 거기 와 앉아 있어요. 큼직한 보따리를 깔고 앉은 걸 보니, 돈 가지고 온 거예요. 보결합격생이 등록 안 하면 돈 내고 자기 아이 집어 넣으려는 것이었죠. 4만 4천 원이 아니라 기부금 10만 원을 내고라도 들여보내려는 거죠.

교장선생님이 "너 시험 칠 적에 돈 있냐니까, 있다고 했잖아" 해요. 내가 "없다고 하면 시험도 못 보게 했을 거 아닙니까" 했지요. 그러고 나서 내가 이북에서 빨갱이랑 싸운 이야기를 하고, "이 학교는 가톨릭 학교라고 이야기를 들었는데 이 학교에서까지 냉대를 하면 나 같은 놈은 어디로 가냐"고 교장에게 주먹으로 책상을 치면서 호소했어요. 눈물을 흘리면서요. 내가 우리 나이로 19살 때죠.

그랬더니 교장이 요렇게 나를 쳐다보는데, 눈이 발개지더라고요. 나중 알게 된 별명이 빽빽이예요. 어찌나 깐깐하고 융통성이 없는지 그런 별명이 붙었어요. 웃는 걸 본 적이 없어요. 그런 사람인데 교무주임을 불러요. 교무주임에게 "이 학생 성적 어떻게 되는지 알아?" 물으니, 교무주임이 나가서 성적표를 갖고 오는데 내가 1등이에요. 그러니까 뭐 꼼짝 못하더만요. 교장이 그럼 2만 2천 원 내고 들어오라고 허락을 해 주셨어요.

교무주임이 나를 서무실로 데리고 가서, 나보고 '이 새끼, 저 새끼' 하던 서무 박 선생이란 친구에게 "야, 있는 돈만 받고 입학시켜!" 하는 거예요. 그렇게 하니 그 서무 입이 비쭉 나오더니 "4만 4천 원인데 지금 2만 2천 원밖에 없으니까 그걸 내고 2천 원을 나중에 낼 수 있느냐?" 하는 거예요. 도리 없이 그렇게 하겠다고 했지요. 내가 "담배 장사 해서 벌어서 2천 원 낼 게요" 하니, 교무주임이 "교장선생님이 있는 돈만 받으라고 했으니 2만 2천 원만 받지. 왜 2만 4천 원이야? 2만 2천 원만 받아" 해요. 그러니까 서무가 2만 2천 원만 받고 아무 소리도 못하더라고. 그래서 그 자리에서 내가 2만 2천 원 내고 등록했어요.

동성중학은 모자에 흰줄 셋을 쳤어요. 그 줄하고 여기 다는 뱃지와 모자 뱃지랑 그거만 줍디다. 그런데 모자가 있어야지.

교복도 있어야 하죠.

교복도 있어야 하지만, 그건 단념했고요. 그때 입던 옷, 원래 해주사범 다닐 때 입던 교복이 다 낡았지만 위는 교복이고 쓰봉은 아주 낡아버려서 못 입겠어서 버리고 홈스판 회색 쓰봉을 구해 입었는데, 회색을 이제 검은 걸로 갈아 입어야 하는데 회색 자체가 거의 검은 거예요. 숯 다루고 뭐 하다 보니까 더러워진 거죠. 옷까지 새로 장만할 여유는 없으니 그걸 그대로 입기로 하고 모자를 어떻게 구하지 하고 궁리했어요.

내가 명동에 있는 영수학원에 잠깐 다녔는데, 거기서 만났던 친구가 그 앞을 지나가더라고요. 내가 도서관에서 혼자 공부만 하다가는 안 되겠고 지도를 받아야겠다고 해서 학원에 다닌 겁니다. 여하튼 만나서 "너 어떻게 됐냐?"고 서로 인사를 했는데 그 친구는 보결시험을 보성중학교로 했어요. 자기도 합격해서 지금 학교에 가는 중이래요. "야, 너 혹시 모자 있어?" 물었더니. 짬뽕은 하나 있다는 거예요. 짬뽕이 뭐냐 하면 모자의 앞창이 없는 거예요. 그때 그걸 짬뽕이라 했어요. 모자의 머리 윗부분 동그란 거만 있어요. 그거라도 달라고 했어요.

학생모는 앞에 원래 창이 삐죽이 나와 있는 건데, 창이 없고 윗부분만 있다고요?

네. 그때 그걸 짬뽕이라 했어요. 이북사투린지 일본말로 해서 나온 건데 이북에서 그렇게 불렀던 건지 하여튼 난 짬뽕이라고 기억해요. 그 친구 집에 따라가서 모자 짬뽕을 받고, 두꺼운 사과 종이상자 같은 것을 구해서 모자창 같이 잘라 먹칠을 해서 검은색을 내서 꿰매니 모양새는 우습지만 모자가 되었지요. 그렇게 해서 학교를 다니기 시작했어요.

옷차림은 정말 남루했겠습니다. 그래도 나이 어린 청소년이 꿋꿋하게 학교를 다닌 게 참 대견하게 느껴집니다.

지금 보면 뭐 거지나 다름없는 거죠. 하지만 그거 때문에 내가 기죽거나 의기

소침하지는 않았어요. 내가 교복 때문에 교련시간에 교관에게 심하게 모욕당한 일도 있습니다. 고 소위라고 현역 장교가 교련 교관으로 있었어요. 내가 편입 후 처음 교련 수업 받으러 나갔는데, 좀 깡패 같은 아이들이 내 복장을 보고 멸시했습니다. 교관이 와서 내 복장을 보더니 입을 딱 벌리고 다물지를 못해요. "이 새끼가?… 너 여기가 어딘 줄 알고 이러고 왔냐?"고 해요. 내가 무조건 빌었어요. 아직 교련 복장을 장만하지 못했다고 했어요. 때릴 줄 알았는데 때리진 않습디다. 욕만 실컷 얻어먹었어요. 곁에서 그 아이들도 나를 막 비웃었지요. 남들이 나를 비웃는다고 내가 기죽을 겨를도 없었어요. 워낙 하루하루 사는 게 바빴으니까요. 비관도, 희열도 다 시간 여유가 있을 때 하는 것이죠.

또 동성이 가톨릭 학교라 신부와 상담하는 게 있었어요. 내가 교리 공부도 할 겸해서 수업 끝나고 30분 정도 신부에게서 배웠는데, 어느 날 그가 "윤세야, 그런데 너 냄새 난다"고 해요. 내가 옷 한 벌을 제대로 빨지도 않고 계속 입고 다녔으니 냄새가 났겠죠. 옷을 빨면 말리는 동안 입을 옷이 없었어요. 그래도 학교 신부님이 냄새가 난다고 했으니, 이젠 옷을 빨아 입어야죠. 평일에는 밤에 옷을 빨면 다음 날 입고 갈 수가 없어요. 그래서 토요일 밤에 옷을 빨고, 그 젖은 옷을 방바닥에 깔고 그 위에서 내가 잤습니다. 내 체온으로 말리는 겁니다. 아침에도 옷이 다 마르진 않았지요. 그걸 입고 나서면 다니는 동안 옷이 마르는 겁니다.

정말 불편했겠습니다. 그런데 4학년 2학기로 들어가셨다고요?

네.

그때 5년제였나요?

6년제지요.

아, 그땐 이미 6년제가 됐나요?

네. 그때 고등학교란 건 없었고 요즘 중·고등학교 과정이 통합된 동성중학교예요. 미군정기 때 9월에 새 학년이 시작되도록 해서 이듬해 봄에 2학기가 시작되었어요. 3월이 끝이고 4월에 2학기가 시작되는 겁니다. 내가 1949년 봄에 중학교 4학년 2학기에 편입해서 9월에는 5학년 1학기를 시작했는데, 마침 학제 변경이 됐어요. 이듬해 3월부터 새 학년이 시작되는 걸로요. 그러니 1949년 가을에 5학년 1학기 마치고 1950년 봄에 바로 6학년이 됐어요. 졸업 학년이 된 거죠.

1949년 말에 제정된 교육법에 새 학기제 규정이 들어있는데, 방금 장관님 말씀은 이 교육법의 규정과는 좀 다른 것 같습니다. 좀더 찾아보기로 하고요.[3] 그런데 동성중학교 생활은 어떠했나요.

요즘 왕따니 뭐니 하는 말이 있지만, 그때도 아이들이 보통 보결시험으로 들어온 보결생을 같은 학급 친구로 인정하지 않고 잘 상대를 안 했어요. 보결생 신입 신고식이 있었어요. 대여섯 명이 한 주일에 보결생 한 명씩을 뒷산에 끌고 올라가서 죽어라고 때려요. 그리고는 대여섯 명이 같이 끌고 혜화동으로 내려와서 혜화동 로터리에 있던 태극당으로 가서 빵을 실컷 사게 합니다. 그렇게 빵

3 6.25전쟁 전후의 학교 학년말 표창장, 상장을 보면, 교육법 규정대로 1950년 5월 말에 학년이 끝나고 6월 1일부터 새 학년 1학기가 시작되었다. 양윤세 장관은 1950년 6월에 동성중학 6학년에 진급한 것이 맞다.

교육법 제정에 따른 학기 변경

미군정기에 미국식으로 9월에 신학년이 시작되도록 했다. 9월에 1학기가 시작되고 2월에 2학기가 시작해서 7월경에는 각급 학교 졸업식이 열렸다. 대한민국 건국 후 1949년 12월 제정된 교육법에서 학기제가 바뀌었다. 1학기를 4월에 시작하고, 2학기는 10월에 시작하게 되었다. 이 새 학기제는 1951년 4월부터 시행하고, 그 사이는 경과 조치로 각 학년 학기를 단축하였다.

1948.9.1~1949.8.31
1949.9.1~1950.5.31
1950.6.1~1951.3.31
1951.4.1~1952.3.31

1949년 12월 31일 제정 「교육법」

을 먹으면, 그때 신입 신고가 끝나요. 이렇게 얻어맞고 빵 실컷 사 주고 같은 반 일원이 되는 겁니다. 그런데 이놈들 보기에는 하도 내가 남루하니까, 내가 이북에서 왔다 하고 돈도 없고 옷도 제대로 못 입고 하니까, 내 순번을 제일 꼴찌, 12명 중에 제일 꼴찌로 잡았어요.

편입생 통과의례가 아주 험하네요.

네. 12명이 신입 신고를 하는데 내가 아무것도 없어 보이니까 순서가 제일 꼴찌로 밀려서 한 두 달인가가 지났어요. 수학 시간에 선생이 와서 수학문제를 풀다가 막혀버렸어요. 도중에 막히니까 당황하더라고요. 내가 보기에는 뻔한 건데 말이죠. 그래서 "선생님, 이렇게 하면 되지 않습니까?" 그랬어요. 그러니까 "네가 해 봐라" 해요. 내가 교단에 나가서 술술 풀었단 말이에요.

그랬더니 쉬는 시간에 당장 그 여섯 명 중에 한 놈이 와요. "야, 너 우리가 때리는 거 안 할 테니, 우리 이야기 좀 들어줘." "뭔데?" "시험 볼 때 우리가 네 옆에 와서 앉을 테니 답안지 좀 보여줘." "얼마든지. 하하. 난 맞는 건 얼마든지 할 수 있지만 빵은 못 산다. 하하". 그렇게 해서 시험 커닝 시켜주고, 얻어맞고 빵 사는 걸 면했어요.

▮ 학교에서 가톨릭 영세를 받고(1949년) 앞줄 왼쪽 두 번째가 양윤세, 뒷줄 가운데가 신부, 그 오른쪽이 교장

하, 고학 보결생이 사는 법이네요. 그때도 문과반과 이과반 구별이 있었나요. 문과로 가셨나요.

문과, 이과가 한 반씩 있고, 난 문과로 갔어요. 그런데 우리 반에 이맹희(李盟熙)가 있더라고요. 삼성 이병철(李秉喆) 씨 장남 말이에요. 그 친구가 경복중학교를 다니다가 동성에 전학 왔어요. 왜 전학 했는지는 모르겠어요. 나중에 보니, 자기는 경복중학교 다녔다고 이야기하지, 동성 다녔다는 이야기를 안 하더라고. 동성이 경복보다 못한 학교라서 그런지.

하하. 학교 공부 따라가는 데는 어려움이 없었나요.

없었어요. 동성중학교 다니는 동안 성적은 내가 단연 1등이었어요. 내가 90점대를 맞았는데 그 다음 2등이 이과 학생인데 80점대로 한 10점 정도 차이가 났어요. 내가 공부를 많이 한 건 아닌데도 학교 공부에 큰 어려움은 없었어요.

장관님은 수업 한 번 들으면 내용이 다 머리에 남았나 봅니다. 하하. 그러면 붕어빵 장사를 계속 하면서 학교를 다니신 건가요.

아니요. 담배 장사를 다시 했어요. 학교에 편입하느라 돈을 다 써버렸잖아요. 그래서 친구 양원이에게서 돈 천 원을 빌려서 담배 장사를 한 달 정도 해서 돈을 모았어요. 그 돈으로 서대문에서 하숙방을 구했어요. 적산가옥인데 이북에서 온 사람이 주인이었어요. 거기서 한 달에 4천 원 내면서 담배 장사를 몇 달 하면서 학교를 다녔지요.

그러다 가정교사를 하게 되었어요. 어느 날 한 친구를 만났더니 "너, 가정교사 가지 않을래?" 해요. "누구고 뭐하는 집인데?" 하고 물으니, 그 친구가 "같은 학년의 연욱이인데, 그 아버지가 을지로 3가에서 가구점을 크게 하고 집에 돈이 많대. 첩이 서넛 돼. 연욱이가 누가 와서 공부를 같이 했으면 하고 원하는데, 네가 가서 가정교사 하면 어때?" 합디다. 그런데 가겠다는 말이 곧바로 안 나와요.

망설이다가 연욱이라는 친구를 만나서 이야기를 해 보았어요. 그 친구 말이,

▮동성중학교 북한산 봄 소풍(1950년 3월경) 맨 앞 줄 오른쪽에서 두 번째가 양윤세

"한 학년 높다고 해서 제대로 아는 것도 아니고, 우리가 학교 수업 때 같이 배우는 걸 네가 다시 나에게 가르쳐주면 되지 않냐. 다만 같은 학년이라고 하면 우리 집에서 뭐라 할지 모르니, 한 학년 위라고 하고 가정교사를 해 다오." 해요. 그런 경위로 가정교사를 가게 되었어요.

그 아버지를 처음 만나는 날 한국식으로 엎드려 절을 했어요. 그랬더니 서서 절을 받더니 "네 성이 뭐냐?" 하고 큰 소리로 물어요. 내가 "양가입니다." 하니 "양이면 양반이구나" 해요. 어떻게 성이 양이면 양반이 되는 건지 모르겠고 해서, 난 속으로 '무식한 인간이구나' 했어요. 그런데 그 사람에게 첩이 셋이고 본처까지 넷인데, 공평하게 한다고 매일 집을 바꿔가며 다른 집에서 잔다고 해요.

3층 방을 나에게 주었는데, 거기에 책상과 의자를 놓고 친구와 같이 공부하다가 난 소파에서 자는 겁니다. 그런데 그 집이 매월 초하루, 보름에 돼지머리를 놓고 고사를 철저히 지내요. 난 이북에서는 고사 지낸다는 걸 들어보지도 못했어요. 처음 고사 지내는 날 연욱이 어머니가 "학생, 학생" 하고 불러요. 떡 먹으라는 거예요. 시루떡 가운데 좋은 부분을 잘라서 고사상에 올리고 그 남은 가장자리 부분을 한 무더기 갖고 왔어요. 난 예전에 집에서 항상 가운데 부분만 먹어 왔거든. 가장자리 부스러기를 갖고 오니 못 먹겠더라고. 그래서 "아주머니, 저 떡 먹을 줄 모릅니다" 하고는 안 먹었어요. 그 대신 식모아이들은 내가 왜 안 먹는지 아는 겁니다. 아침에 냉방인데, 식모아이들이 나를 불쌍하게 여겨서인지 내 방에 화로를 넣어 주어요. 그리곤 밥 하고 남은 누룽지를 한 무더기씩 책상 곁에 갖다 주었어요. 식모아이들 덕분에 살았어요.

일본식 집이어서 바닥 난방이 안 되었던 모양이네요.

그 집은 일본식 집은 아니고 새로 지은 건물인데, 방마다 다다미로 해 놓았어요. 내 방은 다다미도 아니고 소파를 갖다 놓고 거기서 잤어요. 나중에 학교 신문 창간되었을 때 내가 그 집에서의 생활에 관해 수필을 하나 썼어요. 내가 그 집 3층에서 지내는데 화장실은 1층에 있어요. 밤에 자다가 소변 마려워도 내려가기가 어려웠어요. 그와 관련된 내용을 좀 코믹하게 쓴 겁니다. 내가 본명을 안 쓰고 필명으로 양고엽이라고 했어요. 외로울 고(孤)에 잎사귀 엽(葉)이요. 그 때 내가 좀 감상적이었거든요.

하하하. 그때 장관님 처지에 딱 맞는 이름이네요.

국어 선생이 누가 썼는지는 모르지만 참 잘 썼다고 칭찬을 해요. 하하. 그때 하루 30분씩 성경공부를 지도하던 신부는 뭐 이따위를 썼냐고 하고, 교무주임 겸하던 국어선생, 별명이 염소였는데, 그 양반은 잘 썼다고 칭찬을 했고요. 그이가 나중에 필자가 나인 걸 알고는 "너 상당히 센치하구나" 했어요.

하하하. 그런데 그 집에서 가정교사 하는데 조건은 어떠했나요? 보수 같은 게 있었나요.

조건은 거기서 자고 먹는 거예요. 따로 보수는 없어요. 뭐 용돈도 거의 안 씁니다. 전차도 못 타고 걸어 다닐 때였으니까요. 그 전에는 서대문 하숙에서 동성중학까지 걸어다녔어요. 가정교사 집이 을지로 3가니까 학교에서부터 그렇게 멀지도 않았어요. 그때 그런 거를 했으니 내가 단련된 겁니다. 내가 담배 장사 때 매일 대여섯 시간을 걷고 그 후에도 걸어 다닌 게 오늘까지 내가 살아 있게 만든 거 같아요.

하, 그런 면도 있나요. 젊어서 죽을 고생할 때 몸 단련이 되었다니요. 그런데 그 집에는 얼마나 계셨나요.

그 집에서 나오게 된 일이 생겼어요. 연욱이 아버지에게 첩이 셋인 걸 보고 이런 집에 계속 있어서는 내 장래가 없겠다고 생각하던 차인데, 김현국 씨라는 체육 선생님이 새 가정교사 자리를 소개해 준 겁니다. 그분이 나중에 종로구에서 국회의원도 나갔다가 떨어진 양반인데, 그분이 공진항(孔鎭恒) 씨와 친했어요.

공진항 씨는 개성의 유력 부호가 출신이죠.

그래요. 공진항 씨 아들이 동성중학에서 나보다 3년 밑인데 그 가정교사를 하라는 제안이었어요. 그때부터 동성중학 아이들이 괜찮았어요. 그 전까지는 학교가 전기 1차 시험으로 입학생을 선발했는데 그다지 우수하지 않았어요. 내가 공부도 제대로 할 수 없는 환경이었는데도 1등을 했잖아요. 나보다 3년 밑부터 후기로 입학생을 뽑았는데, 그때부터 괜찮은 아이들이 들어왔습니다.

그 뒤로는 쭉 후기 입학생을 선발한 것 같은데요. 1970년대 중엽까지 고교 입시 있을 때 동성이 후기였던 것으로 기억합니다.

그랬을 거예요. 그 아이들 중에 3명이 부잣집 자식인데 공부를 제대로 못하니까 학교에서 가정교사를 붙여준 겁니다. 그중 하나가 공진항 씨 아들인데, 나를 가정교사로 소개한 것이죠. 나중에 내가 대학 들어가면 학비를 대준다는 조건이었어요. 연욱이네 집은 원래 그런 이야기가 없었고요.

그래서 내가 연욱이네 집에 가정교사를 그만두겠다고 하니까 자기네도 내 대학 학비를 대주겠으니 가지 말라고 말렸습니다. 연욱이가 나와 같이 공부하면서 성적이 바닥에서 중간 정도로 올라왔거든요. 스스로 공부하기 시작했고요. 그런데 내가 그만둔다니 그 집에서는 난리가 났지요. 그 부모 두 분이 내 방으로 올라와서는 뭐, 먹을 걸 갖다 주고 자기네도 내 대학 학비를 대주겠다고 해요. 하지만 그 무식한 집에 계속 있어서는 내 장래가 없을 거 같더라고요. 그래서 가정교사를 옮겼습니다. 아침 일찍 일어나서는 도망가다시피 빠져 나왔습니다.

공진항 씨가 초대 주 프랑스 공사로 가면서(1949년 6월) 자기 부인을 데리고 가고 애들은 놔두었어요. 그 집도 첩이 여럿이라 본댁은 정릉인데 작은 집이 여러 군데였어요. 그런데 내가 가르쳐야 할 이 녀석이 오늘은 이 작은 집 가서 자고, 다음은 저 작은 집 가서 며칠 자고… 이런 식으로 내가 가정교사 온 다음에 집에 들어오질 않는 거예요. 그렇게 두 달 정도 허탕치니, 난 가정교사를 집어치우고 담배 장사를 하려 했어요.

학교 측에서 그 이야기를 듣고 당인리 발전소의 소장하던 이의 집 가정교사를 다시 소개해 주었어요. 이북에서 월남한 가톨릭 신자예요. 집은 아현동의 철기 이범석 장군 댁 부근이었어요. 서대문에서 신촌 가는 아현동 길 꼭대기입니다. 큰 아이는 나보다 한 학년 위이고, 둘째가 동성중학의 3년 밑입니다. 그 집에서 가정교사 하다가 6.25를 맞은 겁니다.

05 6.25전쟁 중 미군 통역이 되어

동성중학교 6학년 1학기 중에 6.25를 만나셨습니다. 전쟁이 터질 줄을 모르셨지요?

그때 38선 전투가 빈번해서 긴장하기는 했지만, 그렇게 전쟁이 터질 줄은 몰랐습니다. 그날 명동성당에 갔다가 돌아온 기억이 나요. 돌아오는데 군인들 원대복귀하라고 방송하는 지프차가 돌아다니는 걸 보고 전쟁 난 줄 알았어요. 이튿날 월요일에 학교에 가니 동북학생선무반에 동성중학 대표로 나가라고 해서 하루 종일 기다렸어요. 그 선전 문구는 국군이 막 밀고 올라간다는 거였어요. 그리곤 돌아왔습니다.

3일 만에 서울이 함락되어 공산치하가 되었으니 위험한 지경에 처한 것 아닌가요. 월남한 반공학생이니까요.

6.25 터진 후 약 두 달을 가정교사 집에 숨어 있었습니다. 빨갱이들이 학교에 왔다가 이북에서 단신 월남했다는 내 얘기를 듣고 나를 찾아다닌다는 소문도 있고 해서 그 집에서 숨어서 먹고 자고 했던 겁니다. 그런데 그 집에서 나를 숨겨주고 먹이고 재우는 일에 점점 더 언짢은 기색을 보이더라고요. 그래서 나올 수밖에 없었어요.

그런데 내가 좀 연고가 있는 사람이 청평에 있었어요. 그 집에서 쌀을 한 줌 얻어 가지고 아는 집에 밥을 해 달라고 해서 새벽에, 그때 통행금지가 해제되는 시각 4시에 맞추어 반바지를 입고 청평으로 길을 떠났어요. 내가 그때 몸무게가 50kg이 안되었는데 머리는 박박 깎았지, 반바지까지 입으면 15살이 안 되었다고 말해도, 그런가보다 하고 그냥 넘어갈 정도였어요. 그렇게 해서 청평으로 걸어간 거예요.

가 보니 그 집에서도 오래 못 있겠어요. 그 집에서 얘길 들어 보니 가평 쪽에 신발 세 켤레 가져가면 옥수수를 세 말 준다 이거예요. 한 켤레에 한 말씩이요. 그때만 해도 이런 신념이 있었어요. '이 빨갱이 놈들이 석 달 못간다. 석 달만 견디면 살 길이 열린다'는 거예요. 옥수수 한 말씩 갖고 한 달씩 버티면 된다고 생각한 거죠. 그래서 신발을 사러 다시 서울로 돌아왔어요. 아현동 시장에서 신발을 사서는 이제 어디로 가나 생각하면서 길을 가다가 잡혔어요. "동무, 이리 좀 오시오"하더라고. 인민군은 아니고, 나이 서른 쯤 먹은 청년이었어요. 눈이 매섭더라고요. 여러 명이 둘러싼 것도 아니고 나를 손으로 붙잡은 것도 아닌데, 도망갈 수가 없어요. 그 사람을 따라서 갔습니다. 김구 선생 살던 경교장, 지금 강북삼성병원으로 갔어요. 거기다 집결을 시키더군요. 내 또래부터 한 서른 살 정도 되는 사람까지 50~60명이 모여 앉아 있었어요. 그 둘레 군데군데에서 인민군 병사가 지키고 섰고요. 젊은 사람을 의용군으로 끌고 간다는 것은 알고 있었지요. 그래서 어떻게 도망할까 궁리했습니다.

6.25 터지고 두 달 쯤 뒤면 8월 말인데, 이미 한 달 가까이 낙동강 전선에서 치열한 공방이 벌어졌습니다. 북한이 우리의 낙동강 방어선을 돌파하려고 인민군 외에 남한에서 차출한 의용군까지 계속 투입할 때입니다. 그때 끌려가셨으면 그렇게 전선에 투입되었을 가능성이 컸겠습니다.

그랬겠지요. 여하튼 저녁 5시 쯤 되니까 줄을 세운 다음에 이동합디다. 퇴계로 2가의 일신국민학교로 간대요. 일신국민학교가 퇴계로 2가 극동건설 빌딩(현 남산스퀘어빌딩) 자리에 있었어요. 광화문 지나 종로로 가다가, 종로 2가를 지나서 우측에 작은 시장을 거쳐서 퇴계로 쪽으로 내려가요. 시장 안으로 들어와서 좁은 길로 가는데, 밀기울로 넓적하게 만든 빵을 파는 아줌마들이 길 양쪽으로 죽 앉아 있어요. 도망갈 궁리를 계속 하던 차에 가만 눈치를 보다가 살짝 거길 앉아서 "이건 얼마입니까. 저건 얼마입니까" 하고 물어 보는 척 했어요. 대열은 계속 가지요. 대열이 저만치 갔을 때 반대 방향으로 들입다 뛰었죠. 뭐, 잡히면 죽는다는 생각이지요. 지금도 그때를 생각하면 가슴이 쿵쾅쿵광 해요. 내가 가정교사 전에 하숙하던 서대문 집을 찾아갔어요. 반갑게 맞아주데요. 거기서 하룻밤을 자고 나가서 가평으로 간 거예요.

그대로 끌려가셨으면 의용군으로 전선에 투입되어 죽었을 수도 있었네요. 운명이 바뀌는 순간이었습니다. 그런데 가평으로는 어떻게 가셨나요.

걸어가죠. 서울에서 아침 4시에 떠나면 청평에 오후 3시에 도착해요. 청평에서 한 시간 쯤 가면 왼쪽으로 두밀리라는 곳이 있어요. 그때는 모르고 간 거예요. 저쪽에 화전민이 있다는 말만 듣고 가는 거예요. 가서 보니 첩첩산중인데 좁은 오르막길이 나 있어서 그 길로 갔어요. 화전민들이 숯을 구워 내리던 커다란 밧줄 같은 거도 있고요.

쭉 올라가 보니, 나이 한 서른 정도 되는 젊은이가 있더라고요. 여길 어떻게 왔느냐고 놀라요. 내가 사정 이야기를 했어요. 살 길 찾아서 왔다고요. 잠깐 기다리게 하고는, 어떤 집 마루에 앉혀 놓고 가더라고요. 한참 있다가 그 사람이 젊은 다른 사람 2~3명과 같이 왔어요. 내려가지 말고 당분간 여기서 살아라, 여기서 자기들이랑 한두 달 정도 있다 가라 이거예요. 나로서는 뭐 땡이죠. 아 고맙다고, 고맙다고 그러겠다고 했죠. 그리고는 토막집 같은 곳으로 나를 데려 갔는데, 거기 이봉구라는 한 40세 정도 되는 사람이 있는데 상처(喪妻)했고, 14살 정도 되는 누이동생하고, 4~5살 되는 아들아이와 같이 살고 있는 거예요. 누이동생이 살림을 하고, 강냉이로 밥을 해요. 거기서 한 달 남짓 지내다가 9.28수복을 맞은 거예요.

수복됐다는 소식은 어떻게 들으셨나요.

거기서도 다 알게 되어 있어요. 사람들이 왔다 갔다 하거든. 거기 젊은 사람들이 많았어요. 숨어 있는 사람들이요. 나중에 들으니, 나를 그냥 돌려보냈다가 내가 거기에 사람들이 있다는 얘기를 하게 되면 자기들이 위험해진다는 거였어요. 그래서 나를 유인해서 거기에 남게 했다는 거예요. 이유야 어떻든 나야 거기서 공짜로 먹고 살았으니 고맙다고 인사하고 가평으로 내려왔어요. 서울로 가는 트럭이 있기에 그걸 얻어 타고 서울로 왔어요. 먼저 가정교사 하던 집밖에는 갈 데가 없으니 일단 갔어요. 내 옷가지도 좀 있었고.

거기서 하루 자고, 그 다음 날 학교, 동성중학교로 갔어요. 뭐 공부하러 간 게 아니고 그냥 친구들 만나서 이것저것 알아보려는 거예요. 빨갱이 부역했다는 놈들도 있더라고요. 한 친구 따라가서 점심도 얻어먹었어요. 그런데 참 큰 일이란 말이에요. 뭘 해야 할지, 갈 데도 없고, 가정교사 하던 집에 또 가서 얻어먹을 수도 없고 말이에요.

그런 이야기를 하고 있는데 누군가 "야, 윤세야" 하는 거예요. 보니까 같은 반 학생인데 흑인병사 둘을 데리고 오더라고요. "어떻게 된 거야?" 물으니까, 그 녀석이 깜둥이란 소리는 안 하고 양키라 해요. 양키 군인들 있는 데서 하우스보이 일을 하고 밥 먹고 잔다고 해요. 그런데 애네들이 서울 시내에 놀러간다고 해서 안내하러 왔대요.

내가 "야, 그럼 쟤네들에게 내 이야기 좀 해 봐" 했어요. 나도 데려가 달라는 거죠. 그 녀석이 내가 영어를 잘하니 직접 하래요. 그리곤 보태기를 "그런데 쟤네들 졸병이지만 '싸전'(sergeant 하사관)이라 불러. 그래야 좋아 해" 해요. 그래서 내가 "싸전!"이라고 하면서 '나 좀 데려가 달라'고 되는 말 안 되는 말로 이야기를 했어요. 그랬더니 "Maybe, Maybe" 하더라고요. "일 좀 보고, 그러지 뭐" 이런 정도의 대답이었죠. 자기들이 놀다가 이따 저녁때나 돼야 돌아갈 건데, 그때 같이 가자고, 그때까지는 자기들 노는데 같이 가서 옆에 있으라는 거예요. 그래서 그걸 따라 간 게 호화하우스, 색시 집을 간 거예요.

색시집을 호화하우스라 했나요? 거기가 어디쯤인가요.

아마 색시집 많던 종로3가에 가까웠던 것 같아요. 보통 종3이라 불렀지요. 한옥 집인데, 그 병사들이 귀신 같이 알아서 찾아가요. 나에게 "너도 들어가 놀겠으면 돈 내주마" 해요. 팔다리가 부들부들 떨렸어요. 내가 19살이었는데, 그때까지 여자 손목도 못 만져 봤거든요. 나는 아니라고, 여기서 기다린다고 했지요. 그랬더니 얼굴에 횟 바가지 하얗게 쓰고 입술을 빨갛게 칠한 여자, 한 마흔 살 쯤 됐을까, 젊게 보이려고 애쓴 여자가 나오더니 들어오라고 해요. 같이 놀자 이거죠. "아, 아닙니다. 아닙니다. 나 여기 있을 겁니다. 거기 못 갑니다" 했지요.

하하하.

난 미군들과 동창 친구가 나올 때까지 바깥에 서서 기다리고 있었어요. 친구란 놈은 아주 익숙해요. 그동안에 자기도 들어가서 재미보고 놀았는데, 나는 그것도 몰랐어요. 잠깐 어디 갔다 온 줄 알았죠.

그리고는 명동 대원호텔의 댄스홀로 갔어요. 흑인병사가 하는 소리가, 여기가 댄스홀인데 여기에 자기가 봐 둔 아가씨가 있다고 해요. 나더러 이야기를 잘해서 자기를 그 아가씨에게 좀 붙여 달라고 해요. 나야 따라가야지 어떻게 해요. 난 그런 세상이 있는 줄 처음 알았어요. 여자들이 전부 모던 드레스를 입고, 번쩍번쩍 하는 거예요. 아주 무식해 보이는 여자도 있고, 여대생도 있고, 별의별 여자가 다 있어요. 화장 깨끗이 하고요. 보통 때 우리가 그런 여자를 보면 하늘에서 떨어진 미녀라고 할 사람들도 있는 거예요.

그때가 한 1950년 10월이나 11월 쯤 아닙니까. 국군과 유엔군이 북한을 밀고 올라갈 때인데요.

그럼요. 거기서 댄스를 하는데, 한 여자가 오더니 나보고도 댄스를 하자고 해요. 나도 미적미적 따라가서 댄스도 했어요. 흑인병사가 얘기해 달라는 아가씨와 흑인병사는 저희들끼리 이미 이야기가 되어서 내가 이야기할 필요가 없었어요. 한참 후에 이 병사가 나에게 돈을 한 뭉치 내밀어요. "나 저기 좀 갔다 올 테니 네가 갖고 있으라"는 거예요. 내가 생전 처음 이만큼 되는 지폐를 호주머니에 넣고 그 병사가 돌아오는 걸 마냥 기다렸어요. 그 병사가 한 시간 정도 후에 일 보고 돌아오더니, 나더러 아가씨에게 얼마를 주래요. 자기가 주게 되면 많이 뺏긴다 이거예요. 그리고 여기 댄스홀 요금도 청산하래요. 그래서 돈을 내주었어요. 그러니까 돌아가자 하더라고요. 광화문으로 걸어가요. 광화문에서 김포의 미군부대로 트럭을 타고 갔어요. 그때 시내를 오가는 군용 트럭이 많았는데, 그 병사가 자기네 부대 트럭을 딱 알아보고 세우더라고요. 김포 비행장을 닦는 공병부대였어요. aviation engineer, 항공공병대에 있는 병사들이더라고요.

김포공항을 그때 닦았나요.

네. 일제 때부터 무슨 비행훈련장인가 그랬는데, 그때 공항으로 확장했어요. 그렇게 같이 갔어요. 아까 맡긴 돈은 어떻게 할까 물으니, 나보고 갖고 있으래요. 부대로 가니, 텐트 안으로 데리고 들어가요. 텐트에 사람이 12~13명 들어가는데, 카트를 하나 놓고 거기서 자라 이거예요. 거기서 청소도 하고 하우스보이를 하라는 겁니다. 하우스보이가 이런 거구나 하는데, 대신 낮에는 절대로 텐트 밖에 나가면 안된대요. 장교가 보면 쫓아낸다는 거예요. 그래서 한 주일 동안 낮에는 텐트 안에만 있으면서 소제나 하고 있었어요.

그동안 가만가만 얘기를 들어 보니, 이 부대가 해주 비행장을 닦으러 해주로 이동한다는 거예요. 바로 이거다 했어요. 그래서 가지 말라는 장교에게 낮에 찾아갔어요.

내가 사실 이러저러해서 여기 와서 한 주일 동안 있었는데, 양심의 가책도 있다, 양심의 가책이라는 말을 제대로 못하니 가슴을 가리키면서 아프다, 떳떳하게 있고 싶다고 했지요. 내가 부대의 다음 행선지인 해주에서 왔다 하니, 아 그러냐고, 해주 시내가 어떻게 생겼냐고 물어요. 그래서 내가 해주 약도를 그려서 우리 집은 여기고 도청은 저기고 학교는 어디 어디라고 설명했어요. 그랬더니 내 영어가 자기네 통역들보다 낫다고 해요. 통역들이 대학 3, 4학년생인데, 내가 그들보다 낫다는 거예요. 그래서 나에게 통역을 시킨 겁니다.

그런데 영어로 의사소통하신 게 신기합니다. 영어회화 공부를 하신 적이 없었잖아요.

없었지요. 하지만 내가 영어 공부는 좀 해서 문장 구조를 알았으니, 내가 하고 싶은 말은 할 수 있었어요. 어려운 것은 그 사람들 말하는 걸 알아듣는 거였어요. 전혀 발음이 다르니까요. 물 달라고 할 때 미국인들은 "워러"(water) 하잖아요. 그걸 난 못 알아들었어요. "워터"로 알고 있었으니까요. 미군들이 말하는 거 제대로 알아듣기까지 시간이 좀 걸렸죠. 미군 병사 중에 상소리 막 하는 사람들 말고 점잖은 사람들 몇에게 부탁해서 영어 회화 강습을 부탁했어요. 시간 정해서 30분에서 1시간 정도 영어로 이야기하는 겁니다. 내가 말하다 막히거나 잘못된 부분은 그 사람들이 고쳐 주는 거죠.

여하튼 그렇게 영어 회화를 배우면서 통역 일을 시작했어요.

그런데 이제 1주일이면 해주로 떠난다 하던 중에 중공군이 밀고 내려왔어요. 그러니 해주로의 이동 명령이 진해 비행장 건설 명령으로 바뀌었어요. 진해로 가게 되었죠. 진해에 도착하고 한국 종업원을 정리하는데 나를 게인스라는 하사에 붙여 놓았어요. 40대 나이의 신경학 씨라는 사람이 책임 통역인데 한국 종업원 관리 책임을 겸하게 하고, 나를 또 한 명 통역으로 정식 임명했어요.

사진 속의 이 친구가 줄 두 개짜리 하사 게인스인데, 부대 안에서 헌병 역할 하는 가드하우스(Guard House)의 책임자예요. 아주 점잖아요. 양색시집 같은 데 안 가는 진실한 친구였어요. 내가 이 친구를 도와서 일하게 됐어요. 여자들 때문에 자꾸 문제가 생기는데, 내가 중재를 하고 처벌을 하는 일을 돕게 된 거예요.

진해로 이동한 것은 언제인가요.

1.4후퇴 좀 전이에요. 1.4후퇴는 민간인의 일이고 이 부대는 그보다 먼저 갔어요. 김포에서 트럭으로 3일간 부대이동을 했어요. 그런데 이 공병대 병사들이 어찌나 괴상한지, 트럭에 짐을 싣고 가는데 그 속에 한두 명씩 양색시를 숨겨서 데리고 가기도 했어요. 진해에 임시로 공군사관학교가 있었어요. 거기 운동장에 텐트를 쫙 치는데 한 시간 정도밖에 안 걸려요. 그렇게 부대 기지를 만들었습니다.

▮진해에서의 미 811공병부대 Guard House 통역 근무 시절 1951년 봄경. 왼쪽이 게인스 하사

텐트 하나에서 게인스 하사

와 나 둘이서 일 보고 생활했어요. 문제 있는 놈은 거기에 잡아다 앉혀서 조사해 놓으면, 부대장 로스만이라는 대위가 와서 이튿날 약식으로 군법재판을 열어요. 그래서 돌려보낼 놈 보내고 뭐 그런 식으로 처리를 해요. 나는 피해자의 진술을 통역하는 것으로 이 약식 군법회의에 참석했어요. 피해자가 한국 사람이니까요. 이렇게 통역 생활을 한 거예요.

그리곤 김해로 가서 비행장을 닦았어요. 그리고 중공군을 다시 밀어 내고 서울 수복을 한 후에는 강원도 횡성으로 가서 비행장을 닦았어요. 야전비행장이니 불도저로 쭉쭉 밀어 내는 거예요. 거기서 통역 외에 일이 추가된 게 공사할 인부들을 채용해서 관리하는 것이에요. 신경학 씨가 가족관계로 그곳에 못가겠다고 사임하면서 내가 책임 통역이 되었어요. 그렇게 2~3달 있다가 춘천으로 갔고, 춘천에서 2달 정도 있다가 1951년 늦가을 쯤 다시 서울 여의도로 왔어요.

여의도에서 비행장 닦는 작업이 왕성해서 보통 매일 3~4백 명의 노무자를 배치해야 했어요. 노무자가 많을 때는 1천 명 쯤도 되었어요. 그렇게 한 1년 되었을 거예요. 그때까지 내가 왜 그렇게 하고 있었느냐 하면, 어떡하든지 내 가족을 데려올 생각이었어요. 미군 부대에서 받는 월급도 괜찮았는데, 그걸 전부 저축해서 꽤 돈을 모았어요. 이북을 드나들면서 사람들 구출해 오는 일을 해 주는 사람이 있다 하기에, 그 사람에게 돈을 좀 주고 해 봤는데, 결국 안 되었어요.

어떻게 이북의 가족을 데려온다는 건가요.

9.28수복 때 유엔군과 국군이 다시 밀고 올라갔잖아요. 그때 내가 다른 사람들로부터 전해 들은 이야기로는 황해도에 8인 위원회라는 게 만들어졌대요. 김

일성 정권이 도망간 뒤로 황해도 임시 행정을 담당했다는 거예요. 내 아버지와 작은 아버지가 거기 포함되었고, 특히 작은 아버지는 황해도 부지사를 맡았다고 해요. 내 아버지는 서울에 있는 나를 데려와야 한다는 생각에 자리는 안 맡았다고 하고요. 그런데 1.4후퇴가 있은 뒤로 내 아버지가 잡혀 가서는 소식이 끊겼다고 해요. 그래서 이젠 안되겠구나 하고 생각했어요.

그런 이야기는 누구에게서 들으셨나요.

그때 황해도의 해주나 다른 지역에서 넘어온 사람들에게서 현지 이야기를 들은 것이죠. 나중에 내 작은 아버지에게서 듣기도 했고요. 국군과 유엔군이 황해도를 수복했을 때 공산군 잔당들이 해주의 수양산에 숨었대요. 현지 우익대원들이 그걸 소탕하려 하는데 무기가 없었대요. 내 작은 아버지가 황해도 부지사로서 이승만 대통령 만나서 무기 지원해 달라고 탄원하러 왔다가, 1.4후퇴를 당한 거예요. 말하자면 출장 왔다가 발이 묶인 것이죠.

그 후에 내가 작은 아버지와 만났어요. 그때는 연평도에 가서 사람을 은밀히 북한에 들여보내면 가족과 연락해서 데리고 나올 수 있었습니다. 작은 아버지를 통해서 가족을 데려오겠다고 사람을 들여보냈어요. 그동안 내가 아끼고 저축했던 모든 것을 털어서 돈을 댔어요. 나는 우리 집에도 같이 연락할 줄 알았는데, 우리 집을 빼고 작은 아버지 가족만 내려왔어요. 우리 집 식구까지 같이 데리고 오는 게 쉽지 않았을 거 같기는 해요. 내 아버지는 잡혀 간 상태였고, 우리 집에는 내 막내 여동생까지 어린애들이 주렁주렁 했으니까요. 작은 아버지 가족이 여기 내려와서는 한동안은 나에게 좀 의지했어요. 작은 아버지가 남한

▮군 입대를 앞두고 미군부대의 한국인 간부급 종사자들과 송별 기념 촬영(1952.11.15) 가운데 줄 왼쪽 두 번째가 양윤세

에 아무 연고가 없는데 내가 당시는 아주 좋은 일자리인 미군 통역을 했으니까요. 내 작은 어머니는 여기 와서 100살 넘게 살았는데, 우리 집 빼놓고 그 집만 나온 데 대해 나에게 마치 죄인처럼 미안해 했어요.

참, 전쟁이 친족 관계에까지 해를 끼친 것이네요. 아픈 가족사입니다. 장관님 가족을 구출하지 못해서 무척 상심하셨겠습니다.

우리 가족 구출하려던 게 실패했다는 소식을 듣고는 내가 실신하다시피 해서 몸져누웠어요. 내가 부대 숙소에서 열이 올라 신음하니까, 내가 관리하던 종업원들 중 몇이 나를 이대로 두었다가는 젊고 유능한 사람 하나 죽을 것 같다고 나를 영등포 시내에 있는 자기들 집에 데려가 돌아가며 돌봐주었어요. 없는 살림에 성찬을 준비하고 또 소주도 먹여주었어요. 건설현장에서 일하는 이 막일꾼, 노가다들의 의리와 소박한 인간성 덕분에 다시 일어날 수 있었어요.

그런데 미군 통역 일은 언제까지 하셨나요.

내가 그때 징집 연령인데 군대를 안 간 셈이었어요. 내가 이북에서 내려올 땐 빨갱이들과 싸우고 온 것인데, 마치 미군부대를 핑계 삼아 한국군 입대를 기피한 것처럼 되어 있었어요. 내게 통역원 증명서가 있으니 잡혀 가거나 처벌받을 건 아니죠. 그런데 내가 군대 안 간 단 하나의 이유는 가족을 데려오기 위해서였는데, 이제 그럴 희망도 사라졌으니 다 집어치우고 군대라도 들어가야겠다고 생각했어요. 그래서 통역장교 시험을 치렀어요.

06 육군 통역장교 복무

통역장교 시험은 언제 치르신 건가요.

1952년 10월에 시험 보고 두 달 남짓 대구에 있던 보충대에서 훈련받고, 1953년 1월 15일 육군 중위로 임관했어요. 휴전 전이죠. 처음 배치 받은 데가 강원도 화천의 제2군단 사령부예요. 거기 가 보니 중공군이 쏜 대포알이 사령부 넘어 후방 쪽에 쾅쾅 하고 떨어져요. 부대에서는 나를 군단장실에 배치하더군요. 그때 군단장이 유재흥(劉載興) 씨였는데, 한 보름 지나니 군단장이 갈려서 정일권(丁一權) 씨가 왔습니다. 그때부터 끊을 수 없는 인연이 시작된 것입니다.

네, 정일권 씨를 처음 만나신 거네요. 그런데 통역장교 업무는 어떤 건가요?

KMAG라고 미군 고문단이 있었으니까 군단, 사단, 연대에 통역장교들이 있었어요. 통역장교라고 해도 매일 통역할 일이 있는 건 아니죠. 그러니 군단장 비서 역할하는 부관이죠. 나는 행사 일정 짜는 업무를 맡았어요. 외부에서 오는 전화 받고 행사 관련 일정을 보고하고 지시받아서 일정을 짜는 것이죠. 그 밖에 장군식당을 관리하는 식당장교 겸 당시 미군이나 요즘 군대의 PX에 해당하는 주보장교 업무도 맡았습니다.

처음에는 군단장실에 배치되었다가 참모장실로 옮겼어요. 본래는 참모장이 준장이었는데, 정일권 씨가 군단장으로 오고 나서는 대령(김상복 씨)이 참모장을 맡았어요. 군단장 부관 업무 하는 장교가 모두 네 명 있었어요. 김성두라고 나중에 공화당 당료 생활하다가 국회의원도 하는 친구를 거기서 만났습니다.

6개월 후 쯤 휴전이 되었지요?

그렇습니다. 그런데 휴전 직전에 참 마음 아픈 일을 겪었어요. 내가 월남할 때, 그리고 월남 후 담배 장사 시작할 때 도움을 받은 박양원이라는 친구가 있었잖아요. 그 친구가 내 근무지 화천 군단 사령부 인근에서 군 복무하고 있다는 이야길 들었어요. 이 소식을 어떻게 들었는지는 기억이 안 나고요. 너무 반가운 마음에 내가 그 친구를 찾아갔어요. 지프차 타고 1시간 반 쯤 걸리더라고요. 그 친구가 중사로 복무하고 있었어요. 내가 그 친구를 일선 부대에서 군단 사령부로 빼주려고 데려가겠다고 하니까, 그 책임자격인 대위가 그때 훈련 중인데 박 중사가 필요하니 1주일 후에 보내주겠다고 했어요. 나는 바로 데려가겠다고 한 시간 쯤 입씨름을 하다가 1주일 후에 보내준다는 약속을 듣고 돌아왔어요. 그런데 딱 1주일 후에 그 부대가 중공군 부대의 공격을 받아 몰살을 당했어요. 그 친구는 행방불명이 되었고요. 7.13전투라고 했어요.

7.13전투면 중공군이 우리 측의 반공포로 석방에 대한 보복으로 대대적 공격을 감행한 철원, 김화 지역의 금성(金城) 전투 아닌가요.

이름은 모르겠고 하여튼 부대가 참패했는데 박양원은 죽었든지 포로가 되었든지 해서 행방불명됐어요.

중공군 자신도 엄청난 피해를 입은 무지막지한 공격으로 국군의 사망, 실종자만 6천 명이라는 이야기도 있습니다. 실종자 대부분은 포로인데, 이미 포로 교환 협정도 끝났기 때문에 이들은 그대로 북한으로 끌려갔다고 합니다. 가까운 친구분을 잃으셨네요.

그 친구가 원래 해주에서 월남했는데 다시 국군포로로 끌려갔다면 모질게 고생했을 겁니다.

계속 2군단 사령부에서 근무하셨나요.

정일권 씨가 군단장 부임 1년 쯤 뒤에 육군 참모총장 발령을 받았어요(1954년 2월 14일). 그래서 2군단 사령부를 떠나게 되었는데, 나를 포함해서 의전 및 통역을 담당하던 참모진 4명을 육군 본부로 데리고 갔습니다. 대구에 육군 본부가 있었는데, 거기로 갔습니다. 소속은 일반 참모비서실이에요. 그렇게 비서실에서 근무하는데 외국 사람들 상대는 내가 많이 했어요. 의전 관계를 주로 담당했어요.

통역 생활 중의 에피소드라면요?

내가 영어 회화를 처음 시작한 곳이 미군부대잖아요. 많은 병사가 미국 남부 출신의 흑인이니, 내가 주로 들은 영어가 남부지방의 흑인 영어예요. 거기에 상소리가 엄청 많아요. 미군 병사들은 "그 수저 줘 Give me that spoon" 하지 않고, "지 ** 붙어 먹을 수저 줘 Give me mother f**king spoon" 합니다. "맥주 마셔"라는 말도 "Have mother f**cking beer"예요. 또 이 미군 병사들은 그냥 앉으라는 소리도 "Sit on your ass"라 해요. 계속 ass, ass 하는데, 사전을 찾아봐도 당나귀, 멍청이라는 뜻 외에 다른 뜻은 안 나오거든요. 나중에 보니 그게 엉덩이의 상소리예요. 난 "mother f**king"이야 쓰면 안 되는 말이라는 건 알았지만, "ass" 정도는 괜찮은 영어 표현으로 알았어요.

내가 참모총장실에서 통역을 할 때 이 상소리 영어로 난처해진 일이 있어요. 대구에 있던 육군본부가 내가 간 지 1년 쯤 되었을 때 서울로 옮겼어요(1955년 3월 1일). 육군본부가 지금 용산의 전쟁기념관 자리에 자리잡았어요. 서울에 오니 미군 장교, 미 대사관 직원들을 상대로 한 의전이 많아졌어요. 그들과 친해지니 그들로부터 저녁 초대도 종종 받았지요.

서울에 경복궁 바라보고 삼청동 길 입구 오른편에 지금 빈 땅이 있잖아요. 얼마 전에 대한항공에서 호텔 지으려다가 못 지은 곳 말입니다. 거기에 미 외교관 숙소가 있어서 미국 외교관 대부분이 거기 살았어요. 어느 날 거기에 저녁식사 초대 받아서 갔어요. 퍼스트 네임이 마지(Margie)라는 미국인 여직원이 있었는데, 그녀가 앉으려 하는 의자에 음식이 떨어져 있더라고요. 그래서 내가 그걸 막느라고 "Don't sit on your ass, Margie" 했거든요. 그랬더니 같이 식사하던 사람들이 깜짝 놀라서 다들 날 쳐다봐요. 난 이유를 몰랐지요. 한참 있다가 사람들이 "와하하" 하고 웃고 넘어갔는데, 난 그때서야 ass가 엉덩이를 가리키는 상소리니까 그런 자리에서 써서는 안된다는 걸 알았지요. 거기 오는 사람들이 모두 지식을 갖추고 수준이 있는 사람들인데, 내가 상소리를 했으니 사람들이 놀란 것이죠.

나중 일이지만 이야기가 하나 더 있어요. 김은국이라는 소설가가 『순교자』(*The Martyred*)라는 책을 썼잖아요. 나중에 내가 기획원 과장 때 같이 일하던 박필수 사무관이 그 책을 읽던 중의 일입니다. 거기 미군들이 하는 대화 중에 "Let's go to Yongdeong-mother f**king-po"라는 말이 나와요. 박 사무관이 영어를 잘하거든요. 그런데 그 대화는 이해를 못해서 나에게 "과장님, Yongdeong-mother

▌미 군사고문단(KMAG) 매덕스(Halley G. Maddox) 단장의 연설 통역(1954년)

f**king-po가 어디일까요?" 물어요. 내가 보니까 딱 알겠어요. 영등포예요. 영등포에 미군이 가는 색시집이 많았거든요. 영등포 가자는 소리였던 거예요.

하하하.

영등포라는 말이 세 음절이나 되니까, 중간에 그 상소리를 집어 넣은 거예요. 내가 그걸 알려 주고 둘이서 한참 웃었습니다. 한국 사람 중에 그 말을 바로 알아들을 사람은 몇 명 없을 겁니다. 미군 병사들은 뭐든지 그런 상소리를 넣었어요.

군 생활을 언제까지 하셨나요?

1955년. 그해 3월에 육군대위로 진급해서 7월 말경에 전역했죠. 이유는 학창

복귀. 내가 유학한 거예요.

미국 유학 가시려면 미국 대학의 입학 허가를 받아야 하니, 미국인의 소개나 도움이 필요하지 않았나요.

내가 2군단에 있을 적에 미국 대사관의 서기관(officer) 한 명을 알게 되어 친해졌어요. 그 친구 이름이 로이 해버캠프(Roy Haverkamp)입니다. 그가 처음에는 미 대사관의 공보 부서 직원이었어요. 그때 미 대사관의 공보 부서가 우리 정부의 대한뉴스 제작을 맡았던가 지원했던가 했어요. 어느 날 2군단 사령부에 이 로이 해버캠프와 다른 한국인 직원이 대한뉴스 제작 때문에 왔는데, 식사 때가 되어서 내가 식당을 안내해 주었고 그게 계기가 되어서 친해졌어요. 내가 대구로 간 다음에도 그 친구랑 왕래가 있었어요. 그 친구가 나중에는 대사관의 정무 부서로 옮겼을 거예요.

내가 하루는 해버캠프에게 물어 봤어요. "내가 공부를 다시 해야겠는데 이북에서 와서 아무것도 가진 게 없다. 전쟁 나기 전에는 내가 담배 장사도 하고 가정교사도 했는데, 이제 담배 장사를 할 수도 없고 가정교사 들어갈 만한 곳도 없다. 한국에서는 내가 대학에 다닐 수가 없다. 지금 길은 딱 하나밖에 없다. 미국에는 장학금 제도가 잘 되어 있다는 이야기를 들었는데, 어떻게 하면 미국에서 장학금 받고 공부할 수 있겠느냐?" 물었어요.

그 친구 말이 "미국에는 한국처럼 스페셜 루트가 있어서 통하고 이런 거 없다. 네가 솔직하게 네 사정을 편지에 써서 학교에 보내봐라" 하는 거예요. 그럼 "학교는 어떤 학교에 보내는 게 좋겠느냐" 했더니, 그가 "10개 학교의 리스트를 만들어 줄 테니 거기다 편지를 해라" 해요. 그리곤 그 10개 대학을 알려 줬어요.

내가 타이핑도 제대로 못 할 때인데 손가락으로 타이프 쳐서 편지 열 장을 똑같은 내용으로 써서 보냈어요. 거기에 하버드도 있고 코넬 대학도 있고 예일도 있고 뭐 다트머스 이런 좋은 학교들이 있었죠. 그 사람이 거기다 미국의 top 10을 써 준 거예요. 순전히 운인데 좀 중간이나 밑으로 했으면 좀 더 쉬웠을지 모르는데 이게 Top으로 신청했단 말이에요.

그랬더니 한 달 만에 처음으로 대답이 코넬 대학에서 왔어요. 거기서 하는 소리가 "코넬 대학에 너 같은 이를 도와주는 프래터니티 프로그램(fraternity program 형제회 프로그램)이란 게 있다. 이 프로그램은 외국학생 장학금(foreign student scholarship)이라고 해서 등록금(tuition)은 학교에서 내주고 기숙사비(room and board)는 프래터니티에서 1년 제공한다. 1년 제공한 후 만일 그 사람들이 너를 마음에 들어 하면 1년 연장된다"라는 거였어요. "외국학생 장학금은 너에게 줄 용의가 있는데 네가 여기 오려면 프래터니티 프로그램에 먼저 선발되어야 한다. 네가 선발될 수 있는 자료는 제출한 거니까 그 결정을 기다려라" 한 거예요.

그로부터 다시 한 달이 안 되어서 델타 카파 엡실론(Delta Kappa Epsilon), 통칭 디크(DKE)라는 이름의 프래터니티에서 연락이 왔어요. 그 디크 프래터니티에서 나를 자기네 게스트로 초청한다고 해요. 그러니까 내가 프래터니티 프로그램에 선정되어 전액 장학금(full scholarship)을 받은 거예요.

그때 미국 유학하려면 형식상으로는 재정후원자(financial sponsor)가 있어야 해요. 미국 사람으로서 누가 스폰서를 해 주는 게 형식상 요건인데, 나는 전액 장

학생이니까 스폰서가 없어도 된다고 그 대사관 사람들이 밀어붙여서 비자를 받았어요. 내가 한국에서 할 건 뭐냐. 코넬까지 가는 여비 마련하는 거예요. 그 때 비행기를 타고 가더라도 직항이 안 되고 일본 가서 갈아 타거나 사이판 가서 갈아 타든지 해야 하거든요. 나는 배를 타고 가기로 했는데, 태평양 건너 미국 서부의 시애틀까지 400달러가 들어요. 그런데 그 400달러가 정부에서 유학생에게 공정가격으로 바꿔 주는 한도예요. 그거는 내가 근무했던 육군본부 비서실에서 내줬어요.

정식으로 지급할 수는 없는 거 아닌가요?

전별금 같은 건데, 내가 장교 전역하면서 그만두는 거니까 총장 비서실장이던 김병삼 준장이 비서실 판공비에서 나에게 주었습니다. 그분이 내 처지를 감안하고 편의를 봐 주신 것이죠. 그 돈은 우리나라 돈으로 주었어요. 금액이 많지는 않은데, 그때 아주 낮았던 공정환율로 그 돈을 달러로 환전할 수 있었어요.

그리고 나머지가 또 있는데, 시애틀에서 코넬로 가는 비행기 값과 fee가 있어야 해요. 등록금(tuition) 외에 fee라는 게 있어요. fee가 그때 30달러예요. 이 fee와 책값은 있어야 해요.

이 나머지 경비를 어떻게 마련하지 하고 걱정하던 중에, 내가 미국으로 유학 간다고 장군들께 인사를 하니까, 정일권 총장이 미국에 가느냐고 하면서 돈 100달러를 주시더군요. 그 다음에 내가 가깝게 지낸 김상복 장군이라고, 처음 만났을 때는 대령으로 2군단장 참모장을 하다가 그때는 별 달고 사단장 하던 이에게 인사를 하러 갔더니 그분도 100달러를 주시고, 그리고는 원래 판공비가

▌정일권 참모총장이 유학 장도에 오르는 양윤세에게 준 사진과 격려 문구 "양윤세 군. 정직하고 명랑하고 노력으로서 성공함을 축하함. 정일권"

좀 있는 헌병감이 100달러를 또 주시고, 본부사령이 나중에 중앙정보부장 한 김용순 준장이었는데 그분도 100달러를 주시니, 총 400달러가 되었어요. 이승만 박사에게 충성을 다하던 김창룡 특무대장이라고, 무서운 사람인데 그 사람도 나에게 돈 20달러를 주시더라고요. 그리고 뭐 친구 장교들이 한 20~30달러 모아서 주니까 충분해요. 그래서 그거 갖고 떠났습니다.

미국 시애틀 가는 배는 본래 미국에서 군수 물자 실어 오는 수송선입니다. 한국에 올 때는 물자를 가득 싣고 와서는 물자를 내려놓고 빈 채로 돌아가는데, 1등실 여객실이 있어서 여객을 태우고 갔습니다. 1등실이라서 요금이 좀 비싼 400달러였어요. 그 배는 아무 곳도 기항하지 않고 시애틀로 직행했어요. 2주일 걸렸던 것으로 기억해요. 당시 미국에 유학 가는 사람들이 많이 이용한 것으로 압니다.

난 부산에서 배를 타고 시애틀에 갔고, 시애틀에서는 비행기 타고 뉴욕주 버팔로(Buffalo)로 가고, 버팔로에서 또 국내선 비행기 타고 이타카(Ithaca)로 갔어요.

옷은 군복 그대로 입고 갔어요. 결국은 시애틀 가는 데 400달러 쓴 거고, 또 450달러 정도 갖고 시애틀에서 출발했는데, 코넬 대학에 도착하니까 남은 게 100달러가 안돼요.

그렇게 도착해서 코넬 대학 가서 이제 accounting office에 가서 내가 양윤세라고 등록하러 왔다고, fee 내러 왔다고 했어요. 그런데 내 이름이 없다 이거예요. Mr. Yang이라고는 없대요.

깜짝 놀라셨겠네요.

그 먼 길을 어렵게 왔는데 내 이름이 없다고 하니 황당하죠. 그런데 가만 생각해 보니까 내가 처음 편지 쓸 적에 양윤세 Yang Yoon Sae라고 썼거든. 그러니까 답장이 왔는데 Deer Mr. Sae라고 되어 있었어요. 그때 '아, 성명을 거꾸로 쓰는 걸 내가 잘못했구나' 하고 제대로 쓴다고 다음 번에는 Yoon Sae Yang이라 썼단 말이에요. 내가 이랬다저랬다 하니까 코넬 측에서 혼돈이 되었나 봐요. 저쪽이 그 답장으로 보낸 편지에는 '동양 사람은 성부터 먼저 쓰지' 했는지, Deer Mr. Yoon이라 왔더라고. 그러니까 Deer Mr. Sae 했다가 Deer Mr. Yoon 한 거예요. 내가 Yang이 성(last name)이라 하니까 그 다음 번 편지에는 Deer Mr. Yoon에서 Deer Mr. Yang으로 왔어요. 그게 생각나서 우선 Yang이 없으면 Yoon 봐달라고 했는데 Yoon도 없다 이거예요. 그럼 Sae를 봐달라고 했더니 Sae가 있어요.

Sae가 있어요? 하하하.

그래서 30불 fee를 내서 등록을 하고, 다음에 책을 사는 데 30불을 썼어요. 그렇게 60불 내고 나니, 이제 20불 정도밖에 안 남았어요. 지금부터 얼마가 필요할지 전혀 모르겠어요. 조금씩은 돈 쓸 일이 있는 거 같은데, 그러니까 이제는 아무 데도 돈을 못 쓰는 거죠.

07 미국 코넬대–뉴욕대–하버드대 유학

그렇게 코넬대 입학하신 게 언제인가요?

1955년 가을입니다. 그때까지 내가 학교를 제대로 못 다녔잖아요. 초등학교 5년, 중학교 일제하에서 반 학기, 빨갱이 치하에서 2년 반, 이남에서는 1년 반, 이렇게 총 9년 반으로 초중등교육 12년 코스가 끝난 거거든요. 그래서 내가 대학만은 제대로 다녀야겠다고 생각했어요. 그때 내가 알기로는 세 번째로 늙은 1학년이었어요. 25살이요.

그때 1학년은 아직 전공은 없는 것이죠.

전공은 3학년에서 결정을 하는 거죠. 그 전에 하려면 할 수도 있는데 의무적으로 해야 하는 건 3학년이에요. 난 처음부터 경제학을 전공하겠다고 했어요.

그렇게 전공을 마음먹으신 이유는요?

나는 전쟁 때는 군사학 같은 걸 해야 되고, 전쟁 끝나면 먹고 살기 위해 경제학을 공부해야 한다고 생각했어요. 평화 시가 되면 먹고 사는 문제가 가장 시급하니, 경제학을 공부하는 게 최우선이라고 생각한 겁니다.

한국에서도 정규 학교를 제대로 마치지 못했는데, 미국 대학에서 공부하면서 어려움이 많았을 텐데요.

처음에는 무척 어려웠죠. 영어 알아듣는 데 시간이 걸렸어요. 내가 미국 통역이나 통역장교 생활을 해서 영어를 좀 한다 해도, 아는 게 전부 군사 용어예요. 그러니 내가 미국에서 경제학 강의를 처음 들을 때는, 무슨 말인지 알아듣질 못했어요. 모르는 단어가 수두룩해요. 그러면 일단 음으로 대충 적어 놓아요. 그리곤 돌아와서 사전에서 그 단어를 찾습니다. 그때 일어로 된 영어 콘사이스 사전이 제일 좋았거든요. 수업시간에 들은 단어 발음과 같은 단어를 찾아서 그 문장의 뜻이 뭔지 알아내는 겁니다. 아무리 찾아도 모르겠으면, 대학원생 조교(TA)를 찾아가서 물어보죠. 이런 발음이던데 무슨 단어인가요 하고 물으면, 그 사람들이 곧바로, 혹은 좀 생각해 보고 이런 단어고 이런 뜻일 거라고 답해 줍니다. 매일 오후 2~3시간을 그렇게 보냈어요. 그러면 거의 저녁때가 되고요, 본격적으로 책 읽으면서 공부하는 것은 저녁식사 후입니다.

영어 교재를 읽고 이해하는 것은 어떠했나요?

그것도 처음에는 쉽지 않았죠. 모르는 단어가 많으니 일일이 사전에서 단어를 찾아서 써 놓고, 글을 다시 읽었습니다. 그러니 시간이 많이 들었죠.

학비 외에 숙식도 제공받았지만 그래도 용돈이 필요했을 텐데요. 요즘 학생 같으면 밥값에 술값, 책값, 옷값 등 돈이 수월찮게 들어가는데, 용돈은 어떻게 조달하셨나요.

프래터니티가 나에게 기숙사 숙식을 제공해 주지만, 미국 아이들은 해 주는 것 없이 받기만 하는 것, 공짜로 있는 것은 안하더라고요. 대가로 식당 웨이터 일을 해요. 공짜로 밥 얻어먹는 대신이죠. 가장 손쉽게 할 수 있는 게 웨이터입니다. 그래서 나도 그래야겠다고 마음먹고, 디크 프래터니티에 웨이터를 하겠다고 자진 신청을 했어요. 웨이터를 하다가 식당 관리가 부실한 것을 보고, 다른 웨이터들 관리까지 하는 헤드 웨이터를 자청했어요. 그래서 헤드 웨이터를 했어요.

프래터니티별로 기숙사와 식당이 있는 건가요. 프래터니티는 직역하면 형제회인데, 정확히는 학생 사교클럽 아닌가요. 우리나라 대학에 그런 게 있다면 사적인 모임 정도에 불과할 텐데요.

미국 동부의 아이비리그 대학에는 오랜 전통의 학생 사교클럽이 있는데, 그게 프래터니티입니다. 우리나라 대학의 써클, 동아리 정도가 아니라, 생활공동체입니다. 전용 기숙사까지 있어요. 코넬 같은 한 학교에 여러 프래터니티가 있어요. 아마 50~60개 되었을 거예요. 물론 거기 가입하지 않은 학생도 있지만, 가입해서 얻는 혜택이 훨씬 더 큽니다. 가입하겠다고 해서 다 받아주진 않습니다. 가입 조건, 절차가 아주 까다로워요. 내가 속했던 디크는 가입 조건이 어찌나 까다로운지 백 몇 십 년 역사 동안 멤버 중에 유태인을 절대 안 넣습니다. 몇 대조 위에 유태인 한 명만 있는 게 알려져도 쫓겨납니다. 인종 차별이 아주 심한 데예요. 가입을 원하는 학생을 처음에는 게스트로 받고, 모임의 역사와 가치관, 행동규범을 교육합니다. 그리고 프랫 하우스에서 같이 한두 학기 같이 생활하면서 청소와 선배의 심부름을 하게 해요. 그리고 마지막에는 아주 짓궂은 장난, 학대에 가까운 장난을 견디고서야 정회원이 됩니다. 나를 받아 준 디크 프래터니티에서는 내 이력 이야기를 보고, 처음 1년은 게스트로 받아서 나를 관찰해 보고 그 다음에 정회원으로 받을지 결정하겠다는 거였죠.

프래터니티마다 기숙사와 식당을 운영합니다. 학교에서 직접 운영하는 아파트와 기숙사, 식당이 물론 있지만, 프래터니티 기숙사는 별도입니다. 층수도 낮은, 작은 고급스런 건물이죠. 기숙사비와 식대가 비싸요. 일반 회원 학생은 부유한 집 출신으로서 돈 내고 이용하는 것이고, 나 같은 프래터니티 선정 장학생은 공짜로 숙식하되 웨이터 일을 해서 일부라도 갚는 거예요.

같이 생활하면서 밥 같이 먹고 같이 어울리면 정말 형제처럼 되겠습니다. 그런데 웨이터 일만 해서 생활하실 수가 있었나요.

돈은 따로 벌어야 했어요. 웨이터 일은 돈 생기는 건 아니에요. 공짜로 식당 밥 먹기 미안하니까 하는 일이었지요. 그래서 학생 상담사(student adviser)를 찾아가서, 내가 사실 돈이 없어서 그러는데 파트타임 아르바이트를 허가해 줄 수 있느냐고 물으니 곧바로 해 주대요. 도서관에 가 보라고 해요. 도서관에 갔더니 한 시간에 75센트짜리 페이지(page, 도서관에서 책 찾아 주는 심부름하는 학생)가 있어요. 페이지는 도서관 10층 되는 데를 뛰어 올라갔다가 뛰어 내려오고 하면서 책 갖고 오는 거예요. 그게 편리한 게, 수강과목 사이에 한 시간씩 비는 시간이 있으면 그때 들어가서 하면 돼요.

그렇게 페이지를 한 주일에 10시간을 신청했어요. 중간에 비는 시간과 또 안 되면 그날 점심 먹고 오후에 바로 1시간씩 그걸 해서 한 주일을 하니까 7불 50전이 나오더라고요. 나에게는 거금이죠. 그걸로 여러 가지 용돈을 쓰는 겁니다.

이렇게 하니, 대신 시간에 무척 쫓겼어요. 아침에는 5시 반 쯤 일어납니다. 기숙사 식당에서 아침식사 세팅하는 거 감독하고 같이 일하고, 그리고 식사 끝나면 정리정돈합니다. 한 2시간 걸려요. 그리곤 수업에 들어갑니다. 점심때는 다시 식당에 가서 웨이터를 하고, 오후 1시 반 쯤에 도서관에 갑니다. 1~2시간 책 찾아 주는 페이지를 합니다. 또 한 2~3시간 단어 찾고 조교 만나서 모르는 단어를 물어보면 5시 쯤 됩니다. 2시간 정도 저녁식사 때 웨이터 일하고, 7시 쯤 도서관 돌아오면 그때부터 내 시간입니다. 12시까지 공부합니다. 그리곤 기숙사 돌아와서 잡니다. 5시간 정도 자는 거죠. 그게 일과였어요.

그런데 저녁을 먹었어도 밤 12시 쯤 되면 배가 출출하잖아요. 기숙사 돌아오는 길에 샌드위치 파는 가게가 있는데, 제일 싼 치즈 샌드위치가 25센트예요. 우유 한 잔에 10센트이고. 그걸 먹으려면 35센트가 드는데, 돈이 없으니 그걸 못 사먹었어요. 그러면 배고픈 상태로 잠자리에 드는데, 꿈에 불고기와 냉면이 나오고 김치가 나와요. 그런 꿈을 꾸다가 아침 5시에 또 일어나는 겁니다.

하하하. 고생하신 이야기에 웃어서 죄송합니다만.

정말 눈코 뜰 새 없이 바쁜 하루였어요. 주중에는 잠깐의 여유도 없었어요. 그런데 문제가 하나 또 남은 게 있어요. 매일 군복만 입고 다닌 거예요. 그러니까 소문이 나기 시작하는데, "야, 저기 디크에 온 윤세 양이란 놈이 한국의 이승만을 닮아 가지고 전쟁을 그렇게 좋아하는 모양이라고. 여기 왔는데 군복을 못 벗는다" 하는 거예요. 군복만 입고 다니니까, 그 소리가 들리더라고요.

옷을 한 벌 그럼 사야겠는데 새 옷 살 엄두가 안 났어요. 식당에 루이라는 흑인 쿡(요리사)이 한 명 있었어요. 루이에게, 내가 사실은 옷이 없어서 군복만 입는데 파티 같은 거 할 적에는 군복 입고 가기가 뭐하다고 이야기했거든요. 옷

싸게 사는 방법 없느냐 했더니 자기 집 근처에 가면 세컨 핸드 스토어(중고품 가게)가 있다고, 거기 가면 아주 좋은 옷도 싸게 살 수 있다고 해요. 그래서 가서 골랐는데 스포츠 코트 5불, 팬츠 5불이에요. 10불이니까 상의, 하의를 살 수 있더라고. 그거 사 갖고 쭉 스프링 파티니 뭔 파티에 입고 나갔어요.

잭 스미스라는 내 룸 메이트가 있는데, 이 친구가 인천 상륙한 해병대 병사 출신이에요. 학교 다니다가 와서 전투에 참여하고 제대군인으로 다시 돌아왔거든요. 그때 GI Bill이란 법에 의해 장학금을 받고 공부를 계속한 친구입니다. 그 친구는 한국 사정을 알거든요. 나하고 룸메이트 하겠다고 자기가 자청했어요.

기숙사 방에 옷장이 2개 딱 있는데, 한 방에서 룸메이트라 하더라도 자기 옷장 말고 남의 옷장을 열어 보지는 않잖아요. 그런데 가만 보면, 내가 호전가(好戰家) 같지는 않은데 호전가라고 소문이 났고, 군대를 별로 좋아하는 거 같지는 않은데 군복만 입고 다니니, 이상하단 말이에요. 또 중고품 가게 가서 옷을 사서는 좋다고 하고 있고요. 룸메이트가 크리스마스에 집에 돌아가기 전에 내 옷장을 열어 본 모양이에요. 군복밖에는 아무것도 없었지요.

그 친구가 크리스마스 때 집에 갔다가 돌아오는데 자기 입던 옷, 입던 거라도 중고품점에서 산 것보다 더 좋지요, 그거 몇 벌과, 그것만 주면 안될 것 같으니까 또 새 옷 몇 벌, 그리고 오버코트 하나까지 내 옷장 안에 잔뜩 걸어 놨어요. 그리고 거기다가 'Merry Christmas, Yoon Sae'(메리 크리스마스 윤세)라 썼어요. 눈물이 확 나더라고요. 그걸로 대학 다녔어요. 코넬 졸업할 때까지 그 옷을 입었어요. 그런 과거가 있어요.

언제까지 웨이터 일, 도서관 페이지 일을 계속하셨나요.

1년 쯤 했어요. 그 후 좀 사정이 나아졌어요. 여름방학 때 카운슬러 일을 하면서 목돈을 벌어 와서는 도서관 일을 중지한 겁니다. 웨이터 일은 계속 했고요. 영어도 익숙해지니 단어 알아내느라 하루 2~3시간씩 쓸 일도 없어졌지, 1주일에 페이지 일 10시간씩 하던 것도 없어지니, 시간 여유가 생겼고 공부하기가 훨씬 수월해졌죠.

여름방학 때 카운슬러 일이라는 게 어떤 거였나요.

내가 1학년 마치고 1956년 여름방학에 목돈을 벌려고 카운슬러 일을 했어요. 거기에 사연이 좀 있어요. 내가 코넬 도서관에서 앤드류 실라드라는 학생을 우연히 알게 되어서 친해졌어요. 그는 뉴욕 출신으로 비교적 여유 있는 생활을 하는 학생이었는데, 학년은 나보다 하나 위였으나 나이는 4~5살 아래였고, 나를 형 대하듯 했어요.

1학년을 마치고 긴 여름방학을 맞았는데, 나로서는 이를 잘 활용해서 최소 5, 6백 불을 저축해 놓아야 2학년 생활비용을 해결하고 학기중 아르바이트를 면할 수 있었어요. 내 사정을 아는 앤드류가 뉴욕 플레젠트빌(Pleasantville)의 자기 집에 가서 지내면서 근처에서 일을 하면 어떠냐고 해요. 그래서 그가 예약해 둔 소형 보트제조공장에서 주 6일을 근무하는 생활을 1달간 호되게 했는데, 불경기로 공장 폐쇄가 되었어요. 돈을 벌어야 하는데 앞길이 다시 캄캄해졌지요. 그런데 어느 날 그의 어머니 차를 타고 쇼핑에 따라갔다가 도로에서 편승을 원하는 한 흑인 청년을 태운 것이 인연이 되어, 그로부터 소년원을 소개받았어요.

소년원, 범죄 저지른 애들 있는 곳인데, 처음에 갔던 데가 뉴욕 돕스 페리(Dobbs Ferry)에 있는 Children's Village예요. 거기는 미성년 범죄자(Juvenile delinquent)들, 범죄를 조금씩 겪은 아이들이 모인 데에요. 거기서 8~14살짜리, 제일 작은 아이들을 나에게 담당시켜서, 내가 스물 몇 명 아이의 카운슬러로 취직했어요.

그렇게 섬머 스쿨로 용돈을 벌러 갔는데, 그런 아이들을 스물 몇 명을 담당하는 건 아주 큰 씨름이에요. 그 고통스러운 이야기는 말도 못해요. 그런데 그걸 한 석 달 하고 나니, 의외로 애들이 날 따랐어요. 성적이 좋았어요. 그러니까 소년원 쪽에서도 아무 때고 내가 오면 받아주겠다고 해서, 그 다음에 한 주일 동안 노는 방학이 생겨도 그리로 갔어요. 그러면 한 주일 일하게 해 줍니다. 거기 가면 먹여주지, 재워주지, 그리고 보수도 꽤 돼요. 그래서 저축도 하고요. 여름 방학 동안에 1년 쓸 용돈을 벌 길을 찾은 겁니다. 한 4~5백 달러 모아서 옵니다. 그걸 3학년 끝난 여름방학까지 2번 했어요.

그 다음에는 좀 그레이드 업 시켜서 Eden world school이라고 해서 뉴욕 유대인 아동보호협회(Jewish Childcare Association of New York) 밑에 있는 정신장애아(emotional disturbance children)들을 기숙 교육하는 곳이에요. 거기에서도 한 스물 몇 명 맡아서 했는데, 거기서는 성적이 더 좋았어요. 아무튼 애들이 나를 잘 따랐어요.

내 덩치가 자기들보다 더 작거든요. 그래서 처음에는 얕봐요. 밤마다 난리를 피워요. 다 재워 놓고 내려오면 우당탕 탕탕 하는 소리가 나는 거예요. 그럼 뭐야 하고 깜짝 놀라서 올라가 보면, 베개 싸움(pillow fighting)을 하는 거예요. 스물 몇 명이 침대 두 층으로 나눠서 한 방에 자니까 열 몇 개로 나뉘어 베개 싸움을 막 하다가 내 발자국 소리가 나면 딱 그치는 거예요. 조용하니까 내가 내려오잖아요? 우당탕 소리가 또 나요. 이게 완전히 신경전이에요.

그거를 어떻게 해서 잠재웠냐. 이놈들이 아무튼 밤 9시에 취침시간인데 9시에 데리고 올라가려고 하면 '30분만 더요' 하면서 사정사정해요. 그리고 올라가면 또 그 난리를 벌이거든요. 그런데 어느 날 저녁 텔레비전을 보는데 쥬도 찹(judo chop)을 방영하더라고요.

유도요?

우리 지금 태권도 하는 거 있잖아요. 일본 애들은 비슷한 가라데를 하는데, 이를 미국에서는 쥬도 찹이라고 불렀어요. 쥬도 찹 방송하는 걸 보고는, 내가 애들에게 이용해야겠다고 생각했어요. "오늘 TV에서는 일본 쥬도 찹을 하니까 너희들 30분 무조건 봐라. 어떤 건지 알아 두는 게 좋다" 하니까 애들이 막 좋다고 해요. TV를 보게 했어요. 조그만 일본 사람과 커다란 미국 사람이 나와서 맞서는데, 일본 사람이 미국 사람을 휙 넘겨서 메쳐버리는 거죠. 그렇게 작정하고 유도를 보여 줬지요. 그랬더니 이놈들 눈알이 동그래지는 거예요.

다 끝난 다음에 한 놈을 골라 나오라고 했어요. 큰 놈은 나보다 상체 하나가 더 크거든요. 흑인 아이가 15살이면 덩치가 이래요(팔 시늉). 내가 "동양에서는 쥬도 찹을 필수적으로 조금씩은 다 해야 한다. 나도 저거 다 공부하고 훈련받고 왔다. 누구든 한 사람만 나와라. 내가 시범 보여줄게. 나와, 너희 중 한 놈만 나와" 그랬지요. 그런 애들이 겁쟁이거든요. 속은 겁쟁이인데 겉으로만 으스대는 거죠. 나오라 하니 안 나와요. 그래서 제일 커다란 놈의 멱살을 꽉 잡아서 끌어

코넬대 재학 중 여름방학 등에 일하던 소년 감화원의 동료들과 함께

냈어요. 나오라고 그랬더니 이놈이 "No, Sir. No, Sir" 해요. 날 Sir라 부르기 시작한 거예요. "Mr. Yang. No, Sir. No, Sir" 하는 겁니다. 제일 큰 놈에게 "너 저거 좀 해봐, 나랑 붙기만 해. 내가 너 조금만 살짝 넘길 테니까 아픈지 어떤지만 느껴봐" 하면, 그놈은 "No, Sir. No, Sir" 하는 거예요. 한참 이놈 갖고 닦달했어요. 그 후부터는 내 말이라면 일체 잘 듣는 거예요.

하하하.

그렇게 그놈들을 휘어잡았어요. 그런 일까지 있었는데 그걸 해서 학비를 쭉 댄 거예요. Eden world school 아이들은 정신장애아들인데, 그건 진짜 신경을 써야 해요. 그래도 거기서도 좋았어요.

그럼 그렇게 여름방학 중에 목돈을 벌면서부터는 하루 3번 하는 식당 웨이터 일은 그만 두셨나요.

웨이터 일은 계속 했어요. 그런데 프래터니티에서 식당 관리를 잘못해서 식당 문을 닫을 위기에 처했어요. 재정적으로 유지가 안 되는 거예요. 그래서 내가 제안을 했어요. 내가 헤드 웨이터 하면서, 식당 전체를 관리하는 스튜어드(steward)도 하겠다고 했어요. 그러면 스튜어드 비용을 절감할 수 있는 거죠. 그렇게 위기를 극복하자고 했더니, 프래터니티 학생들이 감동을 해서 나를 추종하기 시작해요. 그래서 둘째 해부터는 스튜어드가 됩니다.

내가 식당에서 왜 그렇게 적자가 나는지를 알아봤어요. 아침에 식당에 출근하면 커다란 우유통 몇 개가 밖에 배달되어 있는데, 아무도 그걸 안에 들여 놓질 않아요. 나중에 오전 수업하고 점심때 와 보면 우유통이 그대로 있어요. 조리사가 통을 열어 보면 우유가 상했어요. 상한 우유를 그냥 콸콸 쏟아버리고, 긴급히 새로 몇 통 보내라고 주문해요. 새로 오는 우유는 값이 더 비싸요. 이렇게 우유를 버리고 새로 주문하는 비용이 상당해요. 게다가 식재료 창고에 가면 별별 게 다 있는데, 새로 자꾸 주문하고, 묵히다 못 쓰게 된 거는 버리고… 이러는 낭비도 엄청나요.

그걸 재고조사처럼 내가 전부 꺼내서 쓸 거는 쓰고 버릴 거는 버리고, 아침에 우유 들여 올 학생도 지정하고, 이렇게 하니 식당 재정이 확 달라져요. 내가 6개월을 그렇게 했더니 다 정상화가 되었어요.

아니, 학생 외에 그걸 전체 관리하는 직원이 없나요.

없어요. 조리사만 써요. 그리고 돈 관리는 회계사에게 맡겨요. 회계사와 연락해서 어디 지출이 많은지 분석하고 관리해야 하는데 그동안 그걸 안 한 거예요. 내가 그걸 철저히 하니, 나중에 프래터니티의 재무 담당 부회장격이 되었어요. 마지막 학기에 실제론 아무것도 안 하고 재무책임자(treasurer) 명칭만 갖고 있었어요.

디크 프래터니티 가입이 어렵다는 이야기는 전에 했지요. 거기서 동양인으로는 내가 두 번째 멤버였어요. 한 일본인이 1930년대에 멤버가 되었고, 내가 1950년대에 두 번째 동양인 멤버가 되었어요. 내가 첫해에는 게스트였다가, 둘째 해부터는 정식 멤버가 되었고, 나중에는 간부가 된 거죠.

프래터니티의 정회원은 어떻게 되셨나요. 가입이 어렵다고 하셨는데요.

먼저 일반적인 이야기를 해야겠는데, 보통 대학 신입생이 들어오면 수십 개 되는 프래터니티에서 그 프래터니티를 소개하면서 가입 안내를 합니다. 신입생이 가입 신청하면, 이니시에이션(initiation)이라 해서 한 학기 동안 같이 생활하면서 주말마다 온갖 노역을 시킵니다. 예를 들어 기존 회원, 그러니까 선배가 '아무개!' 하고 신입 회원을 불러내서는 이번 주말에 어떤 영화 있냐고 묻습니다. 그러면 신입 회원은 미리 그런 걸 알고 있다가 시내 극장에서 이런저런 영화 상영한다고 선배에게 알려 주어야 합니다. 또 기숙사 방 청소도 시킵니다. 물론 청소부가 따로 있어서 쓰레기통 비우고 바닥 쓸고 닦는 청소는 해 주는데, 신입 회원은 유리창이라든가 벽 같은 데 먼지 청소를 합니다. 한 학기 동안 그렇게 해요.

그리고는 둘째 학기에 들어가면 initiation week(신입 주간)라는 특별 행사가 있습니다. 예를 들어 지하실에 옷을 다 벗고 팬티만 입고 내려오게 합니다. 그리고 탁자에 아주 먹기 곤란한 음식, 개밥 같은 것을 차려 놓고 의자마다에는 날계란을 올려 놓고 그 앞에 신입 회원이 서게 해요. 선배가 신입 회원마다 뒤에서 있다가 일제히 확 눌러서 앉힙니다. 그러면 엉덩이에 깔려서 계란이 터지지요. 그리고는 그 개밥 같은 것을 먹게 합니다. 이런 거 말고도 여러 가지 심한 의식이 있고, 그걸 거쳐야 정회원이 됩니다.

내가 1년이 지나니까 나를 '형제'(brother)로 들이기로 했다고 해요. 난 이 나이에 그 입회 절차를 어떻게 하냐고 싫다고 했어요. 그랬더니 1주일만 하자고 해요. 그래서 나는 1주일 간 그런 의식을 거쳐서 회원이 되었어요.

네, 그런 학대에 가깝게 어려운 과정을 거쳐서 회원이 되면 단체에 대한 강한 애착이 생기지요. 그래서 결속력이 무척 강해지고요. 그게 학창 생활에나 졸업 후에도 도움이 되는 것이고요. 그런데 코넬에는 다른 한국 유학생들도 있었지요?

코넬대에 한국 사람들이 9명 정도 있었어요. 건축대학에 당시 문교부 차관 아들이 군대도 안 가고 바로 들어왔어요. 그렇게 나보다 5살인가 밑인 사람이 학부의 건축대학에 한 명 있었고, 문리과 대학에 간 건 내가 처음이에요. 그리고는 나머지는 교환교수라고 하고, 그 다음에 대학원생이 있었어요. 그래서 모두 9명인가 됐었어요. 그중 여자가 셋이고 남자가 여섯 명이었죠.

그런데 토요일마다 한국 사람들이 만난다는 거예요. 그 만나는 장소는 린덴 애비뉴 10번지. 거기로 오라 하더라고요. 그런데 회비가 2불이에요. 처음에는

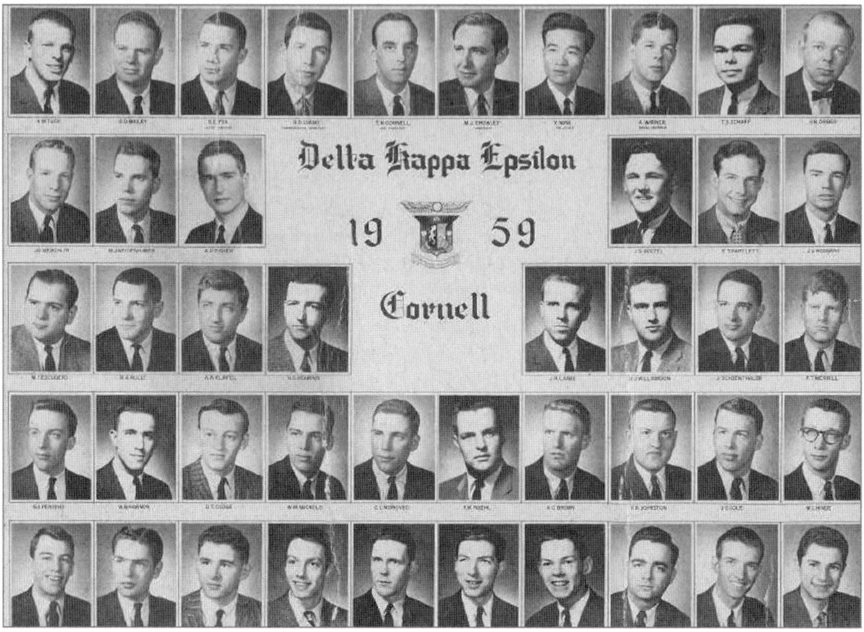

▌코넬대의 디크 프래터니티 1959년도 졸업생(맨 윗줄 오른쪽에서 네 번째가 양윤세)

내가 20불도 못 되는 현금 갖고 있는데 2불을 낼 수가 없죠. 뭐에 필요할지 모르니까. 그래서 안 갔어요. 모임 한다는 데도 안 가고 안 가고 그랬는데, 아무리 생각해도 그렇게 하면 안되겠더라고요.

앞서 얘기한 도서관 페이지 일 하면서부터 내가 마음 놓고 이제 한국 사람들 모임에 찾아갔어요. 그런데 이 유학생들이 그동안 말이 많았더라고요. "저 놈은 저 육군 참모총장 부관했다고 하는데 오지도 않고 혼자 잘났다고 저러고 있다"고, 저들끼리 앉으면 내 욕을 한 거예요. 내가 막상 갈 때 그냥 가기는 뭐하니까 술을 한 병 사 갖고 갔어요. 그때부터는 좋아가지고들 단란하게 지냈지요. 가기 전에는 상당히 오해도 받았어요. 남의 사정도 모르고요.

성적은 어땠나요?

첫 학기에 내 평균 점수가 83점인가 그랬어요. 잘한 것이었어요. 코넬대 경제학과 교수들은 잘해도 85점 이상을 잘 안 주었어요. 나중에 뉴욕대 대학원 들어가서 보니 85점이면 B학점이더라고요. 코넬에서는 그게 좋은 점수인데, 다른 학교에서는 그렇지 않았어요.

그때는 경제학에서 수학을 많이 안 쓸 때였나요. 지금은 경제학 공부하려면 수학 지식이 필수이지 않습니까.

수학 거의 안 썼어요. 수학을 쓰는 경제학, 수리경제학을 1960년대에 코넬이 제일 먼저 했어요. 1950년대에는 수학 잘 못해도 경제학 공부를 할 수 있었어요.

그러면 처음에 영어 강의 이해하는 거 말고는 공부에 큰 어려움이 없었나요.

영어 과목을 필수로 1년간 수강해야 해요. 우리로 치면 국어 과목을 들어야 합니다. 외국인 학생에게는 외국인 영어가 따로 있어서 쉬워요. 내가 미국 애들과 경쟁하겠다고 만용을 부렸어요. 외국인 영어 대신 미국 학생들과 같은 영어 과목을 수강했어요. 에세이를 써야 되는데, 아주 힘듭디다. 모르는 단어 투성이입니다. 교수가 내 에세이에 대해, 내용은 아주 좋지만 표현이 부족하다고 지적합디다. 그래서 첫 학기에 70점을 받았고, 둘째 학기에는 73점인가를 받았어요. 그래서 평균 점수를 깎아먹었어요.

그렇게 단련을 하고 나니까 2학년 되니까 성적이 확 올라가요. 주변에서도 공부 잘 한다고 내 이름을 이야기하기 시작하고요. 2학년 2학기에는 한국식으

▎코넬대의 졸업을 앞두고

로는 코넬의 우등생 모임(phi-veta-kappa)에도 들었어요.

졸업은 몇 년에 하셨나요.

1959년에 학사BA 학위 받았지요.

그럼 학사학위 받고서 바로 대학원에 진학하셨나요?

대학원에 진학했는데 그때도 그럴 사정이 있었어요. 나는 사실은 대학만 마치고는 돌아오려고 했어요. 그때 미국 전체 분위기는 어땠냐면 학부만 끝나면, 더군다나 아이비리그 출신들에 대해서는 회사에서 반년 전부터 막 끌어대니까 다 그리로 가서 돈 벌지 더 공부하려고 안 해요.

나도 더 공부할 생각은 없었어요. 그런데 돌아오려면 여비가 있어야 하잖아요. 돌아와서 자리 잡으려면 몇 달 동안의 하숙비도 있어야 해서, 코넬대 졸업 후에 일단 내가 여름방학 동안 두 번 일했던 뉴욕의 Eden World School로 갔어요. 거기서 섬머 아르바이트를 하는데 비자 기한이 됐어요. 그렇다고 바로 돌아올 수는 없고, 비자를 연장하려 하는데, 한 가지 방법은 학교에 다시 들어가는 거예요. 학생 신분이 되면 연장이 되니까요. 그래서 뉴욕대학 대학원 입학 준비를 했어요.

그 학비를 대야 하는데, 내가 그동안 일한 자선단체 같은 데보다 제대로 된 회사를 다녀볼 궁리를 했어요. 마침 푸르덴셜보험회사에서 사원 모집 광고가 났어요. 시험을 봤지요. 응시자가 제법 있었는데, 내가 뽑혔어요. 남미 담당 매니저 보(assistant manager) 자리예요. 그 매니저가 날 뽑고 좋다고 날 자기 방에 데려가서 내 방도 보여 주었어요. 거기에 타자 치는 여자들이 많더라고요. 그 매니저가 내 신분을 확인하자고 해요. 내가 학생 신분이라 하니, 자기가 영주권 수속을 해 줄테니, 서류를 준비해 오래요. 난 1년 후에 돌아갈 거다 하니, 이 사람 얼굴이 새파래져요. 내가 야간에는 NYU에 다니고 낮에는 이 직장에 1년 다니려 한다 했어요. 그랬더니 그 영감이 화를 내요. 나를 훈련시키는 데만 1년 8개월 걸리는데, 1년 만에 돌아가면 되느냐는 것이죠. 그래서 그건 그만두고, 다시 자선단체 일을 하기로 했어요.

NYU에 입학해서 비자 받았어요. 그랬더니 얼마 안 가서 아주 전혀 모르는 사람에게서 전화가 왔어요. 코널 뭐라고 해요. 자기 좀 만났으면 좋겠다고 해요. 그래서 무슨 소리냐고 물으니까 제너럴 밴 플리트(Van Fleet) 관련된 일이래요.

밴 플리트 장군이요?

밴 플리트 장군[4]이 코리아 소사이어티(Korea Society)를 만들었다는 거예요. 그 때까지 그 사람이 아메리칸 코리안 파운데이션(한미재단) 이사로 있으면서 한국 관계 일을 했거든요. 그건 알고 있었어요. 내가 육군 참모총장실에 있을 적에 한 번 그 양반을 안내한 일도 있어요. 그런 관계도 있고 하니까 그 양반이 기억할지는 모르지만 하여튼 알고는 있다 생각했단 말이에요. 그런데 그 양반이 한미재단을 뛰쳐나와서 코리아 소사이어티를 만들었다는 거예요. 그래서 갔더니 이번에 생긴 코리아 소사이어티의 넘버원 프로젝트가 좋은 한국인 유학생을 찾아서 두 명에게 1천 달러씩 주는 장학사업인데, 내가 선발이 되었다는 거예요.

그거 신청도 안 하셨는데요? 있는 줄도 모르셨잖아요?

안 했지요. 있는 줄도 몰랐는데 어떻게 조사를 했는지 내가 선정되었다는 거예요. 나로서는 이건 하늘에서 떨어진 천 달러인데, 싫다고 할 이유가 전혀 없잖아요. 보고 안 한 돈이고 뒷돈이라고 뭐 그거 받는다고 문제되지는 않을 거고요. 그때 하버드를 비롯해서 코넬이니 뭐니까지 1급, 특급 대학들에서는 500불이 한 학기 등록금(tuition)이에요. 그러니까 천 불이면 1년 등록금이죠. 그래서 천 불 주는 거예요.

그래서 내가 돈 벌어서 학비 낼 각오를 하고 들어간 NYU도 공짜로 다닌 거예

4 제임스 밴 플리트(James Alward Van Fleet, 1892~1992)는 제2차 세계대전과 6.25전쟁에 참전한 미국의 육군 군인이다. 6.25전쟁 당시에는 미군 제8군 사령관을 지냈다.

요. NYU는 사립대학이에요. 뉴욕에서는 컬럼비아가 좋냐, NYU가 좋냐 했지요. 뉴욕 대학이 한국에는 그때까지 별로 안 알려져 있었지만, 미국에서는 아주 권위 있는 학교였지요. 컬럼비아랑 맞서니까. 그때는 사립대학 아니면 꽤 크질 못했어요. 주립대는 전부 삼류였어요. 그 후에 1960년대 학교 개혁이 일어나고부터 주립대학이 올라가기 시작했는데 우리 다닐 때는 주립대학 하면 삼류 이하예요. 뉴욕 대학에서 1년 있을 동안에, 내가 석사(MA)를 마쳤어요.

석사는 1년 만에 하셨나요?

네. 그런데 1년 만에 학위 받는다는 게 쉬운 일이 아니에요.

네. 그때도 경제학으로요?

그때는 외교학을 했어요. 그랬는데 내가 사회 나와서 그대로 활용한 게 그거예요, 경제외교 할 때, 미국에서 공부한 게 음양으로 많이 참고가 되었죠. 그리고 1년 후에 묘한 인연이 생겨서 하버드를 가게 되었어요.

그럼 1959년도 여름에 학사학위 BA 받으시고 바로 대학원 들어가신 거죠? 바로 들어가셔서 1960년 여름에 석사학위(MA) 받으셨고요.

석사학위증 나온 건 뭐 서머스쿨에서 한 과목을 마저 끝내는 바람에 날짜는 가을일 거예요. 10월 달인가로 기억합니다.

네, 그리고는 하버드로 연결이 되었고요?

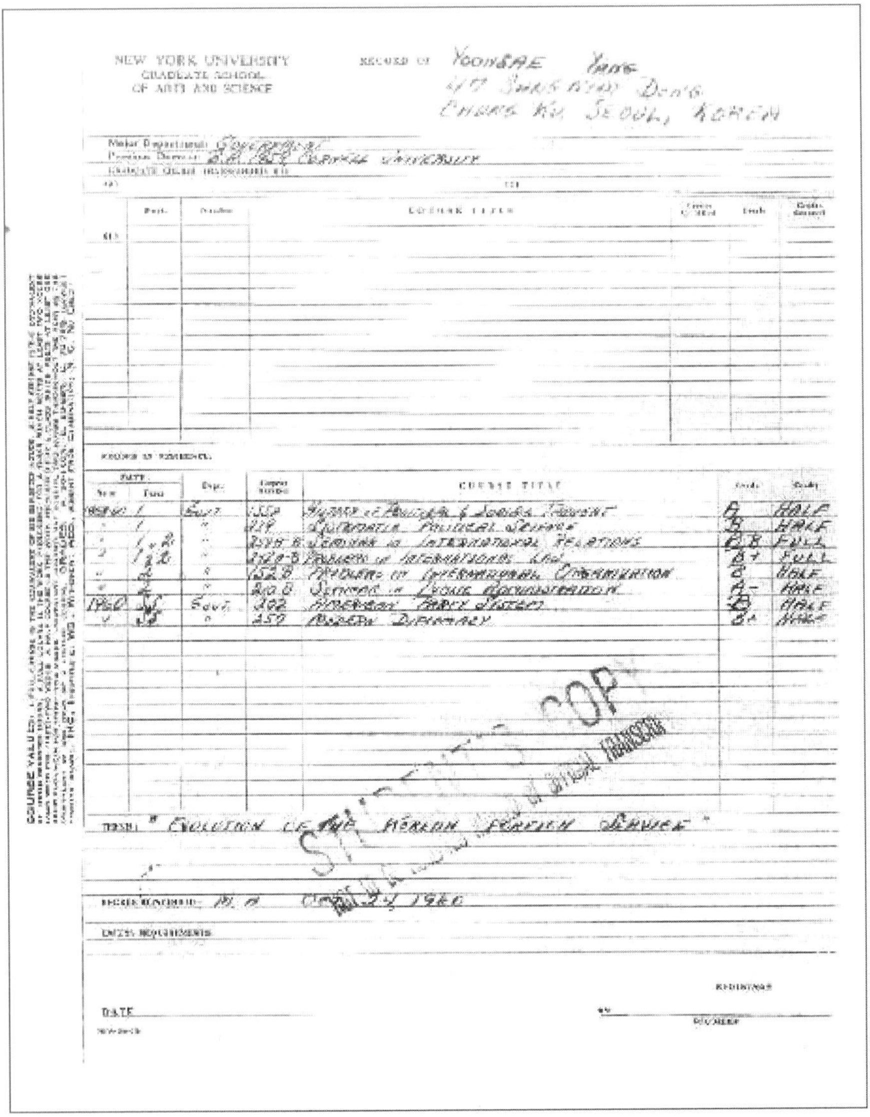
NEW YORK UNIVERSITY
GRADUATE SCHOOL
OF ARTS AND SCIENCE

RECORD OF YOONSAE YANG

COURSE TITLE

THESIS: "EVOLUTION OF THE KOREAN FOREIGN SERVICE"

▮ 뉴욕대 대학원 성적표 수강 과목명과 성적, 그리고 석사학위 논문 주제 "한국 외교의 진화" (Evolution of The Korean Foreign Service)가 표기되어 있다.

네, 하버드를 가게 되었어요. 하버드에 간 경위가 또 있어요. 나는 뉴욕대 석사 끝나면 한국으로 돌아간다 해 가지고 돈을 저축하기 시작했어요. 1년 동안에 내가 모은 금액이 얼마냐. NYU 재학 중에 번 돈을 한 푼도 안 쓰니 현금 3천 달러를 모았어요.

거금 아닌가요. 우리나라 1인당 연 소득이 100달러가 채 안 되던 시절이었는데요. NYU 대학원 재학 중에는 어떻게 돈을 벌었나요?.

거금이지요. 소년원 학교 일을 계속했어요. 코넬대 재학 중 여름에만 일하던 거에 비하면 뉴욕대 대학원생 시절에는 훨씬 더 많이 일했어요. 어느 정도냐면, 많이 했을 때는 한 주일에 70시간 일했어요. 그리고 학교는 학교대로 가고. 그렇게 1년을 보내고 나니까 손이 떨려요. 밤에 제 시간에 자려고 하는데 잠이 잘 안 와요. 내가 술을 좋아했어요. 술을 그냥 병째로 콸콸콸 마시고는 골아 떨어져 자고 그랬어요. 여하튼 그렇게 일했더니 손이 다 떨리더라고요.

여하튼 뉴욕에서의 1년은 나에게 아주 소중했던 시간이었어요. 한미재단이라는 단체에 60대 쯤 되는 여자 박사가 있었어요. 그 사람이 어디서 이야기를 들었는지 나를 만나자고 해요. 그래서 만났더니 자기가 불쌍한 아이들(poor boys and girls)을 돕고 있다, 미국에서 훌륭한 교육을 받고 한국에 돌아가 봉사하려는데 여비가 없는 사람들에게 귀국 선편 여비를 대주는 일을 한다고 해요. 나는 그런 일 하지 말라고 했어요.

네? 왜요?

아니 미국에서 식당 보이를 3주일만 해도 얼마든지 여비를 벌 수 있는데 무엇 때문에 남의 자선금(charity money)을 받고, 그리고는 불쌍한 사람들을 도왔느니 어쩌니 하는 이야기를 듣느냐는 겁니다. 그래서 내가 그런 일 하지 말라고 했어요. "I hope you stop helping those people. They are not poor"라고 했습니다. 미국에서 좋은 교육을 받고 훌륭한 기능을 익혔다는 사람이 귀국 여비 400달러도 못 벌면 한국에 돌아가서 무슨 일을 할 수 있겠냐는 말입니다.

자조정신이 투철하셨네요. 하하.

그런 셈이죠. 그랬더니 그 사람이 다시는 나를 보자고 안 하더군요. 하하.

그런데 NYU 대학원 2학기 째에 혁명(4.19)이 일어나고 이 박사가 하야했어요. 전에 밴 플리트가 나에게 천 달러를 주고 이승만 박사에게 가서 자랑을 한 일이 있어요. 밴 플리트는 이승만 박사와 무척 가까워서 그를 자기 아버지라고 불렀어요. 가서 내 이야길 한 거예요. 자기 딴에는 내가 훌륭한 젊은이라고 과장도 했겠지요. 이 박사가 나더러 한국에 돌아오면 바로 찾아오라고 했다는 거예요. 그래서 나에게 그 이야기를 전달한 거고, 난 공부 마치고 한국 가면 바로 경무대로 가서 이 박사께 인사한다고 생각했던 거고요.

그렇게 준비를 하고 있는데 혁명(4.19)이 일어났어요. 그리고 허정 내각이 들어섰고요. 허정 내각이 들어서서 주미대사가 새로 임명됐는데 정일권 씨예요. 정일권 씨는 그 전에 프랑스 대사였어요. 나에게 도움을 주고 그랬던 분이니까 그때까지도 매년 내가 크리스마스카드 정도는 보냈지요. 그 양반이 미국에 와서 제일 먼저 찾은 게 나예요.

주미대사는 워싱턴에 있었죠?

네. 정일권 씨가 여기저기 탐문해서 내가 어디 있는지 알아냈어요. 그래서 서로 연락이 됐어요. "한 번 뉴욕 올 테니 만나자" 하시더라고요. 얼마 후 뉴욕에 왔다는 이야기를 듣고, 내가 이 양반 들었다는 호텔을 찾아갔어요. 그가 워싱턴의 한국대사관에서 그해 8.15 기념으로 리셉션을 크게 할 거니까 나더러 워싱턴에 좀 놀러 오라고 해요. 내가 그때까지 미국을 놀러다닐 여유가 없어서 워싱턴도 못 가 봤거든요.

그래서 좋다고 하고 8.15에 워싱턴에 갔더니 대사관저 자기 방의 옆방을 하나 비워놨어요. 내가 대사관저에서 사흘을 같이 지내는데, 그때 불쑥 하는 말씀이 자기가 하버드에 가야겠다 이거예요. 어떻게 그렇게 됐습니까 하니까, 허정 과도정부가 끝나면 자기도 자리를 내놓아야 한다는 거예요. 민주당 정부가 들어오면 대사가 바뀔 거라는 말입니다. 그래서 미리 사표를 내놓고 록펠러재단에 이야기했더니 하버드 국제문제연구소(Center for International Affairs)에서 연구원(펠로우)으로 1년 공부를 하게 되었다는 거예요. 그러면서 나에게 부탁이 있다고 해요. 무슨 부탁이냐고 물으니까, "알다시피 내가 대학가서 지금 어떻게 공부하겠냐? 나와 같이 가서 방값은 내가 다 낼 테니 방도 얻고 같이 자취하면서 1년을 좀 도와달라"고 하더라고요.

네, 연구소 체류 생활을 도와달라는 말씀이네요.

내 사정을 이야기 했어요. "내가 학생 신분이 아니면 비자 연장이 안 됩니다. 하버드 대학에 내가 입학이 되어야 하는데 이미 8월 15일이 지나서 입학이 될

▌케임브리지 시에서 하버드대 특별학생 체류 시절 정일권 씨와 함께(1960년 가을~1961년 봄)

지 모르겠습니다. 그것만 해결되면 같이 가겠습니다. 저는 한국 돌아가는 거 급하지 않습니다. 내가 이 박사 계실 때 같으면 하루빨리 돌아간다는 생각을 하고 있었는데, 민주당 정부 하에서는 급하게 돌아갈 이유가 없습니다. 이렇게 되니까 아무 때나 가도 됩니다" 했어요. "내가 하버드 가서 입학이 가능한지 확인하고 오겠습니다" 했지요.

그래서 내가 바로 하버드로 갔어요. 가서 입학담당관(admission director)을 만났어요. 그 사람이 영국식 발음하는데 아주 까다로운 성격이었어요. 다른 이야기는 안 하고, 학위를 획득하는 학생이 아니고 자유롭게 공부할 수 있는 스페셜 스튜던트(special student)로 입학하고 싶다 했더니, '너 돌았느냐' 하는 식입니다.

여기가 어딘 줄 알고, 내일 모레면 개학인데 지금 입학하겠다고 그러느냐고 해서, 나도 화가 나서 "내가 갑자기 개인적인 사정이 생겨서 그런다. 몰라서 그런 건 아니다. 나 코넬 대학 나왔다. 다 같은 아이비리그 아니냐"라고 이야기했어요.

그랬더니 "학기 초가 되면 입학 허가받은 사람이 안 오는 수가 있다. 그렇게 자리가 비면 너를 우선적으로 넣어 주마" 하더라고요. 물론 내가 그때 갈 때 성적표니 뭐니 다 갖고 갔지요. 그랬더니 자리 비면 넣어 주겠다고 한 겁니다.

그거 하나 믿고 자리 하나 비지 않을까 해서 다니던 직장도 그만두었어요. 정일권 씨가 대사직을 그만두고 스포츠카 하나 사서 몰고 다녔는데, 뉴욕에서 짐 정리해서 그 차를 타고 하버드대 있는 케임브리지로 갔어요.

지금도 잊히지 않아요. 케임브리지에 124 walker street란 데가 있어요. 그때는 래드클리프 여대가 따로 있었어요. 래드클리프에 기숙사가 쭉 있는 가운데에 딱 하나 있는 민간 아파트예요. 제일 밑의 비교적 싼 방을 얻어서 둘이서 자취를 시작했어요. 그리고 한 주일 기다렸더니 스페셜 스튜던트 입학통지가 왔어요. 한 사람이 등록을 하지 않았다는 거예요. 그렇게 해서 하버드에 갔습니다. 마침 하버드 간 김에 다시 나는 경제학으로 돌아가서, 그때 갈브레이스 교수의 저개발 경제학(underdeveloped economics) 세미나가 유명했는데 거기에 당장 가서 등록했지요.

그럼 하버드에서는 경제학과로요?

네 다시. 외환(foreign exchange) 관계 같은 거 공부하려고요. 박사학위를 받겠다는 생각은 없었어요. 그런데 당시 하버드대 경제학과에서는 갈브레이스라고 하는 교수가 저개발의 경제학이라는 걸 했는데, 이 후진국 경제개발 세미나가 아주 유명했어요. 거기에서 공부한 게 우리 한국이랑 꼭 맞는 거예요. 그걸 위주로 했어요. 그때 송요찬 씨는 조지타운대학에 1학년으로 들어갔어요. 이 장군들, 전부 상당한 지위에 있는 분들이 미국으로 유학을 왔는데, 손원일 씨가 워싱턴에 와 있는데 학교는 안 다녔고, 또 최영희 씨가 와 있었어요. 그 양반도 참모총장 했죠.

그분도 하버드 쪽으로 오셨나요?

아니 다른 곳이요. 그 양반도 아마 워싱턴에 있던 거 같아요.

이때는 5.16 나기 전인가요.

그렇죠. 허정 과도정부가 나간 후에 민주당 정부가 들어서니까 이 사람들이 전부 한국을 떠나 워싱턴 학교로 왔어요. 그때 정일권 씨는 허정 정부 때 대사를 하다가 민주당 정부 수립되니까 대사직 그만두고 8월 17일에 나와 같이 하버드로 간 거고요. 정일권 씨는 하버드 펠로우 기간 1년 지나면 바로 귀국하지 않고 영국 옥스퍼드에 가겠으니 날보고 또 같이 가자고 했어요. 나는 그거는 장담을 못 하겠고 아무튼 1년 후 돌아갈 때 사정을 보고 그러겠다고 했지요.

정일권 씨는 하버드에서 어떻게 시간을 보내셨나요.

정일권 씨는 하버드 국제문제연구소의 펠로우였는데, 거기에도 학생이 수업

듣는 것과 비슷한 이수프로그램이 있었어요. 갈브레이스 수업 같은 것은 선택 과목이었는데, 그걸 나와 같이 들었어요. 그분은 학교 생활을 거의 나와 같이 했습니다.

양 장관님은 갈브레이스 수업 외에 어떤 과목을 수강하셨나요.

외환 관계 과목, 독일어 과목 등 모두 네다섯 과목을 들었어요.

08 귀국 길

스페셜 스튜던트 생활 1년 후에 정일권 씨와 영국으로 가셨나요.

아니요. 내가 세계일주 여행을 하기로 하면서 그분과 헤어졌어요. 그때 내가 3천 달러 저금해 둔 게 있었어요. 그걸로 한국에 들어와서 생활의 기초를 잡느냐, 아니면 세계일주를 한 번 하느냐. 이걸 가지고 고민을 하다 세계일주하는 걸 택했어요. 세계라고 해 봐야 공산주의 세상은 못 가고, 지금처럼 자유롭지는 않으니까 웬만한 곳은 가기도 힘들고 그랬죠.

세계일주를 하려고 탐문을 해 보니까 5월 중순이 지나면 소위 방학 시기에 들어가서 학생들 중심으로 콱 몰리기 때문에 여행 성수기가 된다 이거예요. 성수기에는 여비가 확 오른다는 거죠. 저렴한 여비로 여행하려면 5월 중순에 떠나야 한다고 해요. 그리고 정일권 씨도 할 건 다 했거든요. 논문도 다 제출했고 발표회도 다 했고, 그러니까 뭐 거기 있어 봐야 뭐해 하면서 거기서 떠나게 된 것이죠.

그런데 어떻게 덴마크에 있는 피플스 칼리지(People's College)의 한 교장과 연락이 되었어요. 덴마크의 본토에 해당하는 유틀란트(Jutland) 반도 앞에 큰 섬이 있습니다. 거기에서 자기가 인터내셔널 세미나를 하는데 내가 가서 강의를 몇 개 해 주면 좋겠다, 한국에 대한 것도 좋다, 한국 원조에 대한 강의를 해 주면 자기네가 여비와 체재비를 부담하면서 나를 초청하겠다는 제안이 왔어요. 그것을 일단 수락했어요. 그게 6월 중이니까 한 달이 남잖아요. 그래서 먼저 영국으로 가기로 했어요.

영국으로 가려면 하버드대 가까운 보스턴에서 출발하나요, 아니면 뉴욕에서 출발하나요.

뉴욕에서 떠납니다. 퀸 메리호 3등표를 샀지요. 정일권 씨가 뉴욕까지 와서 뉴욕과 워싱턴에 있는 동료들을 초청해 송별 점심을 하면서 나를 송별해 주셨어요. 송요찬, 최영희 장군, 손원일 제독, 그리고 이순영 전 내무장관, 문덕주 총영사 등이 참석해 주셨지요. 난 그분들께 학교 등 미국 생활의 여러 가지를 설명해 드렸지요.

송요찬 씨는 그때 거기서 처음 뵌 건가요. 아니면 원래 면식이 있었나요.

내가 육군본부에 쭉 있었으니 얼굴은 서로 알았죠. 그러다 거기서 만난 것이죠. 그분들은 미국 대학교에 처음 와서 모르는 것 투성이죠. 나는 고참 유학생이고요. 그분들이 나에게 미국 학교 생활에 관해 여러 가지를 물으면 내가 대답해 주었습니다.

그런데 내가 이제 미국을 완전히 떠나는 것이기 때문에 그때까지 신세진 분들께 인사를 해야 했어요. 내가 미국에 있으면서 특히 신세진 집이 있어요. 앤드류 실라드라는 코넬대 친구의 어머니, 아버지예요. 뉴욕의 플레젠트빌이라는 데서 그분들이 살았는데, 내가 그 집에 머물다가 그 어머니 덕분에 여름방학 때 소년 감화원의 일자리를 얻었다고 했잖아요. 내가 방학이나 휴가만 생기면 소년 감화원에 가면서 플레젠트빌에도 들러서 마미마미 하면서 지냈단 말이에요. 그 집은 조그만 방 하나를 내 방이라고 비워 놓고, 내가 가면 거기서 자게 했어요.

나는 장군들 모임을 마치고는 양모 같은 분의 집, 그 플레젠트빌로 갔어요. 세계일주 떠나기 전날 밤에 거기서 자고, 다음 날 아침에 일어나서 바로 영국행 배를 타야 하는 것이죠. 아침에 내가 그 부모와 밥을 먹었어요. 내 친구는 그날 다른 곳에 가 있었기 때문에, 항구에서 만나기로 했어요.

그런데 그때 그 부부끼리 "이야기를 할까? 말까?" 하는 거예요. 무슨 일이냐고 물었어요. "윤세, 너 어저께 너희 나라에서 혁명이 일어난 거 아느냐?" 해요. 군사혁명이 일어났다 이거예요. 깜짝 놀랐어요. 그 전날, 그러니까 정일권 씨가 주선한 송별 점심하고 그 집으로 오던 날에 5.16 군사혁명이 일어난 거예요.

어떻게 할 것도 없이 정일권 씨께 전화를 걸어봤어요. 그런데 정일권 씨는 군사혁명 일어난 걸 알고 있더라고요. 박정희 장군이 주도했는데 어떻게 될지 잘 모르겠다 하더군요. 나는 육군의 장성 중에 모르는 사람이 없다고 생각했어요. 육군 본부 참모총장 비서실에 있었으니까 매일 장성들이 오잖아요. 거의 다 만났는데, 이상하게 박정희 장군은 만난 일이 없어요. 5.16은 발표상으로는 장도영 씨가 주동했잖아요. 정일권 씨가 2군단을 떠날 때 그 후임 군단장이 장도영 장군이었어요. 그 바람에 그 사람은 알아요. 정일권 씨가 떠난 다음에도 내가 한 달 동안 더 있으면서 군단장실에서 마지막 정리를 했단 말이에요.

그때 표면에 나온 건 장도영 장군이지 박정희 장군 이야기는 아직 나오지 않았어요. 내막을 알고 있는 정일권 씨는 나에게 이번 혁명은 박정희 장군이 한 거라고 이야길 했어요. 그렇지만 밖으로 보도되는 건 전부 장도영 참모총장이 일으켰다는 거예요. 어떻게 해야 할까 하다가 나는 그냥 그대로 여행을 가겠다 했어요. 그래서 떠난 거예요. 영국으로 가는 데 3박 4일 정도 걸렸어요.

네, 배로 대서양을 건너가는 거네요.

대서양 건너서 리버풀로 가는데 매일 라디오에서 몇 시간마다 한국 혁명에 대한 보도가 나옵니다. 장도영! 장도영! 장도영! 하고 나와요. 장도영이 어떻게 했고, 장도영이 뭐라고 발표했다고 나오는데, 난 혁명한 이가 장도영이라는 것만 완전히 믿고 있었죠. 나도 아는 사람인데, 그때까지 상당히 호감을 갖고 있었어요.

영국에 도착했는데 가만 생각해 보니까 하루에 10불 이상을 썼다가는 돈이 모자라겠더라고요. 숙박업소로 bed and breakfast 라는 게 있는데 처음에는 거기에 가서 며칠을 묵었고, 그 다음에는 영국 일주를 3개월 동안 마음대로 할 수 있는 티켓을 이용했어요. 기차를 타는 것인데, 그때 그게 몇 파운드 안 했어요. 그

▌영국으로 가는 퀸 메리 호에서의 저녁 식사 장면 맨 오른쪽이 양윤세. 저녁 식사 때는 정장을 해야 했다.

래서 그 티켓을 사서 리버풀에서부터 중부를 거쳐 스코틀랜드로 가고, 다시 아일랜드로 가서 쭉 도는 겁니다. 나중에는 두 주쯤 남겨 놓고 런던에 와서 다시 지냈는데 그때는 2주에 원 파운드로 방을 하나 얻어서 거기서 자고, 먹는 건 밖에 나가서 사 먹는데, 하루에 두 끼 먹는 거예요. 샌드위치 같은 거 먹었습니다. 그런 생활을 해도 이거 뭐 새로운 문물을 보고 하니까 사기가 올라가지고 기분이 좋았어요. 한 달을 영국에서 지내고 배를 타고 덴마크로 갔습니다.

그게 1961년 6월이지요?

네. 이제 덴마크를 갔어요. 나를 초청한 덴마크 피플스 칼리지의 피터 마니케 교장이 모든 준비를 다 해 놓았더군요. 마니케 교장이 내 방으로 찾아왔어요. 그가 "미스터 양이 우리 해외 로터리 클럽에서 한국에 대해서 강연을 해 주었으면 좋겠다. 이번 군사혁명에 대해서 당신이 생각하는 바를 그대로 이야기해 줄 수 있느냐?" 물어요. 그래서 "해 줄 수 있다" 했어요. 나는 그때 내용을 잘 모르면서도 완전히 혁명 지지파였거든요. 민주당이 집권한 후에 일어나는 일에 불만과 불안이 컸어요. 매일 나오는 신문기사를 읽으면, 이러다가 이북 빨갱이들에게 먹히는 게 아닌가, 북한에게 압도당하겠다는 기우가 컸기 때문이에요.

5.16을 일으킨 박정희나 김종필, 육사 8기 등 주도세력에 대해서 잘 알고 계셔서 그렇게 보신 건 아니죠?

전혀 몰랐죠. 아직도 박정희 장군이 중심이 되었다는 것도 모르고, 그냥 5.16 혁명 자체를 긍정적으로 본 거예요.

▌덴마크 여행 중 왼쪽 앞에서 세 번째 의자 왼쪽이 양윤세

어쨌든 장도영 씨가 주도해서 한 걸로 아셨던 거네요.

네. 김종필 소령은 내가 육군본부에 근무할 때 정보국에서 근무하고 있었어요. 그분이 혁명을 주도했고 8기생들이 주축 세력이란 것도 모르고, 다만 군인들이 빨갱이들에 대처해서 나라를 바로 잡으려 한다고 알고, 찬성하는 태도를 취한 것이죠.

덴마크서 강의 끝나고는 어떻게 하셨나요.

덴마크에서 강의 마치고 난 후부터 자유여행을 갔어요. 여행 떠난 지 2달 되었을 때죠. 주로 기차 아니면 버스를 타고 다녔어요.

먼저 스칸디나비아의 스웨덴과 노르웨이를 일주일씩 방문했어요. 내가 노르웨이에 있을 때 신문에 내 기사가 나고 오슬로 시청 앞에 내 사진이 걸린 일이 있었어요. 내가 노르웨이 오슬로 거리를 다니다가, 6.25전쟁에 참전한 노르웨이 사람들의 모임이 있다는 걸 알게 되었어요. 그곳에 가서 내가 한국 사람이라 밝히고 이런저런 이야기를 하다 보니, 그 사람들 중 어떤 사람이 이왕 오슬로에 왔으면 유흥지도 한 번 가 보라고 하더군요. 거기가 해변가인데, 커다란 창고 같은 게 있어서 들어가 보니 사람들이 꽉 차 있는 사교장이었어요. 사람들이 춤을 추는데, 난 춤을 못 추니 그냥 앉아 있었어요. 한 40살 정도 되는 남자 한 명이 나에게 오더니 중국인이냐, 일본인이냐 물어요. 아니라고 한국인이라 하니, 여기에 어떻게 해서 왔느냐고 물어요. 그래서 내가 미국에서 공부 마치고 세계 각지 구경 좀 하려고 왔다 하니, 그러냐고 하면서 오슬로로 돌아오면 한 번 보자고 해요. 좋다고 해서 그 다음 주 월요일 오전에 만나는 약속을 했어요. 그랬더니 나에게 명함을 꺼내 주는데, 신문사 편집국장이더라고요.

그 다음에 오슬로 돌아가서 만났어요. 그 사람이 나에게 이북에서 왔다는데 지금 서울로 돌아가면 친척이 있느냐고 물어요. 당연히 없고 친구 정도나 있다고 했지요. 그렇다면 내가 미국에서 학업과 병행하면서 벌었던 봉급을 봐도 내가 미국에 계속 있으면 더 성장할 것도 같은데 왜 돌아가려고 하느냐고 다시 묻더라고요. 내가 미국에 오래 있었더니 갈수록 한국이 그리워져서 그렇다라고 답했어요. 그랬더니 그 사람이 "해외에 오래 있을수록 나라 생각, 고향 생각이 더 난다"는 캐치 프레이즈를 잡아서 내 이야기를 이튿날 신문에 냈어요. 오슬로 시청에서는 신문에 난 내 이야기를 보고는 나를 '금주의 인물'로 정해서 사진을 크게 뽑고 내 약력도 몇 개 적어서 일주일 동안 시청 앞에 게시했어요.

유럽 여행 중에 별 일이 다 있었네요. 신문에 실린 이 사진은 그때 찍으신 건가요.

그 편집국장 만났을 때 사진 기자가 와서 내 사진을 찍었어요. 난 정말로 신문에 날 줄을 몰랐다가 이튿날 우연히 신문기사를 발견했어요. 기념으로 기사를 스크랩했지요. 그런데 그 다음 날에 보니 그 신문 사진이 시청 인근에 커다랗게 걸려 있더라고요. 신문기사를 보고 나를 금주의 인물로 선정했다는 거예요. 그 이틀인가 후에 6.25 참전자가 나더러 그 회장 집에 저녁 먹으러 오라고 하더라고요.

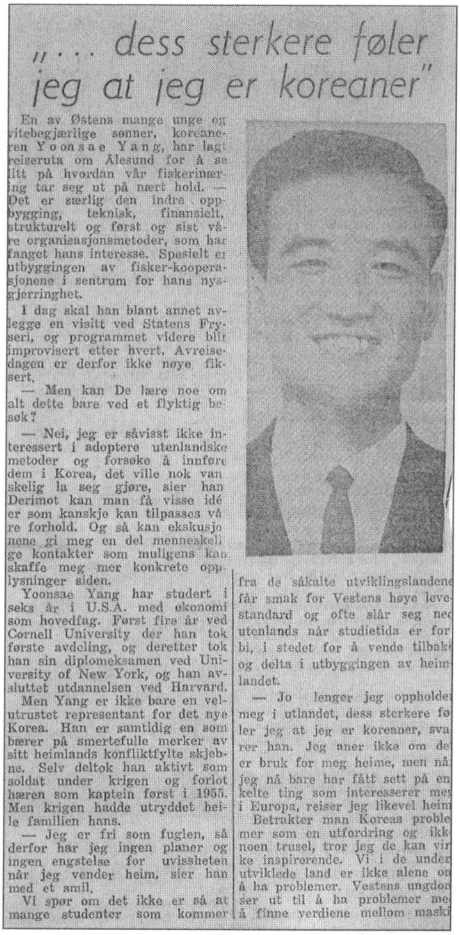

„... dess sterkere føler jeg at jeg er koreaner"

En av Østens mange unge og vitebegjærlige sønner, koreaneren Yoonsae Yang, har lagt reiseruta om Ålesund for å se litt på hvordan vår fiskerinæring tar seg ut på nært hold. — Det er særlig den indre oppbygging, teknisk, finansielt, strukturelt og først og sist våre organisasjonsmetoder, som har fanget hans interesse. Spesielt er utbyggingen av fisker-kooperasjonene i sentrum for hans nysgjerringhet.

I dag skal han blant annet avlegge en visitt ved Statens Fryseri, og programmet videre blir improvisert etter hvert. Avreisedagen er derfor ikke nøye fiksert.

— Men kan De lære noe om alt dette bare ved et flyktig besøk?

— Nei, jeg er såvisst ikke interessert i adoptere utenlandske metoder og forsøke å innføre dem i Korea, det ville nok vanskelig la seg gjøre, sier han. Derimot kan man få visse idéer som kanskje kan tilpasses våre forhold. Og så kan ekskusjonene gi meg en del menneskelige kontakter som muligens kan skaffe meg mer konkrete opplysninger siden.

Yoonsae Yang har studert i seks år i U.S.A. med økonomi som hovedfag. Først fire år ved Cornell University der han tok første avdeling, og deretter tok han sin diplomeksamen ved University of New York, og han avsluttet utdannelsen ved Harvard.

Men Yang er ikke bare en velutrustet representant for det nye Korea. Han er samtidig en som bærer på smertefulle merker av sitt heimlands konfliktfylte skjebne. Selv deltok han aktivt som soldat under krigen og forlot hæren som kaptein først i 1955. Men krigen hadde utryddet heile familien hans.

— Jeg er fri som fuglen, så derfor har jeg ingen planer og ingen engstelse for uvissheten når jeg vender heim, sier han med et smil.

Vi spør om det ikke er så at mange studenter som kommer fra de såkalte utviklingslandene får smak for Vestens høye levestandard og ofte slår seg ned utenlands når studietida er forbi, i stedet for å vende tilbake og delta i utbyggingen av heimlandet.

— Jo lenger jeg oppholder meg i utlandet, dess sterkere føler jeg at jeg er koreaner, svarer han. Jeg aner ikke om det er bruk for meg heime, men når jeg nå bare har fått sett på enkelte ting som interesserer meg i Europa, reiser jeg likevel heim.

Betrakter man Koreas problemer som en utfordring og ikke noen trusel, tror jeg de kan virke inspirerende. Vi i de underutviklede land er ikke alene om å ha problemer. Vestens ungdom ser ut til å ha problemer med å finne verdiene mellom maski

▮ 양윤세가 소개된 노르웨이 신문기사 '한국을 오래 떠나 있으니 한국이 더 그립다'는 내용의 인터뷰 기사다.

어떻게 연락이 되었나요.

오슬로가 큰 도시가 아니고 게다가 동양인이 많지 않으니 내가 길거리를 다니는데 나에게 "네가 Yun Sae Yang"이 아니냐고 묻는 거였어요. 그렇게 한국 참전자를 다시 만나게 되어서 그 회장 집에 가서 식사를 하게 되었어요. 감자가 많이 들어간 요리를 먹었던 기억이 있어요. 뭐 감사히 먹었지요. 그리고는 한 2, 3일 후에 독일로 갔지요.

▮일주 여행 중 마르세유에서 탄 캄보지호 갑판에서

독일 북쪽의 항구도시로 갔는데, 한국에서 중국 음식점을 하다가 온 중국인이 역시 음식점을 하고 있다는 이야기를 들었어요. 거기에 큰 호수가 있고 그 호숫가에 음식점들이 있는데 그중 하나였어요. 찾아가서 만났더니 마치 한국 사람처럼 한국말을 잘해요. 그 사람은 한국에서 하던 것과 똑같은 자장면을 팔더라고요. 아주 오래간만에 맛있게 먹었지요. 그 호수 인근에서 며칠 머물렀어요.

그 다음에 비엔나로, 그리고 프랑스, 그 다음에 이탈리아, 그 다음에 스페인, 그리고서는 마지막에 바르셀로나에서 다시 마르세유로 돌아왔어요. 프랑스에 두 번 간 셈이죠.

왜 그리로 다시 왔냐 하면, 프랑스 마르세유에서 400달러를 주면 40일 걸려 일본 요코하마까지 오는 배가 있어요. 그걸 타면, 중요한 중동과 동남아에 있는 도시들을 전부 들러서 하루 이틀 밤씩 잡니다. 그러니까 따로 뭐 관광 다닐 필요가 없어요. 거기서 자고 그날 아침에 밥 먹고 나가서 구경하다가 점심때 들어와서 밥 먹고 다시 나가고 이런 식으로 하면 밥값도 별도로 안 들어요. 400달러 내면 거의 뭐 다른 돈 필요 없이 40일 만에 요코하마까지 갈 수 있어요.

그렇게 해서 요코하마에 그때 온 게 12월 중순쯤 돼요. 그래서 꼭 6개월을 여행을 하고 일본에 한두 주 있다가 처음으로 내가 비행기를 탔어요.

아, 일본에서 한국으로 올 때는 비행기로요?

그건 다른 방법이 없어요. 여행 중 처음으로 비행기 탔어요. 총 든 경비가 2,400달러였어요. 그때 김찬삼 무전여행기라고 한창 신문에 연재되었는데 아프리카 가서 무전여행하는 게 있어요. 그런데 아프리카 가는 비행기 값만 하더라도 2,400달러 됩니다. 내가 보기에는 무전여행이라 할 수 없어요. 난 그 비행기 값 전부 2,400달러에 6개월 다녔으니까 하루에 꼭 10불씩 쓴 거예요. 그렇게 한국으로 왔어요.

귀국 길의 이 여행에서 얻으신 것을 한마디로 요약하시면요?

여행을 통해서 인간적인 자신감을 얻었다고 할 수 있겠어요. 어딜 가나 사람들은 나와 똑 같고, 조금도 잘난 것 없고, 다 마찬가지 사람이구나 하는 것을 확실히 깨달았어요. 그 전까지는 서양 사람, 미국 사람은 한 단계 위로 보고 우리를 낮춰 보고 그랬는데, 미국에서 공부하고 일류대학에 다니고 세계 일주를 해보니, 오히려 그 사람들이 나를 존경하는 것도 느꼈어요.

웬만한 데 가서는 내가 술을 공짜로 얻어먹었어요. 그 사람들이 한국을 몰라요. "너 일본 사람이냐"고 물어요. "아니다." "그럼 중국에서 왔느냐?" "아니다." 한국에서 왔냐고 묻는 사람은 없어요. 한국에서 왔다고 하고 이야기를 하기 시작하면, 사람들이 술 한 잔 먹으라고 술 사 주고, 저녁까지 사 주고요. 내가 많이 얻어먹었어요. 거기서 나는 세상 어디 가도 살 수 있다는 자신감을 얻었어요.

제2부

1960년대, 경제외교로 고도성장의 문을 열다

제2부

1960년대, 경제외교로 고도성장의 문을 열다

01 경제기획원 입문

여행 마치고 한국에 돌아오신 건 언제인가요.

1961년 말이에요. 크리스마스 이틀 전에 왔어요. 나하고 군대에서 같이 근무하면서 친형제 이상으로 친해진 김성두(金聖斗)[1]란 친구가 있었습니다. 그 친구가 막 조그만 집을 하나 마련했는데 방이 하나 비어 있었어요. 거기서 4개월가량 지냈습니다.

경제기획원에는 어떻게 들어가시게 되었는지요.

그 친구 집에서 지내던 중 어느 날 아침에 신문을 보니까 경제기획원에서 기획요원 및 해외주재관을 모집하는 광고가 났어요. 그때 나는 어디서 무슨 일을 해야 좋을지 직업 선택에 고민하고 있었습니다. 관리가 되는 것도 하나의 방안이고, 관리가 된다면 어디에서 할 거냐 고민하고 있었죠.

처음에 생각한 건 외무부예요. 그 다음에 새로 생긴 경제기획원도 괜찮다더

1 김성두는 공화당 사무처 요원으로 일하다 두 번 전국구 의원에 당선되어 국회의원 생활을 했다.

라 하는 소리를 들어서 기획원을 그 다음으로 생각했어요. 그리고는 뭐 어디 기업에 들어가서 당장 돈 버는 방법은 없을까 이런 것도 알아보는 중이었어요. 그런데 기획원의 채용 광고를 보니까 내가 경제학 공부를 하기는 했는데 외국에서 공부를 했기 때문에 한국어 용어를 잘 모르겠어요.

그래서 경험 삼아 시험을 쳐 본다는 기분으로 지원을 해 놓고, 경제학원론이란 책을 한 권 사 갖고 와서 아 그 책을 읽는데 도저히 이해가 안 돼요. 내가 미국에서 경제학을 전공했는데 왜 이렇게 이해가 안 되나 했어요. 물론 용어가 잘 이해가 안 되는 것이죠. 나중에 보니까 미국 책을 베껴서 번역하다시피 한 것인데, 번역해 놓은 게 이해가 안 되는 거예요.

그 저자가 당시 아주 유명한 경제학계 1인자입니다. 내가 이름은 밝히고 싶지 않은데 그 사람은 당시 대한민국 경제학계에서 첫째 가는 사람이에요. 서울대 나온 친구들, 경제학 공부한 사람들에게는 그 사람이 스승입니다. 내가 미국에서 1학년 때 배운 교과서에는 절마다 개념이 하나씩 들어가 있어요. 그렇지만 '제1장' 이렇게만 해 놓지 거기에 제목은 붙이지 않아요. 이 우리나라의 유명한 경제학자가 그걸 참고해서 책을 쓰면서도 절 하나하나마다 전부 한국어 제목을 붙였어요. 그런데 내가 한국어 제목을 들어 본 일이 없으니까 무엇을 지칭하는지 몰랐던 거죠. 내가 자세히 두 번, 세 번을 읽었어요. 비슷한 게 있다는 생각이 나서 대학교 1학년 때 봤던 교과서를 찾아보니까 내용이 일치해요. 미국에서 배워서 내용을 이해하고 있으니, 말하자면 한국 책의 핵심도 이해한 것이죠. 그런 식으로 가서 시험을 쳤어요. 170명이 지원해서 그중 12명 뽑는다고 하기에, 되기 어렵겠구나 했어요. 난 사실 반 장난기로 했다고요.

그때 송요찬 씨가 내각 수반, 그러니까 국무총리였는데, 그 전에 내가 유학 마칠 무렵 그 양반도 미국 워싱턴에서 유학중이었어요. 1960년 4.19 때 육군참모총장이었다가 물러나서 미국에 온 것이죠. 내가 뉴욕을 떠나기 전날 정일권 씨가 베풀어 준 송별 점심 자리에 그도 워싱턴에서 와서 여러 가지 이야기를 나눈 일이 있었죠. 그래서 시험 치르고 나서는 송요찬 씨에게 인사를 가야겠다, 말씀이나 한번 들어 보자고 했어요.

내가 유학 떠나기 전에 정일권 참모총장의 비서실장이 김병삼(金炳三) 대령이었는데, 유학 떠날 때 쯤 막 준장으로 별을 달았죠. 내가 유학 마칠 때가 되니 그 양반이 내각 사무처장이 되었습니다. 내각 수반의 비서실장 비슷한 거였어요. 이 김병삼 씨가 내가 육군본부에 있을 때 직속상관이어서 잘 아는 사이입니다. 그래서 김병삼 씨를 찾아가서 송요찬 내각수반을 한번 만나서 인사하고 싶다고 했더니, 그러라고 하면서 약속을 잡아 주었어요.

그래서 송요찬 씨에게 가서 인사했어요. 그랬더니 "미스터 양, 어디 갈 거예요? 뭘 할 거예요? 이제는 나라를 위해서 일해야지" 이러시더라고요. 그래서 "그래야죠. 그런데 뭘 해야 할지 아직 잘 모르겠습니다" 하니까 "한 방법으로 나에게 와 있어. 여기 와 있으면 정부 부처를 전부 다 볼 수 있으니까. 그러다 나중에 마음에 드는 데, 부합하는 데 있으면 그리로 가면 되잖아" 하시더라고요.

참 고마운 이야기잖아요. 그래서 "그러겠습니다" 하고, 자리를 따져 보니까 그때 빈 자리로 외문비서관이라는 게 있어요. 외교문서비서관. 이 외문비서관이라는 게 서기관 자리예요. 그 밑에 여직원이 2명 있었어요. 한국이 유엔 계통의 운크라 원조를 받을 때 그 담당이 세 명 있었는데, 그중에 한 여자가 이승만 박사 여비서를 하다가 내각수반실에 내려가 있는 거예요. 형식상으로는 내각수반 비서라고 하는데, 실제로는 외문비서관 보좌였어요. 그리고는 다른 한국여자도 그 밑에 있었고요. 외문비서관 자리는 그렇게 여자 둘이 있는 방이었어요. 거길 갔지요. 아마 1962년 2월 쯤일 거예요. 송요찬 씨에게도 내가 경제기획원 시험 봤다는 말을 안 했어요. 왜냐하면 합격할 자신이 없었으니까.

그후 경제기획원에서 집으로 합격 통지가 온 거예요. 게다가 서기관 주겠다는 오퍼까지요. 그걸 받아서 정식으로 들어갔는데, 나중에 알아보니까 내가 그래도 2등을 했대요.

나중에 내가 국장이 된 후에 서기관으로 데리고 있던 사람이 있는데 그 사람이 1등을 했다는 거예요. 그 사람은 주사에서 사무관이 된 거예요. 주사로 근무하고 있던 사람이 그 시험을 쳤는데 1등을 한 거예요. 나중에 내가 데리고 있다가 경제협력관으로 로스앤젤레스에 보내 줬어요.

시험은 같이 보셨는데 장관님은 과장으로 임용되었고요.

경력과 학력 때문이죠. 아까도 이야기했지만 경력과 외국에서 공부하고 왔다는 거 때문에 과장으로 임명한 거예요. 시험에서 1등 했다는, 주사에서 사무관 되었다는 그 사람 나이가 나보다 사실은 위예요. 그러니까 나이는 관계가 없던 거 같고, 아무튼 경력과 학력, 이 두 가지를 갖고서 나를 과장으로 시킨 것 같아요.

그때 미국 유학한 경력이 있는 분들이 많지 않았던 때잖아요.

거의 없죠. 그때 당시로 봐도 그렇고 그 전에도 그렇고 내가 코넬 대학에서 학사학위를 받았을 때 미국 아이비리그 대학에서 학사학위를 받은 사람은 10명 이내예요. 아주 드물었어요. 국내에서 대학을 졸업한 후 미국 아이비리그 대학원 가서 박사학위한 사람은 좀 있었지만요. 그때 힘든 게 아이비리그의 학부를 다니는 겁니다. 코넬 대학에서는 내가 한국인으로는 첫 번째 학사학위자(BA)입니다.

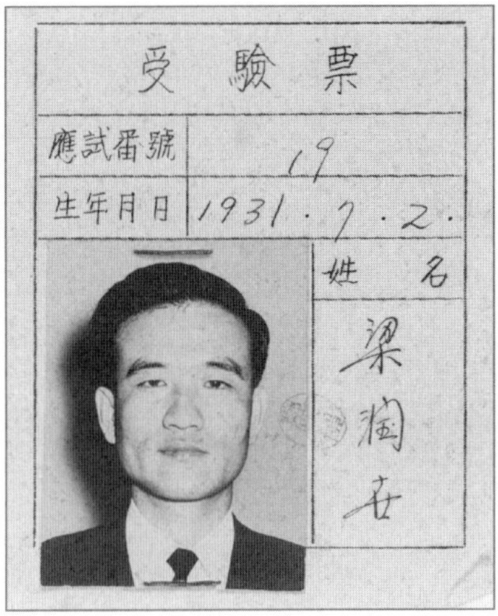

▮ 경제기획원 간부 채용 시험 수험표

기획원에서 12명을 뽑았다고 하셨는데, 전부 과장급 자리는 아닌 것이죠?

아니에요. 원래는 사무관 시험인데, 시험을 치고 나니 기획원에서 두 사람을 이제 과장, 서기관으로 추천을 하려고 한 것이지요. 그중에 내가 하나고, 다른 하나는 고려대학의 이 교수란 사람이었어요. 서기관으로 하면 괜찮겠느냐고 해서 내가 괜찮다고 했고, 그래서 기획원 들어가는 수속을 한 거예요. 그렇게 해 준 자기들의 판단은, 우선 내가 벌써 군복무를 끝마치고 육군 대위로 예편했고, 그리고 해외 유학 가서 오래 공부를 많이 했고, 이런 것이 다른 사람과는 구별이 되어서 서기관으로 두 사람만 임명한다 했어요. 그런데 이 교수란 사람은 군대를 안 갔다 왔어요. 그때 군대 안 갔으면 임명이 안 됩니다. 그래서 그 사람은 빠졌고, 나 혼자만 결국 서기관으로 갔죠.

외문비서관 하시다가 재경서기관으로 바로 옮기신 거죠.

바로 갔어요. 결국은 같은 공무원이지만 외문비서관은 정식 공무원이 아니고 경제기획원 들어갈 때에도 아직은 정식 공무원이 아니었어요. 총무처에서 주관하는 전형시험을 치러야 해요. 총무처에서 시행하는 3급 전형시험이라는 게 있어요. 그게 고시를 대체하는 거예요. 그거를 합격해야 해요.

기획원 시험 보신 것으로 안 되나요?

기획원에서 시험 치러서는 임시직으로 고용된 촉탁(囑託)입니다. 과장이라고 부르긴 하는데, 법상으로 정식 공무원은 아니에요. 총무처에서 시행하는 3급 전형시험을 합격해야 정식으로 완전히 공무원이 되는 거예요. 나처럼 기획원 들어간 사람이 꽤 있는데, 기획원에서 치르는 시험만 치르고 들어갔단 말이에요. 그런 사람이 과장이 되려면 전형시험을 치러야 하는데 그거 몇 번씩 떨어지곤 했어요.

1962년 6월 9일자로 기획원 재경서기관으로 발령난 것으로 나옵니다. 이 발령은 총무처 3급 전형시험에 합격한 후의 정식 공무원 발령인가요? 즉, 4월에 기획원 부임하신 후 총무처 과장 전형시험을 거쳐서 정식으로 발령난 것이 6월이었던 것인가요?

그렇습니다. 그런데 좀 더 설명하면, 3급 전형시험은 고시 대용품입니다. 행정고시가 따로 있고, 행정고시를 못 친 사람들이 고위관리로 가려면 3급 전형시험을 봐야 해요. 군대 같으면 사관시험, 장교시험이에요. 3급 전형시험에 붙으면 그 부서에서 판단해서 서기관이나 사무관을 주는 겁니다. 촉탁과장, 촉탁국장이 기획원에 수두룩했어요. 6월 9일 재경서기관으로 발령난 것은 3급 시험 치르고 정식 과장이 된 겁니다. 그 전에는 촉탁과장이었고요.

4월에 부임하셔서 처음 하신 일은 어떤 거였으며, 6월 정식 발령 후에도 같은 일을 하신 건가요?

그때가 제1차 경제개발5개년 계획이 발표된 지 얼마 안 되었을 때인데, 나는 그걸 홍보하는 일을 하다가 7월에 농업 계획 담당인 제1차 산업국 1과장으로 갔어요. 거기서 두 달인가 있다가 경제협력국 기획과장으로 옮겼어요. 기획과장이라고 경제기획원에서 부르는 건 그거 하나뿐이에요. 기획국에도 기획과장이 없었어요. 종합기획국이 있는데 그 내부 과장은 1과장, 2과장이라 불렀지, 기획과장이라고는 안 했어요. 경제협력국의 기획과장을 기획과장이라 불렀어요. 그 자리는 사실 기획원 과장 중에서는 선임과장이라고 그랬는데, 내가 입사 석 달 만에 그리로 가게 됐어요. 왜냐하면 외자도입 관계를 전부 취급하고, 해외에서 누가 오든지 하면 창구 역할을 해서 설명도 하고 그래야 하는데, 내가 미국에서 오래 공부한 게 있으니 그 자리로 보낸 거 같아요. 그때 기획원 안에서는 '아니, 들어오자마자 어떻게 그러느냐' 그런 소리도 있었죠.

그러면 기획원에서는 장관님이 미국 유학하신 것만으로 선임과장을 맡긴 것인가요.

꼭 그런 건 아니고, 내가 좀 뜨게 된 일이 그 전에 있었죠. 내가 기획원 들어간

지 얼마 안 되어서 밴 플리트 사절단(Van Fleet Mission)이라고 미 기업인들의 투자 사절단이 왔는데(1962년 5월), 우리로서는 그 사람들에게 투자를 간청하는 입장이라 아주 난리가 났어요. 그 사람들에게 한국 경제 상황과 개발계획에 관한 브리핑을 해야 하는데, 그런 브리핑은 그때까지 정문도(鄭文道) 물자과장이 주로 했어요. 그때도 브리핑은 정문도 씨에게 맡기면서, 브리핑 자료 만드는 거는 내가 하버드 다니다 왔으니 잘할 거라고 해서 나에게 맡겼어요. 내가 1주일 간 제1차 5개년 계획에 관한 문서란 문서는 모두 꺼내서 읽었어요. "야, 이거 알맹이가 없구나" 하고 탄식하면서도, 그걸로 브리핑 차트를 만들어서 정문도 과장에게 주었어요. 그랬더니 브리핑 잘 되었다 하면서 내가 주목을 받기 시작했습니다.

또 하나 무슨 일이 있었냐 하면, EDI(경제개발연구소)라 해서 세계은행의 교육기관이 있었어요. 거기서 두 명이 강사로 와서 경제개발에 관한 강의를 했어요. 하나는 인도 사람이고, 다른 하나는 레바논 출신인가 뭐 그랬는데, 경제기획원의 기획 관계 맡은 사람은 전부 와라 해서 한나절씩 교육을 받았고, 한국은행 직원들, 경제학 교수들 이렇게 해서 매일 아침 일주일에 닷새씩 교육을 받았는데,[2] 난 불과 1, 2년 전에 하버드에서 갈브레이스 교수에게서 전부 배운 거란 말이에요. 내가 전부 아는 내용이고 그 사람들도 내가 배운 것 이상으로 훨씬 더 잘 가르쳤던 것도 아니니, 강의 중에 가끔 나랑 토론 내지는 충돌이 있었어요. 그런데 논쟁을 하다보면 내가 이기거든요. 그래서 내 이름이 나기 시작했어요.

2 1962년 7월 4일부터 6개월 간 진행된 유엔기술원조계획에 의한 강좌이다. 에소크 미틀라 박사와 임마누엘 콜잔 박사가 강의를 했다. 《경향신문》 1972.7.4.

이 두 가지로 내가 뜨게 되었고, 9월 초에 기획과장으로 가게 된 겁니다. 기획과장을 이 사람에게 맡기자고 한 거죠.

초기 경제기획원 조직의 변천

1961.7.22 발족 시 1과(총무과), 4국(종합계획국, 예산국, 물동계획국, 통계국) 체제

1961.10.2 5국(기획국, 예산국, 외자도입국, 조정국, 통계국)

1962.6.18 8국(종합기획국, 1차산업국, 2차산업국, 3차산업국, 조사통계국, 예산국, 경제협력국, 기술협력국)
외자도입국 → 경제협력국 변경
경제협력국 내 기획과, 1과, 2과, 물자과, 관리과
기획과: 국제경제협력에 관한 사항, 연차외자도입계획의 기획입안과 그 실시, 조정, 국제자본이동에 관한 정보와 자료의 수집, 연구, 투자안내소와 외자도입촉진위원회의 운영 및 국내 타과의 주관에 속하지 아니하는 사항

1과: 국제기구, 외국 정부에 대한 차관신청, 도입 업무
2과: 민간차관의 도입 업무, 외국인 투자가의 주식 투자 업무

1963.12.17 1실(기획관리실), 4국(경제기획국, 예산국은 기획차관보 관할, 경제협력국, 기술관리국은 운영차관보 관할)
경제협력국 내 과 편제 변경
외자총괄과(기획과가 명칭 변경)
공공차관과
민간차관과: 직접투자, 합작 투자 신청서의 접수 처리, 민간차관 신청서의 접수 처리

자료: 정부조직법, 경제기획원 직제.

아 그랬군요. 그러면 기획과장이 되신 후 곧바로 유솜(United States Operations Mission: USOM, 주한미경제협조처)의 교섭창구를 맡으셨는지요?

유솜과의 교섭은 곧바로 내가 맡았죠. 내 바로 전에 유솜 업무를 맡은 이가 정문도 경제협력국 물자과장이었어요. 직제상으로는 기획과장이 유솜 관계 일을 해야 하는데, 내 전임 기획과장이 영어에 서투른 사람이었어요. 그래서 정문도 씨가 물자과장이면서 유솜 관계 일을 했던 거고, 내가 기획과장이 되면서 유솜 관계 일이 나에게 넘어온 거예요. 그 일을 시키려고 나를 석 달 만에 기획과장으로 발령낸 거였죠.

참, 내가 기획원 들어갈 때 영어 시험을 정문도 씨가 쳤어요. 뭐, 영어로 말을 걸고 대답하는 게 원칙이겠지만, 내가 미국에서 공부한 이력을 보고는 몇 마디 하다가 말았어요. 정문도 씨는 원래 유솜 직원이었어요. 내가 경제협력국 기획과장 발령받았을 때 같은 국의 물자과장으로 있었어요. 그후 얼마 안 되어서 2차산업 국장인가로 진급했다가 그 다음 해(1963.9.6)에 경제협력국장으로 승진

유솜(USOM, 주한미경제협조처)

미국의 대외경제원조 업무를 맡은 국무부 산하 국제개발처(Agency for International Development: AID)의 현지 행정기관, 수원국(受援國) 주재사절단을 뜻한다. 한국 주재 유솜은 1961년 미 대외원조법(FAA) 제정에 따라 AID가 출범한 것을 계기로 1950년대 이래의 유엔 측 경제조정관실이 주한미 대사관의 경제원조 부서를 흡수 통합한 것이다. 유솜은 본연의 원조 배정 업무를 수행하는 것 외에 한국 정부의 재정, 금융 정책과 물자수급, 외자도입계획, 외환, 무역 등에도 관여했다. 공사 대우를 받는 유솜 처장 아래 차장과 관리, 회계감사, 계획 및 경제정책 담당 등 3명의 차장보가 있었다. 1965년경에는 200명의 미국인 직원과 300명의 한국인 직원이 근무했다.

▌미 AID 차관에 의한 디젤기관차 30대 도입 조인식(1962.10.29) 앞줄 왼쪽부터 김유택 경제기획원장, 양윤세, 에드워드 유솜 차장

해서 내 상사가 되었어요. 그 뒤로 내가 국장 진급한 지 얼마 후에 차관보로 승진해서 다시 내 상사가 되었습니다.

경제협력국 내에는 외자총괄과 외에도, 공공차관과, 민간차관과, 물자과 등이 있었는데요, 외자총괄과와 다른 과 간의, 특히 공공차관과와 민간차관과와의 업무 분장은 어떠했나요?

원용석 씨가 기획원장 하면서 구분해 놓은 일인데 합리적인 구분이에요. 정부 입김이 들어가는 차관을 얻어 오는 것은 공공차관과에서 담당하고, 공급자신용(supplier's credit) 식으로 민간에서 일어나는 차관은 민간차관과에서 맡는 거예요. 그리고 외자총괄과는 원칙적으로 정책만 결정해요. 일단 무슨 프로젝트를 할 거냐 했을 때, 이러이러한 걸 민간차관으로 하겠다, 이러저러한 건 공공차관으로 하겠다 하고 연락 오면 이건 민관차관과다, 저건 공공차관과다 해서 프로젝트마다 다 나눠줘요. 예를 들어 좀 나중 일이지만 종합제철소를 추진한 KISA(한국국제제철차관단)는 공공차관을 얻어서 제철소를 건설하려고 했거든요. 그러면 이것은 공공차관과의 프로젝트가 됩니다. 황병태 씨가 공공차관과장이었으니까 그 사람 앞의 프로젝트가 되는 겁니다. 그 다음에 민간 돈을 갖고 하겠다고 하면, 이건 민간차관과의 업무가 됩니다.

1960년대 제3비료, 제4비료의 건설이 공공차관과의 업무였습니다. 공공차관과가 스위프트사(제3비) 및 걸프사(제4비)와 교섭해서 비료공장을 지었는데요, 제3비와 제4비에 AID 차관이 들어갔기 때문에 공공차관과에서 담당한 것이겠습니다. 여하튼 민간차관은 기업 대 기업의 관계인데, 이 차관을 끌어오기 위해서 민간차관과에서 직접 교섭하는 것은 아니지 않습니까?

정부는 원칙적으로 개별 민간차관의 도입 교섭은 안 하죠. 민간 기업이 차관 교섭해서 차관도입안을 만들어 오면 검토해서 승인할지 말지 결정하는 게 민간차관과의 일이죠. 하지만 민간 기업의 차관도입을 뒷받침해 주는 것도 정부의 일이었어요. 일례를 들면 내가 1968년에 유럽 순회 경제사절단장으로 나갔어요. 유럽 몇 나라를 돌았는데, 그때 유럽에서는 독일만 제외하면 모두 상업차관에 관한 교섭이었어요. 프랑스의 경우 정부에서 지정한 보증보험회사가 있어요. 그 회사의 한국에 대한 보험 한도는 얼마다 하는 걸 프랑스 정부가 정하는 거예요. 한국에 대해서 5천만 달러라고 하면, 그 내에서 민간 기업이 교섭해서 프랑스 보증보험회사의 승인을 받아서 계약할 수 있어요. 정부가 개입할 일은 아니에요. 그러나 한국의 상업차관 한도를 5천만 달러로 만드는 데는 한국 정부의 교섭이 필요해요. 그때 그런 교섭을 하면 신문에 크게 났어요.

한국이 프랑스와 대한상업차관 한도를 5천만 달러로 정하는 교섭은 민간차관과에서 맡는 건가요?

외자총괄과에서 하는 거죠. 내가 했어요. 정부 상대나 공공기관 상대로 하는 교섭은 외자총괄과에서 하는 거예요. 경제협력국 안의 외무부 역할을 외자총괄과에서 하는 거에요.

AID 차관을 얻어 오겠다고 하면, 개별 프로젝트를 다 합산한 전체에 관한 교섭은 외자총괄과에서 하는 거고, 그 안의 개별 프로젝트의 사업계획서를 내서 실제로 AID 차관도입을 성사시키는 일은 공공차관과에서 맡는 것인가요?

그런 셈이에요. 그런데 과를 그렇게 나눌 때의 구상은, 외자총괄과(기획과)만은 프로젝트를 만지지 않는 걸로 하자, 좀 고상하게 하자는 거였어요. 프로젝트를 다루게 되면 아무래도 먹탕, 흙탕물이 튄단 말이에요. 고상하게 정책 문제만 다루자, 개별 프로젝트에서 장사꾼들하고 얽히지 않게 하자는 게 외자총괄과를 만든 구상이었어요.

개별 민간기업, 예를 들어 시멘트회사도 공공차관을 얻는 경우가 있는 거죠?

물론 있죠. 현대시멘트도 AID 차관 들여 와 건설한 거고, 그래서 그때 내가 현대 사람들을 알게 되었죠.

1960년대 후반에는 직접투자도 들어오기 시작하는데요, 그것은 외자총괄과의 업무였나요.

외자총괄과에서 직접투자를 맡았습니다. 직제상으로 외자총괄과는 원래 개별 프로젝트를 안 맡습니다. 정책만 맡았는데, 다른 부서에 속하지 않는 업무는 일단 총괄과에서 맡도록 규정되어 있어서, 내가 그걸 맡았죠. 총괄과는 정책을 다루지만, 공공차관이나 민간차관과 같이 타 과에 속하는 것 외에는 모두 총괄과 소속이에요. 직접투자도 그랬어요. 직접투자는 자기 돈 내서 자기가 투자하는 건데, 그건 투자진흥관직이 생기기 전에도 외자총괄과로 오는 거예요. 우리가 취급했어요. 그 나머지는 두 과 중의 하나로 다 넘겼습니다.

그 다음에 경제협력국 안에 물자과란 게 있었어요. 일본의 무상 3억 달러를 갖고서 소비재를 쓴다 하게 되면, 소비재 관계는 물동계획에 들어가니까, 물자과 담당이 돼요. 거기서 이런 이런 거 하겠다고 정리한 것을 외자총괄과로 보내면 돼요. 그 내용 갖고는 웬만해서는 우리가 터치 안 했어요.

이게 규정 위반이다, 어떤 이유 때문에 안되겠다 하는 정당한 사유가 있을 적에는 과 간에 서로 상의해서 바꾸든가 했지만, 그 밖의 경우는 터치 안 했어요. 전부 취합해서 거기서 전체적으로 밸런스가 맞으면 그대로 추진하는 거죠.

그러면 이제 기획원 직제와 관련된 질문을 드리겠습니다. 이름이 경제기획원이면 기획국이 가장 힘이 세고 인기가 있는 부서여야 하는데, 실제로는 기획국보다는 경제협력국이

더 막강 파워를 발휘하고 직원의 인기를 끌지 않았나요. 무소불능(無所不能)의 국이었다는 말까지 있던데요. 일례로 장관 결재를 받을 때 경제협력국의 과장 결재까지 다 하고 나야 기획국장 결재 순서가 되었다는 말도 있던데요. 경제협력국이 기획국, 예산국 등을 젖히고 기획원에서 가장 강력한 부서가 된 이유는 무엇인지요?

업무의 시급성이라는 면에서 협력국은 빨리빨리 처리해야 하는 다급한 일을 다루었지만, 기획국은 장기 계획을 다루는 곳이니 시급한 일이 없었지요. 협력국의 일은 지금 처리하지 않으면 안되는 겁니다. 그렇게 당장 의사결정할 일이 많으니 장관의 관심이 협력국에 쏠리는 것이지, 어느 쪽이 힘이 더 세다 약하다 하는 것은 아니었어요.

네, 그러면 기획원에서 모신 장관들에 관한 말씀을 좀 듣겠습니다.

기획원에 있는 동안에 처음에는 기획원장이라고 했고 나중에는 부총리 겸 경제기획원 장관이었는데 모두 10명을 모셨어요.

특히 초기에 자주 바뀌었죠.

기획원 초대 원장은 김유택 씨거든요. 이 양반이 몇 달 있다가 그만두고 나니까 적당한 사람이 없다고 해서 그때 내각수반이 송요찬 씨인데 그가 겸직을 했어요. 형식적으로 겸직을 하고, 실제 일은 부원장이던 송정범 씨가 전부 하고 그랬죠. 그때는 부원장도 오래 안 했어요. 뭐 몇 달 하다가 차균희 씨로 바뀌었죠. 송정범 씨는 한국은행 출신이에요.

그 후 김현철 씨가 잠깐 했다가 다시 또 김유택 씨가 몇 달 하다가 또 나갔어

〈초기 경제기획원장 · 장관〉

대수	이름	생년	임기
초대	김유택(金裕澤)	1911	1961년 7월 22일~1962년 3월 2일
2대	송요찬(宋堯讚)	1918	1962년 3월 2일~1962년 6월 18일
3대	김현철(金顯哲)	1901	1962년 6월 18일~1962년 7월 10일
4대	김유택(金裕澤)	1911	1962년 7월 10일~1963년 2월 8일
5대	유창순(劉彰順)	1918	1963년 2월 8일~1963년 4월 12일
6대	원용석(元容奭)	1906	1963년 4월 13일~1963년 12월 16일
7대	김유택(金裕澤)	1911	1963년 12월 17일~1964년 5월 11일
8대	장기영(張基榮)	1916	1964년 5월 11일~1967년 10월 3일
9대	박충훈(朴忠勳)	1919	1967년 10월 3일~1969년 6월 3일
10대	김학렬(金鶴烈)	1923	1969년 6월 3일~1972년 1월 4일

〈초기 경제기획원 부원장 · 차관〉

대수	이름	생년	임기
초대	송정범(宋正範)	1924	1961년 9월 28일~1962년 6월 29일
2대	차균희(車均禧)	1922	1962년 6월 29일~1963년 6월 28일
3대	김학렬(金鶴烈)	1923	1963년 6월 28일~1966년 9월 26일
4대	김태동(金泰東)	1918	1966년 9월 27일~1968년 5월 22일
5대	장예준(張禮準)	1924	1968년 5월 22일~1972년 1월 4일

요. 그러니까 그 다음에 들어온 양반이 유창순 씨였어요. 유창순 씨는 상공부 장관하다가 그리로 왔어요. 유창순 씨가 두 달 정도밖에 안 했는데, 그동안에 나는 한일회담 대표로 뽑혀서 갔어요.

1963년 봄에 가신 것이네요.

아마 그럴 거예요. 유창순 씨 다음에 원용석 씨가 경제기획원장이 됐어요. 원용석 씨는 민정 이양 직전까지 했어요. 그 후 초대 부총리 겸 경제기획원 장관으로 김유택 씨가 다시 했어요. 그 양반이 얼마든가 좀 있다가 장기영 씨가 부총리로 와서 처음으로 오래 했죠.

네, 장기영 씨가 3년 5개월 간 부총리를 했습니다.

그 다음에 박충훈 씨가 좀 했고, 김학렬 씨가 그 뒤였어요. 내가 김학렬 씨 밑에서 포항종합제철에 대한 일본 청구권 자금 조상(繰上) 사용 건을 담당했는데, 김학렬 씨가 열 번째 부총리에요. 그 양반이 차관보(정확한 명칭은 부원장보) 때부터 같이 있었어요. 경제기획원 차관보하고 차관하다가 나중에 경제수석 갔다가 재무장관도 하고 경제수석 또 갔다가 왔으니까.

기획원 장관들의 재임기간이 짧은 이유가 뭔가요? 장기영 씨 이전에는 굉장히 짧았는데요.

장기영 씨가 3년 넘게(3년 5개월) 하지 않았어요? 그게 거의 역사적이죠. 그 전에는 막판에 김유택 씨도 1년이 안됐지 아마. 전부 1년 밑이에요. 두 달 만에 그만둔 이도 있고(유창순). 아무튼 자꾸 갈렸어요.

경제개발계획을 세웠는데 1964년 초까지도 제대로 진척이 안 되었던 것 때문 아닌가요?

그런 면도 아주 크고, 아무튼 그때만 하더라도 전체가 불안정했죠. 그런데 1964년에 한일회담 문제로 시끄러운 상황에서 정일권 내각이 들어설 때 장기영 씨가 들어왔는데 그때부터 안정되었어요.

이승만 정부 때 소위 개혁 관료로서 부흥부 과장으로 근무하면서 산업개발3개년 계획을 세웠고 경제기획원 창설에도 관여한 이기홍(李起鴻) 씨라고 있잖습니까. 그분 자서전[3]에 의하면, 기획원 서독주재원으로 있다가 승진해서 돌아와 보니(1963. 3~1964. 1 경제기획원 기획담당 부원장보, 차관보), 경제기획원(원용석 원장 시절)이 의사결정을 제대로 못하는 허약한 조직이더라 했습니다. 군 출신 최고위원들이 경제를 담당하는 바람에 엉망이 된 것이라 할지요. 기획원장은 민간인이고, 다른 경제부처 장관은 군인이라, 민간인이 맥을 못 추었다는 말도 있던데요.

1963년이면 여전히 국가재건최고회의의 전성시대죠. 거기 위원인 군인들이 어디서 이야기를 듣거나 청탁을 받은 대로 주장하는데 기획원의 민간 관료들이 제대로 대항을 못한 거죠.

1964년 2월에 제1차 5개년 계획의 보완계획이 발표되었는데요, 계획의 이 수정 보완 작업에는 관여 안 하셨나요.

나는 계획이 만들어지면 그에 따라 활동하긴 하지만, 기획국 소속이 아니니까 그걸 만드는 데는 관여할 수 없죠.

경제기획원의 다른 과장 내지는 사무관들도 유솜 측과 교섭할 만큼 영어를 잘하셨나요?

• • • • •

3 이기홍, 《경제근대화의 숨은 이야기》, 보이스사, 1999.

실무 접촉은 다 해야 하니까 기획원 직원들은 어느 정도 의사소통은 다 할 수 있었죠. 나만 특별히 영어를 한 건 아니었죠. 뭐 어느 때는 내가 대한민국 정부에서 제일 영어 잘한다는 소리도 나왔는데, 학부부터 유학했으면 그 정도는 하는 게 당연한 일이겠죠. 그런데 특별히 잘한다는 말이 나온 사연이 있어요.

로스토우[4]가 미국 존슨 대통령 특별 보좌관으로서 한국에 왔을 때예요. 내가 기획원 있는 동안 그가 세 번인가 한국에 왔어요. 처음은 1965년 5월 한일협정 조인을 앞두고 왔고, 두 번째는 1966년 10월 말 존슨 대통령 방한 때 수행해서 왔으며, 세 번째는 공직에서 물러난 뒤에 1969년에 강연 때문에 왔습니다. 1965년 4월 말에서 5월 초에 한일 국교 정상화 조인을 앞두고 미국 고위 관리 여러 명이 국교 정상화 추진에 힘을 실어 주기 위해 연달아 왔는데, 로스토우가 그중 하나였어요.

로스토우가 처음 왔을 때 경제부처 공무원, 은행계, 경제계 사람들을 모두 불러 모아서 중앙청에서 연설, 특강을 했어요(1965년 5월 4일). 그때 어떤 신문은 로스토우가 한국은 이륙(take-off) 단계, 정확히는 이륙 초기 단계에 들어갔다고 말했다고 보도하기도 했죠. 그때 경제개발에 관한 용어가 한국에 아직 잘 알려지지 않았을 때란 말이에요. 나에게 통역을 시켰어요. 내가 통역을 하러 나타났으니 사람들이 어떻게 통역하나 하고 불안해 하면서 들었던 모양이에요. 그런데 로스토우의 강연은 내가 하버드에서 갈브레이스 밑에서 공부할 때 다 익혔던

-----

4 W.W.Rostow(1916~2003). 미국의 경제학자이자 저명한 반공 사상가로, 1960년대 존 F. 케네디 대통령 및 린든 존슨 대통령 집권기에 국무부의 정책기획위원회 의장으로 재직하면서 대통령의 안보 자문가로서 활동했다. 특히 그는 미국의 베트남 전쟁 참전을 지지했으며, 반공주의의 일환으로 후진국의 경제발전 5단계론을 제창했다.

개념이에요. 딱 그 내용이에요. 개념은 내가 다 알고, 한국 용어만 잘 몰랐는데, 내가 다른 사람들이 쉽게 이해할 수 있게끔 설명해 준 거예요. 그랬더니 "와, 영어를 정말 잘한다"고 소문이 난 거예요.

양윤세 하면 경제학 공부한 사람보다는 영어 잘하는 사람으로 오히려 알려진 거죠. 또 어떤 의미에서는 나와 경쟁 관계에 있는 사람들이, 양윤세는 경제에 대해서 아는 게 아니라 미국에 있었으니 영어나 좀 하는 거라고 깎아 내리는 면도 있었는데, 그것과 일치한 거예요. 그래서 소문이 쫙 퍼진 건데, 사실 내가 영어를 유창하게 잘하는 거는 아니에요.

1965년 5월 박 대통령 미국 방문 시에도 박 대통령이 양 과장이 영어를 잘한다고, 녹음기라고 칭찬했다고 하던데요. 외국인이 말하는 것을 녹음해 놓았다가 그대로 전부 통역한다는 뜻인 거 같습니다.

그 얘기가 어떻게 나왔나. 그거보다는 좀 나중 일인데 1967년 봄에 미국에서 조지 볼 투자사절단이 왔을 때, 조지 볼과 부단장 비 플랫, 장기영 부총리, 김정렴 영접위원장, 나, 박 대통령 이렇게 여섯이서 점심을 먹었어요. 그때 의전비서관 조상호 씨가 안 오고 내가 통역을 했는데, 끝나고 나오는데 박 대통령이 내 잔등을 두드리면서 "여기에 컴퓨터가 들어 있는 모양이야" 하시더라고요. 나는 통역할 때 의역보다는 직역에 주안을 두었어요. 정 못 알아듣는 경우만 의역하고. 그러니 웬만큼 영어 알아듣는 사람은 어떻게 통역하는지 비교해서 이해가 되는 거죠. 대통령도 영어에 완전히 무식한 분이 아니었으니, 나더러 컴퓨터를 몸에 넣고 다니냐고 말씀한 거예요.

02 '왕초', '불도저' 장기영 부총리

그럼 장기영 부총리에 관해 여쭙겠습니다. 양 장관님은 '장기영의 그림자' 라는 별명이 붙을 정도로 장 부총리와는 떼려야 뗄 수 없는 관계인데요. 장 부총리를 처음 만나신 건 언제인가요?

내가 한일회담 교섭 차 일본에 출장 갔을 때 장기영 씨를 처음 만났습니다. 그때는 그 양반이 한국일보 사장이었죠. 재무부 차관을 역임한 김정렴(金正濂)[5] 씨가 청구권 파트의 책임자 격으로 갔어요. 난 그 일원이었고요. 어느 날 김정렴 씨가 "대통령 특사가 왔습니다" 하더라고요. "누굽니까?" 하니까, 장기영 씨라고 하는데, 자기가 한국은행 시절부터 상관으로 모시던 분이래요. 그때 교섭단이 제국호텔에 묵었는데, 장씨가 호텔의 별실에 있으니, 한번 인사라도 하는 게 좋겠다고 해요. 그러자고 했지요.

내가 인사하러 갔더니, 그 양반이 첫마디로 "기획원에서 왔어요? 기획원에서 외자도입을 왜 그렇게 합니까?" 하더라고요. 내가 "외자도입이 뭐가 어떻다는 말씀입니까?" 하고 되물으니, 권철현(權哲鉉)이라고 신문기자 출신으로 연합철강 세운 사람 이야기를 하는 거예요. 일본 차관을 들여다 냉간압연 공장을 세워야 한다고 사방에 떠들고 다닌 사람이에요. 당시 권철현 씨를 둘러싸고 말이 많았어요. 장기영 씨가 말하는 걸 들어 보니 권철현 씨가 말하던 것과 똑같아요.

5 김정렴. 1924년생. 일본 오이타고상(大分高商) 출신으로 한국은행에서 은행원 생활을 하다가 재무부 이재국장, 차관, 상공부 차관, 재무부 장관, 상공부 장관을 지냈으며 박정희 대통령 비서실장을 거쳐 주일대사로 공직을 마쳤다. 1951년과 1962년의 통화개혁을 맡았으며, 9년 2월의 역대 최장수 비서실장(1969.10~1978.12)으로서 1970년대의 중화학공업화를 추진했다.

권철현 씨가 어떤 이야기 하고 다니는지는 알고 계셨던 거죠?

권철현이 일본 관계 하면서 자꾸 와서 얘기하던 거니까 알죠. 내가 장기영 씨에게 "아 그 업자 얘기, 한쪽 이야기만 듣고 그런 소릴 하시냐"고, "보나마나 그 업자가 누군지도 알겠다"고 했어요. 난 신문사 사장으로 생각하고 대항을 한 거예요. 그랬더니 날 쳐다보다가 더 이상 이야길 안 합디다. 그걸로 끝이에요. 처음 만나서는 어색한 이야기를 하고 끝난 거죠.

그때가 언제쯤이었던 건가요?

민정 이양 전인가… 내가 일본에 청구권 교섭 차 두 번 갔어요. 처음 간 거는 1963년 봄이고, 두 번째는 민정 이양 후예요.

냉간압연 논란

얇은 철판인 박판(薄板)의 제조법에는 열간압연과 냉간압연의 두 가지가 있다. 열간압연은 고온의 시트바 철판을 누르고 펴서 박판을 만드는 것이고, 냉간압연은 철판 홀코일을 두 개의 롤 사이를 통과시켜 박판을 만드는 것이다. 세계 추세는 열간압연에서 냉간압연으로 바뀌어, 자동차 차체 등 각종 생활필수품을 만드는 강판은 모두 냉간압연 제품이었다.
일본 차관으로 최초로 냉간압연 공장을 세우겠다는 연합철강과 그를 저지하려는 기존 열간압연 업자 한국철강(韓國鐵鋼), 또 다른 방식으로 냉간압연공장을 세우겠다는 일신산업(日新產業)이 정부의 허가를 받으려고 군정시절 최고회의에 치열한 로비전을 벌였다. 업자에 휘둘려 정부가 판단을 주저했으나, 장기영은 연합철강 쪽을 지지하였다. 1964년 봄 연합철강이 정부의 외자도입 허가를 받았으나, 한국철강의 반대 로비가 집요했다. 연합철강의 외자도입에 대한 정부지불보증 동의안은 이듬해 6월에야 국회에서 통과되었다.

오원철, 《한국형 경제건설》1, 기아경제연구소, 1995.

1963년 봄은 민정 이양 전입니다. 김정렴 씨의 회고록 《한국경제정책30년사》에 보면, 김정렴 씨가 재무차관직을 마치고 연세대 교수로 가려고 준비하던 차에 정부의 특명으로 1964년 3월에 일본에 청구권 대표위원으로 갔다고 합니다. 1달 동안 머물면서 장기영 씨의 어업 관계 막후교섭을 도왔다고 되어 있습니다. 일본에서 장기영 씨를 만났다면 이때겠습니다.

아, 일본에 두 번째 갔을 때 만난 거네. 그래요 1964년 봄일 거예요.

어쨌든 장기영 씨와는 처음에는 썰렁하게 만난 거네요? 그렇게 만난 지 불과 두 달 만(5월 11일)에 장기영 씨가 장관으로 왔으니, 관계를 좀 걱정하진 않으셨나요.

뭐 처음에는 썰렁하게 만난 셈인데, 난 뭐 별로 걱정하지 않았아요. 그보다는 난 신문사 사장이 기획원 장관으로서 적임자냐는 데 대한 의구심이 있었어요. 어떻게 하나 보자 하는 거였지요. 돈키호테 같은 사람인데 기획원 장관을 잘할까 하는 거죠.

한운사인가 하는 작가가 장기영 일대기를 쓴 게 있어요. 거기 보면 내 이야기라고 나오는데, 장기영 씨가 부총리 발령을 받았을 때 내가 "아이쿠, 이젠 죽었구나" 했다는 거예요. 그거는 실제론 내가 아니고, 다른 과장의 이야기예요. 장기영 씨가 한국일보 사장일 때 우리 경제협력국의 이선기(李宣基) 관리과장이 무슨 문제로 그와 한바탕 싸운 적이 있어요. 장기영 씨가 원조 자금 사용과 관련해서 요구한 것인데, 이선기 과장이 장 사장에게 무슨 그런 이야기를 하느냐고, 말도 안 되는 이야기 하지 말라고 면박을 준 겁니다. 그런데 이제 이 양반이 부총리로 온다니까 이선기 씨가 "아이쿠, 이젠 죽었구나" 한 거예요. 그걸 내가

▮ 장기영 부총리 겸 경제기획원 장관 임명장 수여(1964.5.11, 국가기록원 CET0034782)

한 것처럼 써놓은 거죠. 난 그런 소리 한 적이 없어요. 일본에서 처음 만났을 때도 뭐, 이상한 사람이구나 하고 잊어버리고 말았어요. 그 일을 특별히 떠올리지도 않았어요. 그분은 아마 부총리 취임 후에 나를 만나서는 "그때 그놈이구나" 했겠죠. 그런데 부총리의 제일 중요한 일은 유솜 처장 만나는 일인데, 결국은 나와 같이 해야 하는 거고, 그러다 점점 가까워지기 시작한 거예요.

아무튼 장 부총리와 친분을 쌓는 데는 시간이 좀 걸렸겠습니다. 장 부총리 취임 후 석 달 정도 된 당시 양 과장님의 결혼식(1964년 8월 29일)에 미국 대사, 유솜 처장도 오고, 정일권 총리와 원용석 무임소 장관, 김학렬 기획원 차관 등 고위 인사들이 많이 왔는데, 장기영 부총리는 직접 참석하지 않은 것 같습니다. 기념 사진에 안 나옵니다. 처음에 서먹했던 일의 영향일까요.

가까운 사이도 아니니 내가 청첩장을 안 드렸어요.

네, 그랬군요. 잠깐 화제를 돌려서요, 결혼에 관해서 좀 말씀해 주시면요?

내가 1차산업국 과장일 때 같이 근무한 직원이 1964년 3월에 나더러 선을 보래요. 내 처가가 황해도 금천(金川) 출신인데 그가 동향입니다. 내 처가와 알고 지내던 그 직원 어머니가 중매를 서자고 했던 모양이에요. 내 처는 연세대 간호대를 나와서 국립의료원에서 아동 담당 간호사로 있었어요. 공무원이에요.

내가 그때 하도 바빠서 누굴 만날 여유가 없었어요. 그때 세종로의 시민회관, 지금 서울시의회 건물에 다방이 있었는데, 거기에 온다면 내가 만나겠다고 했어요. 그쪽에서 좋다고 해서, 날 잡아서 한 10분인가 만나고 다시 사무실로 들어왔어요. "나중에 다시 만납시다" 하고 헤어졌어요. 나중에 이야길 들으니 장인, 장모가 다 오셔서 나를 봤다고 해요. 그 후에 내가 한일회담 차 일본에 가게 되어서 한번 더 만나자고 했어요. 만나서 저녁을 먹으면서 일본에 출장 간다고 이야기를 했지요. 주소도 물어보고요. 그때는 일본에 얼마나 있을지 알 수 없었

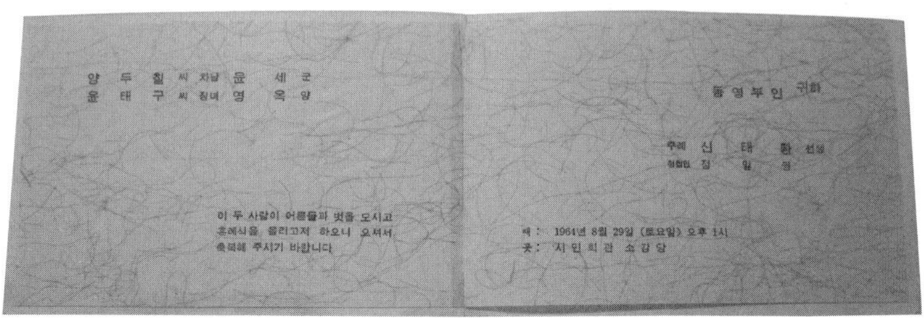

▌결혼 청첩장

어요. 그리고 일본에 갔는데, 내가 엽서를 한 장 보내니까 답장이 왔어요. 내가 사진을 보내달라고 했던가, 사진을 한 장 보냈더라고요. 나도 사진을 보냈지요. 그리고 4월에 돌아와서 이튿날 만났어요. 그리고 한두 번 더 만난 다음에 결혼하자고 청혼해서 승낙을 받았어요.

내가 내 처 될 이와 함께 정일권 씨를 찾아가서 결혼한다고 알렸어요. 그때는 외무장관이었지요. "아 그럼, 약혼식은 내가 주재해야지. 윤세네 집에 아무도 안 계시잖아. 내가 형 노릇해야지" 했어요. 그렇게 급진전되었어요. 그때만 해도 내가 좀 이상한 친구라는 이야기를 들었어요. 서른 네 살로 미혼인 정부 부처 과장이 거의 없었거든요. 그때 외자 들여 올 업자들이 사무실에 와서는 내 비위 맞춘다고, "왜 장가 안 가십니까. 좋은 색시 하나 있는데요" 이런 식으

▮양윤세, 윤영옥의 결혼(1964년 8월 29일 서울 세종로 시민회관, 현 서울시의회 건물) 신랑 뒤가 정일권 총리, 신부 뒤가 주례를 맡은 신태환 서울대 총장

▌**결혼식에 참석한 친지들** 양윤세 왼쪽으로 정일권 총리, 번스틴 유솜 처장. 정 총리 뒤가 도허티 미국 대리대사, 그 오른쪽에 원용석 무임소장관, 신태환 총장, 고톤닷 월남 대리대사, 김학렬 부총리. 신부 오른쪽은 정 총리 부인

로 이야기를 해요. 그런 이야기를 하도 여러 번 들으니, 내가 짜증이 나요. "이 보쇼, 당신 일 이야기만 해요. 내가 장가를 가든 안 가든 무슨 상관이에요" 했어요. 나야 그런 소리를 자꾸 들으니 한 이야기인데, 그 사람은 한번 이야기했는데 면박을 당한 거죠. 그러니 그가 돌아가서 노총각 히스테리 났다고, 내 성격이 이상하다고 말을 하는 겁니다.

요즘 표현으로 까칠하시네요. 하하하.

지금 같으면 서른 네 살짜리 총각이 수두룩한데, 그때는 나이 서른 넷 미혼

중앙부처 과장은 없었어요. 그래서 나도 빨리 장가 가야겠다고 생각했지요.

여하튼 그 후론 장기영 부총리와 항상 같이 다닌다고 '장기영의 그림자'라는 별명까지 생겼다던데요.

그랬죠.

당시 양 과장님이 단지 통역을 잘해서만은 아니고 장 부총리로부터 업무 능력을 인정받아서가 아닌가 싶습니다. 한운사 씨가 쓴 장기영 부총리에 관한 책에 의하면, 우리 부총리와 미국 유솜 처장이 회의를 할 때, 통역을 맡은 양윤세 과장이 부총리의 의중을 꿰뚫고 있는데다가 관련 업무에 대한 지식이 해박하기 때문에 부총리가 빠트린 대목까지 보충해 가면서 상대에게 완벽한 뜻을 전했다고 합니다. 박필수 사무관의 회고담입니다.

그렇습니다. 유솜 측과 만나서 회의할 때, 처음에 익숙하지 않았던 장 부총리가 영 엉뚱한 이야기를 하기도 했어요. 그러면 나는 내 맘대로 그 이야기를 무시하고 우리가 해야 할 말을 전했어요. 그러면 장 부총리가 그걸 알아들어요. 자기가 좀 이상한 이야기를 했는데, 내가 그걸 적절한 이야기로 고쳐서 전한다는 걸 알고는 나를 점점 더 신뢰하게 되었어요. 그러니까 경제기획원의 과장시대니, 국장시대니 하는 이야기가 나온 거예요.

장 부총리는 영어는 잘 못하셨나요?

알아듣긴 꽤 알아들어요. 그런데 말을 잘하진 못했고요.

장기영 부총리 취임 때만 해도 그의 역량, 역할에 대해 별 기대를 안 했는지요?

전혀 안 했지요. 그때만 해도 기획원 내부에서도 그렇고 외부에서도 신문사 사장하던 사람이 들어가서 뭘 할 수 있겠냐고 봤어요. 일제 때부터 조선은행에서 근무해서 경제지식은 풍부히 있던 사람인데, 그걸 기획원 사람들은 미처 몰랐어요. 우리는 그가 한국일보 사장, 정치하는 사람이라고 생각해서 저 사람이 어떻게 경제 부총리를 하겠냐고 의심했지요. 내가 김학렬 차관과 같이 그런 이야기를 나눈 기억이 있어요.

장 부총리가 처음부터 부처와 업무를 장악했나요.

뭐, 그런 편이긴 한데 처음에는 우여곡절도 좀 있었어요. 장 부총리 취임 후 처음으로 유솜과 기획원이 업무 협의를 할 때입니다. 회의 날짜가 잡혔는데 장 부총리는 인사하고 적당히 하는 자리 정도로만 알고 아무 준비를 안 해요. 그래서 내가 장 부총리에게 통계숫자도 좀 숙지하고 한미 간 현안 내용도 파악하라고 여러 번, 아마 열 번은 말씀드렸어요. "이렇게 하면 안됩니다. 숫자 모르고 가면 큰 일 납니다" 했어요. 그리고 재무부의 김원기 이재국장을 불러서 경제현황 데이터를 보고받으라 했어요. 장기영 씨는 "아, 만날게요. 만날게요. 좀 기다리라고 하세요" 하고는 그만이에요. 뭔 딴 일에 신경 쓰고 딴 사람들 만나느라고 준비를 안 하더라고요.

여하튼 그렇게 해서 장 부총리 취임 후 유솜과 기획원 간 첫 회의가 열렸는데, 장 부총리가 업무 파악이 안 되어서 아무 소리도 못하는 거예요. 그러니까 킬렌 처장이 책상을 주먹으로 탕~ 치면서 항의를 하더라고요. "Mr. Chang!" 해요. 보통은 "Mr. Minister"하고 부르는데, 화가 나니 "Mr. Chang!" 하는 겁니다. "이 회의를 위해서 내 직원들이 지난 2주일 동안 휴일도 없이 일하면서 통계자료와 설명서를 만들었는데, 당신 여기 와서 이렇게 하냐"고 해요. 그랬더니 장 부총리 반응이 걸작이에요. 킬렌과 마주보고 있다가 옆의 나를 돌아보며 싱긋 웃으면서 "저 자식, 진짜 화났어?" 하고 물어요. 킬렌은 씩씩 거리더니 벌떡 일어서서 밖의 자기 비서실로 가서 심호흡을 하더라고요. 그래서 내가 오늘 여기서 정회하고 다음에 준비시켜 와서 만나겠다고 했어요. 그렇게 하기로 했지요. 내가 기획원 돌아와서 이 얘길 주변 친구들 두세 명에게 해 주었더니 그들이 데굴거릴 정도로 웃더라고요.

그 일을 겪고 나서는 장 부총리가 확 달라졌어요. 숫자를 정확히 파악하고 또 그걸 적절하게 활용하는 겁니다. 나중에 한일경제각료간담회 할 때인데, 그가 이렇게 이야기를 해요. "요즘 내 머리 속에는 몇 가지 숫자가 뱅뱅 돌고 있습니다. 첫째는 10이라는 숫자입니다. 우리 경제성장률이 최근 2~3년간 10% 밑으로 떨어진 일이 없습니다. 앞으로도 10%를 넘도록 하겠습니다. 그리고 5라는 숫자가 있습니다. 우리나라 직접세 수입이 5배 이상 올라갑니다. 또 3이라는 숫자가 있습니다. …" 이렇게 연설을 하니까 일본 사람들이 입을 딱 벌려요. 구체적인 숫자로 한국 경제 현안을 분명히 설명하니까 그냥 설득이 되는 거예요.

하하하. 뭐 장기영 씨의 배포며 화술이 보통이 아니네요. 여하튼 경제기획원이 경제개발의 사령탑으로서 여러 경제부처를 이끄는 본연의 기능을 발휘한 건 장기영 부총리 취임 이후입니다. 장 부총리 재임기간 중에 경제정책의 가닥이 수출주도 공업화로 잡혔고 고도성장도 시작했는데, 그렇게 경제개발이 본 궤도에 오르는 데 장 부총리의 역할은 어떤 것이었나 하는 걸 여쭙고 싶습니다. 제 은사인 안병직 선생께서 수출지향공업화 정책의 입안과 관련해서 김정렴 씨를 인터뷰한 게 있습니다.[6] 김정렴 씨는 1964년 봄 일본에서 장기영 특사의 어업 관계 차관 협상을 도울 때, 장기영 씨에게 일본 경제를 모델로 한 한국 경제의 진로에 관한 이야기를 했다고 합니다. 김정렴 씨는 과거 한국은행 도쿄 지점 근무를 계기로 해서 일본 경제에 관한 공부를 쭉 했는데, 일본에서는 가내공업, 중소공업이 가공무역 형태로 공산품을 활발히 수출했고, 그게 일본 경제부흥의 기초가 되었다는 겁니다. 취임할 때(1964년 5월)에도 김정렴 씨의 조언을 들은 장 부총리는 수출지향공업화로 가야겠다고 결심했다는 이야기입니다. 장 부총리 취임 직후의 말씀 중에 공산품 수출을 강조하는 말씀을 들으신 바는 없는지요.

그런 말씀을 들은 기억은 없네요.

장 부총리가 취임한 직후인 5월 19일에 미국 버거 대사와 로자(J. Rosa) 경제참사관이 신임 부총리의 견해를 알아보려고 장기영 씨와 면담을 하고, 그걸 「장기영 부총리의 견해」라는 제목의 기록으로 남겼습니다. 그걸 보면 장 부총리는 환율 인상의 목표가 한국의 외환 상태를 개선하는 것이라 하면서, 대사에게 미군이 한국 내에서 더 많은 재화(시멘트 등)를 구매할 것을 부탁했고, 외국인 면세점에서 외화벌이를 하겠으며 담배 등 39개 품목의 수출을 늘리겠다고 말했습니다. 취임 무렵 장 부총리의 구상은 외환 상태를 개선하겠다는 것이지, 수출을 중심으로 해서 공업화를 추진한다는 건 아닌 것 같습니다. 김정렴 씨가 수출지향 공

6 〈수출지향공업화 정책은 어떻게 입안 집행되었나〉, 이지수 엮음, 《박정희시대를 회고한다》, 선인, 2010.

업화 구상을 건의한 게 사실이더라도, 그게 장기영 씨에게는 잘 전달이 안 되었다고 하겠습니다.

또 김정렴 씨는 취임을 앞둔 장 부총리에게 시장 자유화 정책도 조언했다고 합니다. 환율, 금리를 시장 요구에 맞게 올리고, 관세도 내리는 것을 말합니다. 환율 인상은 장 부총리 취임 직전에 단행되었고, 금리 인상은 1년 후에, 그리고 무역자유화(GATT 가입)는 3년 후에 시행되었습니다. 이 시장자유화 정책은 미국이 그 전부터 줄기차게 요구하던 게 아닌지요. 장 부총리도 시장자유화론자라 할 수 있을까요?

시장 자유화는 그 양반 소신이라 할 수 있어요. 그런데 취임 직후 우리 기획원 직원들 인상에 남을 정도로 강조했는지는 기억나지 않네요.

그런데 장 부총리가 물가안정에 힘을 쏟을 때, 설렁탕값이나 커피값 인상을 억누르기 위해 음식점 업주나 다방 업주를 불러 모아서 값을 도로 내리라고 강압하기도 했다고 합니다. 이런 걸 보면 자유시장론자라기보다는 관치(官治)론자의 면모 같습니다만…

장 부총리가 물가과장을 매일 불러서 체크할 정도로 물가 문제를 중시했어요. 그건 물가 문제가 자기 부총리직과 직결된다고, 인플레가 계속되면 자기 자리가 위험해진다고 생각했기 때문입니다. 기본적으로 장기영 씨는 자유주의 입장이라 할 수 있는데, 그때그때 형편에 따라 개입도 하고 통제도 한 거라고 하겠습니다.

네, 장 부총리가 취임 초부터 수출지향공업화나 자유 시장화를 제창했는지는 확실치 않은 것 같습니다. 개인의 견해보다 우선은 이미 경제의 흐름이 바뀌고 있던 데 주목해야 할 것 같습니다. 장 부총리의 취임 전에 이미 공산품 수출은 확 늘어나고 있었거든요. 절대 액수가 작아서 그렇지 급속도로 늘어나고 있었는데, 그런 흐름 속에서 경제개발 체제를 본격 가동한 장 부총리의 역할은 어떤 것이었는지요?

장기영 씨가 부총리에 취임하기 전부터 경제정책의 전환이 이미 일어나고 있었어요. 원래 군사혁명이 일어난 직후에는 중농주의를 표방했어요. 그래서 농업에 투자한다는 말을 많이 했는데, 이게 1년도 채 못 갔죠. 농업은 돈이 들어간 후에 회수하기까지가, 즉 회임기간이 너무 길어요. 빠지질 못하고 몇 년 재워야 해요. 그리고 빠진다 하더라도 나오는 차액이 미미해요. 농업 중심으로 해서는 경제발전이 빨리 안되겠다 해서 바꾼 게, 민정이 되면서부터는 중농주의란 말이 없어지고 공업화, 수출 이런 데로 가자고 한 것이죠. 결국 회임기간이 빠른 거로 하지 않으면 안되겠다는 그런 사고방식이 아마 크게 작용해서 선회한 거 같아요.

장 부총리의 개인 특성도 크게 작용했지요?

장 부총리 하게 되면 한마디로 보기 드문 노력형입니다. 그가 가지고 있는 추진력이라는 건 대단한, 그 방법이나 정력 이런 면에서 아주 대단한 평가를 받는 추진력인데, 거기에 대한 일화도 많아요. 아무튼 무지하게 노력하는 사람입니다. 부지런하고요.

장 부총리가 취임해서는 부총리로서 경제기획원이 할 수 있는 영역이 확 넓어졌어요. 그건 분명히 개인 능력이지요. 그 전에 똑같은 법 갖고서 똑같이 시행했는데, 아주 옛날 부흥부 계통으로 내려오던 그 사고방식들을 갖고 그 한도 내에서 움직이려고 한 걸, 장기영 부총리가 들어와서 확 바꾸었거든요. 그것의 바탕이 되는 건 경제기획원이 경제외교를 할 수 있도록 정부조직법에 딱 명시되었어요.

정부조직법상 경제외교 업무 관련 조문

1961년 7월 22일 개정(경제기획원 신설)

제10조의2(경제기획원) ① 국민경제의 부흥개발에 관한 종합적 계획의 수립과 그 실시에 따르는 관리 및 조정에 관한 사무를 처리하기 위하여 내각에 경제기획원을 둔다.

제10조의 3(경제기획원의 조직) ③ 경제기획원장은 국내에 주재하는 외국 또는 국제경제기관과의 경제조정사무에 관하여 정부를 대표하며 외원의 획득을 촉진하기 위하여 그 소속 공무원을 해외에 주재시킬 수 있다.

제15조(외무부) ① 외무부 장관은 외교 · 외국과의 조약 · 협정 · 재외교민에 관한 사무와 국제사정조사에 관한 사무를 장리한다.

1961년 10월 2일 개정

제13조(경제기획원의 조직과 소속기관) ⑤ 경제기획원장은 국내에 주재하는 외국 또는 국제경제기관과의 경제조정사무에 관하여 정부를 대표하며 외원의 획득과 외자의 도입을 촉진하기 위하여 소속 공무원을 국외에 주재시킬 수 있다.

제19조(외무부) ① 외무부 장관은 외교 · 외국과의 조약 기타 국제협정, 대외경제, 재외국민의 보호 · 교도 및 국제사정조사에 관한 사무를 장리한다.

1963년 12월 17일 개정

제19조(경제기획원) ① 국민경제의 종합적 개발계획의 수립과 발전, 예산의 편성과 집행, 국내외 가용자원의 동원, 투자 및 기술발전을 위한 계획의 종합적 조정, 국내외의 국제기관과의 경제협력에 관한 사무를 관장하게 하기 위하여 국무총리 소속 하에 경제기획원을 둔다.

제24조(외무부) ① 외무부 장관은 외교 · 외국과의 통상 · 조약 기타 국제협정, 재외국민의 보호 및 교도와 국제사정조사에 관한 사무를 장리한다.

경제외교요?

네. 그래서 외무부랑 마찰이 생겼어요. 외무부는 일례를 들어서 "PL480에 대한 교섭은 너희가 해라. 그 대신 나중에 협정 맺는 건 우리가 해야 한다." 이런 식이었고, 우리 기획원 쪽에서는 '웃긴다' 했죠. 그래서 어느 정도 마찰이 있었지만, 법에 딱 명시되어 있으니까 경제기획원이 경제외교를 했던 거죠. 경제외교가 왜 중요하냐. 그때는 원조가 큰 역할을 하니까, 대부분의 경제 현안이 원조와 관련이 있었지요. 그래서 원조 교섭하면 경제는 거의 다 하는 거예요.

그러니까 이 양반이 신문사를 경영하는 것의 덕을 많이 봤어요. 노력형이라고, 추진력이라고 내가 이야길 했는데, 그 하는 방법이 독특했어요. 일본에 한국일보 지사가 있거든요. 일본 지사에서 그 지사장은 항상 책방하고 상의해서 새 책이 나오면 바로 서울에 보냅니다. 장 부총리가 그 책을 받더라도 바빠서 일일이 다 읽어 볼 수 없으니까, 한국일보사에 그걸 먼저 읽어 주는 사람이 있어요. 독서비서라고도 했어요. 그 사람이 중요한 부분을 빨간 펜으로 표시를 해줘요. 그러면 이 양반은 빨간 줄 부분을 전부 탐독을 합니다. 빨간 줄을 대강 읽다 보면 정책 수립에 참고가 되는, 신문기사 거리가 될 수 있는, 그런 구절들이 많은 거예요.

그러니까 캐치 프레이즈가 될 만한 걸 딱 잡아서 그걸 자기가 활용하는 거예요. 아무리 줄 쳐준 곳만 읽는다 하더라도, 그게 무지하게 노력이 필요합니다. 그걸 탐독해요. 그리고는 새벽 4시에 일어나서 여기저기에 전화를 걸기 시작하는 겁니다. 화장실에다 전화기를 달아 놓고 용변 보면서 전화 거는 거예요. 그런 식으로 시간을 아끼면서 이 양반이 하는데, 구체적으로 수출에 있어서도 사무관급을 동원시켜서 아주 담당 품목을 지정해 줬어요. 그러니까 A 사무관이 무슨 도자기 취급한다 하는 거죠.

그 사무관은 소속이 기획원인가요? 원래 수출 업무는 상공부 담당이잖습니까?

상공부까지 안 가고 기획원에서 사무관들만 했어요.

기획원 사무관들마다 담당한 수출품목이 있었다는 말씀이죠?

수출품목을 갖다가 사무관들에게 하나 내지는 둘, 셋, 비중을 생각해서 맡기는 거예요. 그러고는 수출진흥회의 같은 거 대통령 모시고 하게 될 때, 도자기가 이번에는 어떻게 되는데 하고 설명하면서 담당관! 하고 부르면, 그 사무관이 일어나서 그 도자기가 어디서 얼마나 생산되고 어떻게 수출된다는 걸 앞뒤를 다 이야기해야 해요. 그 정도로 드라이브를 걸었는데, 그 상당한 부분이 훈련이에요. 아주 철저한 훈련을 시켰어요.

그럴 정도로 이 양반이 일을 하게 되고 국제적인 문제에서도 상당히 시야를 넓혔어요. 그 양반 있을 적에 한일경제각료회담 조직해서 일본하고 했죠. 그 다음에 한독경제협력회담, 한월경제각료회담, 한중, 그때는 대만입니다, 한중경제각료회담을 만들었죠. 그리고 IECOK(대한국제경제협의체)를 그때 설립했고요. 이런 식으로 해서 국제무대를 개척하여 국제협력을 일으키고, 이런 활동을 하기 때문에 장 부총리가 와서 경제기획원 본연의 모습이 만들어졌다는 평가를 받는 거라 생각합니다.

정부가 경제개발에 착수한 초기에는 시행착오를 겪다가 가닥을 잡을만한 무렵에 딱 적절한 인물이 투입된 게 아닌가 하는데요.

그렇죠. 그렇다고 봐야죠. 그 시절에 그 양반 이상 적절한 사람 생각할 수 없어요.

그때 장기영 씨를 불도저라고 불렀죠?

새벽부터 일어나서 전화하고 밀어붙이니까 불도저란 별명이 붙었죠. 제1의 불도저가 장기영 씨고, 제2의 불도저가 그때 서울 시장하던 김현옥인데, 원조 불도저는 장기영 씨예요.

당시의 기획원에 관한 여러분의 글을 보니, 장 부총리는 과장을 직접 지휘하고 일을 처리해서 중간 간부들을 무력화시켰다고 하던데요?

어떤 건 장 부총리가 "이건 다른 사람 결재 받지 마. 이건 양 과장이 서명하고 직접 가져와" 그러거든요. 그럼 그렇게 하는 수밖에 도리가 없죠. 그런 경우도 많았고 그렇지 않으면 그런 거 하더라도 후결(後決)이라고 써서 나중에 끝난 다음에 "이렇게 됐다. 당신 없어서 결재 못 받았다" 하고 후결로 이렇게 사인하기도 하고. 그런 일이 한두 번이 아니었어요.

김학렬 차관 밑에 장예준(張禮準) 운영차관보가 있고, 그 밑에 정문도 씨가 경제협력국장이고 다시 그 휘하에 양윤세 외자총괄과장, 황병태 공공차관과장 등이 있을 때, 왜 장 부총리는 차관, 차관보, 국장을 건너뛰고 과장들과 직접 일을 하셨나요. 장 부총리 스타일이 실

▮장기영과 킬렌 회의 배석 1964년 5월 장 부총리 취임 후, 7월 킬렌의 이임 이전. 왼쪽이 양윤세

무자들과 직접 일하기를 좋아한 것인가요?

여러 군데 거치면 번거롭잖아요. 그런 게 있고, 나와의 관계만 놓고 이야기한다면, 나를 전혀 모르던 양반인데, 나와 업무를 같이 하다가 친해진 거죠. 내가 유솜 측과 창구 역할을 하고 있단 말이에요. 그런데 부총리는 유솜 처장과 대화를 아주 자주 해야 하거든요. 대화를 하려면 그 창구 역할을 하는 내가 따라다닐 수밖에 없어요. 거기다 내가 통역까지 해 준단 말이에요. 그러니까 장 부총리가 유솜 역할을 더 이해하게 될수록 나를 계속 부르는 거죠. 그러면서 점점 더 서로 신뢰를 하게 되고, 중요한 일까지도 과장인 나에게 직접 맡기게 된 거죠.

또 장 부총리가 같은 시간에 회의를 몇 개씩 소집해 놓고 왔다갔다하면서 일을 처리했다고 하던데요?

그런 걸로 유명했지요. 그런데 아주 난처한 것은 경제 장차관 회의를 소집해 놓고는 과장인 나에게 맡기고 자기는 다른 회의에 가는 거예요. 내가 회의를 진행하다가 본의 아니게 윗사람들, 타 부처의 윗사람들에게 결례를 하게 되는 겁니다. 그걸로 곤욕을 치렀어요.

일례로 기업 · 기술자들 월남 가는 수속 중에서 제일 시간 걸리는 게 신원조회거든요. 그 문제 때문에 관계장관회의를 열었어요. 그때 신원조회 담당은 내무부였잖아요. 회의에 내무부 차관이 와 있는데, 이게 죽을 지경인 게, 장기영 씨 이 양반이 회의장 의장석에 자리를 2개 만들고 나를 자기 옆에 앉힙니다. 그리고 회의 벽두에 앞에 죽 앉은 장관들에게 말합니다. "내가 지금 또 하나 회의를 주재해야 해서, 지금 거길 가야 합니다. 오늘 회의하는 방향은 충분히 여기 양 과장이랑 얘기가 다 되었습니다. 양 과장에게 들으시면 내 말을 들으시는 줄 알고 그대로 해 주십시오" 하고는 그대로 벌떡 일어나 가 버려요.

그럼 내가 다른 부처 장관들, 차관들 데리고 지시를 하는 부총리 노릇을 해야 해요. 내가 내무부 차관 앞에서 "15일을 드릴 테니까 15일 만에 신원조회를 마쳐주시고, 만일 15일이 경과가 되면 신원조회 끝났다고 보고 그 다음 절차로 갑니다" 하고 말하고, 탕탕 두들기고 끝냅니다. 나중에 들리는 소리가 그 내무차관이 돌아가서 울었다는 거예요. 수모를 당했다고.

그래서 내가 찾아가서 빌려고 했어요. 그렇게 되면 또 무슨 일 잘못했다고 그러는 거 같고 해서, 결국은 못했지만요. 물론 다음에 만났는데 서로 어색해 하지는 않았어요. 그래서 그대로 넘어갔지만, 회의장에서 그 사람은 속으로 얼마나 욕했겠어요. '저 조그만 자식이, 나이도 저보다 열 몇 살이나 아래인 저런 놈에게 내가 당한다' 이런 생각이 들었을 거예요. 그런 건 조금 미안한 점도 있긴 있지만, 일하다 보면 도리가 없어요. 그런 일이 생겼어요.

여하튼 장 부총리는 그렇게 회의를 맡기고는 나중에 내용도 안 물어봅니다. 회의 결과 가져가면 그냥 그대로 사인합니다. 완전히 맡긴 겁니다.

미국 측과의 회의나 경제장관 회의 등 장 부총리가 참석, 주재하는 회의와 관련된 그 밖의 일화도 많은 것 같습니다. 식사 시간 전에 시작해서 식사 때를 넘기는 회의를 할 때, 자신은 미리 배를 채우고 오든지 아니면 잠깐 나가서 식사를 하고 돌아와서, 결국 허기에 지친 상대가 자신에게 따르도록 했다는 이야기도 있던데요. 한운사 씨 책에 인용된 당시 박필수

박필수 사무관이 전하는 장기영 부총리 일화

1964년 장기영 부총리는 번스틴 처장과 미 잉여농산물 판매대전의 한미 양국 간 사용 비율과 그 내역을 결정하는 회의를 가졌다. 대충자금이 세입예산에서 큰 비중을 차지하던 때이기에 이게 정해져야 새해 예산안을 짤 수 있었다. 아주 중요한 회의였다. 양윤세 과장이 통역, 내(박필수 사무관)가 기록을 담당했다.

이미 몇 달 동안 한미 간에 실무회담을 한 후 양측 두 책임자가 최종 합의를 해야 하는 날이었다. 연 사흘째 이어진 회의였으나 양측이 모두 자기 주장만을 내세워 한 치의 양보도, 진전도 없었다. 그날 회담도 11시에 시작해서 2시간이 지났을 무렵 장 부총리가 자리를 떴다. 화장실을 다녀오는 것으로 알았다. 그런데 그날따라 훨씬 오랜 시간이 지나도 안 돌아왔다. 30분가량이 지났을 무렵, 나는 참다못해 옆방으로 가 보았다. 장 부총리가 낮은 테이블에 밥상을 받아 놓고 태연히 식사를 하고 있었다. 놀랍고 당황한 나에게 장 부총리는 회담의 진행상황을 물었다. 그리고는 나에게 밥상 한쪽에 있던 찐 옥수수 한 자루를 먹으라고 집어주기도 했다. 얼마 후 회담장에 돌아온 장 부총리는 태연하게 시가도 태우고 차도 들어가며 대화를 이어 갔다. 나머지 세 명은 허기에 지쳤다.

한운사, 《한국적 최강 CEO 장기영, 뛰면서 생각하라》, 동서문화사, 2006, 320~322쪽.

사무관의 회고담도 그 일례입니다.

박필수 씨가 말한 회의는 기억나지 않네요. 그가 오후에 꼭 참을 먹어요. 한국화약의 김종희 씨가 매일 도시락 찬합을 챙겨서 보내주었어요. 떡, 삶은 밤 등이 들었는데 양도 많은 걸 먹었어요. 대식가였어요. 그가 당뇨에 걸렸는데, 그걸 감추고 있었어요. 그게 그가 일찍 돌아간 원인이 된 것 같습니다. 오후에 의사가 와서 기운 내는 주사를 놔주곤 했다고 해요.

흔히 장 부총리를 대담, 호방하다고 하지만, 박필수 사무관이 회고한 건 기행(奇行)에 가까운 면모인 것 같습니다. 그런데 장 부총리가 경제부처를 장악하고 활발히 움직이니까 김형욱 중앙정보부장이 견제하려던 일도 있었지요. 중정 요원이 부총리실 캐비닛을 털어서 달러, 엔화 등이 나온 것을 김형욱이 박 대통령에게 보고한 사건입니다. 1965년 5월 박 대통령의 미국 방문 출발 전이라고 하던데, 그 사건 직후 장 부총리의 반응은 어떠했나요?

그게 아주 큰 사건이었지요. 그런데 장 부총리는 비교적 태연해요. "허허" 하고 웃더라고요. 누가 했는지도 아니까 그런 반응을 보일 수 있었겠지요.

경제기획원장, 장관이 계속 바뀌다가 장기영 씨 때부터 안정된 데에는 어떤 요인이 있었나요? 장 부총리의 추진력 등 개인의 능력도 있겠고, 상황의 호전, 공산품 수출의 증가 등 경제가 활발히 돌아가기 시작한 것도 있을 것 같은데요.

외부 상황이 좋아졌다는 말에도 일리는 있어요. 하지만 그게 전체는 아니겠죠. 우선, 그 사람의 노력이 컸고요. 그 다음에 신문기자를 많이 다루어 보아서 그런지 사람 다루는 데 아량이 커요. 사람을 포섭할 수가 있어요. 또 신문기자기질하고 비슷한데, 비위에 안 맞으면 소리소리 지르고 막 욕을 합니다. 나에게는 한 마디도 욕한 적이 없습니다만, 웬만한 사람이 자기 하자는 대로 안 하면, 조그만 거슬리면 소리소리 지르고 그랬어요. 그것도 다 사람을 휘어잡는 기술이었어요.

장기영 부총리의 경제철학이랄까, 경제개발론을 정리해서 말씀해 주신다면요?

글쎄, 당면한 과제를 풀어 가는 데 상당히 현실적이고 합리적인 사고방식을 갖고 있었다고 하겠어요. 결국 경제는 합리성이에요. 합리적으로 사고하는 방식이 유효한 것이죠. 경제학에서 이렇게 된다, 저렇게 된다 하는 것은 때마다 상황마다 다른 것이죠. 내가 대학 다닐 때 3학년 즈음에 회의가 들었던 게 있어요. 증권시장에 관해 어떤 교수가 강의를 하는데, 증권시장을 손아귀에 꽉 넣고 이야기한단 말이에요. 내가 그때 생각한 게, '저 양반 저렇게 잘 알면 증권시장에서 큰 돈 벌 것이지, 왜 여기 와서 이렇게 고생하고 있나?' 였어요. 그 사람 돈 벌려면 못 벌거든요. 미국도 교수 월급은 그렇게 좋지 않았단 말이에요. 경제를 주물러서 다 안다는 듯이 이야길 하는데, 실제 자기 소득도 제대로 없단 말이에요. 그래서 내가 경제학에 회의심을 상당히 가졌어요.

어쨌든 장기영 부총리는 상황을 파악하고 그에 대해 합리적으로 대응하는 사고력, 그리고 거기서 나온 판단을 실행하는 추진력을 갖춘 인물이었다, 이렇게 말할 수 있겠네요.

그럼요. 그 합리적 사고방식과 추진력, 이 두 가지가 그 양반의 핵심 장점이에요.

▌**1963년 9월 IMF 총회 대표단 출국** 맨 왼쪽부터 재무부 외환과장 이재설, 한은 총재 이정환, 김학렬, 양윤세. 양윤세가 IMF와 세계은행 총회 대표로 처음 참석한 회의였다.

장 부총리가 박 대통령으로부터 신임을 받고 권한도 부여받고 또 오래 재임하지 않았습니까. 그런데 황병태 씨 책에 의하면, 1967년 제2정유사를 선정할 때 박 대통령의 뜻과 다르게 움직인 일이 있었고, 결국 그해 10월인가 포항종합제철 기공식을 상의 않고 독단으로 하러 포항에 갔다가 기공식 날 해임 통보를 받았다 합니다. 해임 경위를 아시는지요.

제2정유사로 호남정유를 선정할 때 갈등이 있었는지는 모르겠네요. 장 부총리가 해임될 때, 내가 브라질에 가 있었어요. 내가 투자진흥관 때예요. 과장 때부터 연례 빠지지 않고 국제통화기금(IMF) 총회하게 되면 재무부의 외환국장이던 이재설(李載卨) 씨가 IMF를 맡고, 세계은행(IBRD)은 경제기획원에서 내가 맡고, 국제금융공사(IFC)도 세계은행의 부속처럼 되어 있으니까 내가 맡았어요. 세계은행 그룹이 은행(IBRD), IFC, IMF의 셋으로 구성되어 있어요. 세 기관의

sister group이에요. IFC는 직접투자를 담당하고 IBRD는 차관을 다루고, IMF는 금융 유동성 문제를 취급해요. 세계은행 총회에 간다고 하면, 재무부가 주관부서인데 IMF 쪽 대표를 이재설 씨가 과장 때부터 하고, IFC와 IBRD 쪽 대표는 내가 하고, 이렇게 두 축을 맡아서 각기 한 겁니다. 위로 재무장관하고 한국은행 총재가 governor예요. 그리고 governor를 둘 더 두는데, 나와 이재설이 governor가 되요. 나머지는 누가 가든 다 advisor입니다.

governor와 advisor의 차이가 뭔가요.

발언권 가진 정식 대표가 governor예요. 세계은행과 국제금융공사에는 내가 재무부 장관과 한국은행 총재 모시고 들어가서 대표로 회의하고, IMF는 이재설 씨가 재무장관 모시고 들어가서 회의를 하는 겁니다. 이래서 IMF · 세계은행 총회 하면 대표로 늘 매해 갔어요.

▮ 장기영 부총리가 해임되던 날의 영일포항지구 종합제철 기공식(1967.10.3, 국가기록원 CET0077023)

장 부총리가 해임되던 1967년에는 9월에 브라질 리우데자네이루에서 회의가 열렸는데, 회의 후에 미국에서 처음으로 투자진흥설명회 비슷한 걸 뉴욕, 시카고, 그리고 샌프란시스코, 이렇게 세 군데에서 열기로 되어 있었어요. 투자진흥설명회의 준비는 워싱턴의 주미대사관에 나와 있는 경제협력관이 해 주었고요.

IMF 연차총회 후에 내가 워싱턴으로 갔어요. 워싱턴 대사관의 경제협력관이 비행장에 나와서 날 맞이하면서 "장기영 씨 그만 두게 됐습니다" 그러더라고요. 이렇게 장기영 씨 해임 소식을 워싱턴에서 들었어요. 곧바로 돌아오고 싶었지만, 국제적인 약속이 되어 있는 연설, 회의가 있으니 할 수 없이 거기서 며칠 동안 설명회를 하고 한국에 돌아왔죠.

돌아와서 신임 박충훈 장관에게 귀국 인사하고 그날 저녁 장기영 씨에게 귀국했다고 연락하니까, 나더러 보자고 해서 바로 갔어요. 가서 만났더니 그 양반 말로는 "대통령께서 '차마 자기 서울 있는 동안에 퇴직시키기가 뭐하고 해서 서울을 비우고 시골 가 있는 동안에 발표를 했다' 그렇게 이야길 하시더라" 그렇게 나에게 전하더라고요. 박 대통령에게 뭐 신용이 떨어져서 해임된 건 아니라고 보고, 다만 박 대통령도 이제는 이 양반 시절은 한 물 갔지 않았느냐 하는 그런 느낌은 충분히 받았을 거라 봐요. 나도 그걸 느꼈거든요. 내가 그만두시라고 이야기한 적도 있었어요.

그래서 지금 생각나는 것도 그렇고, 결국 그때 장기영 씨가 대통령께서 이렇게 말씀하시더라고 이야기하던 기억까지 되살리면, 그때는 기획원 장관을 3년 5개월 쯤 했으면 아주 오래한 건데, 그동안 열심히 했고 그걸 박 대통령이 인정하고, 차마 면전에서 당신 그만둬라 하는 식의 이야기를 하기 힘들었다는 게 이해가 가요. 그래서 지방 가서 서울 없는 동안에 발표했다 이런 이야깁니다.

그래서 나는 이게 불신 때문에 그랬다기보다도 박 대통령이 지금쯤 한 번 바꿔야 할 때가 오지 않았느냐를 느끼신 거 아닐까 해요. 그걸 뒷받침하는 일이 있었어요. 장기영 씨 해임되고 얼마 안 되어서 일본과 문제가 생겼어요. 처음으로 재일교포가 이북에 성묘를 가는데 이북에 가게 되면, 비자를 따로 또 받아서 들어와야 했어요 그런데 일본 정부에서 재입국 비자를 미리 내줘서 쉽게 갔다가 올 수 있게 만들어 줬어요. 그 비자가 세 갠가 나왔어요. 한국 입장에서는 재일교포가 북에 자유롭게 오가는 게 중대한 문제였지요. 이걸 중지시켜야 했어요. 그래서 박 대통령이 일본에 장기영 씨를 특사로 보냈거든요. 장기영 씨를 보내면서 나와 그때 농림부에 차관보로 잠깐 있던 김용환(金龍煥) 씨, 나중에 재무장관 하고 김종필 씨 당에서 국회의원도 한 이죠, 이렇게 둘을 데리고 가라고 장기영 씨에게 지명을 해서 주었다는 겁니다. 그 이야기까지 나중에 들었어요. 그러니까 그만둔 지 얼마 안 됐는데 이런 걸 시킨 것이고요. 그리고 그 다음에는 남북조절위원회 부위원장을 시켰단 말이에요. 이후락 씨가 북한 갔다 와서 위원장을 하는데 장기영 씨가 부위원장을 했잖아요. 그런 걸 보면 뭐 장기영 씨가 싫어서 해임했다 하는 건 조금 맞지 않는 말 같은 생각이 들어요.

내가 모신 장기영

양윤세

…나는 경제기획원 외자총괄과장으로 재직했는데, 돌연 한국일보사 장기영 사장이 부총리 겸 경제기획원 장관으로 내정되었다는 소식을 듣고 놀랄 수밖에 없었다. 신문사 사장을 지내시던 분이 경제정책의 총수로 들어온다는 것에 대해 일말의 불안감이 앞섰고, 동료들도 뒤숭숭한 분위기였다.

그런데 첫날 그의 '과장은 이사관입니까?', '국장이 높습니까? 서기관이 높습니까?' 하는 엉뚱한 질문에 아연실색했다.

그의 이러한 엉뚱한 행동은 관료적인 분위기에 젖은 우리들을 무척 당황하게 만들었다. 그는 첫날부터 이런 말을 마구 내뱉었다. "동물도 서로 체온이 맞아야 새끼를 생산하는데, 우리끼리 체온이 서로 안 맞아서야 일이 될 리 없다"고.

그런 그가 며칠 뒤부터 일에 대한 정력을 쏟기 시작했다.

새벽 4시부터 일어나 화장실 안에서 기획원 직원은 물론 외부 사람들에게 전화를 걸기 시작하는데 두 손 바짝 들고 말았다. 그는 지위의 높고 낮음을 가릴 것 없이 무슨 생각이 떠오르면 거침없이 전화를 해대는 것이었다.

이에 따라 부임 일주일도 못되어 경제기획원 장관실은 '도떼기시장'으로 변해 버렸다. 불시에 소집되는 회의도 대회의실, 소회의실, 접견실 등 어느 정도든 관계없이 두세 팀을 한꺼번에 소집, 좌충우돌하면서도 일의 처리는 핵심을 잡아 용케도 잘 처리해 나갔다.

또 찾아오는 방문객도 어떻게 해서든지 잠깐씩 만나 그들의 고충을 들어주고 해결해 주었다. 그분도 인간이라 정신없이 뛰다가 안락의자에 앉은 채 깜박 잠이 들었다가, 필요한 시간에 어김없이 일어나곤 해서 주위 사람들을 놀라게 하기도 했다.

언젠가 한번은 일 때문에 부하인 내가 마구 대든 적이 있는데, 그는 그 성격에 걸맞지 않게 오히려 관대하게 이해해 주시고 달래 주시는 것으로 끝을 맺은 일이 생각난다.

이 같이 그분과 3년 5개월 동안 같이 지내면서 정이 들대로 들어 같은 목적의식으로 밤잠을 자지 않고 일과 싸웠고 몰두했었다. …

《엔터프라이즈》 1984년 9월 창간호.

03 1960년대 전반의 대미(對美) 원조 교섭

이제, 1960년대 전반 대미 경제외교에 관해서 여쭙겠습니다. 유솜이 1차적인 교섭창구였는데요, 기획원과 유솜 간 관계의 전반적인 분위기는 어떠했나요.

유솜하고 계속 논의해야 하니까 같이 회의를 하고 뭐 하면 회의록도 만들어야 하고 할 게 많아요. 그런데 한국 측 사람들에게 저 미국 사람들이 아주 답답해하는 게 뭐냐면, 나도 처음 가자마자 느낀 건데, '사무관만 되면 정치가다' 하는 거예요. 수치를 갖고 앞뒤를 맞춰서 합리적으로 이야기는 안 하고 감정적으로 이야기하는 거예요. "우리가 다 굶어 죽게 된 걸 그래도 미국에서 원조 좀 받아서 살았고, 이제 좀 우리 힘으로 경제개발 하려고 하는데 이럴 때 미국이 이런 걸 도와줘야 하지 않냐. 왜 안 주냐" 이런 식으로 자꾸 나가는 거죠.

미국 측은 이거 원조를 주겠는데, "이거 생산이 지금 되느냐, 한국에 이거 만드는 공장이 있느냐" 체크하는데, 한국 측은 "자꾸 왜 그런 걸 따지느냐. 그냥 주면 되지" 이런 식이에요. 그러니까 얘기가 안 돼요.

그래서 내가 처음에 간단한 간행물을 만들었어요. *Major Economic Indicators*(《주요 경제 지표》)라는 책자에요. 아주 매크로 숫자만 해서 최소한 전체적 방향이 어떻게 돌아가나 하는 걸 한번 수치상으로 이야기해 보자 해서 그걸 만들기 시작했어요. 이게 쭉 계속됐어요. 나중에 내가 주미공사로서 이곳저곳에 다니면서 연설하려면 숫자로 말해야 하는데 제일 좋은 게 *Major Economic Indicators* 책자여서, 혹시 지금도 그 책자를 발행하냐고 물었더니, 이렇게(책이 두껍다는 표시) 발행하고 있더라고요. 나는 한 다섯 장 갖고 발행했는데, 그때는 이렇게 두껍게 발행하는데 제목이 *Major Detailed Economic Indicators*예요. 내가 만든 걸 발전시킨 거죠. 경제 전체에 대한 하나의 수첩처럼 만들었던 것인데, 그게 1970년대까지는 있었어요. 왜 그게 창간이 되었는지 아는 사람은 기획원에도 거의 없었죠. 지금도 발행하는지는 모르겠어요.

1962년 1월 발표된 우리나라 제1차 경제개발5개년 계획은 연간 7퍼센트 성장 목표를 잡고 의욕적으로 출발했는데, 거기에 대해서 미국은 과도한 목표라고 생각해서, 우리나라 개발계획에 대해서 부정적이었던 것으로 알려져 있습니다. 제1차 5개년 계획에 포함되었던 다수의 중화학공업 투자 프로젝트 중 실제로 추진된 것은 울산 정유공장과 비료공장(제3, 4비)뿐이었습니다. 그 과정에도 관여하셨는지요.

그 업무는 내 담당이 아니니까 내가 그 과정을 정확하게는 잘 몰라요. 내가 경제기획원에 들어가 보니 5개년 계획이 이미 수립되어 있었어요. 그런데 계획 자체가 개념이 뚜렷치 않고 상당히 엉성하게 되어 있었어요. 그때 기획국장에는 한국은행 부장이 파견 나와 있었고, 웬만한 과장들, 국장들도 은행에서 파견되어 온 사람들이었어요. 그 사람들이 그중 우수하다고 해서 온 거였는데, 결국 5.16 후 혁명한다고 여러 곳에 손을 댔지만 금융계는 손을 못 댔습니다. 한 6, 7개월 후인가 은행 사람들은 은행으로 돌아갔고, 은행으로 돌아갈 생각이 없는 사람들은 남아서 3급 전형시험을 치르고 남기도 했죠. 그때 한국은행 사람들, 군인들 뭐 이런 사람들이 모여서 계획을 수립한 건데, 좀 엉성했죠. 이상적으로 이런 걸 해야 겠다 하고 공장 같은 걸 모두 나열해 놓았었죠.

내가 들어간 후부터는 미국 사람들, 유솜 사람들이 점점 더 개입해서 검토하기 시작하고, 우리도 체계적으로 검토하면서 결국은 걸러 내기 시작했죠. 많이 걸러 냈어요. 그 과정에서 살아 남은 게 울산 정유공장과 비료공장이었던 것으로 생각돼요.

남에게서 차관을 받으려면 계획 자체는 미끈하게 되어 있어야 하잖아요. 처음에는 그런 준비도 없이 우리에게 이런 게 필요하다, 이런 게 있었으면 좋겠다 하는 것들을 나열한 거 같아요. 그런 게 도태되었던 것이죠. 하나 원칙으로서 중요한 것인데 처음에는 롤링 플랜(rolling plan)이라는 게 없었어요. 계획이라고 해서 바이블이 아니다 이거예요. 1년마다 그때그때 사정에 맞춰서 수정해 나가는 거예요. 이걸 학자들이 롤링 플랜이라 이름 붙였어요. 5개년 계획은 매해 수정이 가능한, 수정해야 하는 계획이라는 개념이 들어오기 시작한 거예요. 나중에 제대로 계획답게 만든 게 제2차 5개년 계획이에요.

제1차 5개년 계획 나오고 5달 정도 후인 1962년 6월에 통화개혁을 했는데, 미국에는 불과 며칠 전에 알렸기 때문에 미국이 항의하는 마찰이 있었습니다. 미국이 원조나 차관의 집행을 미루거나 새 원조나 차관의 협의에 응하지 않는 일도 있었고요. 그로부터 불과 석 달 뒤부터 대미 교섭을 맡으셨는데요, 어려움이 많았을 것으로 생각됩니다.

내가 교섭하기 시작해서는 큰 어려움이 없었어요. 유솜 처장인 킬렌과 한두 번 만난 후에는 킬렌과 이야기가 잘 되어서 내 방에 유솜 직통 전화까지 가설하고 협의하기 시작했는데, 그런 과격한 마찰은 없었어요. 내가 원조교섭을 할 때 한국인들은 자꾸 압력을 넣거든요. "이거 해라, 저거 해라. 좀 더 달라고 해라" 했어요. 그러면 내가 유솜 사람들을 만나서 이야기를 했어요. 이거는 지시에 의

해서 이야기하는 것이지 내 본심은 아니다는 식으로. 이런 배경에서 한국 측에서 요청하는 걸로 이야기하면 저쪽에서 알아차리고 적당히 처리를 해 주었어요. 난 꼭 해 주어야 하는 것과 안 해도 되는 걸 구별해서 이야기 했어요. 꼭 해야 하는 건 반드시 해 달라고 열을 올리면 그에 관해서는 유솜 측도 협조했어요.

1962년 가을 유솜과의 교섭을 담당하게 되었을 때 한미 간에는 여러 현안이 있었습니다. 우선, 국제차관단 구성 논의가 있었습니다. 그 무렵 한국 정부는 제1차 5개년 계획의 울산공업센터 건설을 위한 국제차관단 구성안을 내놓았습니다. 당초 미국 정부는 한국의 1차 5개년 계획을 무시했으나, 한국 정부가 서독 차관으로 울산공업센터를 건설하는 안을 추진하자, 그를 견제하는 의미에서 참여할 의향을 표시하는 등 관심을 보입니다. 그해 5월 AID 극동 담당 차장보(Assistant Administrator) 자노우(Seymour J. Janow)는 미국, 서독에 더하여 일본이 가세하는 차관단 구성안을 언급했고, 한국 측에서도 9월 IMF 총회 대표단(김세련 재무부 장관, 차균희 기획원 부원장, 윤승두 한은 조사부장, 이재설 재무부 과장) 등이 이 문제로 미국과 교섭한다는 뉴스도 있었습니다. 하지만 실제로 논의가 진전된 것 같지는 않습니다. 1962년의 국제차관단 논의를 기억하시는지요?

그 부분은 전혀 기억에 없어요. 1962년 9월이면 내가 경제협력국 기획과장에 막 배치되었을 때라서 IMF 총회에서의 교섭까지는 관여할 수 없었어요.

그 무렵 또 하나의 현안은 1963년의 원조액 문제였습니다. 킬렌 유솜 처장이 1962년 10월 11일 본국에 돌아갔다가 11월 15일 서울로 돌아옵니다. 그리고는 다음 해 원조액 문제로 연일 한국 고위당국자들과 협의를 해서, 11월 28일 SA[7] 7,500만 달러를 통지합니다. 전년도 9,250만 달러에 비해 크게 감소한 것인데요, 이후 1963년 내내 추가 원조 논의가 이어집니다. 미국이 전 세계에 대해 원조액을 줄이면서 한국에 대한 원조도 줄인 것입니다만, 동시에 한국이 재정안정계획을 세우도록 압박하는 측면도 있었습니다. 한국이 재정안정에 노력을 기울이면 추가 원조를 주는 식으로 말입니다.

이것도 전혀 기억에 없네요. 역시 내가 근무 초기라서 아직 한미 경제 관계 전반에 대한 파악이 안 된 것이지요. 재정안정계획 쪽은 내가 관여하지 않았어요. 재무부 소관인데, 그때는 기획조정실에 있던 김용환 씨가 담당한 것으로 알고 있습니다. 그때 유솜에서는 김용환 씨를 'stabilization man'이라고 불렀습니다.

재정안정계획 쪽은 김용환 씨가 실무 담당자였군요. 한미 공동작업반의 핵심 멤버였겠습니다. 그런데 1962년 12월 말 미 AID 벨 처장이 방한해서 박정희 의장, 경제기획원장 등과 회담합니다. 그리고 1963년 3월 초에는 AID의 극동 담당 차장보 대리 파울러(James R. Fowler), 동 한국 과장 아이브스(Stephen Ives)가 내한해서 추가 원조에 관해 논의한 게 있습니다.

1962년 12월 말에 방한하는 AID 벨 처장을 맞을 때 내가 나갔어요. 내가 하버드에서 갈브레이스 교수에게서 저개발경제론을 배울 때 벨 처장이 갈브레이스

• • • • •

7 SA(Supporting Aid, 지원원조): security supporting aid(안전보장지원원조)의 줄임말로 무상원조를 지칭한다. 미국은 한국과 같이 공산진영과 대치하느라 국방비 부담이 큰 나라에 무상원조를 제공할 때 그를 안전보장 지원원조라 이름 붙였다. 원료, 중간재로 쓰이는 원자재로 제공되었다.

보좌관이었어요. 보조 교수죠. 옆에 같이 앉아 있었어요. 세미나는 갈브레이스가 하지만, 그쪽에서 같이 지켜본 겁니다. 벨 처장이 경제기획원 방문했을 때 만났는데, 얼굴을 서로 알겠더라고요. 반갑다고 인사했어요. 그 양반이 기획원에 오면 내가 따라다니면서 쭉 안내했죠. 그런데 그 회담 내용 중 추가 원조 교섭이 있었는지는 기억에 없어요.

1963년 3월에 파울러와 아이브스가 와서 회의를 한 거는 기억나요.[8)] 그때는 AID 한국 과장만 와도 경제각료를 다 불러서 회의를 했습니다. 우리 경제각료 전부 나오고 맞은편에 미국 측 손님과 유솜 인사들이 죽 앉아 있었죠. 한국 경제에 관한 브리핑을 하고 앞으로 어떻게 할지에 관한 설명회를 하는 겁니다. 내가 유창순 원장 옆에 앉아 있었는데, 난 회의를 오전 중에 마치고 한일회담 하러 일본에 갔어요. 바로 그날이에요. 그때 부원장보가 김학렬 씨인데, 유창순 씨가 김학렬 씨더러 나를 가리켜 “해외 출장 가는 날까지 근무를 하고 가니 참 훌륭한데, 내가 여비도 준비 못하고 보내니 당신이 좀 나가서 배웅을 해 주시오” 해서 김학렬 씨가 공항에 나왔어요. 김학렬 씨와 친하게 된 계기가 된 겁니다. 여하튼 파울러와 아이브스가 왔을 때 한미경제회담 오전 회의 후 내가 바로 일본 출장을 갔기 때문에 역시 추가 원조 교섭은 기억나는 게 없어요. 그때 일본에 두세 달 정도 있었거든요.

당시 양 과장님께서 일본 출장을 가신 지 며칠 후인 3월 16일 박정희 의장이 당초의 민정

• • • • •

8 1963년 3월 11일 오전 10시부터 2시간 동안 경제기획원에서 한미경제회담이 열렸다.

▌한미경제협력위원회(ECC) 제1차 회의(1963.7.30) - 국가기록원 CET0033488 오른편이 한국측. 오른쪽 끝부터 김학렬, 박충훈, 양윤세, 원용석

이양 약속을 뒤집고 군정을 4년간 연장하는 것을 국민투표에 붙이겠다고 성명을 발표합니다. 그 때문에 추가 원조를 포함한 모든 원조계획에 관한 논의가 중단되고, 또 유창순 기획원장은 "맡은바 책임을 다할 수 없다"고 하면서 원장 취임 불과 두 달 만에 사임하기까지 했습니다. 그 후 4월 8일 박정희 의장이 '번의'(飜意)를 '번의'(=민정 이양을 약속)하고 외환고갈 위기와 식량난 등 경제사정이 너무 악화되자 미국 정부가 5월 말 추원 1,500만 달러를 확정해서 통고하기는 합니다.

그렇지만 3월 20일~4월 20일에 한국에서 조사 활동을 벌인 IDA(국제개발협회) 조사단이 "건전한 제도, 재정안정계획 없이는 원조는 소용없다"고 비판합니다. 또 킬렌 처장은 5월 15일 대한상공회의소에서 연설하면서 "한국에 경제위기란 없으며, 한국 정부가 원조를 더 받아내기 위해 위기의식을 조장하고 있다"고 발언하기까지 했습니다. 이것을 보면, 미국 정부는 한국에서 가장 긴요한 일이 경제안정화라 본 것 같습니다. 미국은 한국이 경제개발보다는 재정안정화와 외환 절약, 인플레 퇴치에 우선 집중하도록 길들이는 듯한 모양새인데요, 어떻습니까?

그때는 유솜 마음대로 한 겁니다. 그런데 그 유솜 사람들 얘기가 틀린 건 아닙니다. 나는 역시 그때 일본에 있었기 때문에 그 자세한 경과는 몰랐고요.

그리고는 그 얼마 후 1963년 7월 한미 양국은 ECC(Economic Cooperation Committee 경제협력위원회)를 만들기로 합의합니다. 당시 양 과장님께서 한일회담 다녀오시고 나서죠. 7월 18일에 원용석 기획원장과 킬렌 유솜 처장이 합의 서명을 했고, 그리고 7월 30일에 첫 회의가 열렸고, 앞으로 매주 화요일 10시에 정례회의를 열기로 했습니다.

ECC를 만들자고 한 것은 우리 쪽 요청인가요? 당시 언론 보도에 의하면 한국 정부 측의 절박한 필요에 의한 것이라고 하던데요. 미국의 협조를 받아서 5개년 계획을 추진하고 잉여농산물도 도입해야 했던 사정 때문이라는 것입니다(《동아일보》 1963년 7월 19일자). 유솜에 관한 월간지 기사에도 우리 재정안정계획의 원활한 집행과 대미협조 분위기의 조성을 기하고자 원용석 원장이 발의한 것이라 합니다(《신동아》 1965년 5월호).

ECC 만들자고 한 건 전적으로 킬렌의 아이디어예요. 우리 정부가 만들자고 먼저 제안한 게 아닙니다. 예나 지금이나 언론 보도에는 부정확한 게 많아요.

당시 한미관계에서 아쉬운 쪽은 우리였으니까 협의의 필요성은 우리 쪽에서 더 크게 느꼈다고 해야 할 것 같고, 다만 효율성 있게 협의하자고 미국 측이 ECC 조직을 먼저 제안한 게 아닌가 합니다. ECC의 멤버 구성은 어떻게 되었습니까?

ECC의 정식 멤버는 한국 측은 경제기획원 원장, 그리고 미국 측은 유솜 처장해서 두 명으로 하고 양쪽에 세크리터리(secretary, 간사) 한 명씩 두 명, 이렇게 됐어요. 이렇게 공식적으로는 경제기획원 원장과 유솜 처장, 그리고 그 밑에 세크리터리 두 명인데, 한국 측에서는 기획원장이 경제협력국 기획과장인 나를 세크리터리로 지명했고, 저쪽에서는 유솜 처장이 법무관을 세크리터리로 썼어요. 미국인들이 법무관 잘 쓰거든요. 그런데 나중 이야기지만 미국 측 세크리터리를 법무관으로 해 놓으니까 회의록 작성이 안 돼요. 같이 경제관계 회의를 하는데 그 사람이 법무관이니까 순 경제용어만 나오면 이해를 못하는 거예요. 그래서 답답해 했어요.

본래는 회의록을 한 번은 내가 만들고, 다음 번은 저쪽에서 만들기로, 양쪽에서 번갈아 하기로 했었어요. 그런데 회의할 때마다 내가 계속 해야 해요. 그리고 유솜 처장이 자기네 세크리터리에게 이거 무슨 소리냐고 물으면 대답을 못해요. 그러니까 그만두라고 하는 바람에 내가 공동(joint) 세크리터리가 됐어요.

그러니까 내가 미국 측 세크리터리도 되고 한국 측 세크리터리도 된 격이에요. 공동 세크리터리가 된 것이죠. 내가 양쪽 세크리터리라니까 아무튼 그 바쁜 건 말도 못합니다. 전부 그때 돌아가는 숫자 중요한 거는 전부 암기하고 있어야 했거든요.

그럼 회의를 몇 명이 하신 건가요? 경제부처의 다른 장관들은 멤버가 아닌가요. 한미경제협력위원회가 신설된다는 신문기사(《동아일보》 1963.7.19)에 의하면, ECC는 경제기획원장과 유솜 처장이 대표위원이 되고 경제장관, 한은총재, 유솜 부처장, 기타 간부 등 한미 양측에서 각기 6명이 위촉을 받아 참석할 수 있게 했다고 보도되었습니다.

참석자가 6명씩으로 정해진 것은 아니고 회의마다 다릅니다. 정식 멤버만 4명이 앉고, 나머지는 사안에 따라 참석자가 달라집니다. 당연히 재무부, 농림부, 상공부 등의 경제장관들이 참석하지만 고정 멤버는 아닙니다. 기획원 부원장도 항상 참석하는 것은 아니었어요. 유솜 측에서는 처장 외에 차장(vice director), 차장보(assistant director)가 있었고, 그 아래 각 분야 담당자들이 사안에 따라 참석했죠. 처장, 차장, 차장보 이렇게 셋이 제일 핵심 멤버에요. 그 밑을 우리는 과라고 불렀지요.

이렇게 킬렌이 ECC란 걸 구성해서, 자기와 우리 부총리가 멤버가 되고, 나를 공동 세크리터리로 해서 그래서 모든 문제의 중심에 내가 서게 되었습니다. 그런데 그걸 아는 사람이 별로 없어요. 왜 없느냐. 귀찮아서 내가 이야길 안 했어요. 내가 이런 걸 다 한다고 자꾸 말하게 되면 신문기자가 몰려드니까 아주 번거로워져요. 어디 행동할 수가 없어요. 그래서 일체 이야길 안 했어요. 그러니까 그 다음부터는 나는 부총리 통역이라고 인식이 됐어요. 회의 때 내가 반드시 부총리 옆에 앉는 것은 부총리 통역하기 위해서다, 이렇게 본 겁니다. 그런데 부총리 통역이기 때문이 아니라 내가 ECC 간사이기 때문에 거기 앉고, 다른 장관들이 밑에 앉은 거예요. 장관들은 형식상으로는 배석밖에 안 되니까요.

조직면에서 ECC가 그 이전의 합경위나 한미고위경제회담과 다른 점은 부총리-유솜 처장이 공동 대표가 되고 한국 측의 다른 경제관료들은 필요할 때마다 부른다는 점 같습니다.

좀 전에 이야기한 것처럼 정식 멤버는 둘이고, 간사가 둘인데 나 혼자 하게 된 거죠.

ECC 회의에서는 어떤 주제로 논의를 했고, 회의 결과는 어떠했나요?

▮ECC 회의(1963.12~1964.5, 김유택 부총리 재임중) 왼쪽 줄이 한국 측, 오른쪽이 미국 유솜 측. 한국 측 1 양윤세, 2 김유택, 3 김학렬. 미국 측 4 킬렌

ECC 회의에서는 각종 원조, 제일 중요한 게 물론 무상원조, 그건 다 끝날 때지만, 무상원조도 다루고, 그 다음에 미국 정부 AID에서 주는 차관, 장기저리 차관 다루고, PL480이 아직은 큰 때인데 그것도 다루었지요. 그것들에 관해 ECC 합의서를 만드는 거예요. 그럼 워싱턴에 교섭하러 가지 않아도 돼요.

ECC를 만들기 전에도 수시로 한미경제회담을 열었습니다. ECC를 만들고 나면 뭐가 달라지는 건가요.

한미 간 교섭을 정례화 · 상설화한다는 것도 있고 또 워싱턴에 원조 교섭하러 가는 번거로운 일을 안 해도 되는 거예요. 그 전에는 워싱턴 가서 원조 교섭하고 그랬거든요. ECC 생긴 후에는 ECC에서 합의한 걸로 그걸로 끝입니다. 물론 내용이 복잡해서 교섭이 잘 안 되는 점이 있으면 미국에 가서 설명을 하곤 했어요. IMF 총회를 대략 2년마다 번갈아서 워싱턴에서 하거든요. 그 사이에는

▌한국 유솜 근무를 마치고 떠나는 킬렌을 배웅하는 경제관료들(1964.7.2) 1 장기영, 2 상공부장관 박충훈, 3 양윤세, 4 김학렬, 5 킬렌

다른 나라에서 하고. 그런데 워싱턴에서 할 때 나는 반드시 총회에 가서 세계은행 상대하고, 회의 끝나면 AID 등에 가서 원조 관계 문제에 관해 논의했던 거예요.

킬렌 처장이 시작한 ECC에서의 한미 간 논의는 1964년 7월 후임자인 번스틴(Joel Bernstein)이 온 후 어떻게 바뀌었나요.

킬렌은 한국 유솜 처장 한 후에 월남 유솜 처장으로 갔어요. 나중에 기회가 되면 그 이야기도 하겠지만 월남에서 그 사람 신세 많이 졌어요. 우리 노무자 나가고 기업들 월남 진출시키는 데 그 사람이 많은 도움을 주었어요. 킬렌은 그 후 다시 AID 본부에 돌아가서 무슨 심사관 비슷한 한직을 맡았습니다. 그러다

▮한국에 부임하는 신임 유솜 처장 번스틴을 영접하는 정부 고위 관료들(1964.7.20) 왼쪽부터 양윤세, 박충훈, 장기영, 번스틴

가 1년 반인가 있다가 암으로 일찍 죽었어요.

킬렌 후임으로 번스틴이 왔어요. 그때 번스틴은 제일 중요한 게 재정안정(financial stabilization)이니까 재정안정화 프로그램을 합의하는 그 안에 원조 관계를 전부 집어 넣자, PL480이니 기술원조도 다 그 안에 집어 넣자고 했어요. 그래서 재정안정협정을 맺는 걸로 한미 경제협력 관계 전체를 1년 동안 꾸려가기로 합의한 거예요.

IMF에서도 우리에게 경제안정에 관한 권고를 하지 않았습니까. 그런데 IMF의 권고는 직접적으론 ECC와는 관계가 없는 것이죠?

관계없죠. 그런데 나중에는 ECC에서 결정한 재정안정계획이 IMF 입장과 일치할 때에는 그에 동조해서 의견을 내고 그랬죠.

다시 이야기를 1963년으로 되돌리겠습니다. 1963년 10월 대통령 선거를 앞두고 여름에 한국 정부가 미국 정부에 알리지 않고 캐나다와 호주 산 곡물 10만 톤을 정부 보유 달러로 사들인 것 때문에 한미 간에 분규가 일어납니다. 《김형욱회고록》에 의하면, 박정희 의장이 장기영 씨를 일본에 보내 미쓰이물산을 통해 원래 일본에 수입될 밀의 일부 물량을 한국으로 돌렸다는 겁니다. 이 문제는 어떻게 해결되었는지요?

그게 큰 말썽이었어요. 그게 PL480협정 위반입니다. 하나의 미스터리 같은 사건이었어요. 기획원에서는 전혀 모르는 가운데 박흥식의 (주)화신과 캐나다의 민간회사 사이의 매매거래 형식으로 한국으로 밀을 수입했는데, 그게 미국 측에 발각된 것이었습니다.

김학렬 부원장과 내가 그해 9월 IMF 총회 건으로 미국에 가면 이 문제가 거론되리라 예측하고 정부에서 수입을 승인한 것은 담당자의 실수였다고 사과할 도리밖에 없겠다고 보았습니다. IMF 총회가 끝나고도 2~3주가량 더 워싱턴에 머물면서 국무부와 AID 사람들에게 한국 경제에 관해 설명했습니다. 당시 미 국무부 부차관보였던 바네트(Barnett)와 장시간 한미 간의 경제 현안에 관한 논의가 있었는데, 그는 인구 관계, 산아제한 문제에 열을 올려 설명하고 이 곡물 수입 건은 거론하지 않아서 좀 의아했던 기억이 있어요. 다음 날 아침 모 신문에 미국이 이 문제를 거론하고 김 부원장이 반발해서 회의장을 박차고 나갔다는 허위 기사가 나온 일도 있었습니다. 여하튼 이 문제를 더 이상 거론하지 않고 덮기로 해서 무마가 되었어요.

1963년 가을이 되도록 원조를 둘러싼 한미 간 마찰이 지속됩니다. 5월 말 합의된 1,500

▮한미 간 추가 원조 1천만 달러 방출 합의 서명(1963.11.12) 가운데 서명하는 이가 원용석 기획원장, 오른쪽이 양윤세, 왼쪽은 정문도 경제협력국장

만 달러 추원이 실제로 방출되지 않은 것입니다. 1963년 9월 당시 양 과장님이 김학렬 부원장과 IMF 총회 참석 후 AID 당국자와 교섭했을 때 AID 당국자들은 "한국 측이 5월 말 추원이 책정되었을 때 합의한 통화량, 외환보유량 등의 목표를 달성할 가망이 없어서 추원 방출을 못한다" 고 했습니다. 그러다 11월 12일 추원 1,000만 달러 방출 절차에 합의합니다. 우리 측 원용석 원장이 합의 서명할 때 당시 양 과장님이 돕는 모습의 사진도 있습니다. 미국은 왜 이때에서야 추원 방출을 승락한 것인가요?

재정안정계획을 준수한다는 건 1963년 초부터 우리 정부가 계속 약속했어요. 1962년에 예산이 과다 지출되어서 인플레가 말도 못하게 심했어요. 그래서 1963년부터 우리가 재정안정계획을 세워서 추진했고, 미국이 1,500만 달러 추가 원조를 주기로 한 것이죠. 그런데 미국이 우리에게 1,500만 달러의

AP(approval of purchase 구매 승인)를 주어야 우리가 물자를 요청할 수 있는데, 돈은 배정되어 있으나 사용 허가가 안 나왔어요. 미국이 그걸 사용 중지시킨 거예요. 보류한 겁니다. 그걸 풀려고 원용석 원장이 무척 애를 썼어요. 원용석 씨가 어렵사리 예산을 1/3가량이나 깎았어요. 그러니까 1,500만 달러 구매 승인(AP)이 나왔어요. 그런 일이 한번 있었어요. 난 1,500만 달러로 기억하는데, 신문에는 1,000만 달러로 보도되었나요.

네, 11월에 합의된 것은 1,000만 달러 방출 건이었습니다. 이게 5월 말 미국이 승인한 1,500만 달러 추원과는 별개였습니다. 왜냐하면 주한 미 대사관 측이 불과 사흘 후인 11월 15일 「지원원조 1천만 불 방출에 관한 성명」을 내서, 방출 절차가 합의된 1,000만 달러가 지난 5월 말 승인한 1963년도 추가 원조 1,500만 달러의 일부가 아니라, 1964년도 분을 당겨 쓰는 것이라고 밝히거든요. 1963년도 분 추원 1,500만 달러의 방출 여부는 그해 한국 측 재정안정계획의 성과를 보고 결정할 것이라 했습니다. 결국은 한국 정부가 1963년도 말 재정안정계획 목표치를 달성하고, 이어서 1964년 1월 한미 양측이 그해 재정안정계획에 쉽게 합의합니다. 그리고 3월 초에는 킬렌 처장, 버거 대사가 청와대를 방문해 박 대통령을 만나서 1963년의 추가 원조 1,500만 달러를 방출한다는 결정을 알립니다.[9] 이때쯤 되어서 미국이 재정안정화에 대한 한국 정부의 의지, 자세를 인정한 게 아닌지요.

난 원용석 장관이 예산을 대폭 삭감하니까 1963년 11월에 1,500만 달러 사용

• • • • •

9 "주한 미당국은 1963년도 미국의 대한 원조 추가분 1,500만 달러를 방출하기로 했다고 9일 우리 정부에 정식 통고했다. 본국 정부와 협의를 마치고 귀임한 킬렌 유솜 처장은 9일 하오 청와대로 박정희 대통령을 방문, 추원 1,500만 달러의 방출을 정식으로 통고했다. …" 《동아일보》 1964.3.10.

승인(구매승인 AP)이 나온 걸로 기억하고 있었습니다. 그런데 주 박사 이야기는 1963년 11월에 1,500만 달러가 아니라 별도로 1,000만 달러의 방출 결정이 나왔다는 말이네요. 어쨌든 원용석 장관이 예산을 대폭 삭감했으니 미국이 우리 정부의 재정안정화 의지를 확인한 셈이죠. 그해 외환보유고가 크게 감소할 게 분명했고, 그게 밖으로 알려지면 큰 일 난다고 오히려 킬렌이 더 걱정했던 게 생각나네요. 그래서 긴급으로 11월에 1,000만 달러 도와준 게 아닌가 해요. 1964년 3월에는 내가 한일회담 관계로 일본에 가 있었기 때문에 전년도 추가 원조 1,500만 달러 방출 건은 기억에 없습니다. 하지만 여하튼 미국이 계속 경제안정, 재정안정을 요구하니까 우리가 그에 따르게 되었고, 그러면서 한미 간에 융화가 된 것이라고 분명히 말할 수 있어요.

우리나라 외환보유고가 1961년 말 2억 500만 달러였다가 1962년 말에 1억 6,700만 달러로 줄고 1963년 8월인가에는 1억 달러 선으로까지 떨어졌다가 연말에 1억 2,900만 달러로 다소 오릅니다. 지금 양 장관님 말씀은 킬렌이 그런 우리나라 외환 사정을 염려해서 1963년 11월에 1,000만 달러 추가 원조로 도와주었다는 것이네요.

그렇습니다. 킬렌이 작용해서 외환보유고가 올라가게 된 겁니다.

그런데 킬렌은 원조의 효율적 사용이라는 자기들 목표를 위해서 한국 정부를 압박한 거 아닌가요.

뭐 그게 잘못된 목표는 아닌 거고, 또 킬렌은 어디까지나 우리를 도와주려는 입장이었어요. 군사정부에서 군인들이 형편없는 짓을 자꾸 하는 걸 저지한 게

▮박정희 대통령, 이임하는 킬렌 처장 접견 1964.6.26, 청와대. 가운데는 이후락 비서실장

킬렌입니다. 기획원에서 누가 군인들과 맞서서 싸울 수 있겠어요. 원용석 원장 경우도 최고회의의 군인들이 호통을 치고 해서 많이 당했어요. 킬렌이 막은 겁니다. 킬렌은 외모처럼 개성과 성격이 강한 인물이에요. 그가 군사정부가 잘못하는 걸 보고 강하게 철권을 휘두르듯 해서 그걸 막았어요. 그는 그때 상황에 딱 맞는 성격의 인물이었습니다. 하지만 그와 우리 기획원 간 업무 협의 분위기는 아주 좋았어요.

네, 아주 중요한 말씀이라고 생각합니다. 같은 무렵 미 국제개발처의 극동담당 차장보로 일한 포츠(R. Poats)도 킬렌이 매우 강인한(tough) 독재적(autocratic) 인물이었다고 훗날 회고한 바 있습니다. 그의 성격이 그때 필요한 과업을 완수하는 데 잘 들어맞았다고 하겠습니다. 원조를 둘러싼 한미 교섭에 관해서는 이 정도로 질문을 마치겠습니다.

그런데 한미 간 교섭의 또 하나 중요한 사항이 환율이었습니다. 고정환율인데 우리 쪽 인플레가 계속되니까 원화가 과대평가되고, 그래서 미국이 환율 인상을 요구하는 것입니다. 이승만 정부 시절부터 문제가 되었던 것이죠. 킬렌은 1963년 12월 초 처음으로 환율 문제를 공개적으로 언급했고, 새로 출범한(민정) 박정희 정부도 통제가격의 해제 등 가격기능의 회복으로 전환할 움직임을 보입니다. 그로부터 6개월 뒤인 1964년 5월 3일에 환율이 1:130에서 1:255로 대폭 인상되는데요. 이 무렵 가격기능의 정상화 등 시장 자유화 문제로 유솜 측과 협의한 것이 있는지요?

환율 관계도 조정해야 하겠다 해서 우리 측에서 김학렬 차관이 대표로 나갔고 한은 쪽 사람들과 재무부에서는 외환과장인 이재설 씨가 나갔어요. 그러니까 나와 같은 과장급 실무자는 이재설 씨였습니다. 난 참여하지 않았고요. 비밀리에 회의한다고 해서 워커힐에서 작업했어요.

이때 환율 관련 협의는 재무부에서 했나요, 아니면 기획원이었나요?

재무부에서 기초 통계 등 수치를 만들어 주면, 최종 교섭은 기획원의 부총리와 유솜 처장이 하죠.

환율 인상 때 협의에 참여한 미국 측 인사를 보니 버거 대사, 킬렌 유솜 처장 등이 있는데요, 환율 문제에 관한 유솜 처장의 발언권이 대사보다 더 컸나요?

현실적으로 경제 문제에 대해 발언권이 큰 쪽은 유솜 처장이죠. 유솜 처장이 대략 결정해 놓으면 대사는 사인 정도 하는 거죠. PL480은 또 대사가 사인하는데, 그걸 보고 외무부에서는 경제기획원더러 교섭만 해라, 사인은 자기가 한다고 했어요. 우리는 정부조직법상 경제기획원에 대외교섭권이 명시되어 있었어요. 미국에는 그런 게 없었던 모양이죠. 실질적으론 유솜 처장이 교섭해서 결정했어요.

한국이 환율 인상을 하면 그 보너스로 미국이 재정안정자금을 준다 이런 게 있던데요.

그거는 기억이 잘 안 나요.

1964년 5월 환율이 1 : 255로 인상되었는데요. 우리나라가 자꾸 인플레가 되니까, 미국이 1 : 300 이상이 되도록, 아예 1달러에 300원 이상이 되도록 하라고 요구했다고 하던데요.

ECC에서 구체적으로 그 문제를 협의한 적은 없고, 재무부 팀에서 그 문제를 다루었을 거예요. 재무부, 기획원, 상공부에서 사람을 모아 팀을 만들었는데, 김학렬 차관이 팀장 역할을 했을 거예요. 그 안을 부총리에게 주면 부총리가 유솜 처장과 교섭한 거고요.

환율 인상은 전체적인 시장 자유화(환율 현실화, 금리 현실화, 무역 자유화, 관세 인하 등)의 일환이었던 것 같습니다. 기획원 당국자들은 미국이나 IMF가 요구한 시장 자유화 문제를 어떻게 생각하고 대책을 내놓았는지요.

그때 지하경제가 너무 크다는 것이 문제 중 하나였어요. 정부나 공적 시장만을 다루어서는 효과가 별로 없었어요. 그래서 장 부총리가 온 후 번스틴이 미국 교수들을 여름방학 때 불러서 스터디를 시켰어요. 금리 관계, 세금 관계로요.

금리 관계는 스탠포드 대학의 쇼(E.S. Shaw) 교수가 스터디 했습니다. 거기서 나온 제안이 역금리였습니다.

예금금리가 대출금리보다 높은 역금리를 미국 쪽에서 제안한 것인가요. 장기영 부총리의 발상 아니었나요.

미국 친구가 제안한 거예요. 발상은 미국 측에서 스터디 해서 나온 것을 장기영 씨가 받아서 발표한 거예요. 자기 발상인 것처럼요. 실제로는 쇼 교수가 해준 권고예요. 예금금리(1년 6개월 이상 정기예금 금리)를 30%로 올리고 대출금리는 26%로 한 겁니다. 그렇게 해서 지하경제를 지상경제로, 소위 조직된 경제로 포함시킨 것이에요. 상당한 부분이 공적 경제로 넘어 왔어요. 역금리를 꽤 오래 동안 유지하다가 은행이 운영하기 힘들어지니까 나중에 정상화 과정을 밟았죠.

쇼(Shaw) 교수의 역금리 제안

유솜의 초청으로 두 차례 방한해서 한국의 전반적인 금융개혁 방안을 조사 검토한 패트릭, 걸리, 쇼 등 미국 스탠포드 대학과 하버드 대학의 교수팀은, 한국 경제개발을 위한 국내 저축의 확대는 금융개혁보다 세제개혁에 더 의존해야 하지만, 자본동원을 위해서 금융제도의 일대 수술이 필요하다고 강조했다.
교수팀은 저축의 유동자산화를 증대시킬 대책으로서 우선, 법정 금리의 한도 철폐와 예금금리 인상을 제안하고, 미봉적이며 사소한 금리 인상으로는 효과를 거둘 수 없고 안 한 것만 못하다고 강조했다.

《동아일보》 1965.7.27.

▮한미 1965년도 잉여농산물원조 협정 조인(1964.12.31, 국가기록원 CET0043826) 앞줄 왼쪽부터 장기영, 브라운 대사, 번스틴 처장. 장기영 뒤에 양윤세

증권도 마찬가지거든요. 증권을 개방한다고 해서 외국 증권을 받아오자 했어요. 내가 투자진흥관이면서도 그걸 반대했어요. 우리 제도상으로 채권금리가 24%인데 외국인 채권 투자는 정부가 원리금 상환을 보증해요. 외국인은 증권을 사기만 하면 24% 먹고 보는 거예요. 그런 제도이기 때문에, 상업차관만 해도 7%면 되는데, 외국인 채권 투자에 보증까지 해서 어떻게 하냐는 거죠. 그렇잖아도 장사 잘해서 가져가면 배 아프다, 배 아프다 하는데, 그건 배만 아픈 정도가 아니라, 오장육부가 뒤틀리는 거라 이거예요. 그래서 외국인의 채권 투자는 허용 안 했어요.

한미 간에 원조의 빠른 집행이나 추가 원조계획 논의 등에서 마찰이 없어진 것은 언제쯤부터였다고 할 수 있나요.

뭐 큰 마찰이라는 거는 기억나지 않아요.

원용석 원장 때 미국 측 요구에 따라서 예산을 삭감했던 일도 있잖습니까.

그것이 마지막이에요. 그게 제일 큰 마찰이고, 그 후에는 큰 마찰이 없었던 것 같아요. 해결하기 힘든 심각한 마찰은 없었다고 기억해요.

이상 1960년대 전반의 한미 간 논의 과정을 보면, 한국 측이 5개년 계획을 빨리 추진하는 데만 골몰한 반면, 미국은 한국 측의 5개년 계획에는 관심이 없고, 그에 앞서 재정안정화, 시장 자유화 등에만 관심을 둔 것 같은데요.

그렇습니다. 우리의 1차 5개년 계획이 희망을 나열한 것이지, 그게 자료나 이론면에서 근거를 갖고 수립한 게 아니었거든요. 1차 5개년 계획을 하겠다는 열의도 좋고 또 일단 그 일에 착수했다는 게 중요하지만, 그 내용에서는 아주 미숙했죠. 미국은 그 무렵부터 무상원조를 중단할 준비를 했던 것이고요.

한미경제협력위원회 등을 통해 미국 측의 경제안정화 정책이 한국 정부의 경제정책을 긍정적으로 규율(discipline)한 점을 인정해야 하지 않을까 싶습니다. 1964~1967년간 유솜에서 차장보로 근무한 빈센트 브라운(Vincent Brown, Assistant Director for Program and Economic Policy, 유솜의 3인자)은 미국이 제창한 이 경제안정화 프로그램의 규율이 없었더라면 경제기획원이 과도한 정부 보조금이나 소비 지출에 대한 국내 압력에 굴복했을 것이라고 증언한 바가 있습니다. 이 경제안정화의 기초 위에서 수출 진흥이나 중화학 투자가 성과를 거둘 수 있었던 게 아닌가 합니다만, 어떻게 보십니까.

다 맞는 이야기예요. 재정안정계획이라고 한미 간에 협약을 맺고, 거기에 따라 모든 경제정책을 운용했지요. 거기서 합의된 테두리 내에서 움직였어요. 그쪽이 우리보다 더 현대화된 연구를 하고 아는 사람도 많고 이렇게 되니까, 그쪽에서 나온 아이디어를 합의하면 지켜야 하니까 그쪽 영향을 상당한 부분 다 받았다고 봐야죠. 그걸 받는 데 있어서 우리가 상당히 저항하거나 반대한 거는 별로 없었어요. 이론적으로 다 앞뒤가 맞는 거니까 합의하면 합의대로 준수해 나가면 되었어요.

미국은 한국의 경제개발을 위한 적극적인 조치는 취하지 않았습니다. 대신 최소한 한국 정부가 경제를 혼란시키거나 경제발전에 저해가 되는 행동을 하지 않게끔 규율했습니다. 그전에는 한국 정부가 대출을 늘려서라도 투자사업을 추진한 결과로 통화량도 늘고 인플레도 심해지고 경제안정이 깨지고 했는데, 미국 정부는 그런 일이 벌어지지 않게끔 강력하게 규율한 게 아닌가 하는 겁니다.

결과적으론 그렇게 된 거죠. 그런데 미국 정부의 최우선 관심사는 원조 자금

유솜 차장보 빈센트 브라운의 증언(1997.5)

필시 1960년대의 가장 중요한 발전 도구 중 하나는 경제안정화 협약이었다. 이 협약 덕분에 유솜과 경제기획원은 완전한 파트너가 되어, 희소한 자원의 계획을 세우고 정부의 국내 재원 징수와 그 지출 수준 및 투자지출과 소비지출 간의 상대적 안배를 감독했다. 유솜 프로그램국의 경제 파트는 매월 기획원 당국자를 만나서 월간 경제통계와 외환 배분을 검토하였다. 이 합동회의에서 유솜은 필요한 경제적 규율을 제공하였다. 그때 유솜이 없었더라면, 경제기획원은 과도한 정부 보조금과 소비지출에 대한 내부의 압력에 굴복했을 것이다.

미 의회도서관 http://hdl.loc.gov/loc.mss/mfdip.2004bro16

▌1965년 여름 우이동 선운각에서 열린 기획원–유솜 부부동반 파티에서 왼쪽부터 양윤세, 번스틴, 장기영

의 효과적인 사용이었어요. 미국 입장에서는 우리가 원조 자금을 받아서 낭비를 하거나 허투루 쓰면 안되잖아요? 원조 자금의 효과적인 활용에 위배된다 해서 제동을 걸었던 것이죠. 자기네들이 원조 줄 때 지켜야 하는 국내법에 의해서라도 이거는 이렇게 해야 한다는 논의를 편 것인데, 현실적으로는 그 사람들의 지식이 앞서 있었고, 모든 사고하는 방식, 문제를 접근하는 방식이 현대화되어 있으니까, 우리가 그걸 존중하고 따라간 것이죠.

예를 들면 우리나라 정부 보유 달러라고 해도 함부로 못 쓰게 한 것이죠. 전체 외환수급 계획으로 묶어서 우리나라 정부 보유 달러도 맘대로 못 쓰게 한 거 아닙니까.

그럼요. 그거 맘대로 써서 낭비하게 되면 자기네들 원조 자금도 적절하게 쓰지 못한 결과를 낳게 되니까 미국이 강력히 통제했지요.

네, 1960년대 전반의 차관도입과 관련해서 한 가지 더 여쭙겠습니다. 우리가 차관도입에 어려움을 겪을 때라 물에 빠진 사람 지푸라기라도 잡는 심정으로 브로커의 도움이라도 받으려 했습니다. 일례로 아이젠버그라는 유대계 독일 상인이 있었잖아요. 1964년 5월 아이젠버그의 서독 차관 알선 문제가 등장합니다. 당시 야당 의원이던 김대중 의원이 아이젠버그가 우리나라에 5억 달러 차관을 알선하면서 10~15%의 커미션을 받으려 한다고 국회에서 폭로한 것입니다. 그 전해인 1963년 5월에도 아이젠버그가 차관 알선을 하려는 것을 정부가 거절했는데, 공화당 모 인사의 소개로 대통령이 지시해서 다시 교섭했다는 이야기도 있었습니다. 1964년 6월 초에 정부가 규모를 2억 3,000만 달러로 줄여서 교섭을 의뢰했다고도 합니다. 아이젠버그의 차관 알선은 어떻게 진행되었지요?

그때 아이젠버그에 관해서는 두 가지 평이 있었어요. 하나는 그가 유럽에서 모든 걸 장악하고 있는 유능한 기업인이라는 것, 다른 하나는 그가 다 아는 척하고 영향력 있는 척 해서 알선료나 챙기는 브로커에 불과하다는 거였어요.

나는 그를 후자로, 일개 브로커로 생각해서 상대를 안 했어요. 그때 그가 관료를 만나면 만년필 쓰는 걸 보고 "왜 이런 싸구려를 씁니까?" 하면서 새 좋은 만년필로 바꿔 주고 간다는 소문도 있었어요. 그 소문을 듣고 나는 역시 만나서는 안되는 사람이구나 하고 상당히 경계를 해서 아예 상대를 안 했어요. 내가 1968년 6월에 유럽 순방할 때에도 아이젠버그회사 사람들이 내 일정을 파악해서는 방문지마다 계속 나타나요. 유럽에서는 자기들이 한국 정부로부터 위임을 받아서 교섭한다고 선전했던 것 같아요. 우리가 유럽 각국 정부 사람들과 회의를 하려 하면, 아이젠버그 회사 사람들이 거기 와 있어요. 그래서 내가 개인회사 사람들은 넣지 말자고 해서 쫓아낸 적도 있어요. 그때 확실하게 느낀 건 아이젠버그가 유럽 여러 나라 정부에서도 발이 넓은 건 사실인데, 이 사람들이 아니라 그쪽 정부가 결정하는 것이고 그들은 브로커에 불과하다는 거였어요. 그래서 상대를 안 했어요.

그런데 한참 후인 1980년의 일인데, 내가 동자부 장관 시절에 중앙정보부에서 연락이 왔어요. 아이젠버그가 한국에 와 있는데 나를 좀 한번 만났으면 좋겠다고 그쪽에서 희망한다는 거예요. 월남에서 활동하다가 월남 패망 후 억류된 이대용 공사라고 있잖아요. 그 사람이 풀려나는 데 아이젠버그가 큰 역할을 했다는 겁니다. 그래서 중앙정보부에서 그 사람을 초청해서 감사장도 주고 그랬는데, 그가 한국에 와서는 나를 만나고 싶다고 했다는 거예요. 나는 마침 이대용 씨가 황해도 출신이라 잘 알았어요. 그래서 만나주겠다고 했지요. 찾아와 만났더니 나와 자기 사이에 사업하는 방식의 차이가 있어서 자기는 나를 좋아하고 존경했는데, 내가 자기를 만날 기회를 안 주어서 같이 사업을 못했다고 해요. 이번에 내가 장관이 되었다기에 한번 인사하고 싶어서 온 거라고 해요. 그래서 고맙다고 했지요. "이대용 씨는 내가 좋아하는 동향 사람이어서 안타깝게 생각하고 있었는데, 당신이 많이 노력해서 풀려나게 되었다니 진심으로 감사한다"고 그렇게 좋게 끝냈어요.

김대중 의원의 폭로 건이 실제로 큰 문제는 아니었나요. 아이젠버그 건의 사업을 하라고 청와대나 공화당 쪽에서 기획원에 압력이 들어온 것은 아니었나요.

아이젠버그가 그런 시도는 했겠지요. 그리고 그런 발언들은 국회에서 늘 나왔어요. 그러나 아이젠버그가 알선하는 차관을 도입하라는 압력 같은 건 없었어요. 그러니까 내 판단으로 그를 대할 수 있었지요. 난 내 판단으로 저 사람은 브로커일 뿐이지, 힘 있는 사람이 아니다, 속임수에 넘어가지 말자고 하고 안 만났던 겁니다.

04 대일(對日) 경제협력 교섭

이젠 일본과의 경제협력 관계에 관해 여쭙겠습니다. 1963년 봄에 한일회담에 관여하실 땐 특별히 문제가 되었던 부분이 없었나요.

그 전해 말에 있었던 김-오히라 회담이라고 해서, 그 내용 갖고는 뭐라고 할 사람이 없죠. 대표란 사람들이 대사관에 마련된 대표실에 전부 모인 겁니다. 우리는 청구권이라고 하고, 저쪽에서는 경제협력이다 그러는 건데, 그런 청구권 관계, 수산물 관계, 그 다음 법률 관계, 그 다음에 이제 문화재 관계, 이런 각 분야별 대표들이 전부 같이 한 방에 앉아 있었어요.

그럼 양 장관님이 당시 맡으신 건 청구권 관계죠?

청구권이죠. 청구권 자금 관계인데 그 내용을 갖고는 한 번도 이야기를 해 본 적이 없어요. 내가 일본에 두 번, 그러니까 1963년하고 1964년, 두 번을 갔는데 일주일에 한 번 일본 측과 회의를 하면 성공이라고 했어요. 그 회의에서 뭐 하냐면 한 30분 앉아서 무슨 절차 문제니 이런 거 맨 마지막에 이야기하다가 그냥 헤어지는 거예요. 내용 갖고는 한 번도 이야기한 적이 없어요. 그게 그 다음 해에 들어가서 아주 본격적으로 하게 되었는데 그때는 내가 참가를 안 했어요. 내가 두 번 갔어요. 1963년과 1964년 초에.

청구권 문제 협상이라고 하면 금액에 관해서도 교섭해야 하는 것 아닌가요.

내가 1963년 봄에 일본에 갔을 때 금액에 관해서는 이미 무상 3억 달러, 유상

2억 달러 식으로 결정되어 있었어요. 그 전해 말에 김종필-오히라 회담에서 합의 본 것 말입니다. 그에 관해서는 더 이상 거론하지 말라는 지침이 있었어요. '손 댈 수 없다', 'untouchable'이라 했어요. 그래서 자금의 사용 절차, 신청 및 지급 절차 등에 관해서만 교섭을 했고, 그나마도 지지부진했어요.

앞서 장기영 부총리에 대해 증언하시면서 1964년 봄에 일본에 김정렴 씨와 같이 갔는데 거기에 장기영 씨가 특사로 와 있다고 해서 만나게 되었다고 말씀하셨는데요, 김정렴 씨 회고록을 보니까 1964년 봄에 김정렴 씨가 민간인 신분이었지만 청구권 파트 책임자 격으로 일본에 갔는데 장기영 씨도 민간인 신분으로 어업 관계 막후교섭 차로 거기 와 있었고, 김정렴 씨가 장기영 씨의 어업 관계 교섭을 도왔다고 증언한 게 있습니다. 장관님도 이 막후교섭을 도우셨나요.

거기는 내가 관여하지 않았어요.

1964년 봄에 한일회담 타결이 임박하니까 3월부터 시작해서 반대데모도 격심해지고 마침내 6월 3일에는 비상계엄까지 떨어집니다. 이때는 대학생들과 야당은 격렬하게 반대하고, 정부는 밀어붙이는 극한적인 대립의 상황이었는데요, 이 대립을 당시 어떻게 보셨나요?

서로 이해할 수 있는 일이다, 그런 생각은 있었어요. 그러나 한일회담을 해야 한다는 생각은 확고했고요. 다만, 거기에 대해서 반대할 수도 있다고 생각했고, 반대운동에 대해 적개심은 없었고, 이해는 간다고 생각했어요. 그러나 냉철하게 생각해 보면 한일 관계는 좋아야 된다, 국교는 정상화되어야 한다고 생각했지요.

내가 미국 대학원 시절에 '석탄과 철강 공동체'라는 주제로 논문을 하나 썼어요. 제2차 세계대전 끝나자마자 독일과 프랑스 사이에 석탄과 철강에 관해 공동체를 구성했어요. 무슨 말이냐 하면 석탄과 철강에 관한 한 양쪽 나라에서 전부 주권을 포기하는 것과 마찬가지예요. 그 결정에 따라 다 움직이게 해 놓았어요.

내가 그에 관한 이야기를 논문에 쓰면서, 여태까지 적대시에 적대를 하던 나라들이 전쟁이 끝나자마자 서로 냉철하게 볼 수 있는 그 사고방식이 부럽다, 일본과 한국도 이런 냉철한 관계로 시작하면 좋겠다, 그런 식으로 논문을 쓴 게 있었어요. 그때 한일회담 반대를 보면서 그런 게 머리에 떠오릅디다. 한일회담 반대가 감정적으로는 이해가 가지만 냉철하게 봐서 이제는 한일 관계를 개선해서 앞을 보고 나가야 한다고 생각했지요.

야당이나 대학생들이 문제 삼은 게 여러 가지가 있었습니다. 일본이 식민지배에 대해 사과하거나 배상을 제대로 안 한다는 것도 있었지만, 한일경제관계가 진전이 되면 우리나라가 일본에게 경제적으로 예속될 거라는 우려도 컸습니다. 야당인 민정당(民政黨) 당수 윤보선은 1965년 3월 27일 부산에서 열린 전국 순회 대중집회에서 "한일회담이 되면 우리는 즉각 일본에 정치적으로 또 경제적으로 예속될 것"이라 했습니다. 당시 양 과장님도 우리가 일본에 예속될 수 있다고 생각하셨나요?

예속이라는 생각은 하지도 않았어요. 우리가 경제개발을 하는 과정에서 누구에게 예속된다는 생각은 해 본 적이 없어요. 부유해지면 우리 힘도 생기면 우리가 지킬 수 있다고 생각하는 것이지, 경제개발을 하는데 미국이나 일본에 예속된다고 생각한 적은 없어요.

미국이나 일본과 경제 관계를 맺고 그쪽 차관이나 기업이 들어오더라도 그게 예속되는 거라고는 생각하지 않으셨다고요?

그럼요. 우리 것만 지키고 나가면 예속 안 된다고 생각했어요.

박정희 대통령이 담화에서 언급한 것과 같은 말씀이네요. 박 대통령은 한일협정 조인 다음 날인 1965년 6월 23일 특별 담화에서 "우리의 주체의식이 건전하면 한일 국교 정상화는 좋은 결과를 가져온다"고 하고, 일본의 군사적 · 경제적 침략을 자초한다는 비난에 대해서 "그처럼 자신이 없고 피해의식과 열등감에 사로잡힌 비굴한 생각이야말로 굴욕적인 자세"라고 논박했습니다. 이 말대로, 대일 예속 여부는 국교 정상화 후 우리가 하기 나름이지, 한일 국교만 트면 우리는 예속될 수밖에 없는 것은 아니었습니다. 하지만 우리 정부도 그 후 한동안은 일본 기업들이 와서 한국을 지배할까봐 일본 기업의 직접 진출, 직접투자에 대해서는 규제를 했던 거 아닌가요?

일본 기업이 많이 들어올까 걱정해서 규제하는 건 없었어요. 그때 일본으로부터는 주로 교포들이 직접투자를 했어요. 재일교포를 포함한 재외교포에 대해서는 여러 혜택을 주기 위해 외자도입법을 적용한다고 했고, 그래서 재일교포의 투자가 많았지요.

당시의 신문보도나 미국 AID 차장이었던 포츠(Poats)의 후일 증언을 보면, 한국 정부가 일본 기업의 진출에 대해서는 규제를 했다는 이야기가 많던데요. 심지어 1978년에 발간된 미 의회의 프레이저보고서에도 한국 정부가 국교 정상화 조약 체결 이후 몇 년 동안은 일본의 직접투자를 차단했다고까지 썼습니다.

그때 당시 분위기에서는 일본을 상당히 경계하고 있었지만, 그걸 구체적인 정책으로 만들어서 내놓지는 않았어요.

일본 기업의 직접투자 억제는 명문화·공식화되지는 않은, 비공식적인 방침 아니었나 생각이 듭니다. 이 정도로 하고요. 청구권 자금에 무상 3억 달러가 있고 공공차관 2억 달러가 있는데 10년 동안 나누어 주지 않았습니까. 그 용도가 한일 간에 미리 정해졌던 것은 아니죠?

네. 용도를 미리 정한 건 아니에요. 어떻게 하냐면 각국 관계되는 부서에서 할당받은 자금이 있어요. 무상자금과 공공차관 둘 합치면 1년에 5,000만 달러 아닙니까? 이 5,000만 달러에 대한 사용계획을 냅니다. 그게 전부 외자총괄과장 앞으로 오는 거예요. 그러면 그걸 정리를 해서 이 3억 달러에 해당하는 3,000만 달러의 사용계획, 그리고 2억 달러에 해당하는 2,000만 달러의 사용계획을 품목별로 정리해서 넘겨요. 우리 사절단이 일본에 있는데, 거기에 넘겨요. 그 사절단에서 그걸 일본 측하고 절충을 합니다.

그런데 그 내용이 뭐냐면 대부분이 소비재고, 내구재라고 해도 보통 길어야 한 3년 쓰면 다 못 쓰게 되는 거예요. 그렇지 않고 최고로 간다 하면 한 5년 가는 정도에요. 그러니까 이걸 몇 년 다루다 보면 '이거 다 먹어 없애는 거 아니냐'는 소리가 나와요. 남는 게 없다는 거죠. 뭐가 하나 좀 남는 걸로 만들어 보는 게 좋겠다는 의견이 많이 돌았죠. 나도 그걸 강하게 느꼈고요. 나중에 포항제철 건설할 때 이런 생각이 반영되었던 거죠.

그러니까 당시 양 과장님께서 일본 측과 직접 교섭하신 건 아니네요.

일본과 교섭하는 청구권 합동위원회에는 내가 안 들어가죠. 일본에 파견된 청구권 사절단이 들어가서 교섭하는 거고, 나는 기획원 본부에서 거기에 훈령을 주는 것이죠. 내가 일본 측과 직접 교섭하는 게 아니죠.

그런데 청구권 자금 사용계획 수립 및 대일 교섭과 관련해서 기획원의 한일경협사절단과 외무부의 주일대사관 사이에 좀 혼선이 있지 않았나요. 교섭 창구가 기획원 측 사절단과 외무부 측 대사관으로 이원화된 데서 오는 혼란 말입니다.

경제기획원과 외무부 사이에 외교권을 둘러싸고 원래 마찰이 있었죠. 그런데 경제기획원이 경제에 관한 외교 교섭을 한다는 게 정부조직법에 명시가 되어 있었단 말이에요. 외무부는 일례로 PL480의 실제 교섭은 경제기획원에서 하고, 마지막에 협약 맺고 사인하는 것은 자기네가 하겠다는 거예요. 그럼 우리 기획원은 "너희는 가만히 앉아 있다가 다 타결되면 사인하고 사진만 찍겠다는 거냐?" 해서 서로 다툰 일이 있었죠. 청구권 자금 사용 교섭과 관련해서도 기획원 사절단과 주일대사관 사이에 좀 마찰이 있었을 거예요. 하지만 본래 경제기획원에서 파견한 사절단이 교섭권을 가진 것이기 때문에 그렇게 큰 문제가 된 것은 없었던 것 같아요. 또한 사절단장은 주일경제공사를 겸임했으니까요.

한일경제협력에 대해 일본 측이 '무성의' 하다는 비판 기사도 자주 나왔는데, 경제협력에 대한 일본 측 태도는 어떠했는지요? 일례로 1966년 3월 말 한일청구권합동위원회가 열립니다. 청구권 자금을 처음으로 사용하기 위한 회의입니다. 청구권 1차년도 사용액(계약 base)이 9,359만 달러로 합의되었는데, 그 내막에서는 일본 측이 특히 어선 및 조선 기자재 자금을 삭감했다고 합니다. 일본 수산당국이 한국 어선의 확충, 한국 어업의 발전을 경계한 것이고, 또 일본 통산성이 한국 조선업 발전을 견제한 것이라 보도되었는데, 사실은 어떠했는지요?

그게 큰 문제가 안 되었던 것으로 생각해요. 내 기억에 없어요. 큰 문제가 되었으면 내 기억에 남아 있을 텐데… 대신 어선과 관련해서는 어선차관사건이라는 게 있었어요. 이불(伊佛)어선차관, 이탈리아와 프랑스 이름을 붙인 것이죠.

그거는 군정 시절이었죠.

그렇죠. 군인들이 이탈리아, 프랑스에서 차관을 들여 온 건데, 그때 어선차관을 개 이빨에 금니를 해 넣는 거라고 했어요. 어선 하나를 어찌나 으리으리하게 만들어 놓았는지 배값이 무척 비싼데다 7% 이자인가 그래요. 그때만 해도 금리가 싼 AID 차관 외에는 들여 올 생각을 못할 때인데, 금리도 높고 상환 연한도 7년으로 짧아요. 그러니까 차관 주는 쪽에서는 돈 꿔줘서 이자 받아먹고 물건 팔아서 마진 남겨먹고, 한마디로 곱은 남겨먹는 거예요. 그러면서도 말로는 차관을 준다고 해서, 차관보 급으로 관계부처 연석회의를 했어요. 내가 과장 때예요.

회의를 하는데 참석자들 답변이 참 기가 막혀요. "아, 준다는 걸 먹고 볼 판이지, 뭘 따지냐"는 거예요. 차관을 갚아야 한다는 의식이 없어요. 외국에서 들어오는 거는 전부 그냥 주는 거로 생각해요. 미국에서 주는 공짜 원조를 얻어먹어 버릇해서, 공짜를 먹을 때 뭐 귀찮은 소리 하지만 뭐 준다면 먹어야지 하는 생각이에요. 저 사람들과 이야기해서는 답이 안 나오겠다 생각했어요. 그래도 이건 안되겠다고 해서 나는 실무과장으로서 그걸 혼자서 반대하는데, 그때 나에게 호응을 해서 비교적 세게 반대한 이가 김학렬 차관, 당시는 부원장이었어요. 그러니까 이 양반이 최고회의에 불려가서 빨리 승인 안 한다고 닦달을 당한 모양이에요. 그러더니 이제부터 자기는 손 뗀다는 거예요. 결재도 하지 않을 테니 자기에게 의논하지 말라고 해요. 유창순 원장도 강력히 반대하는 입장이었는데 곧 그만두었고요. 그래서 나 혼자 외톨이로 남았어요.

계속 논란이 벌어졌어요. 미국 측에서는 물론 반대하죠. 미국 측에서는 원조자금의 효율적 사용에 무척 신경 쓸 때인데, 한국 정부가 정부 보유 외화도 아껴 써야 하지 않느냐는 입장입니다. 그래서 킬렌 처장도 반대 의견이었어요. 나와 입장이 같았어요. 나중에 킬렌 말이 최고회의에서 전도금을 이미 줬다 이거예요. 얼만가 했더니 백만 달러가 좀 넘어요. 킬렌은 그걸로 끊자, 그거 떼이더

이불어업 차관

1962년 2월 2일 국가재건최고회의 수산개발위원회와 이탈리아무역공사 간의 이불어업 차관의 예비협정을 발단으로 해서, 8월 8일 경제기획원장-이탈리아 루이기 라우디사 등이 어선 729억 도입 등 총 1억 2,000만 달러 규모의 차관 협정을 맺었다. 이 차관 계약은 이후 외환사정 악화로 1963년 9월 5,500만 달러로 축소 변경되었으며 1963년 12월에 3,583만 달러로 더 축소되었다.

라도 그게 최상책이라고 나에게 코치를 합니다. 그래서 내가 그걸 들고 회의에 나갔어요. "미국 측에서도 이렇게 이야기합니다. 이걸로 끝내야 합니다"고 했어요.

그때(1963년 6월) 유병현(柳炳賢) 씨가 농림부 장관이 되었어요. 그가 최고회의 농림위원일 때 수산개발분과인가에서 이 차관을 들여 온 거거든요. 그러니 장관으로서 마무리를 짓겠다고 했어요. 자기도 결심을 했으니 나와 만나자 이거예요. 경제기획원 원장이 원용석 씨인데 그를 젖혀놓고 과장인 나를 불렀어요. 일요일에 농림장관실로 가서 협의했는데, 어선단 최소 단위가 있으니 얼마 이상은 해야 한다고 해서 3천 몇 백만 달러로 매듭을 지었어요. 그렇게 도입한 배로 수산개발공사를 세운 겁니다. 그런 과정이 있었기 때문에, 청구권 자금 사용 문제로 협상할 때 어선 자금 건이 크게 문제가 되었으면 내가 기억을 할 텐데, 일본이 어선 자금 삭감한 거는 별로 기억이 안 나요. 큰 문제가 아니었던 걸로 생각합니다.

어쨌든 일본과의 국교 정상화 후 소위 청구권 자금이 들어오는데요. 외화수입원 중 그 중요성은 어떻게 보아야 할까요.

흔히 일본의 청구권 자금이라는 걸 중시하는데, 일본 청구권 자금이 다 해 봐야 1년에 5,000만 달러입니다. 10년에 3억+2억 달러잖아요? 그중에 무상원조, 무상이라는 건 3억 달러밖에 안돼요. 1년에 3,000만 달러는 미국 측에서 우리에게 오던 거에 비하면 사실은 땅콩에 불과합니다. 무상원조가 줄어든 1960년대 중반에도 미국의 연간 무상원조액이 1억 달러가 넘었잖아요. 그러니까 청구권 자

▮한일 국교 정상화 후 처음 열린 한일경제각료간담회(1966.9.8~10, 서울) 태극기와 일장기를 두고 마주보는 장기영 부총리와 후지야마 藤山 일본 경제기획청 장관. 멀리 테이블 끝 3인 중 오른쪽이 양윤세

금은 그렇게 중요한 게 아니에요.

다만 중요한 건 뭐냐. 그것이 전반적인 경제관계를 활성화하는 하나의 큰 모멘텀이 된다, 그게 중요한 것이지, 그 액수 자체는 별로 중요하지 않아요.

네, 잘 몰랐던 사실입니다. 흔히 한일 국교 정상화 후에는 외화 원천 하면 청구권 자금과 일본의 상업차관을 떠올리는데, 그렇지 않다는 말씀이네요. 그런데 일본과 교섭하실 때 일본 측에서 주된 창구 역할을 한 분이 있었나요.

한일각료회담에 내가 간사를 맡았습니다. 간사 업무를 하면서 일본 우시바 노부히코(牛場信彦) 외무차관하고 아주 가까워졌어요. 그 양반이 정부 내 관료 중에 보스처럼 되어 있어요. 여러 부처 사람을 두루 통해서 내가 필요로 하는

▌1968년 8월 서울에서 열린 제2차 한일정기각료회담 중의 담소 왼쪽부터 양윤세, 박충훈 부총리, 정일권 총리, 오른쪽 끝이 김정렴 상공장관

사람을 소개해 주었습니다. 내 용무에 맞춰서 도움될 사람은 아무 부처 소속이든 불러서 같이 만나서 저녁 먹고 이야기하게 해 주었습니다. 일본에 가기만 하면 한 번도 빠짐없이 이 양반이 저녁내는 거예요. 그때는 미국을 가려면 도쿄를 가서 비행기를 바꿔 타야 합니다. 최소한 하루는 묵는데, 아무리 바빠도 내가 온다는 이야기만 들으면 그날 저녁은 차관이 냈어요. 우시바 씨가 심의관 때부터 차관 때까지 다 그랬어요.

05 1965년 경제개발의 궤도 진입

1965년과 1966년에 각기 박정희-존슨의 한미 정상회담이 있었는데 이 두 회담은 경제외교상 대단히 중요한 사건이라 생각됩니다. 이에 관해서 여쭈어 보겠습니다. 먼저, 1965년도 5월 박 대통령의 미국 국빈 방문(State visit)인데요. 한일회담을 정식 조인하게 되었고, 베트남에도 전투 병력을 보낼 예정이고 해서, 한국이 미국이 원하는 큰 일을 두 가지나 했기 때문에, 미국으로서도 한국에 대해서 뭔가 해 줘야 되는 좋은 분위기였습니다. 박 대통령에 대한 미국의 예우도 파격적이어서, 뉴욕에서는 10만 명이 넘는 환영 인파에 카퍼레이드를 벌이고 건국 이래 정치가에게는 다섯 번째로 5색 꽃가루 행사도 했다고 하던데요.

그랬을 겁니다. 하지만 그 퍼레이드에는 내가 따라가지 않았어요. 내가 다른 일정이 있어서, 그 환영행사를 보질 못했습니다.

우리나라가 곧 2개 사단 정도의 전투 병력을 보낼 것인데, 그 보답으로 미국이 전부터 하던 군사경제원조는 계속 주겠다고 했고, 새로운 장기 개발 차관, 1억 5,000만 달러 정도 되는 것을 한국이 받을 수 있지 않겠느냐 했는데, 이때 1억 5,000만 달러 차관은 어떤 것이었는지요? 신문에는 제2차 5개년 계획을 염두에 둔 것이라고 보도되었습니다. 이 1억 5,000만 달러 AID 차관 이야기는 어떻게 나오게 된 것인지요?

이때가 바로 우리 입장에서 보면 미국의 무상원조를 종식시킬 때가 된 거예요. 미국도 그렇게 생각하고 우리도 상당한 부분은 이제 미국의 무상원조는 그만 했으면 하는 것이, 다른 사람들 전망도 그랬고 나도 사실은 그렇게 희망했습니다. 나는 절실히 그렇게 생각했어요. 내가 ECC의 간사로서 창구 역할을 할 때, 내 기분은 이제 전반적으로 SA 무상원조(지원원조)는 끊고, 유상원조 –조건 좋은 공공차관을 당시는 그렇게 불렀어요– 로 가야 하겠다고 생각했어요. 우리가 돈을 꿔서 공장을 세우고 나중에 갚는 식으로 간다는 거죠. 그 대신 아직은 우리 경제가 튼튼하지 못하니까 장기 저리 차관인 AID 차관, 그게 정부차관이죠, 이 AID 차관을 많이 받아야 한다고 생각했어요. 우리 측에서의 사고방식은 미국의 원조라는 것은 얼마 안 가서 끊어야 하고 또 끊어질 거다, 그럴 바에는 장기 차관을 얻어서 우선 사회간접자본에 치중하자 하는 것이었어요.

이 AID 차관의 내역으로는 우선, 당시 긴급하다고 생각하는 석유화학공단 건설 프로젝트를 꼽았어요. 새로 울산에 세우기로 한 석유화학계열 위주로 우선 차관을 받아야 되겠다고 생각했고요. 그때 또 시급하게 생각되었던 게 전력이었어요. 그래서 발전소도 차관으로 세우기로 했습니다.

그러니까 도로, 전력과 같은 사회간접자본과 석유화학산업과 같은 기초 산업, 말하자면 자본의 자본격인 걸 공공차관으로 만들자 하는 거였죠. 그런 프로젝트들을 검토해서 거기에 필요한 액수를 산출해 내니까 1억 5,000만 달러라는 돈이 나왔어요. 이 1억 5,000만 달러 차관안을 교섭 장소에서 정식으로 내놨던 겁니다.

이런 생각을 담은 경제공동성명 초안을 내가 기초를 해서 유솜 측과 교섭하는 거예요. 유솜 측은 물론 자기네가 의견을 붙여서 워싱턴에 보내고 거기에서 다시 답변이 오면 그걸 갖고 교섭했어요. 그때 근 한 달 동안 그런 교섭을 했어요.

외무부가 박 대통령 방미 준비 업무를 주관했을 텐데요, 이 개발차관 건의 교섭에 외무부 측에서 관여한 것은 없었나요. 이동원 장관 회고록(《대통령을 그리며》, 고려원, 1995)을 보면, 자신이 이 차관 교섭까지도 한 것처럼 써 놓았던데요.

개발차관 교섭은 내가 완전히 맡아서 했어요. 외무부에서 관여한 것은 없습니다. 현지에 가서 교섭할 때는 대사관도 알아야 하니까 동석을 시켰지만, 그들과 협의를 하거나 지휘를 받지는 않았어요.

여하튼 이런 과정을 거쳐서 합의를 해서 경제 문제에 관한 공동성명을 기초했는데, 나중에까지 합의가 안 되는 점이 있었어요. '1억 5,000만 달러의 AID 차관을 한국 측에 몇 년 내에(in a few years) 제공한다' 이렇게 되어 있었습니다. 미국의 입장은 자기네 절차를 거쳐서 'in a few years', 몇 년 내에 원조를 제공한다는 거예요. 누구에게 물어도 한국이 제대로만 된 프로젝트만 내놓으면 내일이라도 좋다, 원조 주겠다 그런 정도인데, 표현은 법적으로는 그게 안 되는 겁니다. 'in a few years'라는 게 최고예요. 왜냐하면 국회에서 행정부더러 왜 네 마음대로 하느냐고 따지면 꼼짝 못해요. 미국에서는 외국 원조나 공공차관을 주는 권한이 의회에 있습니다. 정부는 의회의 승인을 받아 하는 것이지 정부가 최종 결정을 못해요. 그래서 미국 정부가 외국에 약속할 때는 'in a few years'라고 할 수밖에 없는데, 이 말을 한국말로 번역을 하면 '몇 년 내에'고 숫자로 치면 빨라야 2~3년인데, 그 이상 표현할 방법이 없어요.

나는 미국 측에게 한국에서는 이 표현을 오해한다고 했어요. 미국이 바로 원조를 준다고 해 놓고는 질질 끈다는 인상들이 박혀 있었죠. 우리는 "당장 달라, 지연시키지 말고 딱 빨리 해 다오" 하는 입장이었어요. 그래서 근본적으로 이텍스트를 바꿔야겠다, 다른 말로 해야겠다는 거였고, 미국 측은 이거는 요지부동이다, 못 바꾼다 하는 걸, 내가 바꾸는 교섭을 한 겁니다.

내가 박 대통령 가시기 전에 사흘 먼저 떠났어요. 워싱턴에서 미 국제개발처(AID) 극동담당 차장보 포츠(R. Poats)를 만나서 이 문제를 논의하려 했지요. 그 사람이 원래 UPI라는 통신사 출신이에요. 그 사람이 있던 통신사와 협약이 되어 있던 우리나라 통신사가 동양통신입니다. 누가 그 사람을 잘 아느냐를 알아보니 김성곤[10] 씨에요. 쌍용그룹 창업주로서 동양통신사를 갖고 있었고, 그때 국회 재경위원장이죠. 김성곤 씨가 자기가 이야기하면 된다고 해서, 내가 워싱턴에 도착한 후, 김성곤 씨가 즉각 왔어요.

김성곤 씨가 포츠를 만나서 이야기하겠다고 합디다. 그때 주미대사가 김현철 씨였는데, 김현철 씨와 나, 김성곤 셋이서 협의할 때, 김성곤 씨에게 먼저 다녀오시라고 했지요. 김성곤 씨가 갔다 오더니 "도저히 안된다는데? 고칠 수가 없대. 그 문제는 더 거론하지 말래" 이렇게 이야기를 해요. 그래서 내가 "그럼 위원장님은 뒷 선에 물러나시고 나에게 맡기세요" 했어요.

그 이튿날 내가 포츠 만나서 내용을 쭉 설명했어요. "난 충분히 당신들 입장을 이해하겠다. 법이 이렇다는 것도 안다. 그런데 한국 정부에서 이렇게 고치자고 하는 데는 이유가 있다. 차관을 도입하려는 업자들이 미국 정부나 정부기관에 가면 너무나 까다롭고 이리저리 타 부서로 돌리고 처리를 지연시키는 일을

• • • • •

10 김성곤(金省坤, 省谷. 1913~1975). 대구 출신의 실업가로 방직업, 손해보험업을 거쳐 1962년 쌍용양회를 설립해서 쌍용그룹의 토대를 쌓았다. 1950년대 말에 정계에 입문해서 1963년부터 집권 공화당의 국회의원 및 당 재정위원장을 한 실력자였으나 1971년 10.2 항명파동 후 징계를 받고 정계에서 은퇴했다.

많이 당했기 때문에, 이렇게 몇 년 내라는 식으로 해 놓으면 차관 제공을 회피하는 걸로 안다. 그러니 적당한 어구를 찾아서 수정하자"고 이야길 했더니, 재깍 알아들어요. 자기네가 먼저 내놓은 원고에서 그건 수정한다는 걸로 바뀌었어요.

그렇지만 대통령이 도착하실 때까지 그 어구를 어떻게 수정할지 확정이 안 되었어요. 뭐라고 바꾸어야 할지 모르겠더라고요. 장기영 씨랑 나하고 머리를 맞대고 이야기했어요. 나도 뭐 제대로 된 내용이 안 나와. 참 묘안이 안 나와요. 그러다가 결국은 내가 '수년 후'라는 표현 대신 '가급적 빨리'라고 쓰자고 제안을 해서 장기영 씨가 그 안을 가지고 회담에 들어갔어요. 회담에는 난 정식 대표가 아니니 못 가고, 장기영 씨에게 아이디어를 주면 그 양반이 갖고 간 거죠. 내가 정확하게는 기억 못하는데, 규정된 절차(legislative procedure)를 신속히 진행해서 차관을 집행한다고 하는 식의 표현을 말씀드려서 장 부총리가 본 회의에 들어간 거예요.

본회의 열린 조금 후에 숙소인 블레어하우스로 전화가 왔어요. 전화를 받으니까 자기가 아무 아무개라 하는데, 이름은 내가 잊어버렸어요. "이제 어구 개정을 삽입할 게 있는데 자기가 불러줄 테니 동의하는지 안 하는지 알려주쇼" 하더라고요. 그래서 내가 "이야기해 봐라" 그랬더니, KIST 이야기를 해요. 그 KIST에 대한 문장을 쭉 읽습디다. 그래서 내가 즉각 동의한다고 했어요. 그리고 차관의 조속한 집행 문제는 회의 도중에 장기영 씨가 존슨 대통령에게 제안을 한 거예요. 장 부총리가 내가 써 준 걸 갖고 legislative procedure가 이루어지는 대로 차관을 집행토록 하자고 했지요. 그걸 이야기했더니 존슨 대통령이 한국의

1965년 5월 18일 박정희-존슨 공동성명 중 경제 관계 주요 문항

4. 존슨 대통령은 월남 국민의 자유 수호를 위하여 이바지한 대한민국의 기여에 대하여 깊은 사의를 표하였으며, 양국 대통령은 월남 지원에 있어서 계속하여 밀접히 협조할 의도를 재확인하였다.

9. 존슨 대통령은 한국에 대하여 군사 및 경제원조를 제공하는 미국의 기본 정책이 계속될 것이라고 러스크 국무장관 및 기타 미국 정부요인이 종전에 언명한 확약을 재확인하였다. 한국의 안전과 독립 유지를 위한 원조에 추가하여 자립경제, 균형 있는 경제성장 및 재정안정을 촉진하기 위하여 미국은 한국을 계속 원조할 것이라고 존슨 대통령은 언명하였다. …

가. 한국의 긴요한 물자수입을 위한 자금조달을 돕기 위하여 지원원조를 적절히 계속한다.
나. 한국 정부가 제의하여 미국 정부가 동의하게 될 계획과 사업을 위하여 1억 5,000만 달러의 개발차관을 한국에 제공한다. 이 자금은 한국 정부가 합당한 계획과 사업을 작성하여 제시하는 대로 가급적 조속히 제공될 것이다. 이 자금이 사용된 후에도 추가 개발차관자금이 제공될 것이 예상된다. 존슨 대통령은 이와 같이 장기 차관을 저리 제공하는 계획이 한국 경제의 투자수요 확대에 대처하는 것임을 지적하였다. 이러한 개발차관은 입법과 한국 경제에 대한 공동 판단에 따라 합의되는 수입계획을 위한 재원을 마련하고… 여러 사업을 위한 재원을 마련하게 될 것이다.
다. 기술원조 및 훈련계획을 계속한다.

《경향신문》 1965.5.19.

부총리는 경제만 잘 아는 줄 알았더니 법도 잘 안다고 칭찬했대요. 그대로 통과됐어요. 그래서 결국 우리가 원한대로 '즉시'라는 단어는 안 들어갔지만, 하여튼 빨리해 준다는 뉘앙스는 충분히 들어가게 만들어서 공동성명이 나왔어요.

공동성명의 해당 문구는 "가급적 조속히 제공될 것이다"이고, 영어로는 "as rapidly as possible"입니다. 전체 문장은 "These funds will be made available as rapidly as possible as the Korean Government develops and presents acceptable programs and projects"입니다. "이 자금은 한국 정부가 합당한 계획과 사업을 작성하여 제시하는 대로 가급적 조속히 제공될 것이다"라는 말입니다(《경향신문》 1965년 5월 19일자).

그 표현일 겁니다.

1억 5,000만 달러 AID 차관은 석유화학산업 3,500만 달러, 2,200만 달러의 서울화력발전소 등 15개 사업의 개발자금이었습니다. 이중 석유화학 프로젝트 3,500만 달러 등 각각의 차관은 다른 부서에서 요청한 것이고, 외자총괄과에서는 그것을 모아서 교섭한 것이죠?

그렇죠. AID 차관이니 공공차관과에서 요청한 것인데, 원래는 상공부에서 의견을 낸 것이에요.

석유화학산업은 1967년부터 시작되는 제2차 5개년 계획의 핵심 프로젝트인데, 이미 거의 2년 전인 1965년 5월에 그 계획이 세워졌다는 게 주목할 만합니다. 수출입국으로 막 방향을 잡았을 때인데 중화학공업 건설을 병행하려 한 것입니다. 그만큼 당시 정부가 큰 포부를 갖고 앞을 내다보고 있었다는 이야기가 되는데요.

그런 면도 있겠지만, 처음에는 큰 포부에 비해 구체적인 실행계획이 없었는데 차차 실행계획을 세우느라 시간이 걸렸던 겁니다. 우리는 그냥 석유화학공업을 갖추어야겠다는 의욕만 있는 거고, 미국 측에서는 자기네 기준에 따라서 데이터를 통해 확인이 되어야 지원을 할 수 있다는 거였어요. 그 실행계획을 세우는 데서 하나하나 지도를 받은 거고, 거기서 유솜의 역할이 컸습니다.

사실 우리 측이 반성해야 될 게 있었어요. 영어로는 프로스펙터스(prospectus 사업설명서)라고 하는데, 어떤 사업을 하겠다고 하면 거기에 관한 아웃라인이 정확하게 딱 나와서 미국 측에 미리 제출해야 하거든요. 그런데 그걸 제대로 할 수 있는 사람이 없었어요. 제대로 그런 걸 못한 거예요. 미국 원조당국자들이 와서 그거까지 도와주었어요. 미국은 원조를 주면서도 원조 받을 사업에 관한 서류를 만들어 주거나 만드는 걸 도와준 거예요. 우리는 보통 사업을 할 때, "우리가 이렇게 열심히 하려고 하는데 도와주면 그만이지, 뭘 이렇게 따져?" 이런 식이거든요.

미국 입장에서는 원조를 주겠는데, 한국 쪽에 그 프로젝트의 탄탄한 계획서가 있어야 한다는 거죠.

미국 정부에서 의회 승인을 받아야 되니까 허술하게 올라가면 안 되거든요. 그러니까 제대로 된 게 올라가야 되는데 이게 한국에서는 습관이 안 되어 있었어요.

그때까지는 실력이 안 되는 거죠.

실력도 안 되고 습관도 안 되고 하니까 우리는 미국에 대해서 "자꾸만 저놈들 귀찮은 소리밖에 안 한다" 이런 식으로 본 거예요.

네, 큰 포부라기보다는 좀 허황된 꿈이라는 측면을 봐야겠네요. 허황된 꿈을 구체적인 실

행계획으로 바꾸는 데 몇 년 씩 걸린 것이라 보아야 하겠습니다. 그런데 미국 국빈 방문 선발대로서 실무 교섭 하실 때 무상원조를 10년은 더 받겠다라는 이야기도 있었나요? 지금 말씀하신 대로 미국의 무상원조가 끝나긴 할 건데 그래도 한국은 무상원조를 최대한 연장하려고 하지 않았습니까? 10년은 더 받겠다 하는 식으로요.

그렇게는 안 했어요.

방미 관련 신문기사를 보니까 한일 국교 정상화 후 청구권 자금이 앞으로 10년 동안 들어올 것이니, 마찬가지로 미국 원조 자금도 10년 동안 더 들어오기를 기대했다는 이야기도 있던데요.

나는 그때 교섭하면서 원조 자금, 무상원조를 더 주쇼 하는 소리는 한 일이 없어요. 미국의 무상원조는 자연히 없어지는 걸로 생각하고 향후에는 돈 꿔오

▮ 장기영부총리 호닉 박사 접견 담화(1965.7.10, 국가기록원 CET0036320)

는 데 주력하는데, 가급적 좋은 조건의 자금, 즉 AID 자금, 정부 자금을 많이 꿔오겠다고 했던 겁니다.

1965년 5월 박정희 대통령 방미의 한 성과가 바로 KIST 설립인데요, 그 설립은 어떻게 진행되었나요?

귀국한 후에 KIST 설립 건이 진척이 잘 안 돼요. 그래서 1966년 9월에 미국 워싱턴에 IMF-세계은행 총회에 갔을 때 미 대통령 과학기술보좌관 호닉(Donald Honig) 박사를 찾아갔어요. "양국 대통령들이 약속한 건이라 당신이 한국에 와서 직접 조사를 하고 추진시킬 줄 알고 있었는데, 진척이 안 되어서 상당히 의아하게 생각하고 있다. 당신이 존슨 대통령과 말씀을 나누고 빨리 추진시켰으

과학기술연구소 설립을 위한, 호닉 박사 일행과의 회의(1965.7.10)

면 좋겠다"고 종용을 했어요. 그렇게 하고 돌아오니까 곧 연락이 왔어요. 한국을 방문하겠다는 겁니다. 부인이랑 같이 왔어요. 부인도 관계가 있는 같은 과학자예요.

대 한 민 국

第13號 許可狀

財團法人 韓國科學技術硏究所
設立者
서울特別市鍾路區世宗路壹番地
朴 正 熙

一九六六年 貳月貳日字로 申請하신 財團法人 韓國科學技術硏究所의 設立을 許可함

一九六六年 貳月參日

經濟企劃院長官 張 基 榮

▮KIST 설립 허가장(1966.2.3, KIST 제공) 설립자 박정희의 설립 신청을 장기영 경제기획원 장관이 허가한 것으로 되어 있다.

그가 제안하기를, 한국에 KIST를 만드는 데 쉽게 하려면 다른 연구소의 본을 따서 하는 게 제일 낫다는 거예요. 바텔연구소를 바탕으로 해서 하는 게 좋겠으니 사람을 파견시켜서 파악을 해 봐라 하는 겁니다. 세계 여러 곳에 바텔연구소가 있는데, 한 번 시

▮한미 간 한국과학기술연구소지원사업 협정 사인(1966.2.4) 앞줄 왼쪽부터 최형섭 과학기술연구소장, 장기영 부총리, 번스틴 유솜 처장. 오른쪽 뒤에 서 있는 이가 양윤세

찰하는 게 좋겠다 했어요. 그래서 기획원 김학렬 차관과 기술관리국장 대리이던 전상근(全相根) 씨가 한 달 정도 출장을 갔죠. 그렇게 KIST의 모델을 정했는데, KIST 소장을 누구로 할지는 이미 유솜에서 조사를 면밀히 해서 최형섭 박사를 밀기로 하고 한국 정부에 건의하기로 했다는 거예요. 유솜 측에서 나더러 최 박사를 아느냐고 해서, 난 과학기술 계통 사람들은 잘 모른다고 했어요. 유솜 측에서 나더러 그 사람을 만나보라 하고는 최 박사가 나를 만나러 오게 했어요. 미국에서 그 정도로 적극적으로 그 사람을 밀었던 겁니다. 만나 보니 사람이 그럴 듯하고 괜찮아 보였어요. 그 후 유솜에서 공식적으로 그 사람을 건의했어요. 우리 정부의 절차를 밟아서 그 양반이 초대 소장이 되었죠.

진척이 잘 안되었다는 부분은 좀 수긍이 안 가는데요. 1965년 5월 한미 정상 공동성명에서 KIST 설립 건이 발표된 후 7월에 호닉 박사 일행이 조사 차 내한해서[11] 연구소 설립방안을 조사한 후 미 AID가 미국의 권위 있는 산업기술연구소인 바텔연구소에 KIST 설립안을 작성해 달라고 했고, 이에 9월에 바텔연구소 관계자들이 내한해서 연구소 설립 기본계획을 세우고 그를 AID에 보고합니다. 우리 정부도 바텔보고서를 받아들여서 1966년 2월 4일에 한미 간에 과학기술연구소에 대한 재정지원 협정을 맺습니다. 또 그날 KIST를 설립하고 그해 10월에 착공합니다. 이런 과정을 보면 지체된 게 아니지 않은가 합니다만.

그 사실은 잘 기억이 나지 않고 한국 측에서는 차질 없이 준비를 하고 있는데 미국 측에서 지연되고 있다고 해서, 내가 호닉 박사를 찾게 된 것으로 기억하고

11 1965년 7월 8일 호닉 박사 일행 6명이 내한했다.

있습니다.

그렇습니까. 미 AID가 KIST의 설립을 지원했고, 한미 간 교섭 창구는 경제기획원과 유솜이니, 당연히 양 장관님께서 교섭에 참여하셨을 것으로 생각됩니다. 양 장관님 증언도 매우 구체적이어서 실제 교섭 경험을 말씀하신 것으로 보입니다. 하지만 1965년 하반기에는 잘 진척이 된 것 같고요, 1966년에 진척이 덜 된 부분이 있어서 9월에 IMF 총회 차 미국 가셨을 때 호닉 박사를 만나시지 않았나 싶습니다. 추후 밝혀 보도록 하겠습니다.

내 기억은 지금 이야기한 것과 같아요.

여하튼 1965년 하반기에는 한국 경제가 도약의 길에 들어섰음이 분명해지지 않았나 합니다. 그해 9월 말 워싱턴에서 열린 IMF 총회에 참가한 양 장관님 등 대표들이 총회에서 들은 찬사와 격려가 이를 말해 주는 듯합니다. 그 무렵부터 미 국무부나 세계은행 측 시각도 바뀌었던 것 같습니다.

IMF 총회에 다녀와서

한국은행 홍완모(洪完模) 이사

“과거에는 IMF 총회에 가면 언제나 우리나라의 만성화된 인플레가 문제거리가 되어서 난처한 대답을 갖지 않을 수 없었다. 금년에는 한국 경제에 대한 높은 찬사가 대단하였다. 수출 실적이 비약적으로 증가하는 데 대하여 놀라움을 금치 않았다. 환율 현실화에 뒤이은 금리 현실화 등 경제정책의 올바른 방향과 이의 과단성 있는 실천에 대해서 찬사를 아끼지 않았다.”

《경향신문》 1965.10.23.

‘얻어’ 먹지 말고 ‘벌어’ 먹자

양윤세 기획원 외자총괄과장

2년 전 꼭 같은 총회에 참석 후 귀국하였을 때 필자는 “무슨 선물을 받아왔느냐?”는 질문을 무수히 받은 일을 똑똑히 기억한다. 때로는 “나는 구걸하러 가지 않았소”라고 푸념을 한 일도 있었다. 이번에 돌아오니 “얼마나 수고했소?”, “한국에 대해 무어라고들 합디까?”라는 것이 대부분의 질문이다. …

‘얻어먹고’ 사는 한국인에서 ‘벌어먹고’ 사는 한국인으로! 얼마나 떳떳하냐. 자립경제의 확립이라는 국가 지상 목표 달성 과제는… 일보일보 전진해 가고 있다. …

남에게서 공것을 받아먹지 않을 때, 또 이를 바라지 않는 마음의 자세가 독립되었을 때 비로소 자립하였다 할 수 있으리라. 필자는 1960년대가 이러한 자세를 확립하는 세대가 될 수 있다 믿으며…

한 미국 친구가 필자에게 해 준 말이 쟁쟁히 울리고 있다. “경제는 일단 어떤 수준에 도달하면 전진하기 마련이다. 후퇴를 시킬래야 시킬 수 없으리라. 한국 경제는 이미 이 수준에 도달하여 있다.”

〈국제경제인들이 보는 한국- IMF총회의 인상〉, 《신동아》 1965년 12월호.

06 월남 진출

1965년 5월 박 대통령 미국 방문 때 미국이 월남과의 경제협력 확대를 지원한다는 논의는 없었나요? 그때가 본격적인 파병을 시작할 때니까 월남전에서 쓸 군수물자를 우리나라에서 발주해 주는 것, 그렇게 해서 우리나라의 수출을 늘릴 것을 당연히 기대했을 것 같은데, 이 건을 논의하지는 않았나요?

국빈 방문 때 그 문제에 대해서 구체적인 논의를 한 건 없습니다. 그 공동성명에도 구체적으로 언급된 게 없어요. 공동성명서 내용을 보면 월남에 가는 관계 같은 것도 다 포괄적으로는 들어가 있는데, 뭘 어떻게 하느냐에 대한 건 아직 구체적으로 논의한 바가 없었어요. 그래서 우리가 안을 세우고 월남과도, 미국과도 교섭을 해야 했어요. 브라운 각서에서 구체적인 안이 작성된 것이고요.

브라운 각서는 박 대통령의 미국 방문보다 거의 1년 가까이 뒤인 1966년 3월에 나왔죠.

그래 66년도. 그때 가서 그 문제가 나왔어요. 내 기억에는 브라운 각서도, 브라운 각서 안의 경제 파트는 내가 쓴 것 같은데, 세부 내용은 잘 기억이 나지 않네요. 그래도 군납 관계라든가 이런 내용, 월남 파병 관계라든가 노무자 파견이라든가, 우리 기업들의 진출 등의 문제들을 브라운 각서에서 다루었을 겁니다. 월남과의 경제협력 실무를 우리 기획원 안에서 따로 맡을 만한 부서가 없으니까 그냥 내가 맡았어요. 그 일 하느라 내가 월남 한 열 번은 갔을 거예요. 1966년, 1967년, 1968년, 1969년까지 갔죠. 뭐 적게 갈 적에는 1년에 한 두어 번 갔고요.

브라운 각서(한국군의 월남 증파 선행 14개 조건, 1966.3.4)

이동원 외무부 장관 귀하

귀하는… 대한민국 정부가 1개 연대의 전투부대를 4월에, 1개 사단 병력을 7월에 각각 도착시키도록 하는 방식으로 월남 정부에서 요청받은 원조를 월남 정부에 제공하기로 결정했다고 진술하였습니다. …

미국 정부는… 대한민국 정부의 결정을 충심으로 환영합니다. 본인은… 다음의 조치를 취할 용의가 있음을 말씀드릴 권한을 부여받았습니다.

군사원조

① 한국에 있는 한국군의 현대화 계획을 위해 앞으로 수년 동안 상당량의 장비를 제공…

② 월남에 파견되는 추가 증파 병력에 필요한 장비를 제공하며 증파에 따른 모든 추가적 원화 경비를 부담…

…

경제원조

① 추가 파병에 따른 순 추가비용 전액과 동액의 추가 원화를 한국 측 예산에 방출

② 한국군 병력이 월남에 주둔하는 동안 군원 이관을 중지…

③ 주월 한국군에 소요되는 보급물자 용역 및 장비를 가능한 한 한국에서 구매, 주월미군과 월남군을 위한 물자 가운데 선정된 구매품목을 한국에 발주…

…

⑤ 1965년 5월 한국에 약속한 1억 5,000만 달러의 AID 차관에 덧붙여… 추가 AID 차관을 제공…

주한미국대사 브라운

브라운 각서는 한국군 현대화와 같은 국방부 소관 업무를 포함하는데 국방부와 같이 작업하신 건가요?

아니요. 난 경제 파트만 기안해서 그걸 넘겼죠.

외무부에요?

네. 장 부총리의 지시로 초안을 작성해서 이동원 외무장관에게 전했습니다.

당초 월남 파병에 따른 경제협력 문제를 다룬 것은 어느 부처였나요? 신문보도를 보면, 본래는 기획원이 아닌 다른 곳에서 대월 경협 문제를 다룬 것으로 나옵니다. 1965년 3월에 내각 기획조정실의 김좌겸 차장, 상공부 엄익호 공업1국장, 국방부 강중경 과장 등이 군원이관 문제와 월남 후방지원 업무를 맡도록 하고, 4월 말 김좌겸 씨를 대월경제협조단 단장에 임명하여 사이공에 파견했습니다. 이것이 파병이 시작된 후 대월경제협력을 위한 정부 측의 첫 움직임이었는지요.

그럴 겁니다. 그 김좌겸 씨가 나중에 직함을 바꿔 주월 경제공사가 되었어요. 그런데 겉으로 드러나지 않은 이야기가 있어요. 1965년 초의 일로 기억해요. 월남에 군대를 보내면서 경제 관계도 확대했으면 좋겠는데 누구를 보내서 맡길 것이냐로 총리 주재 하에 몇몇 경제장관들의 회의가 열렸고, 거기서 나를 점찍었어요.

정일권 총리가 당시 양 과장님을 개인적으로 잘 아시지 않았습니까?

물론 잘 알았죠. 그런데 총리가 결정한 게 아니고, 경제장관들이 중의로 내가 제일 적임자라고 결정했다는 거예요. 그래서 정 총리가 나에게, 그때 내가 과장인데, 부이사관인 참사관이 되어서 대월 경제 관계의 전권을 받아서 일하는 게 어떻겠냐 했어요.

그것은 아예 월남으로 부임하는 것이죠?

그렇죠. 그래서 내가 생각해 보겠다 했어요. 그때 장기영 씨가 부총리 된 지 얼마 안 되었을 때여서 나와 장 부총리 사이에 깊은 관계도 없었어요. 내가 장기영 씨에게 "총리로부터 월남에 가라는 이야기를 오늘 들었는데, 일단 긍정적으로 답변을 했습니다, 좀 더 알아보고 가겠습니다"라고 보고하니까, "알아서 하십시오" 하시더라고요. 장기영 씨도 나에게 애착이 아직 없었던 것이죠. 그랬는데 얼마 안 있어서 김좌겸 씨를 협력단장인가로 보낸다는 이야기가 들려요. 그래서 나에게 전권을 주어서 보낸다는 것과는 이야기가 다르지 않느냐, 내가 김좌겸을 잘 알지도 못하는데 나까지 가서 혼선이 빚어지면 곤란하다 하고서 포기해 버렸어요. 그러니까 정 총리는 내 계급을 하나 올려 주면 가겠지 한 것인데, 그때 내가 승진 하나 보고 월남에 갈 생각은 없었죠. 그래서 포기한 거예요.

김좌겸 씨가 협력단장으로 갔지만, 당시 양 과장님도 마음만 먹었으면 월남에 갈 수도 있었네요.

그렇죠. 나중에 김좌겸 씨가 현지 경제공사가 되고 내가 본부에서 사령탑을 하는 식으로 김좌겸 씨와 같이 일을 하게 되었죠. 김좌겸 씨가 성격이 날카로워요. 나와는 잘 맞아서 일을 잘 했지만요. 거기 공사가 3명 있었어요. 정무공사, 경제공사, CIA공사 이렇게 셋인데, 이들이 각각 노는 거예요. 싸움하고 뭐… 내가 월남 관계 컨트롤 타워 역할을 하는데, 나중에 어글리 코리안 문제 등 이런 저런 문제가 생겼을 때, 내가 박 대통령께 보고할 기회에 "인사 쇄신을 해야 하겠습니다" 하고 건의했어요. "경제 관계는 김좌겸 씨가 너무 오래 있었으니 다른 곳으로 보내시고, 다른 이를 경제공사로 보내주십시오" 했어요. 이후락 씨가 옆에 있다가 천거해서, 군 출신으로 나중에 서울대 관악캠퍼스 건설본부장을 하는 이훈섭(李勳燮) 씨가 주월 경제공사로 가고, 김좌겸 씨는 인도네시아 총영사로 갔어요.[12)]

처음에 우리 정부가 월남에 기대했던 것은 상품 수출이었는데, 김좌겸 씨가 사이공에 부임해서 조사하고는, 인력 수출, 즉 근로자를 보내는 쪽이 유망하다고 1965년 7월에 본국에 보고를 합니다. 한국 민간 기술자 및 훈련된 제대병력 3~5만 명의 용역단을 파견하여 각종 지원업무를 맡는 게 좋겠다는 의견이었습니다. 그해 11월 월남 구엔 카오 키 수상이 와서 제1차 한월경제각료회담을 열고, 이후 현지 사정 파악을 위해 12월 양 과장님 등이 월남 출장을 가서 협의 후 1966년 1월 제2차 한월경제각료회담을 갖습니다. 이때 대월 경제협력의 방침이 바뀌는 것 같습니다. 물품 수출과 인력 수출 위주에서 건설, 하역, 수송 등 각종 용역을 맡는 것으로요. 이런 방침 전환은 누구에게서 나왔나요. 당시 실무자인 양 과장님인가요, 아니면 장기영 부총리인가요?

그때 내가 그렇게 판단했어요. 용역과 건설 두 분야에서 기업을 보내기로 했죠. 사람만 보내서는 안 되겠고, 한국 기업을 보내야겠다고 한 겁니다.

인력 수출로는 안 되겠다고 판단하신 건 어떤 이유 때문이었나요?

• • • • •

12 1969년 11월의 일.

한국 기업이 진출하면 인력 수출보다 더 큰 것을 얻을 수 있다는 걸 안 거죠.

그건 월남 현지에서 보시고 판단한 건가요?

가서 보기도 했지만, 내가 6.25전쟁 때 미군부대 공병대에서 통역으로 일한 경험에서 그런 판단을 한 거예요. 내가 일하던 비행장 공병대에 컨트랙터(contractor)라는 게 있어요. 청부업자죠. 필리핀 사람도 있고 다른 나라 사람도 있는데, 알아보니까 그 사람들이 용역계약을 맺어서 한국 사람들을 노무자로 고용해서 일을 시키고 중간에서 돈 버는 거예요. 그것을 보니, "이야, 우리는 전쟁하고 있는데, 저 사람들은 도와주러 왔다면서 돈 버네"하는 생각이 머리에 박혔어요. 우리도 월남에 단순히 사람만, 노무자만 보내지 말고, 뭉치 돈 벌어야겠다고 생각해서, 한국 기업을 보내기로 판단한 겁니다.

6.25전쟁 때 미군부대 통역을 하시면서 '전쟁은 누가 하고, 즉 재주는 누가 부리고, 돈 버는 놈은 따로 있다' 는 것을 보셨다는 말씀이네요.

그렇죠.

물품, 인력 수출에서 건설, 운송 용역으로 중점을 옮기자는 데 대해 기획원 지휘 라인(장부총리–김학렬 차관)에서는 이견이 없었나요. 어떤 논의가 있었는지요.

그런 논의는 없었어요. 지휘 라인이기는 한데, 월남과의 경제협력과 관련해서 구체적인 지침을 받은 건 없었어요. 장 부총리는 월남과 관련해서는 내 말을 듣고, 그대로 대통령께 보고해서 추진했어요. 그러니까 대통령이 양 과장 좀 데려오라고, 점심이나 먹으면서 이야기 좀 들어보자고 했던 겁니다.

그런데 미군 용역을 크게 하던 한진 같은 민간에서는 정부보다 먼저 월남에서 대규모 용역 수주의 기회를 본 것 아닌가요. 정부가 건설 및 용역 수주 위주 정책을 쓰니까 그걸 보고 월남 진출을 시도한 것은 아니지요.

그렇죠. 민간이 먼저 움직였어요. 민간은 빠르게 움직이죠. 한국의 군납 관계 시스템이 제대로 되어 있었어요. 물품군납조합, 건설군납조합, 하역군납조합 등이 있었는데, 하역 등 서비스 관계 조합장이 한진의 조중훈 씨였어요. 주한 미군 장성 중에도 월남으로 발령받아 간 사람이 꽤 있었어요. 그러니까 조중훈 씨 입장에서는 월남 쪽에 인맥이 생긴 거죠. 그래서 그가 월남에 사업 기회가 있을 걸로 보고 교섭했습니다. 나는 정부 차원에서 교섭한 것이고, 실제 비즈니스 건별로 교섭을 한 것은 조중훈 씨였지요.

네, 월남에 기업이 진출할 기회가 생기니까 민간은 민간대로 움직이고, 정부는 정부대로 움직인 것이라 하겠습니다. 그리고 결과적으로 월남에서 상품 수출보다는 건설공사나 용역을 수주에서 돈을 벌었고요.

상품 수출 방안 중 물품 군납은 우리가 크게 할 만한 게 없었습니다. 그 대신 거기에 보세창고를 하나 만들어가지고 거기에서 월남 사람들이 필요로 한 물품을 미리 갖다가 재 놓고 팔아먹을 수 있게 그런 준비는 했지만, 이것 역시 크게 발전은 못했어요. 왜냐하면 월남에 대한 미국의 지원이 많이 간 쪽이 그런 물품이 아니고 역시 프로젝트, 건설공사나 용역이었기 때문이에요.

그 과정을 좀 알아보도록 하겠습니다. 최초로 월남에 가신 건 언제인가요?

1965년 12월입니다.

그 전달인 11월 8일에 월남의 구엔 카오 키 수상이 경제 총장관 등을 데리고 와서 한월경제각료회담을 했습니다. 주된 현안은 무엇이었나요?

1965년 11월 쯤에 한 번 월남 경제장관이 월남 경제사절단을 이끌고 여기 온 게 있어요. 우리로서 월남에서 뭔가 하려면 월남의 협조가 꼭 필요해요. 비자도 받고 뭐 해야 우리 인력을 보낼 수 있잖아요. 그때 내가 앞장서서 월남 사람들을 아주 칙사 대접을 했어요.

이렇게 월남에서 사절단 오고 나서, 이제 우리가 월남 가서 어떻게 해야 할지를 구상해야겠다고 생각해서 장기영 부총리와 의논했어요. 우리도 실무 탐색을 해서 뭘 해야 할지를 알아보기 위해 월남에 가는 게 좋겠다고 했어요. 난 과장이니까 외무부 전상진 통상국장하고 상공부에서 한 명, 이렇게 셋이서 가면 좋겠다고 말씀 드렸더니, 장 부총리가 그렇게 하라고 했어요.

그래서 실제는 내가 한 거지만, 내가 과장이니까 외무부 국장을 팀장으로 해서 형식을 갖춰서 같이 갔어요. 1965년도 12월 말에요.[13] 트롱 타이 통이란 사람이 경제장관인데 이미 한국에 와서 내가 실제로 일하는 걸 자기 눈으로 봤거든. 그러니까 나를 칙사 대접해 주었어요. 거기서 미군 측의 이야길 들어 보니까 한

• • • • •

13 1965.12.22. 한월경제각료회담을 위한 예비회담 대표단이 월남행. 전상진(全祥振) 외무부 통상국장, 문기상(文基祥) 상공부 진흥과장, 양윤세 기획원 외자총괄과장 등이 월남과의 통상 증대, 인력 수출, 기술협력, 후방건설 사업 등을 협의했다.

국 기업이 월남에서 공사나 용역을 따려면 우리 정부가 일종의 지불 보증을 해야 한다는 거예요.

그런데 지불 보증하려면 우린 그때 국회의 동의를 받아야 해서 모든 부분이 상당히 힘들었어요. 그런 관계가 있기 때문에 이것을 부총리의 서한으로 대체하자는 걸 교섭했어요. 그렇게 타결 지으려면 주월미군사령관인 웨스트모어랜드(William Westmoreland) 장군을 만나야 해요. 그래서 내가 월남 유솜 처장으로 전근한 킬렌에게 부탁해서 웨스트모어랜드 사령관을 만났어요.

그 양반을 만나서 "이제 곧 부총리를 이리로 모시고 올 텐데, 그분과 만나서 월남에서 공사나 용역 따려는 한국 기업은 부총리의 보증서를 제출하면 되는 것으로 해 줄 수 있느냐?"고 타진했어요. 즉, 한국 기업에 프로젝트 줄 때는 정부에 지불 보증을 요청하지 말고 부총리 서한으로 갈음해 달라고 요청한 거예요. 그랬더니 미군 사령관이 "그렇게 하자"고 간단하게 답하네요.

그리곤 내가 월남 측 트롱 타이 통 경제장관과 그 밑에서 간사 역할을 하는 킴 국장과 만났더니, 한월경제각료회담을 열자는 거예요. 한월 간의 현안 문제, 자기네가 해 주어야 할 일들, 예를 들어서 비자를 곧바로 내준다는 것 등을 공식적으로 합의하는 그런 회의를 하자는 겁니다. 우리가 월남에게서 필요로 하는 거는 사이드 지원이지만, 이것도 매우 중요하거든요. 알맹이는 미국하고 교섭해야 되지만, 미국하고 교섭하는 데 월남에서 도와주지는 못해도 방해는 할 수 있거든요. 예를 들어서 비자 안 내주면 사람이 못 들어가는 거 아닙니까. 그러니까 비자 내주는 거를 빨리빨리 처리한다고 합의를 해 놓을 필요가 있는 거죠. 원칙적으로 아무튼 한국에서 오는 거면 이것저것 따지지 않고 무조건 받아

준다, 비자도 요청하면 즉각 내준다, 이런 식의 합의가 필요했습니다.

그런데 1965년 11월 키 수상이 왔을 때까지는 월남 대사가 공석이고 고톤닷이라는 사람이 참사관으로 있었어요. 대사가 없으니까 고톤닷 참사관이 대리대사를 했어요. 그런데 고톤닷은 나와 코넬대에 같이 다닌 사람이에요. 그 마누라가 고톤닷보다 키가 머리 하나는 큰 미국 여자인데, 나와 코넬대 동기 동창입니다. 그래서 정일권 총리에게 소개를 했더니 이 친구가 정 총리를 만날 때마다 아주 서비스를 잘했어요. 정 총리가 호감을 가졌죠. 그래서 키 수상이 와서 정 총리와 만났을 때, 대사가 지금 공석인데 어떤 사람으로 했으면 좋겠냐는 이야기가 오갔단 말이에요. 그때 정 총리가 뭐 여기 고톤닷이 일 잘하는데 대사로 승격시키면 되지 않냐 했어요. 그러니까 그 자리에서 대사로 결정이 됐어요.[14] 그래서 내 학교 동창이면서 여기서 참사관 하던 친구가 대사가 되니까, 우리 수중에서 노는 것이죠. 일하기가 상당히 편하게 됐어요. 그런 면에서도 내가 덕을 많이 봤죠.

내가 1964년 5월 29일에 결혼을 했는데 결혼식에 미국 대사, 유솜 처장, 고톤닷 친구들 다 와서 같이 사진 찍은 게 있어요(155쪽 사진).

그렇게 고톤닷이 주한 월남대사를 했으니까, 양국 정부가 비자 발급을 편리하게 해 준다고 형식적으로만 합의를 하면 실제 비자 발급에 문제가 없어요. 비자 발급을 편하게 해 준다는 합의가 없는데 대사가 마음대로 비자 발급해 줄 수는 없잖아요? 그러니까 주한 월남대사가 비자를 쉽게 발급할 수 있는 틀을 만드

•••••

14 한국 정부는 1966년 1월 초 초대 주한 월남대사로 내정된 고톤닷의 아그레망에 동의하였다. 《경향신문》 1966.1.6.

는 거죠. 이렇게 한월경제각료회담을 하려 하는데, 트롱 타이 통이 그 다음 해, 즉 1966년 1월 7일인가 8일인가 회담을 하자고 나에게 제안을 했어요. 나는 날짜를 그렇게 촉박하게 잡을 줄은 몰랐어요. 그런데 내가 본국의 누구에게도 승인을 안 받고 거기에서 오케이 해 버렸어요.

일개 과장이 그래도 됩니까?

그러니까 지금 생각해 보면 아찔한 얘기지요. 그러나 그때는 한국 기업의 지불 보증서 문제든, 한국인 기술자에 대한 월남 정부의 비자 발급 문제든 빨리빨리 처리해야 하겠다고 생각한 겁니다. 그래서 그렇게 하자고 합의해 놓고, 그 이튿날 12월 31일 귀국했어요. 한국일보에 짧게 기사가 났습니다. 양윤세 씨 귀국이라고요. 과장이라는 말을 안 썼어요. 뭐 특별한 걸 가지고 왔을 거라는 뜻입니다.

그렇게 돌아와서 장기영 부총리에게 보고를 하고 불과 한 주일 후에는 경제각료회담을 하러 같이 가야 할 판인데, 그 회담을 한다는 합의를 과장이 혼자서 해 놓고 왔잖아요? 그러니까 사실 조금 좀 떨렸지요. 그런데 내가 그날 늦게 사무실에 들어와서 보니, 장 부총리가 어디 갔는지 찾을 수가 없어요. 마침 정일권 총리가 어디인가 출장 갔다가 1월 1일 아침에 귀국하는데, 부총리가 비행장으로 마중을 나간대요. 그래서 나도 비행장으로 나갔어요. 거기서 장기영 부총리를 만나서 "제가 어제 밤에 돌아와서는 어디 계신지 몰라서 보고를 못 드렸습니다. 1주일 후에 월남 같이 가셔야 하겠습니다" 했어요.

장 부총리는 무조건 오케이예요. 그리곤 그냥 그대로 사람들을 불러서 같이

▌**제2차 한월경제각료회담 한국 대표단 사이공 도착(1966.1.10)** 사이공 탄손누트 공항에서의 의장대 사열. 단상 왼쪽이 월남 국방장관, 오른쪽이 장기영. 그 뒤 관제탑 오른쪽 아래에 양윤세

가자고 했지요 뭐. 그때 무임소 장관이던 원용석 씨, 상공차관 김정렴 씨, 그리고 아래로는 전상진 외무부 통상국장, 상공부의 담당 과장, 이런 식이었죠.

규모가 상당히 되었네요.

부총리가 참석하는 거고 그래도 각료 회담인데 형식은 갖춰야 되는 것이죠. 내용은 뭐, 그 사람들이 가서 일이 없어서 놀든지 어떻든지 형식은 맞춰야 되니까. 구색은 갖춰야 되니까요.

그러면 1966년도 1월 초에 가셨네요.

1월 9일일 거예요. 같이 가서 홍콩에서 하룻밤 자고 그리고 그 이튿날 월남에

▮ 제2차 한월경제각료회의 참가자 일동(1966.1) 양측 대표단에게 훈장을 교환 수여했다. 1 장기영, 2 김정렴 상공차관, 3 트롱타이 통 월남 경제장관, 4 양윤세, 5 원용석

들어갔어요. 월남은 부총리가 국방장관입니다. 이름이 카인가 코인가 하는 사람인데 국방장관이 부총리여서, 우리를 경제장관이 환영을 하는 게 아니라 같은 격인 국방장관 부총리가 의장대 두 중대인가를 내서 환영을 하더라고요. 그렇게 비행장에서 영접 받고, 그리고 회담에 들어갔어요.

회의에서 우리가 "한국에서 앞으로 여러 가지 경제 계통에 참여하기 위해서 월남 전쟁 수행에 도움이 되기 위해서 여러 가지 업계에서도 진출할 거고 노무자들도 뭐 이런 걸 앞으로 할 텐데, 그때마다 신속하게 비자를 내주고 지원을 해주기 바란다" 하니까, 월남 측에서도 아끼지 않고 하겠다는 거예요. 이런 내용으로 공동성명을 냈는데, 이것은 뭐 나하고 킴 둘이서 한 거죠.

▮1966년 1월 제2차 한월경제각료회의 중 한 회의 왼쪽줄 왼쪽 끝에서 차례로 양윤세, 김좌겸 월남 경제공사, 김정렴 상공차관

그 직전 방문 때 해 두신 것이죠.

그렇게 공동성명 냈죠. 공동성명에서는 한국 사람들이 월남 가는 걸 편리하게 해 준다는 게 주 내용이에요. 아까도 얘기했지만 월남 정부로부터 뭐 딸 게 없어요. 우리는 월남에 있는 미군을 파고 들어갈 것이고, 월남 측에 바랄 것은 입국을 편리하게 해 주는 거 같은 지원인 거예요. 그래서 그런 식으로 한 거예요.

월남 가는 인원이 불과 1~2년 만에 확 늘어나는데, 그게 이 조치 덕분인 것이죠.

그렇지요. 이렇게 월남 측과 회의한 다음에는 또 웨스트모어랜드 대장하고 만나서 한국 측 은행에서 발행하는 정식 보증서, 그때는 산업은행에서 발급하는 보증서를 일단 부총리 서한으로 대체해서 받아달라 하니 그렇게 하겠다고 약속이 되었어요. 그래서 거기서 장 부총리가 첫 케이스로 추천서를 썼어요. 시범 케이스로 추천서 받은 업체가 대림산업이에요. 토목공사로 땅에 파일을 박는 공사가 있었어요. 바닷가 같이 지반이 연약한 데에 뭘 지으려면 우선 파일 박아야 하잖아요.

아, 네.

그게 150만 달러짜리인가 했어요. 그걸 처음으로 내가 월남에서 타이핑해서 부총리 명의로 서명해서 미군 측에 제출하니까 곧바로 허가가 났어요.

1966년은 한국 기업과 근로자의 월남 진출이 본격화된 해입니다. 1965년 말 파월 근로자 수가 100명 정도에 불과했는데 1966년 말에는 1만 명이 넘게 됩니다. 하지만 1966년은 월남 불교도의 반(反) 티우-키 시위와 베트콩의 공세, 미국의 월맹 북폭(하노이 외곽→하노이) 등으로 월남 정세가 지극히 불안했습니다. 월남 진출을 늦추자는 주장도 있었는데요.

그것이 큰 문제는 아니었어요. 돈 벌려고 일부러 전쟁터에 가는 건데, 거기가 전쟁터라는 걸 알고 가는 건데, 위험해서 안 간다는 건 말이 안되죠. 우리가 안 가면 다른 나라 근로자들이 갈 것이기 때문에, 갈 수 있는 데는 다 가는 겁니다.

네, 위험을 피하지 않는다는 점에서 지금과는 사정이 전혀 다르다는 것을 알겠습니다. 너무 배가 고팠기 때문이었겠죠. 그런데 기술자 파월 경로로는 미국 용역회사의 요청을 받은 한국해외개발공사가 근로자를 모집해서 취직시키거나 미국 용역회사의 하청을 받은 한국 건설회사가 근로자를 모집해 간 것이 있던데요. 기술자 파월을 위해 미국 용역회사와 교섭하는 일도 하셨나요?

일례로 미국 용역회사로 비넬(Vinnel)이라는 회사가 있었어요. 광화문의 쌍둥이 건물, 즉 경제기획원 건물(현 대한민국역사박물관)과 유솜 건물(현 미국대사관)을 지은 회사인데, 비넬 회사 직원이 직접 노무자를 모집하기도 있지만, 대개 모집업자를 통해서 근로자를 모아서 보냈어요. 해외개발공사를 통해서 근로자를 받는 경우도 있었고요. 그게 아니면 월남에서 일거리를 받은 국내 건설회사가 근로자를 모집하기도 했죠. 어느 경우든 인력송출업체나 기관 측에서 근로자를 보내겠다고 나에게 신청이 와요. 내가 미국 용역회사와 근로자 몇 명 보내자고 직접 교섭하는 건 아니죠. 기술자 파월이 원활히 진행되도록 여권 발급 문제나 수송 문제 등에 편의를 봐 주는 게 내 일이었어요.

왼쪽이 옛 경제기획원 건물을 리모델링한 대한민국역사박물관, 오른쪽은 원형을 유지한 미 대사관 건물

제일 큰 문제는 여권을 발급하는 문제였고, 또 수송 문제도 있었어요. 그때는 여권 발급하는 데 절차가 복잡하고 시간도 오래 걸렸어요. 또 월남행 비행기가 안 뜬다고 밤 새벽에 전화가 안 오나 별일 많았어요. 그때 대한항공이 아직 국영기업체이던 시절인데 제트비행기가 한 대밖에 없었어요. 대한항공에서 정기 취항은 못하고, 월남 쪽에 사람들이 많이 가니까 그쪽에 투입한 거예요. 이게 자주 고장이 나고 제대로 안 되는 거예요. 공군 준장 출신이 사장이었어요. 아무튼 비행기를 제대로 뜨게 하느라 무지하게 애를 썼고요. 그거 다 해결해야 했죠.

한국 기업이 받는 용역 규모 같은 걸 우리 정부가 미국과 협의하는 것인가요. 일년에 어느 정도 준다는 식으로.

그건 어느 정도는 기업이 스스로 미군 당국하고 협의하는 거예요. 한국 현지에서 연결된 사람들이 많거든요? 실질적인 교섭은 기업이 하지만, 형식상 우리 정부가 마무리 지어야 해요. 그렇게 해서 나온 것들이 캄란에 신도시를 만든다든가, 퀴논에 하역장 만들어서 수송하는 거였어요. 한국이 받은 용역 프로젝트 중에 내 기억에 제일 큰 게 퀴논의 stevedoring and trucking이라고 하역 · 운반하는 작업이었는데, 확실한지는 모르지만 내 기억에 그때 4,800만 달러인가 그랬어요. 그때 당시에 그만한 프로젝트를 한 군데서 따기에는 어마어마한 금액입니다. 이걸 한진의 조중훈 씨가 땄어요.[15]

•••••

15 양윤세 장관은 4,800만 달러라 증언했으나, 신문 자료와 한진그룹의 사사 등에 의하면 퀴논항에서 1년간 군수물자를 하역 · 운송하는 800만 달러짜리 용역 계약이었다. 한국 정부가 미국 정부와 직접 교섭한 결과라고 한다. 《경향신문》 1966.3.14.

▮ 한진상사의 하역작업 현장(1968.9.16, 퀴논 –국가기록원 CET0046726)

네.

한진은 거기에서 나온 자금으로 나중에 대한항공을 인수한 겁니다. 한진은 그 전에 미군 부대의 수송 책임을 맡은 장교와 아주 깊게 연결되어 있었고, 그래서 그 연줄로 이 용역을 땄습니다. 이 용역 계약에 대해 서울에서 형식은 어떻게 됐든 내가 검토해서 부총리 재가를 받은 겁니다.

월남에 여러 프로젝트, 건설이나 운송 등의 프로젝트가 있는데 당시 양 과장님께서 이 프로젝트는 어느 기업에 준다는 식으로 결정을 하신 건 아니죠?

그렇죠. 개별 건설사업이나 용역 건은 우선은 한국 기업이 미군 당국과 교섭해서 수주 약속을 받습니다. 그런데 이게 성사가 되려면 그 기업체의 용역 수행에 대해 한국 정부의 보증이 필요하고, 또 사업 수행을 위한 투자, 외화 사용 등을 역시 정부로부터 승인 받아야 해요. 이런 것을 심의 결정하는 위원회가 있었어요.

내가 월남 진출 기업 건을 위원회에 부의하면 그대로 되는 거예요. 왜냐하면 그 위원회에 내용을 제대로 아는 사람이 없기 때문이에요. 내가 회의에서 "이렇게 하면 됩니다" 하고 보고하면, 그냥 그대로 통과되는 거예요. 그러니까 혼자서 다 결정한 셈이지요. 그런데 내 자랑은 아니지만 한 건도 실패한 게 없어요.

그중에 인상이 아주 깊은 것으로 새한칼라인가 하는 사진 업자 건이 있었어요. 그때 내 외자총괄과가 컸거든요. 직원이 한 25명인가 있었어요. 내가 방의

월남 진출 영세기업에 대한 정부의 지원

한국 기업의 월남 진출 초기에 가장 문제가 되었던 것은 월남 진출을 희망하는 업체의 거의 모두가 영세기업들이라는 것이었다. 재정적으로 튼튼하지 못하니 은행에서 융자를 해 주려 해도 해 줄 수 없을 정도였다.

"그런데 일일이 담보가 없으면 융자를 못해 주겠다는 딱딱한 대부 원칙으로는 월남 진출이 불가능했다. 기획원은 해외 진출업체를 과감히 지원한다는 방침 아래 담보물이 없어도 주월 미군과의 계약고를 담보로 3개월 간의 실적을 감안해서 융자해 주도록 각 은행에 지시했다. 이러한 혜택을 받아 월남에 진출하게 된 업자 가운데 새한상사가 있다. 새한은 주월 미군 PX와 계약은 했으나 50만 달러의 사진 현상용 기자재를 조달해야만 했는데, 도저히 은행 융자를 얻지 못하고 있어 고민하던 끝에 기획원에 직소해서 편법으로 PX의 계약고를 담보로 기자재를 조달하도록 지원해 준 일도 있었다."(양윤세)

〈주월한국군〉62, 《한국일보》 1972.1.28.

끝 쪽에 앉아 있는데 조그만 사람 하나가 와서 나를 좀 만나겠다고 하네요. 나는 뭐 처음 보는 사람이에요. 여하튼 오라고 하니, 그가 와서는 "제가 사진현상 건으로 월남 PX 인가를 받았습니다. 그런데 기자재 구입을 위한 외화가 필요합니다" 해요. 주월 미군 PX와 계약은 했는데, 사진현상 기자재를 살 돈이 없는 영세업자였던 거예요. 내가 얼마 필요하냐고 물으니 50만 달러가 필요하대요. 50만 달러를 거기 좀 무슨 자금으로 갖다가 넣어야 한다고, 쓸 데가 있다고 합디다. 그 용도를 죽 얘기해요. PX 인가를 받은 서류 가지고 오라고 하니까 그가 가져 왔어요. 보니까 이건 틀림없다는 생각이 들었어요. 그래서 PX와의 계약을 일종의 담보삼아 융자해 주기로 했어요. 그 자리에서 외환은행의 담당자에게 전화했어요. 외환은행에 정 부장이라고 있었어요. 나중에 로스앤젤레스에 은행 만들어서 행장으로 간 사람인데, 그 사람에게 전화를 해서 "새한칼라의 사장이라는 이가 갈 테니 50만 달러 대출 바로 해 주시오" 했어요.

그걸로 끝낸 거예요. 그렇게 해서 이 사람이 월남에서 미군 사진현상 업으로 떼돈을 벌었어요. 떼돈을 벌었는데 포카, 노름에 취미가 들었던 모양이지요. 또 뭐 하와이를 왔다갔다하더니 이혼하고 뭐 했다고 해 가지고, 결국에는 탕진을 하고 망했어요. 갑자기 부자가 돼 가지고 탕진을 한 거였죠.

뭐 그런 일도 있었고, 또 이건 좀 뒤의 일인데 캄란에 신도시를 건설하는 건이 있었어요. 내가 미국 측에게서 신도시 건설 건 이야기를 듣고 삼환기업 사람을 보내서 내용을 파악하게 했어요. 그리고 건설부와 건설협회 등과 협의해서 이 건설공사를 넷으로 쪼개서 4개 건설회사에 배정했어요. 그랬는데 KCIA(중앙정보부)에서 연락이 온 거예요. 자기네가 여기에 개입해야겠다고. 캄란에 신도시 만드는 거 그거부터 좀 들어가야겠다 이거예요. "이 공사 건에는 이미 다 여러 회사가 사업을 네 개로 쪼개서 들어가게 되어 있다. 이번에는 당신네가 개입하는 건 내가 입장이 아주 곤란해지니까 못 한다. 그 다음 것부터는 같이 협력해도 좋다" 했어요. 그런데 그걸 하나 하겠다고 나타난 사람이 누구냐면 장기영 씨를 잡아갔던 사람이에요.

장기영 씨를 잡아갔다고요?

5.16 직후인가 장기영 씨가 필화 사건으로 군사정권과 마찰이 생겨서 잡혀간 일이 있었어요. 그때 중앙정보부 수사과장이 장기영 씨를 잡아갔어요. 그때 중앙정보부 안에서 장기영 씨가 막 난리를 피우고 그랬다죠. 그런데 장기영 씨를 잡아간 그 사람이 1국의 차장이 됐어요. 그리곤 건설회사 선정하는 데에 자기네도 관여하겠다고 한 거예요.

그래서 "이것만은 안된다. 이 다음에 나오는 프로젝트부터는 같이 의논해도 좋다. 그쪽도 참작해 주겠다"고 했지요. 좀 기분이 나빴지만 중앙정보부에서 그렇게 하겠다는 건데 어쩔 수 없죠. 그 다음부터는 월남 진출 기업을 선정하는 일을 내 판단으로만 하지는 못했죠.

그게 몇 연도인지는 확실히 모르지만 아무튼 월남 건에서 경제기획원 관계가 소멸된 건 내가 경제기획원을 떠난 다음이고, 그 전에는 KCIA도 아주 미미하게밖에는 관여 안 했어요 처음 한 3~4년은 완전히 나 혼자서 했어요.

몇 가지 더 여쭙겠습니다. 양 과장님은 1966년 1월 한월경제각료회담 후 4월에도 순회

사절단의 일원으로 동남아를 순방한 것으로 나옵니다. 서봉균(徐奉均) 청와대 정무비서관, 김우근(金禹根) 상공부 상역차관보, 김진하 외무부 경제협력과장, 정주년 비서관 등과 같이 가신 것으로 나오는데, 어떤 출장이었나요?

난 따로 갔고요. 난 거기에 이미 가 있었어요. 서봉균 비서관이 전에 재무장관을 했었어요. 그 사람이 월남에 가는데, 난 내 일로 출장 가 있었어요. 그런데 신상철 대사와 서봉균 비서관이 서로 잘 몰라요. 그래서 내가 소개를 하고 연결을 시켜줬어요. 그렇게 간 거고요. 최규하 외무장관이 참석한 월남 참전 7개국 외무장관 회담이라는 게 있었어요. 그 대표단의 일원으로 내가 태국에 간 적은 있습니다.

1967년 3월에 서울에서 제3차 한월경제각료회담이 개최됩니다. 용역단 중심으로 월남 재건계획에 참여하는 것, 대월 수출을 증진하는 것 등이 주 의제였습니다. 그 직전 정일권 총리의 방미 때 월남에 용역단 5,000명 정도를 보낸다는 논의가 있었고, 장 부총리는 메콩 지역 평정계획 교섭과 관련해서 2개 대대 규모를 파견한다고 발언하기도 했습니다. 5월에는 국방부 주월 한국군 군수지원 용역단이라 하여, 월봉 180, 250, 350달러의 기술자 1만 명 파견계획을 세웁니다. 파월 근로자가 1967년에 이어 1968년에도 늘어나기는 하는데 1966년보다 1만 명이나 늘어나지는 않은 것으로 보아, 이 계획은 실현되지 않은 것으로 보입니다.

용역단을 새로 또 보낸다는 건 기억에 없네요. 여러 사람들 사이에 이런 논의가 있었는지는 모르겠는데, 내가 정식으로 검토하거나 교섭한 거는 아닌 것 같아요.

▌중앙청 광장에서 열린 육군 백마부대 파월 환송식(1966.8.27, 국가기록원 CET0039245)

양 국장님은 1967년 9월 브라운 각서 이행을 위한 한미공동실무작업반에도 참여하신 게 확인됩니다. 이 작업반에는 한국 측에서 김영주 외무차관, 심흥선 합참본부장, 김우근 상공부 상역차관보, 양윤세 투자진흥관이, 그리고 미국 측에서 뉴만 공사, 마린 합동군사고문단장, 언스트 유솜 차장 등이 참여했습니다. 브라운 각서 이행이 지지부진했기 때문인가요? 양국에 견해 차가 있었는지요?

지지부진까지는 아니더라도 몇 가지 못하는 것이 있었죠. 회의를 하다가 나에게 또 넘어온 게 김치 레이션 건입니다. 월남 파병 군인에게 K-레이션을 보내는데 김치 가격이 합의가 안 됐어요. 양념의 원가 계산 문제 때문이었어요.

■ 1967년 3월 27일 제3차 한월경제각료회담을 마치고 경제기획원 앞마당에서 1 장기영, 2 박충훈, 3 트롱 타이 통, 장기영 뒤에 양윤세

나와 유솜 차장이 교섭 창구 역할을 맡았어요. 처음에는 우리 국방부에서 주한 미군과 교섭했으나 미 측에서 원가 계산을 못하겠다고 해서, 이 문제를 미 측은 유솜으로, 한국 측은 기획원으로 넘겼습니다. 교섭 창구로 유솜 측은 차장인 언스트 씨를 지명했고, 기획원은 나를 지명했어요. 유솜 차장은 한국 측이 원하는 대로 하겠는데, 다만 자기들은 김치에 들어가는 양념값은 계산할 수 없다고 보고하겠다고 했어요. 그래서 한국 측 안을 수용하는 것으로 보고가 되었으나, 미 국무부의 결정이 지연되고 있었어요.

1967년 3월에 정일권 총리를 수행해서 존슨 대통령을 만났을 때, 내가 존슨

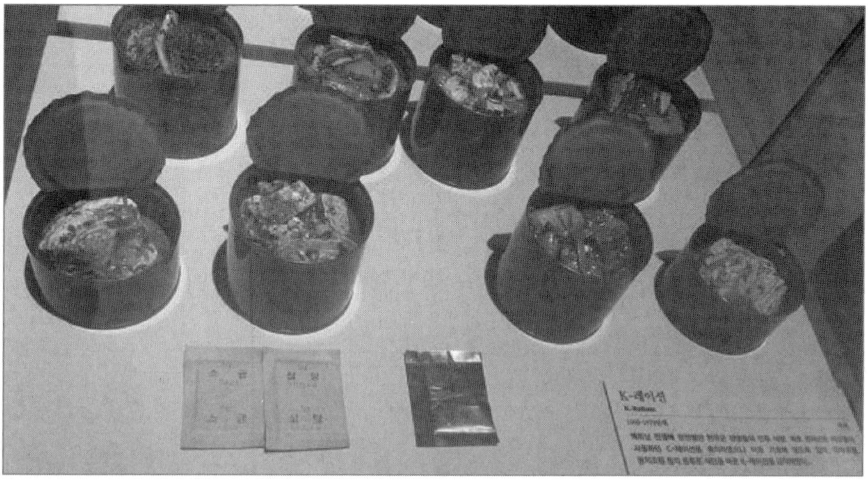

▮ **K-레이션 모형** 대한민국역사박물관 2016년 특별전 전시

대통령에게 한국 측 안대로 K-레이션을 받아달라고 이야기했고 존슨이 알았다고 해서 해결됐습니다. 그렇게 해서 한국 측 K-레이션이 우리 군인들에게 간 겁니다. 그때까지는 미국이 달러 유출에 상당히 신경을 썼어요. 자기들이 달러를 주고 다른 나라 물품을 사오기보다는 미국 물품을 그대로 쓰도록 했어요. K-레이션은 한국 물품을 쓰는 거란 말이에요. 달러 보호 정책에 위배되니 문제가 되었는데, 그걸 해결한 거죠.

거기서 아주 크게 어부지리로 얻은 게 인삼차에요. K-레이션 안에 인삼차가 들어갔는데, 그게 단가가 제일 비쌌어요. 그게 육군대장 출신으로 공화당 국회의원이던 민기식(閔機植) 장군의 비호 하에 K-레이션 물품으로 들어갔어요. 그 사람의 선거 사무장을 하던 영감이 인삼장사에요. 민기식 씨가 나에게 잘 처리해 달라고 부탁하기도 했었죠.

유솜 차장이었던 언스트(Roger Ernst)가 나중에 K-레이션에 관해 증언한 게 있습니다.[16] 한국군 병사마다 하루에 김치 캔을 하나씩 주기로 했는데, 처음에는 김치에 고춧가루를 너무 많이 넣어서 산도(酸度)가 높아졌고 캔의 주석 철판이 부식되었다고 합니다. 그래서 캔을 새로 개발해야 했는데 한국 업자가 2주 만에 그 문제를 해결했다고 하면서 한국인의 학습 능력을 칭찬했습니다.

김치국물의 산도 때문에 캔 철판이 부식되었다는 거는 기억나지 않고, 내가 납품된 K-레이션을 뜯어서 이것저것 먹었다가 이튿날 설사를 해서 이걸로 안 되겠다고 해서 새로 만들라고 했던 기억이 있습니다. 좀 전에 말했듯이 언스트와 내가 교섭 창구가 되니까 각기 K-레이션을 받아서 살펴본 것이죠. K-레이션 김치를 만든 사람이 일본 태화(太和)상사의 김태일(金太一)이라고 내가 친했던 사람입니다. 내가 일본에 한일회담 교섭하러 다닐 때 연합철강의 권철현 씨 소개로 알게 되었는데, 교육을 제대로 받아 아주 예의범절이 좋은 사람이었어요. 그때 K-레이션을 군에 납품하는 국영기업으로 대한종합식품주식회사를 만들었는데(산업은행 출자, 1966년 8월 설립), 처음에는 최영희(崔榮喜) 씨가 사장을 하다가 그가 국방장관이 되고 나서는 양국진(楊國鎭) 씨가 사장을 했어요. 다 군 출신이지요. 각 품목별로 하청 업체로부터 납품받은 캔으로 K-레이션을 만들어서 주월 한국군에 납품했습니다. 김태일 씨가 일본에서 김치 공장을 했는데, K-레이션 공급 건이 생기니 한국에 공장을 짓고 김치 캔을 만들어서 납품한 것으로 압니다. 생김치가 아니라 삶은 김치를 캔에 넣었어요.

16 http://www.adst.org/OH%20TOCs/Ernst,%20Roger.toc.pdf

처음에 생김치를 넣었다가 캔이 부식이 되니 삶은 김치를 넣은 게 아닌가 생각합니다. 아마도 김치의 산도를 견딜만한 캔 코팅 기술이 없었던 듯 싶고요. 그런데 통조림 김치 납품 가격도 국내 김치값에 비해서는 턱없이 비쌌다는 이야기도 있던데요. 미국 정부가 K-레이션 품목을 포함해서 주월 한국군 관련 납품가를 우리 측이 해 달라는 대로 후하게 쳐준 것 아닌가요.

그럼요. 미국은 가격을 크게 문제 삼지 않았어요. 후하게 쳐주더라고요. 그래도 K-레이션이 C-레이션보다는 훨씬 싸니까요. 다만, 미국은 buy-American 정책으로 달러를 미국 내로 환류시키고 싶어 했던 거예요. 그래서 한국군이 C-레이션을 썼으면 한 것이지, 굳이 한국군의 K-레이션 가격을 깎으려 하지는 않았어요.

1967년 12월 말 파월 근로자로는 한진 등 한국 기업에 고용된 수가 3,445명, 외국 기업에 고용된 쪽이 9,118명으로 후자가 훨씬 더 많습니다. 왜 이렇게 되었는지요? 한국인 근로자 파월을 위해 외국 용역회사와는 어떻게 교섭했는지요?

K-레이션 납품

1967년 10월 7일 경제기획원과 유솜은 K-레이션 납품에 관한 양해각서를 교환했다. 1차로 그해 12월부터 이듬해 6월 말까지 대한종합식품(주)이 한국군 1인 1일 1식, 총 1,200만 식을 공급하기로 했는데, 공급 단가는 58.975센트로서 총 710만 달러 규모였다. K-레이션에는 김치, 쇠고기, 야채, 꽁치, 두부전, 오징어, 멸치, 파래무침 등이 들어가고, 또 설탕, 소금, 인삼차, 고추장도 넣기로 했다.

《매일경제신문》 1967.10.7.

파월 기술자 수

	한국계 회사 소속	외국계 회사 소속	합계
1965		105	105
1966	2,187	7,834	10,020
1967	3,983	8,934	12,947
1968	4,284	11,287	15,571
1969	3,941	8,678	12,619
1970	2,739	3,997	6,736
1971	2,044	2,301	4,345

자료: 〈주월 한국군〉 63, 《한국일보》 1972.1.29.

처음에 김좌겸 씨가 올린 건의서에서는 인력 수출에 중점을 두었잖아요. 그래서 처음에는 인력 수출만 한 겁니다. 한국 기업을 보내지는 않고 인력 수출만 하니 우리 근로자가 외국 기업에 고용될 수밖에 없었던 거예요.

아, 그랬군요. 한국 기업 진출에 따라 한국 회사에 속한 파월 기술자도 늘었지만, 그래도

▌파월 기술자 숙소 1967.3.23, 캄란 – 국가기록원 CET0055349

전체로는 외국계 회사에 속한 파월 근로자가 더 많았습니다.

또 한 가지 여쭙겠습니다. 1967년 말 월남 정부당국이 한국 기업의 신규 용역 사업을 중단시켰다 합니다. 정부가 12월 22일 한월경협증진대책위원회를 열어 대책을 논의한 후 당시 양 국장님을 긴급 파월합니다. 사정은 무엇이었나요? 민간인 기술자들에게 문제가 있다는 보도가 있던데요. 월남에서 한국 민간인들이 파렴치한 행위를 해서 월남인의 대한(對韓) 감정이 악화되었다는 이야기도 있고요. 국방부에서 조사관 3명을 보내기로 했다는 것도 있고, 채명신 주월 사령관이 국방장관에게 기술자 보내는 것을 철저히 통제해 달라고 요청했다는 것도 있습니다.

어글리 코리안 문제가 생겼는데요. 이런 사람 저런 사람 보내다보니 그런 일이 생길 수 있겠죠. 그런데 대사관도 문제가 있었고, 군 자체도 문제가 있었어요. 한국군 군대가 후방에서는 상당히 오염이 되어 있었어요. 돈과 관련해서 말썽이 많았어요. 이걸 증언하는 게 적절할지 모르겠는데, 신상철 월남 대사와 채명신 파월 사령관이 아주 앙숙이었어요. 사실 확인은 못한 건데, 파월 사령관이 미군에게서 따로 받는 판공비가 엄청나다고 했어요. 그래서 그 양반이 돈을 막 쓰고 다닌다는 거였어요. 이런 게 원인이 되어서 둘의 사이가 나빠졌다는 겁니다. 그런데 신 대사도 군 출신이거든요. 신 대사가 선배였을 거예요. 여하튼 내가 확인한 거는, 당시 대사와 파월 사령관의 사이가 나쁜 게 어글리 코리안 문제의 한 원인이었다는 겁니다. 그래서 돌아와서 그 문제를 보고했고, 그래서 사령관이 바뀌었어요.[17]

• • • • •

17 1969년 4월 17일 채명신이 2군 사령관으로 임명 교체되었다. 다만, 이는 양윤세 장관의 증언과는 시점에서 차이가 있다.

월남 정부가 한국 기업에 신규 수주를 안 준다고 했다던데요?

본래 월남 정부가 한국 기업에 용역을 주는 건 아니죠. 한국 기업이 거기서 돈 벌려면 월남 정부와도 사이가 좋아야 했지요. 아마 기름칠 하고, 와이로도 주었겠죠. 하지만 내 기억에 월남 정부와 한국 기업 사이에 별 마찰은 없었어요.

월남 관계로 정부 부처 간에 협의할 사항도 많았죠?

그렇지요. 비자 한 번 얻으려면 내무부, 법무부, 외무부를 거쳐야 하지, 돈 관계 뭐 하게 되면 재무부 관계 되지, 상공부 관계 되지 뭐 여러 가지로 복잡하잖아요? 이런 문제는 각 부처 장관 회의를 거쳐야만 했고, 그래서 장 부총리가 그 회의를 소집했습니다. 그런데 장 부총리가 회의를 소집해 놓고는 다른 회의에

월남 진출을 위한 관계 부처 간 협조

기획원 장관을 위원장으로 하고 외무부, 상공부, 한국은행, 건설부, 내무부, 보사부 등 관계 부처 인사들이 소위원회를 구성하여 인력진출을 위해 온갖 뒷받침을 했다. …매주 토요일 오후에 모임을 가져 이 기획원의 토요일 오후 회의는 명물이 되었다.

"그때 파월 기술자들은 평생 처음으로 해외에 나간다는 노무자 출신이 많았기 때문에 여권 발급에 애로가 많았다. 그러나 일각을 다투어 출국해야 계약 이행이 가능했으므로, 보통 두 달씩 걸리는 신원 조회를 전통(電通)으로 해서 보름 만에 끝내게 하고, 또 여권도 월남용 특별간이여권을 발급케 하는 등 관계 부처의 협조 없이는 도저히 이루어지지 않는 일이 스무스하게 이루어졌다." (배길현 기획원 외자총괄과 사무관)

〈주월 한국군-기술자 월남붐〉, 《한국일보》 1972.1.28.

참석하면서 나에게 일임해서 내가 아주 난처했다는 얘기는 앞서 했지요.

아, 장기영 부총리에 관한 말씀 중에 하신 것이죠. 월남에는 지금까지 말씀하신 것처럼 기업과 인력의 진출이 활발했습니다만, 반면 물품 수출은 부진했고 여기에는 미국의 BA(Buy American) 정책의 영향도 있었습니다. 아연도 철판이 문제가 되었는데요, 한국 철판이 비싼 데다 품질도 나쁘다고 미국의 한 하원의원이 미국 AID를 비판했고 그래서 한국산 아연도 철판 수출이 격감한 이후 회복이 안 되었습니다. 정부는 대월 수출을 늘리기 위해 BA 정책을 완화해 달라고 미국 측에 계속 요청했는데요?

BA 정책은 사실 한국에 큰 영향을 주지 않았습니다. 민간 대 민간으로 아연도 철판을 보낸 겁니다.

경제개발에 필요한 외화 조달과 관련해서, 1960년대 후반에 차관도입이 활발했습니다만, 베트남에 관련된 외화 수입이 크게 도움이 되지 않았나 싶습니다. 즉, 우리나라에 베트남 관련 외화 수입 등 거액의 외화가 유입되니 대외신인도가 높아져서 차관도입이 활발해진 측면도 있을 것 같습니다. 그에 따라 외환보유고도 확충되었고요. 우리나라 외환보유고는 1965년 말까지 1억 3,800만 달러에 불과했는데, 1년 후 1억 달러가 늘고, 그 후에도 계속 늘어 1969년 말에는 5억 5,000만 달러로 늘어납니다. 그 밖에 월남 파병이 갖는 의의로서 지금껏 그다지 주목받지 못한 측면을 말씀해 주신다면요?

우리나라 경제 발전의 계기가 된 거 중 하나는 1965년 박 대통령의 방미, 즉 우리 대통령이 처음으로 국빈으로서 미국에 초청받아 간 것입니다. 거기서 우리 근로자와 기업이 월남에 진출하는 계기가 마련되었습니다. 이것이 해외 진

베트남 관련 외화 수입

(단위: 백만 달러)

	1965	1966	1967	1968	1969	1970	1971	1972	누계
무역수입	17.7	23.8	23.2	38.0	47.1	70.1	35.7	27.5	283.1
수출	14.8	13.9	7.3	5.6	12.9	12.8	14.5	12.5	94.3
무역군납	2.8	9.9	15.9	32.4	34.2	57.3	21.2	15.0	188.8
무역외수입	1.8	37.3	128.1	130.6	153.3	134.5	97.6	55.7	738.9
용역군납		8.3	35.5	46.1	55.3	52.3	26.5	9.2	233.2
건설군납		3.3	14.5	10.3	6.4	7.4	8.3	3.1	53.3
군인송금	1.8	15.5	31.4	31.4	33.9	30.6	32.3	26.8	201.5
기술자송금		9.1	33.6	33.6	43.1	26.9	15.3	3.9	166.2
특별보상지원			4.6	4.6	10.8	15.2	13.9	12.0	65.3
보험금		1.1	4.6	4.6	3.8	2.1	1.3	0.7	19.7
합계	19.5	61.1	151.3	168.6	200.4	204.6	133.3	83.2	1,002.0
수출액	175.1	250.3	320.2	455.4	622.5	835.2	1,067.6	1,624.1	5,350.4

자료: 朴根好, 《韓國の經濟發展とベトナム戰爭》, 東京: 御茶の水書房, 1993, 19쪽.

출의 시효이고, 기초가 된 거죠. 그리고 거기서 중동으로 또 나간 거고요. 이런 식으로 대외 관계가 발전한 겁니다.

그런데 특히 중요하다고 내가 생각하는 건, 월남 파병으로 하층 사람들에게 일자리가 생기고 돈이 밑으로 흘러간 것입니다. 요즘 복지 문제로 말들이 많죠? 그런데 밑의 사람들의 일자리가 생겨나 그 사람들이 취업하면, 그 임금이 그 개인 집들로 곧바로 흘러들어갑니다. 그러니까 월남에서 송금한 금액을 은행에서 노무자네 집으로 직접 주게 되어 있어요. 그러면 정부가 복지를 특별히 안 하더라도 자동적으로 가난한 사람들에게 돈이 흘러들어가는 거예요. 거기서 아주 크게 이득을 봤던 거예요.

그 때문에 좀 우스갯소리 비슷하게 나온 건데, 시골 아낙네가 송금을 받으면,

월남 경기 기사

전북 익산군 춘포면 천사리 출신인 송학길(26) 씨는 지난 65년 2월 비둘기부대로 파병됐다가 현지 제대한 후 한진상사 소속 불도저 운전수로 취직, 매달 6백 불의 월급에서 4백 불씩을 한 달도 빠짐없이 고향에 보내왔다. 논 한 마지기 부치지 않고 끼니를 이어가기조차 어렵던 송씨 집은 송금해 온 돈으로 논 18마지기를 샀고 집도 새로 지어 동네에서 손꼽히는 알부자가 되었다. 같은 마을의 이종수 중사(주월 맹호사단 소속)도 80불의 봉급에서 60불씩을 꼬박꼬박 송금, 늘 사고 싶어하던 마을 앞의 논 10마지기를 샀고, 쌀도 30가마나 쌓아놓고 있었다. 물론 같은 춘포면 내의 같은 파월 장병 35명 가운데서도 봉급이 낮은 사병들은 월남 간 지 1년이 넘도록 단돈 한 푼 부쳐오지 않은 사람도 있긴 하지만, 가난만 먹고살던 농촌에 월남 파병이 던져 준 달러의 혜택은 결코 헐한 것은 아니었던 듯, 어떻게 보면 '월남 경기' 마저 일고 있는 것도 같았다. …
인력 수출과 해외 파병은 죽어서 돌아온다는 불운만 배제하는 한 그 가족들에게는 분명히 민생고를 해소시키는 배출구를 터 주고 있는 듯했다.

《동아일보》 1967.1.12.

은행이나 우체국에 가서 우리 돈으로 바꿔서 찾아야 하거든요. 처음 돈 찾으러 갈 때는 얼굴도 형편없고 옷도 남루하게 입고, 뭘 어떻게 하는 줄도 모르고, 그래서 은행 창구 직원들이 일일이 가르쳐 줘야 겨우 돈을 찾아요. 그 다음에 올 때는 꼭 아이도 집에 두고 오는데 머리 파마는 이렇게 하고, 또 셋째 번부터는 아주 비까번쩍하게 해 가지고 돈 찾으러 오는 거예요. 그때 노무자들 중에는 대부분 다 잘 됐지만 일부 타락한 마누라 가진 사람은 집에 돌아오니 뼈 빠지게 번 돈이 하나도 남은 게 없고 다 날렸다는 이야기도 있었어요. 그거야 일부 나온 부작용이죠. 여하튼 그때는 그렇게 가난한 사람들에게 일자리가 생겨서 돈이 흘러들어간다는 게 아주 중요했고, 그 다음에 업체로서는 국제적으로 나가

▮ 월남 티우 대통령 방한, 한월경제장관회담(1969.5.28) 한국 측 왼쪽에서부터 이한림 건설장관, 조시형 농림장관, 박충훈 부총리, 황종률 재무장관, 김정렴 상공장관, 장예준 기획원차관, 양윤세

서 일할 수 있는 기술적인 기초, 이것이 완전히 잡힌 거죠.

네, 군대뿐 아니라 민간 근로자의 월남 진출이 갖는 의미를 잘 알겠습니다. 그런데 미 대사관의 정무 서기관 오도너휴(O' donohue)는 월남에서 필리핀이 이익을 볼 것으로 생각했으나 의외로 한국이 기회를 잡았고, 한국 기업이 월남 진출을 통해 국제경쟁을 할 수 있게 되었다고 증언한 바 있습니다. 이것도 대단히 중요한 측면인 것 같습니다.

그 중요한 원인은 우리나라 기업이 미8군에서 일한 경험에 있습니다. 월남에 간 기업은 대부분 미8군에서 일한 경험이 있고, 미8군과 연결되어 있었어요. 군납조합이라고 해서 건설군납이니 상품군납이니 용역군납이니 조직되어 있었고, 그걸 100퍼센트 활용한 겁니다. 미국이 시키는 일을 해 본 경험이 있는 기업이 그 경험을 바탕으로 월남에서 일거리를 따냈습니다. 이런 면에서 우리나라 기업을 훈련시킨 것도 미국, 미군이라고 할 수 있습니다. 군납이 중요한 계기가 된 겁니다.

네, 결국 월남 진출은 국가경제에서는 제2차 5개년 계획의 대형 프로젝트를 추진할 천금 같은 외화를 얻는 기회였고, 기업에게는 향후 해외에서 경쟁할 수 있는 반열에 오르는 기회였으며, 근로자에게는 가난을 떨치고 집안을 일으키는 자립의 기회가 되었다고 하겠습니다.

07 대한국제경제협의체(IECOK)의 창설

한국에 대한 선진국들의 경제협력기구, 구체적으로는 원조와 차관, 직접투자를 조율하는 기관으로서 대한국제경제협의체(IECOK)에 대해서 여쭙겠습니다. IECOK가 창설된 건 1966년도 12월인데, 1965년도 5월에 박 대통령이 방미할 때 이미 IECOK 창설에 관한 이야기가 있었던 것으로 확인됩니다. 박 대통령이 미국을 방문해서 '국제자문단, 해외 원조의 국제자문단의 설치 계획도 논의한다'는 《경향신문》 1965년 5월 10일자 기사입니다. '국제 금융기관도 구성을 할 거다' 이렇게 되어 있고요. 그 배경으로 한일 국교 정상화 후에 아무래도 우리나라가 일본에 경제적으로 예속되거나 영향을 많이 받을 거라는 우려가 있는데, 특정 국가에 의한 지배를 막기 위해서 조직하려고 한다고 했습니다. 또 같은 날인 5월 10일 정일권 총리 취임 1주년 기자회견에서 정 총리가 "일본의 독점을 막기 위해 미국, 서독, 영국, 프랑스, 캐나다, 호주, 일본을 합한 국제차관단 구성을 추진"한다고 말한 것도 있습니다. 장기영 부총리는 이 협의체에 미국, 서독이 1순위 가입국가이지만 일본은 3차 가입국으로 고려될 뿐이라고도 말했습니다. IECOK 설립 목적에 일본을 견제한다는 것도 있었나요?

IECOK는 일본 견제와 전혀 관계없어요. 정 총리 발언은 그때의 상황, 한일협정 조인을 앞둔 상황을 무마하려는 의도에서 나온 것으로 보여요. IECOK 설립 논의는 원조국에서 좀 서로 협조를 하고 또 다른 나라를 더 끌어들이기 위해서 이런 걸 하면 어떠냐 해서 시작된 겁니다.

미국 측은 이제 자기네가 한국 원조를 떠나야겠는데 그래도 한국이 계속 국제적인 지원을 받으려면 어떻게 해야 하느냐를 일찍부터 상당히 고심한 거 같아요. 그래서 외교 통로를 통해서 이제 그런 기구를 만들면 어떠냐 하는 이야기를 처음에 외무차관에게 한 모양이에요. 그때 정일영(鄭一永) 씨가 외무부 차관입니다. 그런데 경제 관계 외교는 경제기획원에서 하게 되어 있잖아요. 정일영 씨가 경제기획원으로 와서 김학렬 차관과 나를 만나 의논을 했어요.

조직이 무슨 조직이냐 물으니까, 세계은행 중심으로 하는 건데 그때 세 가지 유형이 있다는 거예요. 하나는 도너스(Doners) 클럽, 그러니까 원조공여국끼리 모여서 저희들끼리 의논하는 거. 그 다음에는 원조 받는 나라가 주도되어서 하는 형태. 그 다음에 컨설터티브(consultative) 그룹이라는 것인데, 원조 주는 나라와 받는 나라가 합동으로, 원조 받는 나라는 이런 거 했으면 좋겠다고 내놓으면 원조 주는 나라는 그런 거에 대해서 자기네 입장을 명확히 표시하고 이러는 조직이라는 거예요.

그런데 처음에 정일영 씨가 와서 이야기할 적에는 도너스 클럽으로 잡았어요. 우리는 뭐 '줄 사람들끼리만 이야기하면 뭐 하냐, 그런 거 필요없다'고 반대하라고 했어요. 그러니까 정일영 씨가 미국 측에 정식으로 반대했어요. 그랬더니 미국 측은 그 이야기를 외무부와 해서는 제대로 진행이 안 되겠다고 판단한 모양이에요. 미 대사관 정무참사관 하비브가 장기영 부총리를 찾아와 이야기 했어요. 하비브가 대단히 발이 넓은 사람이에요.

자기들은 한국에 협의체로 컨설터티브 그룹이 필요하다고 보는데, 나를 보내주면 자기네 경제참사관이 설명을 똑똑히 하겠다고 한 거예요. 장 부총리가 날 보고 "경제참사관을 자주 만나느냐"고 물어서, "일 있을 때마다 본다"고 하니, "하비브를 만났는데 그 경제참사관이 나를 만나서 설명할 게 있다고 하니 무슨 이야기인지 들어보시오" 그러더라고요. "그러겠다"고 했지요.

그 다음 날인가 경제참사관에게서 연락이 왔어요. 자기와 점심 좀 하면서 이야기 좀 하재요. 그래서 점심을 같이 먹고 그 친구 방에 가서 차 한 잔 마시면서 이야기를 들었어요. 그 친구가 아주 정리를 잘했어요.

그 친구는 컨설터티브 그룹이란 걸 권하는 거예요. 컨설터티브 그룹은 원조제공자 그룹과 원조수혜자 그룹의 개념을 절충한 것으로 한국을 포함해서 여러 나라가 참여하는 것인데, 거기서 한국이 향후 생각하는 프로젝트나 경제개발계획에 대해 설명을 하면 거기에 대해서 그 나라들 대표도 자기들 방침을 얘기하고, 이렇게 서로 이해가 되고 분위기가 좀 무르익으면 그중 알짜들에 대해서 좀더 구체적으로 교섭할 수 있지 않겠느냐 하는 거예요. 여기서 상당한 부분이 제2차 5개년 계획과 중첩되는데, 마침 제2차 5개년 계획을 준비할 때라서 그런 것이지, 본래 제2차 5개년 계획을 위해서 국제협력기구를 만들려 한 것은 아니에요. 미국의 기본적인 입장은 자기네 원조를 없앤다는 거고, 남은 게 차관인데 차관도 얼마 안 가서 장기 저리의 공공개발차관은 줄이고 대신 세계은행이나 수출입은행 관계의 차관을 상업행위의 일환으로 포함시켜 나가야겠다는 것이었어요. 이를 위해서 여러 나라를 끌어들여서 협력을 얻는 게 필요하지 않겠냐는 거예요.

자기들이 생각해 보니 세계은행이 주재하는 컨설터티브 그룹이 제일 괜찮을 거 같다는 거예요. 한국에 컨설터티브 그룹을 만들면, 먼저 한국 측이 뭘 하고 싶은지 이야기하고 그 다음에 참가국들이 자기들이 할 수 있는 걸 이야기하면, 물론 미리 자료들이 오가야 하지만, 결국은 그 회의가 더 잘 될 거 아니냐. 자기는 그런 거에 한국 측이 응해 주면 좋겠다고 생각한다 하는 거예요. 내가 가만 생각해 보니까 컨설터티브 그룹을 만들어도 괜찮을 거 같아요. 그래서 돌아와서 검토 보고서를 만들었어요. 그래서 쭉 누군 어떻고 뭔 어떻고 해 가지고 한 열 장 쯤 되는 건의서를 썼습니다.

그랬더니 옛날부터 있던 관료들은 뭔 결재서류가 이런 게 있느냐고 하고, 장 부총리에게 갖다 줬더니 읽어보고는 "나에게 맡기시오" 하더니 직접 들고 대통령에게 갔어요. 그러니까 실제 읽은 양반은 장 부총리하고 박 대통령이에요. 두 분이 읽어보시고 오케이 했어요. 그래서 내가 그걸 조직한 거예요. 그리고 거기서도 내가 사무장 비슷한 역할을 하게 된 거예요.

황병태 대사의 책 《박정희 패러다임》에 의하면 IECOK는 종합제철소 같이 한국 측이 좀 무리가 있는 사업을 추진하려 할 때 미국이 제동을 걸기 위해서 만든 거라고 설명했는데 어떻습니까?

그렇지 않아요. IECOK의 설립은 KISA[18]와는 전혀 관계없어요. IECOK는 KISA와는 전혀 별도로 정부 대 정부 차원에서 한국의 전반적인 투자 및 자금 조달 계획을 관리하기 위해서 만들어진 것입니다.

협의체 창설 문제로 미 대사관의 경제참사관을 만난 게 언제쯤인가요. 외무부에서 1964

18 KISA(Korea International Steel Associates 한국국제제철차관단): 한국의 종합제철소를 건설할 임무를 맡은 미국, 영국 등의 철강 관련 회사들의 컨소시엄. 미국 코퍼스, 블로녹스, 웨스팅하우스, 영국 웰만(Wellman Engineering Corp.), 서독 데마그, 지멘스, 이탈리아 소시에타 이탈리아나 임피안티(Societa Italiana Impianti: S.P.A.) 등 4개국 7개사가 참여했다. 자세한 것은 이하의 제10장을 참고).

년 하반기부터 추진했다는 신문보도나 외무부 정일영 차관의 재직기간(1963년 12월 17일 ~1964년 10월 19일)을 감안하면, 이 건으로 정일영 차관을 만난 것은 1964년 10월 이전이고, 아마도 그 후 1964년 말이나 1965년 초에 미 대사관의 경제참사관을 만나신 게 아닌가 합니다.

미 경제참사관 만난 것은 1964년 말 쯤 될 것 같아요. 뭐, 연도 자체는 정확히 기억이 안 나지만, 일의 선후 관계는 내가 설명한 것과 같아요.

아까 말씀 드린 것처럼 정일권 총리 취임 1주년 기자회견을 한 1965년 5월 10일은 한일협정 조인을 앞두고 반대 목소리도 높던 때인데, 정일권 총리 등 당시 각료들은 IECOK를 일본의 경제 지배를 막는 수단으로 선전했던 것 같습니다.

정 총리는 외무장관 하다가 1964년 5월 개각 때 외무장관을 겸직하면서 총리가 되었기 때문에 부처 중에서는 외무부와 가까웠어요. 정일영이 보고를 했을 것이고, 정 총리는 때가 때니만치 일본을 견제한다는 발언을 했을 수도 있어요. 그런데 IECOK에 처음부터 일본 대표가 들어왔는데 그게 무슨 일본을 견제하려는 거겠어요. IECOK의 일본 대표가 나중에 외무성 차관까지 한 요시노 분로쿠(吉野文六)예요. 내가 하버드에 정일권 씨와 같이 있을 때 요시노가 미국에 참사관으로 와서 하버드 국제문제연구소(CIA) 연구원으로 같이 공부했어요. 내가 하버드 떠날 때 요시노 부부 집에서 송별회까지 해 주었어요. 그 후에 그 친구가 일본 외무성 동북아국장이 되었고, IECOK 창립 회의 때 일본 측 대표로 왔어요. 일본을 견제한다는 것은 IECOK 설립 목적에는 없었는데, 1965년 봄 한일조약 조인을 앞두고 하도 '일본 침략', '일본 침략' 어쩌고 하니까, 정 총리가 일본만 들어오는 게 아니라 다른 나라들도 많이 들어오는 협의체라고 기지를 발휘했을 거예요.

1966년도 5월 19일에 런던에서 IECOK 예비회담이 열렸습니다. 이 회의는 태국, 말레이시아, 실론 등에 관한 그간의 협의체 토론을 매듭짓는 자리이자, 한국에 관한 협의체 토론을 시작하는 회의였습니다. 차관을 제공하는 11개국과 세계은행, 국제통화기금 등 4개 국제기관에서 50명이 참여한 큰 회의였는데요, 회의는 어떻게 진행되었나요.

IECOK를 조직하기 위한 예비회담을 런던에서 했어요. 굴하티(N.D. Gulhati)가 세계은행에서 직책이 뭐였는지는 잘 기억이 안 나는데, 하여튼 세계은행에서 그 사람에게 한국 경제에 관한 보고서를 쓰게 했어요. 굴하티가 몇 달인가 작업해서 회의 때 제법 두꺼운 보고서를 냈어요. 그 보고를 들은 것이고, 또 나도 연설을 했어요.

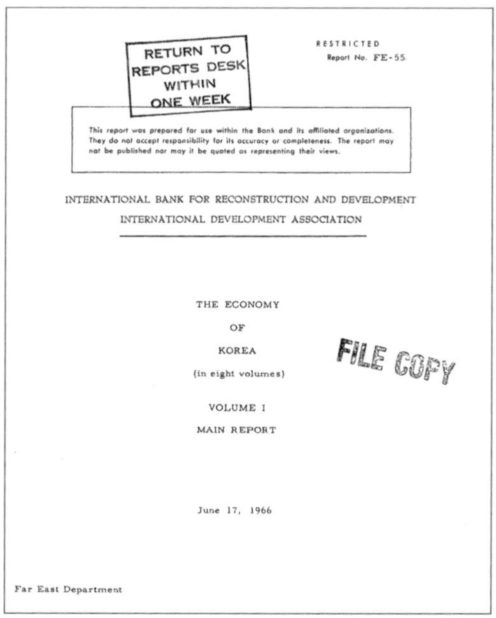
RETURN TO REPORTS DESK WITHIN ONE WEEK

RESTRICTED
Report No. FE-55

This report was prepared for use within the Bank and its affiliated organizations. They do not accept responsibility for its accuracy or completeness. The report may not be published nor may it be quoted as representing their views.

INTERNATIONAL BANK FOR RECONSTRUCTION AND DEVELOPMENT
INTERNATIONAL DEVELOPMENT ASSOCIATION

THE ECONOMY
OF
KOREA
(in eight volumes)

FILE COPY

VOLUME I
MAIN REPORT

June 17, 1966

Far East Department

▮굴하티가 작성한 1966년 6월 세계은행의 한국 경제 보고서 표지

굴하티 등 세계은행 조사단 7명이 1965년 11~12월에 40일간 한국에서 조사 활동을 한 후 한국 경제 보고서를 작성했습니다. 이 보고서는 5월 런던 회의에서 보고되

국제부흥개발은행(IBRD)과 국제개발협회(IDA)의 1966년 한국 경제 보고서(1966.6.17)

제1권 총론
요약과 결론 발췌

가. 생산과 투자

1. 제1차 5개년 계획 기간(1962~1965) 중 한국의 연평균 성장률 6.3%는 대부분의 개발도상국의 성장률을 훨씬 상회. 이는 부분적으로는 고정자본 형성률이 13.6%로 올라갔기 때문임. …
2. 식량 생산도 인구증가보다 빨리 증가…
4. 제조업은 한국 경제의 선도 부문… 그 빠른 성장은 수입대체와 수출의 기록적 증가의 결과임. …
5. 공업 부문 임금은 비교적 낮고 앞으로도 그럴 것… 한국의 근로자는 저렴하지만 글을 읽을 줄 알고 규율이 잡혀 있음. …저임금 노동의 막대한 공급은 국제무역에서의 비교우위의 주요 기반임. …
8. 제2차 5개년 계획은 연평균 7% 성장을 전망. 금융 제약만 없다면 이러한 성장은 충분히 가능할 것으로 보임. …그러나 한국의 금융 능력에는 중대한 약점이 있음.

나. 저축과 외국자본

9. 조사단은 한국의 국내 저축이 계획안처럼 증가(한계저축률 35% 가정)할지에 회의적.
10. 최근까지도 정부저축은 마이너스였으며…
11. 민간저축은 분명한 추세를 보이지 않았음. …
12. 제2차 5개년 계획기간 중 한계저축률이 20%에 달할 필요가 있음. …이를 위해 공공부문에서 조세 증징 노력을 해야 함. …
13. 조세개혁을 포함한 저축증가, 해외원조와 더불어 연 6% 성장을 가능케 할 투자의 재원을 댈 수 있을 것…

라. 한국은 또 하나의 대만인가?

대만은 경제성장과 더불어 양허성 원조(concessional aid)가 소멸…
한국은 대만과 유사점을 갖고 있으나 차이점도 있음. …

고, 6월에 정식으로 발표되었는데요. 거기에는 한국은 교육수준이 높은 인적자원이 있고 근래 농업과 제조공업의 발전이 현저했고 수출구조가 다른 1차산업 위주의 후진국과 달리 다양한 품목으로 되어 있고, 제2차 5개년 계획의 의욕적인 목표도 달성 가능하다고 하는 등 한국 경제를 매우 긍정적으로 보았습니다. 그 전까지 한국 경제에 대해 비판적이던 세계은행과 IMF가 이 보고서에서부터 고무적인 태도를 취했다는 보도도 있던데요. 어떻습니까?

한국 경제 브리핑(1966.5.19)

양윤세 기획원 외자총괄과장

굴하티 박사가 한국 경제의 여러 측면에 관해 아주 잘 말씀해 주셨으므로, 나는 한국의 최근의 발전상에 관해서만 말씀드리겠습니다.

…14개월 전인 1965년 3월에 우리는 새로운 단일변동환율제를 채택했고, 수입제한의 80%를 해제했는데, 이 조치들은 더 인상적인 효과를 냈습니다. 1966년 1~4월 동안 수출은 작년도 같은 기간의 2배가 되었습니다. …재정안정화 프로그램의 효과적 집행으로 우리는 3년 연속으로 균형예산을 달성하는 등 상당히 안정적인 통화 및 재정 상태에 도달했습니다. …

생산은 계속 증가하고 있습니다. …1966년에 물가는 전년도보다는 더 안정되었습니다. …

최근 수년간 외자도입에 우호적인 입장과 정책에 끌려 대규모 직접투자와 공공 및 민간차관이 들어왔습니다. 한국의 국제수지가 개선되고 채무상환 부담이 경감되자 한국의 근면하고 재주 있고 잘 교육된 노동력에 끌려서 외국 자본은 더욱 더 많이 유입될 것으로 기대됩니다. …우리는 해외투자자에게 가능한 모든 편의를 제공해 줄 조직(투자진흥관실)도 최근에 만들었습니다. …

현재 한국 정부는 제2차 5개년 계획의 최종 성안 작업을 하고 있습니다. …세계은행이나 아서 디 리틀 컴퍼니(Arthur D. Little Company)와 같은 훌륭한 기관의 지원을 받으면서 석유화학공단이나 종합제철소의 건설, 교통물류체제 개편과 같은 개별 투자 프로젝트의 계획안을 작성하고 있습니다. …

"백 번 듣는 것보다 한 번 보는 게 낫다"는 동양 속담이 있습니다. …한국에 직접 오셔서 이 나라의 역동적인 전진을 직접 보시기 바랍니다. …

그 보고서에서부터 바뀌었다기보다도 미국 AID나 세계은행의 판단 기조가 이미 바뀐 겁니다. 우리가 울산공업센터 계획을 막 세웠을 때, 그러니까 제1차 5개년 계획의 시초죠. 그때 세계은행은 한국은 희망이 없는 걸로 생각하고 한국의 개발 프로젝트에 별 관심이 없었어요. 나중에 그를 재검토하기 위해 토마스라는 이가 한국에 왔어요. 아마 학자 출신이겠죠. 장기영 부총리 취임하고 좀 지나서니까 1965년일 거예요. 장기영 부총리와 내가 토마스를 울산에 데리고 가서 울산개발계획을 설명했어요. 먼저 서울에서 동래 관광호텔로 가서 하루 밤 자고 울산으로 간 거예요. 어떤 산에 올라가서 울산공업센터 지역을 내려다 보면서 여기는 이런 공장을 세운다, 저기는 무슨 공장을 세운다는 설명을 했어요. 그렇게 설명은 하면서도 나 자신이 산에서 밑을 내려다보며 여기에 무슨 공장이 세워진다는 말인가, 도무지 믿어지지 않아요. 현실감이 없어요. 그 친구도 현실감은 없었을 거예요.

하지만 그 친구가 돌아간 후 보고서를 괜찮게 써 주었어요. 그 무렵부터 세계은행 바람이 불기 시작했어요. 미국이 주도권을 갖고 있으니까 긍정적인 방향으로 몰고 가는 것이죠. 그 후 굴하티가 두 번째로 왔을 때는 제2차 5개년 계획은 우리가 경험도 있고 훈련도 좀 된 상태에서 작성한 것이기 때문에 전반적으로 평이 좋았어요. 그때 유솜에서 실무적으로 주도적 역할을 한 이가 데이비드 콜(David Cole)이라고 나중에 하버드대 교수를 했고 한국개발연구원(KDI)의 산파 역할까지 했죠.

굴하티가 조사 차 처음 한국에 온 1965년 말에는 한국 경제의 전망에 낙관적이지 않았습니다. 굴하티가 《중앙일보》와 인터뷰한 바(1965년 12월 11일자)에 의하면, 그는 한국 경제가 아직도 원조 없이는 성장할 수 없다는 점에서 한국 경제가 도약 단계에 있다는 로스토우의 주장에 이의를 제기했습니다. 한국 경제가 몇 년 후 원조 없이 자립하리라고 전망할 수 없다고 했습니다. 또 조사를 마치고 한국 경제를 총평하는 자리에서는 "장기개발계획은 지나친 의욕 과잉 상태를 벗어나 실행 가능한 것부터 선택해야 한다"고 일침을 놓았습니다(《동아일보》 1965년 12월 18일자). 그렇지만 그가 이 조사작업을 토대로 해서 1966년 6월 완성한 세계은행 보고서는 앞서 소개한 대로 한국 경제에 대한 호평을 담고 있습니다. 비관에서 긍정으로 기조가 뒤집힌 것이죠.

1965년 말에 굴하티가 조사하러 왔을 때만 해도 한국 경제에 대한 세계은행의 태도는 좀 삐딱하다고 할까, 비판적이었죠. 나중에 1966년에 IECOK를 조직하는 단계에 가서는 긍정적으로 보기 시작했고요. 그리고 한국 경제의 1965년의 성과에 대해서 좋게 평가하기 시작한 것이고요.

네, 굴하티가 두 번째로 1966년 8월에 한국에 와서 3주간 조사했을 때에는 그 전과 다른 발언을 합니다. 9월 2일 한국을 떠나기 앞서 "2차 계획은 국내 저축, 인구증가율 등 의문점도 많지만 어떠한 기준에 의하더라도 탁월한 문헌이며 기술적인 면에서 질이 좋고 종합적인 데 대해 깊은 감명을 받았다"고 말했습니다(《동아일보》 1966년 9월 2일자). 이런 입장에서 그의 두 번째 보고서, 즉 제2차 5개년 계획에 관한 보고서가 1966년 10월 쯤 나옵니다. 이미 미 국무부나 AID, 세계은행 등이 제2차 5개년 계획은 타당성이 있는 잘된 계획이라고 판단했고, 굴하티는 그 판단에 따라서 보고서를 썼다는 말씀이죠?

당연히 그렇죠. 은행 사람들이 무슨 기조를 바꾸는 그런 보고서를 쓰는 건 아니죠. 서독경제협력성 제2부국장 닥터 라우를 필두로 독일에서 온 협력단(1966년 5월 내한)도 내 방 옆에 있었는데, 그들도 제2차 5개년 계획에 대해서는 좋은 반응을 보였죠.

국제부흥개발은행(IBRD) 및 국제개발협회(IDA)
한국 제2차 5개년 계획안 평가 보고서(1966.10.24)
-요약과 결론의 발췌-

1. 국제부흥개발은행의 대한국제경제협의체 참여와 한국 차관도입의 신뢰성에 관한 결정을 위해서 제2차 5개년 계획안의 평가가 필요함.
2. …근년 한국의 경제정책은 생산과 수출의 급속한 성장을 촉진함. GNP는 제1차 5개년 계획 기간인 1962~1966년 기간에 대부분의 개발도상국보다 상당히 빠르게 성장…
3. 근년 자원 동원(조세, 저축 등)에 관한 정책도 상당히 개선되었음. …

…

5. 조사단은 박정희 정부가 잘 자리잡았으며 발전과 무관한 정치 문제들에 사로잡히지 않았다고 봄. 사회경제적 변화를 적극 수용하려는 자세가 분명함. …
6. 제2차 계획안은 정부 정책과 기대가 아주 잘 고려된 것임. 조사단은 한국의 마스터 플랜 아래 있는 기본 전략에 동의함.
7. 조사단은 계획안의 큰 계획이 실현될 속도에 관해서는 한국 측 당국자들보다 덜 낙관적임. … 그러나 과거의 발전 경험으로 보아, 한국 국민과 그 정부는 비상한 업적을 이룰 수 있음. 이런 이유로 조사단은 제2차 계획안의 양적 목표가 달성될 가능성을 배제할 수 없음.
8. 제2차 계획안의 연평균 7% 성장 목표는 달성될 수 있을 것… 다행히 한국의 계획 당국자들은 과도하게 낙관적인 가정을 하지는 않았음. 저축과 수출 목표는 좀 높은 편이나, 산출당 투자와 수입 필요량을 크게 잡았기 때문에 큰 문제는 없음.
9. …조사단은 근래의 한국의 정책 환경이 경제성장에 우호적임을 확신함.
10. 향후 한국 경제는 상당한 외국 자원과 기술 지원의 도입을 필요로 함. …컨설터티브 기구는 신규 외국원조의 도입 시기나 적절한 조건, 사업타당성 연구 등을 잘 조정하는 데서 유용할 것임. …

5월 런던 예비회의에서는 대한경제협의단을 구성할지에 관한 최종 건의안을 작성하기로 결정해서, 그해 8월에 세계은행 굴하티 조사단이 또 방한하고 그 결과로 10월에 보고서가 나오고 12월에 IECOK 창립총회가 열렸습니다. 이런 게 일련의 필요한 절차인 것이지, 이 8월의 현지조사 결과에 따라 IECOK 창립 여부가 결정된 것은 아니죠?

그렇죠. IECOK를 창립하는 방향으로 절차를 밟아 갔던 겁니다. 그 근저에는 한국 경제에 대한 미국의 긍정적 판단이 깔려 있었고요.

그러면서도 당시 세계은행은 한국의 제2차 5개년 계획이 다소 과도하다고 본 것 같습니다. 1966년 6월 30일에 세계은행의 카길 극동국장이 장 부총리에게 굴하티의 한국 경제 보고서에 덧붙여 서한을 보내서, '제2차 5개년 계획이 한국의 가용자원에 비해 너무 과도하여 계획의 목표 달성이 어렵지 않을까' 우려하고, 연평균 7% 성장률 목표를 6%로 낮출 것을 제안했다는 보도가 있던데요.

그 기억은 없는데, 대략 은행 사람들은 좀 보수적이죠. 그런 의사 표현은 늘 있을 수 있고요. 그런 의견을 심각한 또는 중대한 것으로 제안한 건 아니었죠. 한국의 전력 상황과 전망에 관해 조사한 토머스 팀이라고 또 있었는데, 그 사람들이 한국의 전력개발 계획이 너무 야심적이다, 과대하다, 건설계획을 좀 줄여야 한다는 의견을 냈어요. 그런데 얼마 지나서 보니 그 사람들 예측이 틀렸고 우리가 추정한대로 전력이 모자랐어요. 그 다음부터는 한국 사람들의 예측이 맞다, 그에 따르겠다고 했어요. 여하튼 그 후로는 원조나 개발차관의 중점을 사회간접자본, 전력, 도로의 확충에 두기로 했습니다.

IECOK 창립총회인데요. 1966년도 12월 12일, 13일 파리에서 창립총회를 했는데 장 부총리가 단장이고 양 투자진흥관, 이희일 투자계획과장, 그리고 황병태 공공차관과장이 같이 갔습니다. 이때 대표단이 일본을 들렀다 파리로 가는데, 다시 한번 2차 5개년 계획과 관련한 일본 측의 차관 제공 협조를 요청한 것인지요? 그리고 IECOK 총회 때 당초 대표단의 일원이 아니었던 이후락 대통령비서실장이 대통령 특별 메시지를 갖고 특사로 파리에 급파되는데, 박 대통령도 그만큼 2차 5개년 계획의 완수를 위해서는 IECOK 회의가 중요하다고 본 것인지요?

우선, 일본을 들렀다 간 건 일본 측에 무슨 요청을 하려던 건 아니고, 파리에 가려면 일본에서 비행기를 갈아 타야 했기 때문이에요. 그뿐이에요.[19] 또 박 대통령께서는 항상 세계은행 그룹을 중요하게 생각했어요. 1965년 미국 국빈 방문 때도 세계은행의 세 대표를 초대해서 조찬 모임을 했어요. 세계은행은 박 대통령 머리에 아주 중요한 기구로 각인되어 있었죠. 우리도 이후락 씨가 올 줄은 몰랐는데, 우리가 파리 도착한 다음 날인가 이후락 씨가 왔어요. 회의에서 이후락 씨가 대통령 친서를 발표하고 내가 통역을 했어요. 이제 당신들이 만들려고 하는 이 협의체가 우리에게 대단히 중요하다는, 뭐 그런 내용이었죠.

IECOK 조직은 어떻게 되었나요. 의장은 누가 맡고, 대표적 원조국인 미국 측 대표는 누가 하고, 또 한국 측 대표는 어떻고 하는 거 말입니다.

●●●●●

19 양윤세 장관은 이렇게 증언했으나, 장 부총리가 단순히 비행기를 갈아 타기 위해 일본에 들른 것은 아니었다. 장 부총리는 12월 8일 서울을 떠나 도쿄에 도착한 후 9일 기시 노부스케(岸信介) 전 수상, 시이나(椎名) 전 외상, 후쿠다(福田) 자민당 간사장 등 정관계 거물들과 조찬을 한 후, 오후에 사토 수상을 만나 한국 경제의 급속한 발전 추세를 설명하고 상업차관의 제공 등 일본의 적극적인 지원을 요청했다. 《동아일보》 1966.12.10.

미국 대표는 AID에서 와요. AID 대표가 미국 채권 금융기관 등을 대표해서 참석합니다. 그리고 IECOK의 의장은 세계은행에서 와요. IECOK 창립총회에서는 세계은행의 레이 굿맨(R. J. Goodman)이 의장이었어요. 레이 굿맨이 세계은행의 아시아부국장이었을 겁니다. 그리고 그 밑에 기술자들 하고 스트리트란 사람이 주로 한국 일을 많이 했어요. 한국 측에서는 부총리가 수석대표로 나가고 사무적인 일은 내가 세계은행 측과 협의하게 되었습니다.

IECOK 창립총회 첫날에는 굴하티 박사의 한국 제2차 5개년 계획에 대한 검토 보고와 장부총리의 제안 설명이 있었습니다. 그리고 둘째 날 차관공여국들만의 한국 경제 평가회의가 있었고, 한국 측의 제2차 5개년 계획기간 중 투자계획에 대한 토의가 있었습니다. 총회 후 발표된 커뮤니케에는 "협의체는 제2차 5개년 계획이 매우 적절한 정책 바탕 위에서 마련되었다는 데 완전히 의견이 일치했고, 다음 회의를 1968년 초에 열기로 했다" 고 했고요. 회의에서 우리나라의 제2차 5개년 계획에 대해서는 좋게 평가한 것이죠?

아주 좋게 평가했어요. 그때는 이미 한국 제1차 5개년 계획의 실적이 나타나고 있을 때니, 한국 측 계획을 나쁘게 볼 이유가 없죠.

회의 후에 장 부총리 등 대표단이 뉴욕으로 가서 록펠러, 체이스 맨해튼 은행 등의 관계자를 만납니다. 신문에는 바로 다음 해(1967년)부터 시작되는 제2차 5개년 계획을 위한 차관을 유치하기 위해서였다고 보도되었는데요?

이건 제2차 5개년 계획의 프로젝트에 대한 차관을 교섭하려던 게 아니고, 이듬해 3월에 우리나라에 올 볼 미션(Ball Mission)을 위한 예비회담을 하러 간 겁니

체이스 맨해튼 은행에서의 오찬 연설(1966.12.15)

양윤세 기획원 투자진흥관

(1950년대에) 한국은 많은 외국인들에게는 영원한 부담과 염려의 구제불능 나라처럼 보였습니다. …한국은 골칫꺼리였습니다. …그러나 휴전 후 불과 13년이 지난 지금 우리는 베트남에서 한국 젊은이의 용맹함과 지혜로움에 대한 큰 찬사와… 한국이 경제적으로 전진하고 자립하려 하는 데 대한 칭찬을 듣습니다. …

무엇이 이런 변화를 가져왔을까요? …가장 중요한 요소는 자립과 자조의 가치에 대한 한국인의 전면적 각성입니다. …저는 남의 도움을 받지 않고 인간의 존엄과 자존을 이룩하려 하는 깨달음이 한국에서 있었다고 믿습니다. 이러한 각성은 올바른 리더십과 짝을 이루어야 하는데, 우리는 박정희 대통령에게서 이 리더십을 봤습니다. …

제1차 5개년 계획은 한국 정부와 국민의 야망과 열망을 담았습니다. …

제1차 5개년 계획기간 중의 발전은 아주 역동적입니다. 1962~1965년간의 실질 GNP성장률은 연평균 7.6%나 되었고… 균형예산 유지나 변동환율제 채택, 수입자유화 조치 등과 같은 경제안정화와 시장 자유화에서도 큰 진전이 있었습니다. …

새로운 확신, 희망, 힘과 생기의 정신이 한국의 번잡한 서울, 부산, 울산뿐 아니라 농촌에서도 넘치고 있습니다. …

제2차 5개년 계획은 연평균 7%, 5년간 도합 50%의 GNP 성장을 목표로 합니다. …우리의 외국인 동료들은 이것이 너무 과도한 목표라고 비판하지만, 우리 한국인 동료들은 그것이 너무 조심스런 목표라고 지적합니다. …

한국은 경금속, 전자, 편물, 의류, 식품가공, 통조림, 도자기 등 다양한 노동집약적 중소공업에서 급속한 발전의 기회를 갖고 있으며, 아울러 일관제철소의 설립과… 석유화학단지의 건설도 계획하고 있습니다. …

저는 여러분이 이러한 우리의 개발 노력의 어느 분야에라도 참여하길 요청합니다. 합작 투자도 좋고 단독 투자도 좋습니다. 이를 위해서 우리는 외국인 투자자에게 편리한 가장 자유로운 투자법을 갖추었습니다. …투자액이나 합작투자에서의 외국인 지분율에 아무런 제한이 없으며, 이윤의 송금도 자유이고 법으로 보장됩니다. 투자 2년 후 연 20% 감가상각이 가능합니다. …

사업기회와 영리하며 근면하지만 저렴한 노동력면에서 한국은 어느 나라보다도 더 높은 수익을 올릴 수 있는 나라입니다. …여러분이 한국에 투자한다면 여러분에게도 이익일 뿐 아니라 여러분의 친구, 우리를 돕는 것이기도 합니다. …그래서 우리 모두의 안보도 훨씬 더 강해질 것입니다. …

다. 체이스 맨해튼 뱅크에서 록펠러 은행장이 중심이 되어서 점심 내면서 회의를 했어요. 록펠러 초청이에요. 거기에는 장 부총리와 나, 그리고 번스틴 유솜 처장도 갔어요. 조지 볼과 록펠러가 상견례를 한 겁니다. 그때 통합 외자도입법을 제정했거든요. 우리 법 체제 같은 걸 얘기를 하려면 한국말로 하고 번역하면 이해가 안 돼요. 그래서 장 부총리는 그냥 간단히 인사만 하고, 나머지는 내가 한국의 외자도입 정책에 관한 자세한 발표를 했어요.

IECOK 설립 후 2달 쯤 된 1967년 2월 17일에 IECOK 회원국의 대사와 IMF 대표, 유솜 처장 등을 기획원으로 불러서 2차 5개년 계획에 소요되는 외자 8억 달러의 지원을 요청합니다. 당시 양 국장님이 한국 경제에 관한 브리핑을 하셨는데, 브리핑 문안을 보면 차관도입선을 일본에서 IECOK 내 구미 회원국으로 다변화하려는 의지가 보입니다. 그 성과는 어떠했나요. 하지만 그래도 1960년대 후반 민간차관은 결국 일본에서 주로 들어오지 않았나요?

유럽은 아직까지 한국을 잘 알지 못하고 한국도 유럽을 잘 몰랐어요. 1968년에 IECOK 2차 총회를 워싱턴에서 할 때 박충훈 씨가 부총리로 갔고 세계은행의 굿맨이 총회 의장을 했어요. 그때 차관 신청의 상당한 부분은 일본에서 오는 것이었어요. 그런데 잘 살펴보면 물건 값이 꽤 비싸요. 그거는 한국의 차관도입업자(재벌기업)와 일본의 차관제공자(수출업자)가 야합을 한 거예요. 문제가 있죠. 그래서 이걸 좀 다변화시켜야겠다는 생각을 많이 했어요. 우리나라 기업이 미국 같은 데서 상업차관을 들여 오려 하질 않았는데, 이 야합이 안 되기 때문이었어요. 물건 값 부풀리고 킥백(kick back, 불법적인 리베이트) 받는 게 잘 안 되니 차관도입 자체를 기피하는 거예요. 킥백 이야기가 제일 손쉽게 통하고 또 쉽게 할 수 있는 게 일본이에요. 유럽 쪽은 우리 기업이 차관도입 제도조차도 잘 몰랐어요. 프랑스 같은 곳은 제도가 어떻게 되어 있냐 하면, 프랑스 정부가 한 보험회사를 통해서 보험한도를 정해 주면 그 한도 안에서 상업차관이 이루어지는 거예요. 아직까지 그 나라 기업과는 소통이 잘 안 되니 킥백 같은 거 하려 해도 말이 잘 안 되고, 설령 된다 해도 그 나라 법에서 엄중하게 다루기 때문에 할 수가 없습니다. 그래서 야합하기 좋은 곳 일본에서 차관이 많이 들어온 것이죠. 일본 차관을 막겠다기보다는 거래방식, 차관도입 관행을 선진화하겠다는 의도가 바로 도입선 다변화 계획으로 나온 겁니다.

예, 알겠습니다. 명쾌해졌습니다. 1968년 4월에 미 워싱턴에서 제2차 IECOK 총회가 열

▮IECOK 회원국 주한 대사 초청 회의(1967.2.17) 멀리 가운데 의장석에 장기영, 그 왼쪽이 김학렬, 오른쪽이 양윤세

렸고, 1969년 4월에 파리에서 제3차 총회가 열렸습니다. 이에 관해서는 뒤에 따로 여쭙기로 하고, 차관 이야기가 나온 김에 한 가지 질문을 더 드리겠습니다. 1960년대 말에 부실기업 문제가 터져서, 청와대 비서실에 부실기업 정리하는 특별반을 만들고 보고서도 나왔는데, 부실기업 문제가 발생하게 된 원인은 어디에 있다고 보시나요.

그때만 하더라도 잘 모르고 덮어놓고 외국에서 들어오는 걸 모두 외자도입이라고 하는, 그런 식의 사고방식들이 많았어요. 외자도입 중 직접투자 형태로 들어오는 게 있어요. 이건 투자자가 자기 책임 하에 하는 거니까 제일 좋은 방식입니다. 그 다음에 정부차관이 있는데, 정부가 관여해서 직접 장기 저리로 주는 게 있어요. 그 다음이 흔히 이야기하는 상업차관이에요. 이 상업차관을 제일 자유롭게 쓰도록 주는 게 일본이었어요. 반대로 유럽은 상업차관 주는 데 상당히 까다로웠어요.

상업차관은 두 가지로 나누어서 생각하면 되는데, 하나는 소위 공급자 신용(supplier's credit), 다른 하나는 구매자 신용(buyer's credit)입니다. 공급자 신용은 수출업자가 금융을 제공하는 건데 전형적으로 일본 사람들이 쓰던 거고, 구매자 신용은 수입업자가 대출을 받아서 수입할 수 있게 하는 거예요. 유럽 쪽만 하더라도 기준이 좀 엄격했는데, 왜냐하면 보험제도를 그 중간에 쓰기 때문이에요. 유럽에서는 수입하는 쪽인 한국 기업이 유럽 나라의 정부가 지정하는 보험회사에서 금융을 받아서 수입을 하고, 유럽 나라의 정부가 그 보험회사에게 한국에 대한 금융제공 한도를 정해 주는 거예요. 그 보험회사가 보험 한도 내에서 수출업자가 이런 걸 한국에 파는데 지급결제(payment instrument)로 장기 신용으로 주겠소 하는 것입니다. 이제 양국의 업주가 수출입 계약을 할 경우 이 보험회사에 승인 신청을 해서 승인이 나면 진행이 되는 것이죠. 보험회사는 자기는 보험 못하겠다, 혹은 자기는 보험을 제공하겠다를 결정해요. 이게 결과적으로는 구매자 신용이 되는 겁니다.

그 대신 유럽 쪽에서는 3~3.5%의 구매 커미션을 주는 게 발달했어요. 한국 기업이 중간에 상사를 끼지 않고 직접 사면 그 커미션이 한국 기업에게 와요.

아, 커미션이요?

상사를 통해서 구매를 하게 되면, 커미션으로 3~3.5%가 상사로 가요. 그럼 그 이상으로는 더 조작이 안 돼요.

그런데 일본의 차관은 공급자 신용이니까 주는 사람이 이자가 얼마라고 다 결정하고 가격도 얼마라고 다 결정해서 주는 거예요. 이게 한국 사람의 구미에 맞는 겁니다. 왜 그런가? 가격을 마음대로 조작할 수 있으니까. 그러니까 실제는 100원짜리를 샀는데 200원이라고 해서 200원을 3년, 7년 이런 식으로 해서 갈라서 상환한다고 만들어 놓고, 나머지는 실제는 100원인데 200원이라고 해 놓고 100원을 살짝 이쪽으로 돌려 놓는 겁니다. 그럼 외자도입 허가를 받은 사람은 자기 돈, 자기 재산 100을 만들 수 있는 거 아닙니까. 경제 전체로 봐서는 형식상은 한국 밖으로 자금이 나간 것이지만, 실제로는 한국 안으로 다시 들어오는 건데, 그 프로젝트 자체는 상환도 어려워지고 여러 문제가 생기고, 반면 차관도입주는 딴 주머니에 생긴 자금으로 다른 것을 할 수 있게 되는 것입니다. 우리 기업주들이 이것을 선호했어요. 그 때문에 나중에는 상당히 문제가 되었지만요.

양 장관님 같이 당시 담당하시던 분들은 차관도입 기업주가 그렇게 하고 있다는 걸 아셨던 거 아닙니까?

짐작은 하죠. 어느 정도는 짐작은 하는데 자세히는 모르지요. 내가 담당한 건 직접투자, 제 돈 갖고 하는 것이고, 공공차관과 민간차관은 각기 담당하는 부서가 따로 있잖아요. 난 총괄과장이니까 총괄과로 일단 들어오면 그게 어느 거란 걸 결정된 걸 보고 넘겨 주는 거예요. 그렇게 해서 내부가 움직여서 난 전체적인 흐름은 알고 있지만, 하나하나에 대해서는 나는 직접투자 아니고는 모르고, 직접투자와 같이 들여 오는 차관은 내가 대략은 알 수 있게 되어 있었죠.

민간차관 자체는 1960년대 후반에는 주로 일본에서 들어온 것이죠?

그러니까 한일회담이 성립된 후, 국교 정상화가 된 이후에 그게 활성화가 된 거죠. 그전에는 준다고 하고 실제 주지는 않았고요.

어쨌든 대일 민간차관 교섭 자체는 기업이 하고, 기업이 그 구조를 짜서 차관을 들여 오는 것이죠.

그렇죠.

그러다보면 공급자 신용을 하면서 부풀려서 갖고 오는 게 생기는 거고요?

그게 누적이 되어서 결국 문제가 생겼지만, 큰 면에서 보면 사실은 한국 안에서 어느 주머니에 들어갔냐 하는 거죠. 뭐 내가 보기에는 아무리 장사꾼이라고 해도 갖다가 일본 배불려 주었다기보다는 자기 배불리는 것이고, 누이 좋고 매부 좋게 한 것인지 모르죠. 그건 잘 모르겠어요. 외자도입이라는 건 성격을 갈라 놓고 보아야 확실히 알 수 있어요.

그런데 그렇게 부풀려 들어온 차관의 일부는 정치자금으로도 들어갔습니다. 유신체제 전까지 박정희 정부가 외자도입 등을 허가하면서 그 일부를 정치자금으로 징수한 것은 널리 알려진 사실입니다. 1960년대 후반에 공화당 재정위원장을 한 김성곤 씨가 정치자금을 징수했던 인물 중 하나인데, 조선일보의 우종창 전 기자가 그 비서를 인터뷰한 게 있습니다.[20] '성곡의 이 비서', '신문로 미스터 리'라고 불렸던 이용호 씨인데, 그는 김성곤 씨의 지시를 받고 직접 기업인으로부터 정치자금을 받는 일을 했습니다. 김성곤 씨 등이 정부 발주 사업을 받은 기업에게서 발주금의 10%를 정치자금으로 받았고, 외자도입의 경우는 사안에 따라 액수를 달리해서 받았다고 합니다. 이런 정치자금 때문에라도 외자도입액을 부풀릴 필요가 있지 않았나요?

나는 구체적인 정치자금 징수 쪽은 모르고, 이용호 씨도 모릅니다. 하지만 정치자금 때문에라도 외자도입액을 부풀릴 필요는 있었지요.

경제기획원에 근무하셨던 분들의 회고담입니다. 당시 외자도입은 4인방(김형욱 중앙정보부장, 이후락 청와대 비서실장, 김성곤 공화당 재정위원장, 장기영 부총리)이 결정했고, 경제기획원은 서류가 법적 요건을 갖추었는지만 따졌다고 회고했습니다. 외자도입심의회의는 요식 행위를 하는 거수기위원회이고 경제기획원은 관청 서류 대신 써 주는 대서방(代

• • • • •

20 우종창, 《권력의 역설》, 미래를소유한사람들, 2011.

書房)이었다고 자조(自嘲)하기도 했습니다.[21] 좀 과장되기야 했겠습니다만, 이런 경우가 있었던 것도 사실이라고 하겠습니다. 부실화의 기본 원인은, 역시 이처럼 제대로 된 심의 없이 기업주의 권력과의 유착 정도에 따라 외자도입이 남발되니까 몇몇 업종에서 과당 경쟁이 벌어진 데 있던 것으로 보아야 하겠습니다. 다만, 양 장관님께서 말씀하신 것처럼, 기업주가 외자를 부풀려 들여 와서 해당 기업은 부실해졌지만, 기업주는 딴 주머니를 찬 경우도 흔히 있었다고 하겠습니다.

21 經友會(경우회), 《경우》 7호(1990.5), 69쪽 및 9호(1991.6), 89쪽.

08 투자진흥관이 되어

1966년 4월에 외국인 직접투자의 진흥 기구를 신설한다는 보도가 나왔습니다. 5월에는 투자진흥관직이 각의에서 공포됩니다.

미국 기업인의 대한 민간 투자를 활성화한다는 계획이 박정희 대통령과 존슨 대통령의 1965년 정상회담 공동성명에서 발표되었지요.[22] 경제기획원에서 이 합의를 실행하기 위해 투자진흥관실을 신설하게 되었지요.

왜 투자진흥관이라고 했냐면, 국을 만들려면 절차가 복잡해서였어요. 투자진흥국이라고 하려면 정부조직법을 바꿔야 돼요. 그렇게 하려면 국회를 거쳐야 하고 번거로우니까, 국회를 거칠 필요가 없게 투자진흥관실을 만들어 놓고, 사무관 하나를 서기관으로 올려가지고 앉혀 놓고 국장 자리는 비워 놓고 있었어요.

그런데 8월에 종래의 외자도입 관련 3법(외자도입촉진법, 차관에 대한 지불보증에 관한 법률, 장기 결제방식에 의한 자본재 도입에 관한 특별조치법)을 통합한 외자도입법이 제정 공포됩니다. 차관이든 직접투자든 외자도입을 좀 더 원활히 하려는 취지였습니다. 일례로 종전에는 외국인 직접투자 기업에 대한 조세감면 등 혜택을 외국인 투자 지분이 25% 이상인 기업으로 한정했는데, 이 신법에서는 그런 제한을 없앴습니다. 투자진흥관직 신설과 외자도입법 제정은 외국인 직접투자를 활성화하려는 하나의 흐름 속에서 이루어진 일이었지요?

22 미국 기업인의 직접투자를 활성화한다는 계획은 1965년의 박정희-존슨 회담의 공동성명에는 들어 있지 않으며, 1966년의 박정희-존슨 회담 공동성명에 들어 있다.

그럼요. 외자도입의 세 가지 경로, 정부차관, 상업차관, 직접투자에 관해 여러 법이 산만하게 만들어진 것을 하나로 묶은 것이죠.

10월 25일에 양 국장님으로 인사 발령이 납니다.

장기영 씨가 다른 거 하고 합쳐서 다 한꺼번에 인사 발령을 하려고 했어요. 그때 꽤 많은 인사 발령을 했거든요. 내가 그때 데리고 있던 사무관, 박필수라고 있습니다. 나중에 상공장관 한 사람입니다. 내가 과장일 때 밑에 있던 두 사무관이 나중에 장관이 됐어요. 한 명은 이선기 수석 사무관이고 또 한 명이 박필수 사무관인데, 그때 박필수 씨를 승진시켜서 투자진흥관실의 과장으로 먼저 발령했습니다.

국장 자리는 비워 두었다가 나중에 다른 인사 건과 같이 발령을 낸 건데, 그때 현대경제일보(현 한국경제신문)의 이근수라는 기자가 그 인사 내용을 알았어요. 그래서 그 친구는 그걸 썼어요. 다른 기자들은 누군지도 모르고 그냥 쓰고 말았는데 이 친구는 제대로 썼어요. 그때 현대경제일보를 찾아보면 그 경위를

투자진흥관 발령 관련 보도

"한편 투자진흥관으로 확정된 양윤세 과장은 기획원 내에서 장 장관으로부터 인정받고 있는 몇 사람의 실력파 중 한 사람. 한때 관리실장으로의 2단계 진급설이 있어 원내를 시끄럽게 했지만 사실도 아니었지만, 본인도 원치 않았다는 것. 누구 밑에서라도 장래가 보장되고 있다는 자신(?) 때문에 이번에 굳이 실장으로의 진급을 사양했다는 후문이고 보면 실력파 다운 태도"

《현대경제일보》 1966.11.2.

알 수 있을 거예요.

장 부총리는 투자진흥관에 처음부터 양 과장님을 염두에 두었던 건가요? 신문에도 다섯 달이나 비워 뒀다 이런 식으로 보도되었는데요, 무슨 이유가 있었나요?

장기영 씨는 나를 2단 진급시켜서 기획관리실장을 시키려 했어요. 정부 관료들의 희망과 사기를 높여 주는 방법이라고 생각한 거죠. 그때 경제기획원에서 기획관리실장 자리가 공석이 되니까, 나를 과장에서 그리로 맞바로 보내려고 한 겁니다. 그분 말씀에 의하면 대통령에게까지 허가를 받았대요. 장기영 씨가 "양윤세를 2단 진급 시키겠습니다" 하니까, 대통령께서 하라고 하셨다는 거예요. 나는 이를 거절하고 투자진흥관을 맡았던 것이고요.

내가 그때 뭐 때문인가로 미국 출장을 갔다가 도쿄에 들렀어요. 도쿄에 일본 청구권 사무소가 있었고, 거기에 기획원 직원들이 꽤 많이 나가 있었어요. 내가 그 사무소에 들르니까 직원들이 내가 2단 진급을 한다는 소문이 자자하게 났다고 해요. 난 받아들일 수 없다, 안 하겠다 결심했어요. 사실 조직에서 혼자만 뛰어나게 잘 나가면 남들이 질투하고 뭐 하고 그래서 견뎌내지 못합니다. 그걸 내가 절대 안 하겠다 결심하고 돌아왔어요.

참, 그때 인사를 할 적에는 장기영 씨가 나에게 시켰어요. 나에게 인사 초안을 만들어 오라고 해서, 그걸 가지고 인사 이동을 한 거예요. 그때만 해도 순진할 때니까 저 양반이 나를 믿고 그러는 거다, 이렇게만 생각했는데, 나중에 생각해 보니까 이유를 알겠더라고요. 인사 관계는 자꾸 청탁이 어려운 데서 들어오거든? 그럼 그걸 피하는 방법은 제일 좋은 게 나 같은 친구에게 맡겨서 했다고 하는 게 제일 편하단 말이에요. 그래 가지고 이 양반이 나에게 인사안을 맡겼어요.

기획원 전체 인사를 하셨다고요?

실제로 기획원 인사를 내가 혼자서 한 거예요.

기획관리실 내에 인사 담당 부서가 있지 않습니까?

장기영 씨는 인사부서에 맡기질 않았습니다. 이번에 어디 국장 자리 비어 있는데 누구 했으면 좋겠어요? 하고 나에게 물어요. 그러면 내가 다 생각해 가지고, 앞뒤 다 생각해 보고 아무개가 괜찮을 것 같습니다 하면 그대로 돼요.

그때는 과장인데 상관의 인사안도 만드셨다고요?

뭐 과장이지만 차관보까지도 내가 다 계획을 했어요. 그런데 그게 아주 거의 고정화되어 가지고, 내가 한 달 동안을 그때 미국 출장을 갔는데 나올 때까지 인사를 안 하고 그대로 두었던 거예요. 그 기다린 이유 중의 하나는 나를 2단 진급을 시키려고 그런 거예요. 돌아와서 "갔다 왔습니다" 하고 출장 보고를 쭉 하고 나니까, 이제 인사를 해야 되는데 2단 진급해서 기획관리실장을 맡으라는 거예요.

내가 사절했어요. "그건 못하겠습니다. 관료 생활에서 그런 식으로 하면 눈밖에 나서 견디질 못합니다. 저를 생각해 주신다면, 그렇게 하지 마십시오. 그리고 내가 안 그래도 부총리 총애를 받는다고 낙인이 찍혀 있는데, 고참 자리,

좋은 자리에 가면 그것도 문제가 됩니다. 그러니까 신설되는 투자진흥관실에 나를 발령하십시오. 과장을 4년 했으니까 거기까지는 하겠습니다. 그렇게 해 주십시오" 했어요.

장 부총리는 "안된다. 자기가 대통령에게까지 허락받은 거니까 안된다"는 거예요. 그래가지고 하루 종일 다투었어요. 하루 후에 결국 내가 이겼어요. 그래서 다른 사람들 인사까지 포함해서 나를 투자진흥관으로 발령냈는데, 그거 전부 내가 쓴 각본대로 한 거예요. 그래 가지고 결국 투자진흥관으로 간 겁니다.

투자진흥관 인사 발령이 1966년 11월 존슨 대통령 방한하기 불과 며칠 전입니다. 민간 투자 관계 협의한 것과 관련이 있나요? 존슨 대통령이 방한을 하면 민간 투자 활성화에 관한 논의를 하고 사절단 보내기로 합의 볼 건데, 그와 관련해서 인사를 한 것인지요?

사절단 보내는 건은 미리 합의된 거예요. 1965년도에 '앞으로 한국에 민간 투자를 장려하기 위해서 대통령 사절단을 한국에 보낸다.' 이렇게 합의된 겁니다. 이것이 기본이 되어서 직접투자를 장려하며 추진 관장하는 기구로서 투자진흥관실을 신설하게 되었지요. 유솜 측에서도 적극 권장했고요.

사절단 파견은 1966년 방한 시 합의된 것 아닌가 싶습니다만, 여하튼 우리 정부가 존슨 대통령의 방한을 앞두고 긴급하게 그때 양 과장님을 국장인 투자진흥관으로 발령낸 건 아니었나요?

그런 건 아니에요.

경제계획관 겸 투자진흥관으로 발령이 났던데요. 두 자리를 맡는 걸로요. 이문탁이라는 분이 전임 경제계획관이었고요.

경제계획관과 투자진흥관이라는 국장급 두 자리를 프리랜서 식으로 만들고 내가 겸임하게 해서, 나를 어떤 한 곳에 매인 게 아니라 자유롭게 여기저기 지원하게 한다는 구상이었어요. 그래서 TO를 만들어 놨어요. 나를 갖다가 투자진흥관 또는 다른 직위를 주더라도 내가 그때 활동하는 범위는 어느 한 국에 국한되지 않았어요. 너무 광범위하니까.

그런데 미국 같으면 특별보좌관이라는 걸 만들어 가지고 무슨 일이든 시키는데, 한국에는 그런 제도가 없었단 말이에요. 그러니까 나에게 감투를 두 개, 투자진흥관과 경제계획관 양쪽을 주면 아무 일이고 할 수 있다, 그런 의미에서 경제계획관직을 같이 발령을 한 겁니다.

그 아이디어는 차관인 김학렬 씨가 냈어요. "부총리가 맘대로 자유롭게 쓸 수 있게 하려면 그렇게 하면 됩니다" 한 거예요. 그 양반이 관료 생활을 오래 했으니까 행정 관계는 머리에 박혀 있거든. 장기영 씨가 마음대로 부려먹기 좋게 행정적인 뒷받침을 해 준 거죠. 그래서 내가 국장 자리 두 개를 가지고 있다가, 장 부총리가 그만둔 다음에 사람들 정리할 적에 나중에 자리를 넘겨 줄 필요가 생겼어요. 그래서 그 자리를 넘겨줬어요.

국장 발령 1년 쯤 뒤인 1967년 10월 30일자로 겸직했던 경제계획관에서 면직됩니다. 장기영 씨 해임의 여파로 자리를 넘긴 것인가요.

그런 건 아니에요. 그 자리를 넘겨줬죠. 다른 사람에게도 기회를 주자는 생각이죠.

1966년 투자진흥관 발령날 때, 차관보도 승진 발령 내고 기획관리실장 자리가 비니까 거기에 또 다른 사람을 발령을 내는 식으로 인사를 대대적으로 했는데, 이게 장 부총리의 정실 인사라고 해서 승진 인사인데도 불만이 많았다는 논평도 있던데요?

그때 다른 사람들 불만이 많던 것으로 생각은 안 나는데…

투자진흥관 휘하 직제는 어떠했나요. 1966년 5월 투자진흥관 자리가 생길 때는 그 아래 어떤 부서 내지 인원을 두는지에 규정이 없다가 1967년 3월 개정된 경제기획원 직제에 투자진흥관 휘하에 서기관 3명을 두는 것으로 되었습니다.[23] 말하자면 3개 과가 생긴 것인가요.

그렇습니다. 3개 과를 만들어서, 일본 담당, 미국 담당, 유럽 담당으로 해 놓고, 월남 같으면 같은 아시아니까 일본 담당 과에서 맡게 했어요. 직제에는 투자신청서의 접수 처리나 투자 기회의 홍보니 해서 기능별로 과 구분이 되어 있었지만, 내가 지역별 과 체제로 운영했어요.

투자진흥관실과 경제협력국 간에 업무 중복이랄까 충돌은 없었나요.

차관 업무는 협력국 소관이고, 직접투자 업무는 투자진흥관실 소관으로 구

23 "투자진흥관 밑에 투자가에 대한 각종 편의의 제공과 외국인투자인가신청서의 접수 처리를 담당하는 재경서기관, 국내외에 대한 투자 기회의 선전 및 출판홍보를 담당하는 재경서기관, 국내외 투자에 관련한 각종 통계 및 기술에 관한 사항을 담당하는 재경서기관을 둔다"(경제기획원 직제 제8조 3항, 1967.3.30 개정).

분해서 충돌하지 않도록 했어요. 합작투자와 차관이 같이 들어오는 경우 차관 비중이 크면 경제협력국으로 넘겼어요. 외자총괄과에서 데리고 있던 직원들을 대부분 데려 왔습니다. 업무도 사람 따라 와서, 협력국 내의 외자총괄과는 기능이 대폭 축소되었어요.

투자진흥관실에서 직접투자 관련 제도를 크게 바꾼 것으로 어떤 게 있나요?

투자진흥관이 된 지 3~4년 정도 되었을 때인데, 원 스톱(one stop) 서비스라는 걸 만들었습니다. 요즘의 원 스톱 서비스란 말이 거기서 나온 겁니다. 그건 뭐냐.

직접투자를 포함해서 무슨 인허가를 받으려 할 때 제일 불편한 게, A부서에 가면 B부서 소관이라 하고, 그래서 B부서 가면, 이건 C부서 소관이요 하거든요? 이거 없애자 했어요. 내가 그때 국장이니까 밑에 일하는 급은 과장급이에요. 그래서 직접투자에 관계되는 여러 부처에서 과장급을 파견시켰어요. 즉, 재무부, 상공부, 법무부, 국세청, 관세청 이렇게 다섯 부처에서 서기관급 하나씩을 보내는 겁니다. 그 장관이나 청장의 직인을 가지고 오게 했어요. 그 대신 외자도입을 위한 것이니 장관직인 칸에 외자도입이란 걸 조그맣게 박죠. 그럼 이 사람들이 와서 도장 찍으면 그 부처에서는 통과된 거예요. 그렇게 원 스톱 서비스가 생겼어요. 그 제도를 막 시작했는데 박 대통령이 그 이야길 들으셨던 모양이에요. 그때 경제기획원에서 매달 월간경제동향보고회의를 했는데, 한 번은 회의를 마치고 나서 대통령께서 "여기가 양 국장 영역이라지?" 하시면서 내 산하 직원들이 일하는 사무실에 오셨어요. 대통령께서 내 직원들 사무실에 오셨다는 말씀을 듣고 황급히 뛰어 내려간 기억이 있습니다. 그렇게 이쪽의 위상을 높여 준 거예요.

이 원 스톱 서비스의 아이디어는 누가 낸 건가요? 1969년 말 쯤에 미 대사관에서 본국 국무부에 보고한 문서에서 그에 관한 언급이 있습니다. 한국 정부가 기획원의 투자진흥관실을 강화하려 한다고 보고하는 문서인데요, 당시 양 국장님께서 직접투자에 관해 아주 번거로운 요식절차(red tape)를 없애고 투자진흥관실에서 한꺼번에 관련 절차를 진행시키는 원 도어 서비스(one door service)를 하겠다고 발표하셨다고 했습니다.

미국 측에서는 그렇게 불렀는지는 기억이 안 나는데, 우리는 원 스톱 서비스라 불렀어요. 여하튼 그건 투자진흥관실에서 나와 직원들 간에 이야기를 하다가 나온 아이디어입니다. 그때 특히 내가 차화준(車和俊) 씨에게 업무를 많이 맡겼는데, 아마도 차화준 씨와 함께 그런 아이디어를 발전시키지 않았나 싶네요.

투자진흥관 사무실은 몇 층에 있었나요?

3층에 있었어요.

장관실도 3층에 있지 않았나요?

장관, 차관, 차관보실 다 3층에 있어요. 국장실 중에서는 투자진흥관실만 3층에 있었어요. 투자진흥관실 직원 사무실은 2층에 있었고요. 투자진흥관에 대해서는 미국 측에서도 관심을 갖고 지원했어요. 투자진흥관이라고 하면 프로모터(promoter)인데, 미국 프로모터들은 아주 화려하게 합니다. 그렇기 때문에 유솜에서 "미스터 양 방에는 카펫을 깔아야 한다" 하고 카펫을 갖다 줬어요. 내

방에 맞춰서 카펫을 깔았고, 또 자동차도 "지프차 타면 안된다, 세단을 타라" 했어요. 장기영 장관은 신문사 시절부터 쭉 지프차를 즐겨 탔어요. 장기영 씨는 돌아가실 때까지 지프차 타고 다녔어요. 장관은 지프차 타고 다니고, 국장은 뷰익 세단, 아주 거의 새 승용차를 탔어요. 불하하니까 형식적으로는 낡은 차이지만, 거의 새 차를 미국 유솜 친구들이 나에게 돌려서, 투자진흥관실 용으로 주었어요.

다른 국장들도 차가 있었나요?

지프차들이죠. 그리고 좀 있다가 그게 진화가 되어서 코로나 같은 조그만 승용차로 바꾸었지요. 남들 지프차 타고 다닐 적에 나는 아주 커다란 뷰익을 타고 다녔어요. 유솜도 적극적으로 지원했고, 그리고 유솜 안에 투자진흥관 자리를 또 만들었어요. 그는 거의 내 스탭(직원)처럼 일했어요. 그 후 내가 미국 공사로 갈 적에 그 친구가 AID 본부로 전근해 있었는데 미국에서 집이니 뭐니 전부 쫓아다니며 시중 다 들어주었죠.

투자진흥관 되시기 전에도 직접투자 유치 업무를 하셨죠.

물론 했죠. 미국 기업들이 우리 노동인력을 보고 들어오기 시작했는데, 담당부서가 없었어요. 외자총괄과는 타 과 업무로 명시된 것 외의 업무가 생기면 그를 관장하도록 되어 있었어요. 미 대통령 보좌관 로스토우와 관련되어서 성사된 직접투자 건이 있었습니다. 로스토우는 한국이 경제발전 단계상 이미 '이륙'(take-off)했다고 보았죠. 그가 처음 한국에 왔을 때(1965년 5월 초), 내가 공항에서 그를 영접해서 같이 차를 타고 서울 시내로 들어오는데, 한국에 치킨 레볼루션이 일어났느냐 물어요.

무슨 레볼루션이요?

치킨 레볼루션(chicken revolution). 닭 사료를 바꾸는 거예요. 그때까지 우리나라에서는 수십 명의 업자들이 드럼통에 온갖 음식물 찌꺼기 등을 넣어서 사료를 만들었어요. 구식이죠. 이제 새 사료를 만들어서 닭에게 주면 닭 성장기간도 짧아지고 크기도 더 커지는 거예요. 그러면 닭고기 값도 싸져서 소비가 늘고 국민 영양상태가 획기적으로 개선되는 겁니다. 이것을 치킨 레볼루션이라 하는데, 이게 본래 남미에서 일어났어요. 그의 이론에서는 경제발전 초기 단계에서 '이륙' 하자마자 일어나는 일로 보는 건데, 이게 한국에서도 일어났는지 질문한 거예요. 한국에서는 아직 안 일어났다고 대답하니, 그 양반이 상당히 아쉬워하더라고요.

그런데 랄스톤 푸리나(Ralston Purina)라는 미국의 사료회사가 원양어선 사업하던 제동산업(주)의 심상준(沈相俊) 씨를 통해서 사료공장에 대한 합작투자를 제의한 일이 있었어요. 이걸 알고 드럼통 닭 사료를 만드는 업자들 수십 명이 내 방에 달려왔습니다.

항의하려고요?

그때만 해도 정부가 무서워 항의는 못하고 탄원을 하는 거죠. 합작투자 허용해 주면 자기들은 죽는다 이거예요. 그러니 나는 사료공장을 하기는 해야 할 것 같은데 용기가 안 납디다. 결정을 못하고 머뭇거리고 있었어요.

그러던 중에 그해(1965년) 9월인가 미국 IMF 총회에 갔을 때인데, 랄스톤 푸리나 사에서 연락이 왔어요. 자기들 농장이 세인트루이스에 있는데 귀국 길에 들러서 농장 시찰을 해 다오 하는 거예요. 그래서 총회 마치고 갔어요. 농장에 들어갔더니 계란을 일렬로 죽 놓았어요. 계란 하나를 탁 깨트리니까 노른자 위가 새파란 게 나와요. 노란색이 아니라 새파래. 다른 걸 탁 깨트리니까 새빨간 게 나와요. 다른 걸 또 깨니까 다른 색이 나오고. 물론 보통 정상적인 노란색도 나와요. 그렇게 노른자 위 색이 다른 게 사료 때문이라는 거예요. 양계에서 사료가 얼마나 중요한지를 알겠더라고요. 그 자리에서 사료공장 승인한다고 결심을 했어요.

한국에 돌아와서 비행기에서 내리자마자 마중 나온 기획원 직원이 "청와대에서 곧바로 오시랍니다" 해요. 바로 청와대로 갔죠. 대통령께서 미국 출장이 어떠냐고 물어서 이것저것 보고를 했죠. 거기에 더해서 랄스톤 푸리나 농장에 간 일도 말씀드렸어요. 사료공장 합작 투자 승인 건이 있다고 했죠. 그랬더니 대통령께서 "그거 해"라고 하시더라고요.

내가 업무 복귀해서 합작투자 승인을 했어요. 대신, 기존 사료업자들을 대리점으로 구제해 달라고 부탁했지요. 푸리나 측도 그렇게 하겠대요. 승인을 하고 나니 사료업자들이 데모 형태로 바뀌어서 "우린 죽습니다" 하고 항의를 하는 거예요. 그때만 해도 내가 젊었을 때라서 "당신들이 죽어야 우리나라 양계산업이 제대로 된다"고 말했어요. 요즘 같으면 아마 맞아죽었을 거예요.

그래서 랄스톤 푸리나와 심상준 씨가 합작한 한국 랄스톤 푸리나(주)가 생겼고, 그 다음에 다른 미국 회사와 박 모씨가 합작해서 성환인가에 사료공장을 또 지었고, 셋째로는 전택보 씨가 네덜란드의 한 회사와 합작한다는 걸 승인했는데, 그거는 추진이 안 되었어요. 그래서 실제로 성사된 회사가 두 개예요.

몇 달 후 심상준 씨가 닭을 한 마리 보내왔어요. 합작한 공장의 사료를 먹여 키운 닭이래요. 먹어 보니 아주 퍽퍽해요. 순 단백질 덩어리입니다. 지금도 한국인들이 선호하는 건 쫄깃쫄깃한 토종닭인데, 이 미국식 사료 먹인 거는 퍽퍽해요. 여하튼 그 다음부터 닭을 몇 만 마리씩 기르는 대단위 양계산업이 생겨나고 더불어서 병아리 감별사라는 직업이 생긴 겁니다. 가격도 싸져서 닭고기가 대중 육류가 되었죠. 치킨 레볼루션이 바로 닭 모이에서 일어난 거예요.

'혁명'이라는 말이 붙을 정도니 그 의의가 상당하다고 하겠습니다.

그렇습니다. 국민 모두가 닭을 먹을 수 있게 된 것이죠. 영양상으로 중요한 단백질 공급원이 되었지요. 식생활상으로 예전에 닭 한 마리를 백숙으로 끓여서 온 식구가 먹었잖아요. 지금은 프라이드 치킨 한 마리를 혼자서 아무 때나 다 먹죠. 프라이드 치킨이 본래 미국 남부 흑인 음식으로 생긴 겁니다. 흑인들이 조리사를 많이 했는데, 그 사람들이 만들어 냈어요. 내가 미국에서 배고플 때이니 정말 맛있게 먹었던 음식입니다.

제 기억으로는 1980년대 초에 대학 다닐 때 치킨 조각 튀긴 것을 맥주 안주로 먹기 시작했던 것 같습니다. 말하자면 '치맥'(치킨+생맥주)인데, 요즘은 치맥이 가볍게 한 잔 하는 거지만, 그때는 자주 먹기는 힘들었습니다. 닭 사료 산업이 생겨나서 그런 식생활 변화가 일어났다는 게 아주 흥미롭습니다. 다른 투자 유치 사례를 말씀해 주시면요?

장기신용은행이라고 있었죠? 그게 한국개발금융주식회사로 시작한 것인데, 내가 세계은행의 국제금융공사(IFC)에 한국에 민간개발은행을 하나 만들자고 제안해서 설립된 것입니다. IFC와 한국 측 민간기관이 각기 49%와 51%를 출자해서 만든 게 한국개발금융입니다. 영어로 KDFC라고 했죠. 그게 장기신용은행으로 변했죠.

그런데 한국개발금융공사의 설립은 1965년 말 한국 경제에 관한 연차 보고서를 작성하러 내한한 세계은행의 굴하티 박사가 제안한 것이라는 보도도 있습니다. 최초 설립 논의는 어떻게 나오게 되었는지요. 실제로는 IFC와 한국경제인협회의 출자로 설립되었는데요, 처음부터 한국의 민간자본을 참여시킬 계획이었던가요?

세계은행 조직에서는 IBRD 의장, 총재가 IFC의 장을 겸임해요. 그래서 실질적으로 IFC의 헤드 역할은 부총재가 합니다. 1965년도 박 대통령이 미국에 갔을 때도 이 세 사람(IMF, IBRD 총재, IFC 부총재)을 불러서 조찬회를 한 적이 있어요. 박 대통령도 세계은행을 중시했던 겁니다.

내가 1965년 9월 IMF 총회에 가기 전에 장기영 씨와 의논을 했어요. 산업은행은 정부가 주관하는 은행이니, 이제는 민간이 참여 주도하는 개발은행이 하나 있어야겠다는 생각이었어요. 실제 그 아이디어를 준 것은 유솜이었어요. 그래서 나는 민간개발은행을 하나 만들면 좋겠다는 생각을 갖고 있었죠. 장기영 씨에게 IFC가 투자한 민간개발은행을 설립하면 좋겠다고 보고하니, 장기영 씨가 좋다고 했어요. 그 양반이 은행 출신이라 은행 관계는 아주 좋아했거든요.

한국개발금융주식회사

1966년 6월 KDFC 설립준비위원회가 구성되고, 1967년 4월 25일 한국개발금융주식회사가 설립되었다. 자본금 500만 달러(13억 5,000만 원) 중 305만 달러(8억 2,000여만 원)를 한국경제인협회 소속 130개 회원사가 내고, 195만 달러를 IFC와 외국 은행들이 출자했다. 이 자본금에 정부 대여금과 미 국제개발처(AID) 및 세계은행(IBRD) 차관을 더한 총 2,250만 달러로 기업에 중장기 자금을 공급하기로 했다. 한국개발금융(주)은 1980년 장기신용은행으로 전환했다가 1997년 외환위기 후 부실화에 따라 1999년 국민은행(현 KB국민은행)에 흡수합병되었다.

그때 IFC의 부총재가 마틴 M. 로젠이라는 사람인데, 내가 미국에서 로젠에게 민간개발은행을 만들자는 이야기를 했어요. 그 후 그의 지시를 받고 극동 담당 디렉터(국장) 윌리암스(Williams)가 우리나라에 왔어요. 장 부총리 방에서 회의를 열고 지분을 결정하는데, 처음에는 IFC 쪽 지분이 좀 더 많은 것으로 얘기했다가 나중에 장기영 씨가 바꿔서 우리가 51% 갖고 IFC가 49% 갖는 걸로 주장해서 그렇게 합의를 봤어요. 그랬더니 그 사람이 좀 안 좋아했죠. 여하튼 그렇게 해서 만든 게 한국개발금융(주), KDFC입니다.

IFC와 지분 협의할 때 한국 측 출자자를 한국경제인협회(현 전국경제인연합회)로 한다고 정했던 것인가요.

IFC가 한국 측 출자자까지 정하지는 않았고, 장기영 씨가 직접 택해서 정했어요.

그렇다면 한국개발금융(주)의 설립 경위와 관련해서는, 유솜에게서 아이디어를 얻은 양 국장님이 1965년 가을에 IFC 관계자에게 제안했고, 그걸 전달받은 세계은행의 굴하티 박사가 그해 연말에 내한해서 국내 관계자와 다시 논의한 것이라 보아야 하겠습니다.

한 가지 질문을 더 드리겠습니다. 1967년 10월 부총리가 장기영에서 박충훈 씨로 바뀐 후 외자도입, 차관도입에 신중을 기한다는 방침이 나옵니다. 차관도입이 급증하니 원리금 상환 부담이 커진 것도 요인이 되어서, 이제 직접투자를 적극 장려하게 되었을 것 같습니다. 장 부총리 때에 비해 박 부총리 재임 중 직접투자를 더 장려하는 쪽으로 선회한 것이 있는지요.

직접투자를 장려하는 것은 박 부총리, 장 부총리는 말할 것도 없고 박 대통령부터 강조했던 겁니다. 무엇보다 그것은 유솜 측에서 강하게 요구했던 것이에요. 미국 대통령이 보낸 사절단(Ball Mission)이 직접투자를 위한 사절단이었다는 게 큰 의미가 있는 겁니다. 왜 그때 정치자금 관계되는 사람들이 김성곤, 장기영, 김형욱, 이후락 이 네 명이 있었잖아요. 차관이라고 다 똑같은 게 아니고, 그 중에는 정치자금 관계된 것이 있었는데, 장기영 씨가 물러난 후에는 기획원 부총리가 정치자금에 관여하지 않게 되었지요. 그러면 아무래도 박충훈 씨는 장기영 씨보다는 차관도입에 신중하게 되었겠지요. 차관도입에 신중을 기한다는 보도가 있었다면, 이런 것과 관계있지 않나 싶어요.

09 외국인 직접투자의 유치

1966년 11월에 존슨 대통령이 방한한 것에는 어떤 배경이 있었나요. 그 전해 1965년 5월의 박 대통령 방미의 배경에 한일 국교 정상화 타결, 베트남 파병 같은 굵직한 사건이 있었던 것과 비교하면요?

그건 그 전해 1965년 박 대통령의 미국 방문에 대한 답례라고 했어요. 1965년 방미 때와 같이 큰 현안이 있는 것은 아니었어요. 1965년 5월의 공동성명 끝머리에 의례적인 말이지만, 존슨 대통령의 방한을 요청하고 존슨도 그에 동의한다는 말이 있었죠. 한국 측에서 초청한다는 게 이미 어느 정도 알려져 있으니까, 고맙다는 뜻의 방문이었지요. 그러니까 앞으로 부드럽게 원만하게 진행시키기 위해서 해 준, 상당히 어떤 면에서는 윤활유 역할을 하는 것 이외에는 다른 특별한 방문 이유는 없었던 것 같아요.

관련 신문보도를 보면, 김학렬 재무장관이 로스토우 특별 보좌관과 같이 회담을 해서 석유화학공장 건립을 위한 민간차관과 공공차관의 제공에 대해서 논의를 했고, 또 미국 측 경제사절단 파견에 대해서 논의를 했으며, 직접투자 권유 문제도 논의했다고 합니다. 석유화학공장 건립 등의 문제를 왜 재무장관이 나서서 협의를 했는지요.

재무장관이 나서서 교섭했다고는 생각 안 합니다.

회담은 한 시간 한 걸로 확인됩니다.

김학렬 씨가 경제기획원 차관을 하다가 거기로 갔지 않습니까. 그러니까…

▮ 김포공항에 도착한 존슨 대통령을 환영하는 박정희 대통령 이하 정부 인사들(1966.10.31, 국가기록원 CET0026013). 악수하는 존슨의 왼쪽 뒤에 박정희. 앞줄 왼쪽은 외무부 의전실장 이범석

김학렬씨가 어차피 직전까지 다루던 업무였네요.

파악하고 있던 거니까 뭐 어떻게 하기로 했느냐 서로 물어보는 것이지, 교섭을 위한 이야기는 아니었을 겁니다.

그 면담에 배석은 안 하셨나요?

안 했어요.

존슨 대통령 일행에게 보이려고 공보부에서 덕수궁에 5개년 계획에 관한 종합 전시장을 만들었다고 하던데요.

내외 선전을 위해서, 특히 외국 귀빈이 오시면 한국 경제의 브리핑을 하기 위

▮ 덕수궁에 마련된 경제개발종합전시관에서의 울산공업센터 브리핑(1966.11.1) 1 로스토우 미 대통령 특별보좌관, 2 양윤세, 3 홍종철 공보부 장관

해서 당시 공보부에서 만든 것입니다.

거기서 양 국장님께서 로스토우에게 브리핑을 하셨다고 하고, 로스토우는 한국이 도약 단계에 있다는 걸 확인했다는 보도가 있었습니다.

존슨 대통령에게 브리핑하는 걸로 준비를 해서 프레스 릴리스(press release, 보도자료 배포)가 다 됐는데, 대통령은 피곤하다고 해서 안 오고 대신 보좌관인 로스토우가 왔단 말이에요. 나는 미 대통령에게 브리핑한다고 잔뜩 긴장했다가, 보좌관에게 하는 브리핑이 되었으니 맥이 좀 빠졌죠. 대통령이 안 오면 거기에서 무슨 얘기를 하다가 결정을 하는, 그런 일은 없죠. 대통령이 와서 듣고 한마디를 하면 그 한마디가 중요한 결정이 될 수가 있잖아요? 그런데 이건 보좌관에게 하는 브리핑이니까, 뭐 중요한 결정이 내려지는 자리는 아니었죠. 그때 로스

▮박정희-존슨 정상회담에 관한 민주공화당보 두 정상의 대조적인 자세가 이채롭다

토우하면 유명한 학자에요. 우리나라에도 몇 번 왔었어요. 한국의 경제 금융 사정에 대해서 강연도 하고 내가 통역도 해 주고 이런 일이 있었는데, 그렇다고 로스토우와 특별히 교섭할 건 없었어요.

정상회담 후에 12개 항의 공동성명이 발표되었는데요. 거기에 미국이 한국의 2차 5개년 계획을 지원한다, 양국 간 교역 증진과 미국의 대한 민간 투자 증진을 위해서 가까운 시일 내에 교섭사절단을 교환한다고 되어 있습니다. 이 부분도 당시 양 국장님이 교섭하셨을 텐데요.

그 전부터 미국 측에서 직접투자를 늘려야 한다는 이야기를 계속 했어요. 한국 사람들이 그걸 좀 삐딱하게 생각해서 '아 저 사람들 원조 안 주려고 자꾸 저 딴소리한다' 이런 식으로 받아들이기도 했지만, 이제는 무상원조, SA(지원원조)

박정희-존슨 공동성명(1966.11.2) 발췌

④ 두 대통령은 월남에서 침략의 격퇴가 극히 중요함을 강조하였다. …그들은 필요하다면 언제까지라도 군사적인 또한 기타의 노력을 계속할 것과 또한 동시에 평화를 이룩할 수 있는 모든 길을 모색할 것에 다시 합의하였다. 그들은 이 두 가지 분야에서 가장 긴밀한 협의 하에 계속 행동할 것을 재확인하였다.

⑦ 박 대통령은 대한민국이 자립경제와 한국민의 생활 향상을 지향하는 그러한 발전을 촉진시키려는 제2차 경제개발계획의 목표를 설명하였다.

⑧ 존슨 대통령은 박 대통령에게 합중국 정부는 한국 경제의 성장과 특히 제2차 5개년 계획의 실행을 계속 지원할 것이라고 확언하였다.

⑨ 두 대통령은 한국 경제의 안정과 전진에 따라서 양국 간 무역과 한국에 대한 미국의 민간 투자가 훨씬 더 확장되리라는 데 동의하였다. 그들은 이 목적을 위해 사절단의 조속한 교환에 합의하였다. …

를 축소시키고, 아니 빨리 종식을 시키고 모든 건 차관이나 기업 자체의 이익을 창출시켜서 그걸 하고 그 다음에 민간 투자를 해야 이게 진짜다, 민간 왕래를 확대하자, 이게 그 사람들의 기본 정책이었어요. 그걸 존슨 대통령이 나서서 진두지휘를 해 준 셈이죠.

우리 측도, 양 국장님도 그런 방침에 동의하신 거죠?

물론이죠. 좋다고 했죠. 나도 교육을, 고등교육을 미국에서 받았으니까 자유시장경제에 대한 믿음이 강했죠.

우리나라에는 그때 직접투자를 꺼리는 분위기도 강하지 않았습니까. 다국적 기업에 대

한 비판이 나올 때 아닌가요.

좋은 예를 들자면 외국 사람이 와서 집을 산다든가 땅을 사면 외국인에게 팔아먹는다고 생각하는 사람이 많았죠. 그러니까 직접투자와 관련해서는 신문에도 아주 부정적인 기사가 나와요. 예를 들면, 투자가 잘 되어서 이윤이 나면 과실송금 해야 할 것 아니에요? 그런데 과실송금에 관한 기사를 읽어 보면 배가 아파 죽겠다는 식으로 써 있어요.

네, 그런 분위기가 있었죠.

그럼요. 지금도 있잖아요. 외국인 투자자가 과실을 가져간다고 해도 한국에도 이익이 떨어지는 것인데, 이걸 생각 못하는 거죠. 과실송금은 평균 쳐서 50대 50으로 했는데, 50만큼 이익이 해외로 나가면 나머지 50만큼의 이익이 한국에 남는 것이고, 또 직접투자의 결과로 고용 증대가 되었다는 건 정말 중요한 것이거든요. 그리고 기술 습득을 한 것도 있고요. 이런 눈에 보이는 소득, 안 보이는 소득이 얼마나 많은데, 눈에 보이는 그 이익 얼마가 외국에 나갔다는 데 대해 배 아파하고… 아무튼 기사를 읽으면 그게 되게 배가 아파서 쓴 것인데, 그런 분위기는 참 잘못된 것이었어요.

1966년 10월 31일~11월 2일 존슨 대통령이 방한한 지 보름 정도 지난 11월 17일에 유진 블랙 미 대통령 경제보좌관을 필두로 한 미국 대표단이 내한하여 18일에 한미고위경제회의를 열었습니다. 이 회담의 안건은, ① 2차 5개년 계획 지원, ② 3억 달러의 AID 특별차관계획, ③ 한미월 3각경제협력책, ④ 아시아개발은행 참여와 같은 지역협력 문제 등이었습니다. 이 회의는 어떻게 열리게 되었는지요? 한국 측이 존슨 방한 시 제2차 5개년 계획의 3억 달러 신규 AID 차관요청을 하려다 못했는데, 추후 김현철 대사를 통해 전달하니 그를 논의하러 온 것인지요? 실제 성과는 어땠나요? 3억 달러 AID 특별차관계획[24]은 금액으로 보면 급조한 계획처럼 보이는데요?

이건 내 기억에 없네요. 박충훈 씨가 부총리 된 지 얼마 안 지나 그 다음 해(1968년) 봄에 뉴욕에서 열린 코리안 심포지엄에 가야 했는데, 이 회의의 의장이 유진 블랙이었습니다. 그게 내가 기억하는 유진 블랙입니다. 존슨 대통령의 비서실장격이었던 월터 로스토우가 한국에 여러 번 왔고 1966년 존슨 대통령 방한 때도 수행해서 왔거든요. 존슨 방한 직후에 유진 블랙이 왔다는 게 뭔가 잘못된 얘기 같아요.

유진 블랙의 방한을 보도한 대한뉴스도 있습니다. 당시 양 국장님도 영상에 같이 나옵니다. 하하. 미국 측 회담 참여자는 유진 블랙, 로버트 W. 버너트 국무부 극동경제담당 차관보, 토머스 L. 퍼머 AID 수석법률고문, 자고린 아시아개발은행 미국 측 이사, 번스틴 유솜 처장이었습니다. 회담 후 보도된 기사에는 아시아개발은행(ADB) 설립을 계기로 동남아 지역 개발에 한국이 적극 참여 협조하는 것이 논의되었다 합니다. 그리고 미국 측이 다음 달로 예정된 대한국제경제협의체의 설립을 적극 지원하기로 약속했다 하고요.

아무튼 기억에 없네요.

24 고속도로 사업 8,000만 달러, 원자력 개발 5,000만 달러, 화력발전 5,000만 달러, 석유화학공업 4,000만 달러, 수산개발 2,000만 달러, 서울지하철 시설 1,600만 달러 등이었다.

네, 알겠습니다. 박정희-존슨 공동성명에 언급된 미국 측 경제사절단이 1967년도 3월에 옵니다. 대표자 이름을 따 조지 볼 사절단이라 했는데요, 조지 볼은 어떤 인물이었나요.

이 사절단을 볼 미션(Ball Mission)이라 불렀습니다. 조지 볼(George Ball)이라는 사람이 국무차관직에 있다가 같은 민주당이면서도 존슨 대통령이 밀어붙인 월남전을 반대해서 차관직을 그만두고 나왔어요. 그 후 리먼 브라더스 사에 고문격으로 가 있는 걸, 존슨 대통령이 불러서 "당신이 한국에 직접투자를 장려하기 위한 사절단을 만들어서 갔다 와라" 한 거예요. 우리 같으면 자기 정책에 반대하고 나가면 원수가 되잖아요. 아래 사람이 그렇게 하고 나가면 끝이잖아요. 그런데 미국에서는 그런 사람을 다시 불러서 새 일을 시킨 거예요. 존슨은 그 후에는 또 그 사람에게 유엔 대사를 시켰어요.

사절단 내한 과정은 어떠했나요.

나는 1966년도 12월에 IECOK 창립총회 차 파리에 갔다가 장기영 부총리와 같이 미국에 갔어요. 워싱턴에서 번스틴 유솜 처장과 조지 볼, 그리고 그 후 한국을 방문할 기업인 몇 십 명과 점심을 같이하며 회의를 했어요. 장 부총리, 번스틴 유솜 처장, 그리고 내가 연설을 했지요.

앞서 말씀하신 것처럼 조지 볼 사절단 내한을 위한 준비 작업이었죠. 그런데 1967년 3월 18일에 조지 볼 사절단이 오는데, 그 직전인 3월 10일에 정일권 총리가 미국을 방문할 때 양 국장님이 수행하던데요.

존슨이 1966년도 11월에 우리나라에 왔을 때 국무총리 정일권 씨의 미국 국

▮ 정일권 총리 미국 방문 환영회(1967.3.14, 백악관)

빈 방문을 요청했어요. 정 총리는 1967년 3월에 미국을 방문했는데, 그때 나는 국장급이어서 정일권 씨를 정식으로 수행했죠. 미국이 정일권 총리를 국빈에 준하는 대우를 했어요.

미국 대통령이 우리나라 총리를 초청하는 것은 지금으로서는 상상하기 어렵네요. 1966년도 11월 초 존슨 대통령이 방한해서 정상회담까지 가졌는데, 불과 몇 달 뒤에 미국이 정 총리를 또 국빈 대우로 초청한 이유는 무엇이었나요. 정 총리는 존슨 대통령, 험프리 부통령, 러스크 국무장관, 맥나라마 국방장관 등과 회담을 갖고, 또 공동성명까지 발표했는데요. 이 정 총리의 미국 방문에서 우리 정부가 얻어 내려 했던 것은 무엇이었나요. 브라운 각서에 언급된 한국군 현대화를 진전시키기 위한 것이었다는 신문보도도 있던데요.

▌존슨 대통령–정일권 총리 회담 통역(1967.3.14, 백악관)

정일권 씨 미국 방문은 외무부가 교섭한 것이어서 나는 그게 어떻게 성사되었는지는 잘 몰랐어요. 정 총리가 나를 지명해서 데려갔어요. 월남 파병과 관련해서 한국 측의 환심을 사고 우리를 부추기는 그런 게 아니었나 싶어요. 사실 국무총리 불러서 국빈대우 해 준다는 것은 전무후무한 일이거든요. 그때 대통령에 대한 예우나 거의 마찬가지였거든요. 왜 그랬느냐. 그 후에 파병 문제가 현실화되었단 말이에요. 비전투부대만 가 있었는데 전투부대를 보내달라는 것과 관련이 있을 겁니다.

전투부대는 이미 가 있었습니다. 청룡 · 맹호 부대가 1965년에 가고 1966년에도 증파해서 8월 말부터 백마부대가 갔는데, 그 후에도 미국은 병력을 증파해 달라고 요청했습니다. 한국이 이미 5만 명 쯤을 보냈는데도, 월남 전황이 안 좋으니 미국은 한국 측에 추가 파병을 타진한 게 아닌가 합니다. 미국 정부가 월남 전장에 1966년 10월에 33만 명, 1967년 6월에는 46만 명으로 미군을 계속 증파하는 중이었습니다.

그랬나요. 여하튼 미국이 월남전 수행을 위해 우리의 환심을 살 필요 때문에 그렇게 한 것 같네요.

정일권-존슨 공동성명의 경제 조항을 보면, 미국이 한국의 제2차 5개년 계획 추진을 지원한다는 것, 미국이 개발차관, 상업차관의 제공과 직접투자 활성화에 협력하겠다고 되어 있습니다. 이는 전년도 11월 박정희-존슨 공동성명과 동일한 내용이고요. 미국은 우리에게 경제협력 약속을 반복하면서 추가 파병의 분위기를 만들려 한 것으로 보입니다. 아무튼 정 총리 수행하신 후 같이 귀국하신 건가요?

1967년 3월에 정 총리를 수행해서 미국 워싱턴에 갔다가 정 총리가 한국으로

정일권-존슨 공동성명(1967.3.14) 요지

⑤ 존슨 대통령은 정 총리에게 미국은 한국의 경제성장을 지원하고, 특히 제2차 5개년 계획의 목표 달성을 위해 계속 지원하겠다는 앞서의 확약을 거듭 다짐했으며 개발차관이 계속 제공될 것임을 밝혔다.

⑥ 존슨 대통령은 또한 미국을 포함한 우방국들로 구성된 국제차관단이 한국에 대한 개발자금 제공면에서 협력하기 위해 구성되었음을 지적했다. 정 총리는 조지 볼 전 국무차관 인솔 하에 비공식 통상투자사절단이 멀지 않아 한국을 방문하게 된 데 대해 만족을 표명했다. 한국 상공장관과 미국 상무장관은 매년 회동할 것에 합의했다. 존슨 대통령은 또한 상업차관과 합작 사업을 통한 대한 투자의 가능성과 기회에 관해 한국에 협조하는 데 미 실업인들의 주의를 환기시키겠다고 다짐했다.

《경향신문》 1967.3.15.

돌아올 때 뉴욕에서 헤어졌어요. 나는 다시 워싱턴으로 가서 AID 처장이 주최하는 점심에서 조지 볼 미션 멤버들과 합류했어요. 그리고 그 사람들을 인솔해서 한국에 돌아온 것이고요.

조지 볼 사절단 내한 다음 날인 1967년 3월 19일 워커힐에서 장기영 부총리, 김정렴 상공부 차관(영접위원장), 양윤세 투자진흥관이 조지 볼 사절단과 협의합니다. 한국 측은 사절단에게 한국에 투자할 28개 업종을 제시했고, 미국 측 볼 단장은 미국 기업인들이 노동집약적 업종, 특히 전자공업, 전기부속품, 식품가공업, 의류제품에 큰 관심을 갖고 있다고 답변했습니다. 3월 25일자 《매일경제신문》은 조지 볼 사절단의 방한이 우리나라가 미국 민간자본을 받아들이는 전환점이었다고 적극적으로 평가했는데요, 실제로 그 무렵 미국의 유수한 전자회사들이 우리나라에 투자를 시작했습니다. 이 회사들이 조지 볼 사절단에 끼어서 왔던 건가요?

그렇지는 않았을 겁니다. 사절단의 멤버 하나하나까지는 기억 안 나는데… 미국의 전자공업 회사들은 사실 그 전부터, 1965년부터 들어오기 시작했어요.

조지 볼 사절단 참가자

뱅크 오브 아메리카 등 4개 은행, 록히드, 싱거미싱 등 전자 및 정밀기기 5개 사, 산업기계 3개 사, 제철 및 제강 1개 사(베들레헴강철), 기초화학 2개 사(다우케미칼, 디스틸러), 제약 3개 사, 제재 2개 사, 식품 3개 사, 피아노, 서적, 호텔건설 4개 사 등 총 27개 회사의 대표 45명.

《동아일보》 1967.3.18; 1967.3.20.

▮ 조지 볼 사절단에 대한 경제기획원에서의 한국 경제 브리핑 (1967.3.20, 국가기록원 CET0033570) 1 조지 볼, 2 김정렴 영접위원장, 3 비프렛 부단장, 4 번스틴 유솜 처장, 5 장기영, 6 양윤세

투자진흥관실을 만들기 전에 외자총괄과 시절부터 이미 전자회사들이 들어온 겁니다.

제일 먼저 들어온 게 페어차일드, 그 다음에 시그네틱스, 모터롤라, 데이터 컨트롤, 이런 것들 너덧 개 큰 것들이 들어왔어요. 페어차일드 같은 건 1965년도에 들어온 걸로 기억하는데, 페어차일드나 시그네틱스와 같은 회사들은 1967년 조지 볼 사절단 오기 전에 이미 들어와 있었어요. 또 그 나머지 전자회사는 대개 투자 규모가 크지는 않았죠. 그 한국 측 합작선이 지분의 50%를 대는데, 실제로는 땅과 건물을 출자하는 겁니다. 땅값도 쌀 때이고 건물도 뭐 워낙 간단한 것이고, 그 다음에 필요한 기계 같은 거는 외제인데, 고가의 설비도 아니었죠. 그래서 부품회사의 경우에는 돈이 많이 안 들었어요. 직접투자로서 처

▮조지 볼 미 경제사절단을 접견하는 박정희 대통령(1967.3.20, 국가기록원 CET0023646) 맨 왼쪽이 양윤세

음에는 전자부품회사들이 많이 들어왔어요.

그런데 전자부품회사들의 진출과 관련해서 찬반 양론이 있지 않았나요.

난 그게 잘된 일이라고 찬성했어요. 하지만 그 계통의 전문가들 중에는 비판하는 사람들이 있었어요. 왜 남 좋게 부품산업만 하느냐. 전체적인 걸 개발해야 되지 않느냐는 거예요. “전체적인 것을 해서 토탈로 제품을 만들어야지, 왜 부품을 생산해서 남 좋은 일만 해주냐”는 이야기예요. 그런 사람들 입장에서 보면 좀 더 크게 했으면 좋겠지만, 그래서는 일이 되질 않죠. 그때 그런 사람들은 내가 하는 일에 일종의 방해가 되거든요. 그래서 내가 그때는 그런 사람들을 많이 공격했어요.

미국 전자부품회사의 직접투자 시점

아래 두 기사에서 보는 것처럼 페어차일드와 시그네틱스의 회사 설립은 각기 1966년 4월과 7월이었고, 공장 준공은 1967년 6월(시그네틱스)이었다. 그 직접투자는 1967년 3월 조지 볼 사절단의 내한 전에 이미 결정되었다. 1967년 1월 19일자 〈전자공업 붐일 듯〉이라는 제목의 《경향신문》 기사에 의하면, 이미 시그네틱스 등 4건은 인가되었고, GE, 웨스팅하우스, 모토롤라, IBM 등이 투자의사를 밝혔다 한다. 미국 전자부품회사의 직접투자 움직임이 본격화된 상황에서 조지 볼 사절단이 온 것으로 보아야겠다.

외국인 투자 공장 준공, 라디오 부속 등 생산(1967년 2월 25일)

미국 페어차일드 카메라 앤드 인스트루먼트 회사의 방계회사인 세미코어(주)가 트랜지스터 월산 10만 개의 라디오 · TV의 부속품 등 전자부품 제조공장의 준공식을 25일 영등포구 신대방동 소재 공장에서 거행한다.

《경향신문》 1967.2.25.

시그네틱스 공장 준공(1967년 6월 22일)

지난 22일(1967년 6월) 준공된 한국시그네틱스회사는 새 외자도입법 제정 후 완공된 최초의 현대식 공장으로, 말하자면 미국인 직접투자의 파이어니어(개척자).

미국 시그네틱스회사가 100% 직접투자로 167만 8,000달러를 들여 건설한 이 공장은 전자공학 분야의 최첨단을 걷는 집적회로(IC) 전자부품을 생산…

사전에 일본, 한국 등 몇 나라의 투자 타당성 조사를 한 결과 한국 투자가 가장 유리하다는 결론을 내린 때문. 다름 아닌 우리나라의 노임이 싸고 교육수준이 높은 풍부한 노동력…

현재 여공 약 100명에 남자 30여 명을 고용. 이 고용자 수는 1968년까지 시설 확장 후 여공 700여 명, 남자 100명으로 늘릴 계획.

그러나 이들이 받는 노임은 보잘 것 없는 것. 여공의 경우 월 4,000원이 기준… 일본의 경우 제조업 부문 노동자의 임금이 월평균 3만 6,000원이며, 미국의 경우 월 평균 15만 원(약 500달러)이 된다는 점에 비추어 우리나라의 노임이 얼마나 싼 것인가. …

아무튼 이 한국시그네틱스 공장 건설은 미 투자가의 한국 직접투자의 첫 상징적인 존재로서 번스틴 유솜 처장은 '미국 실업인들을 확신시키는 것' 이라고 지적…

《경향신문》 1967.6.24.

박 대통령에게 전자공업에 관해 많이 자문을 한 김완희 박사라고 있었잖아요. 부품회사 위주로 전자공업이 출발하는 거에 대해서 비판한 이가 그분이었나요.

네. 그 양반이 상공부에서 연구용역을 맡겼던 컬럼비아대 교수인데, 난 그때 그 양반을 아주 싫어했어요.

오원철 수석 책에 의하면, 상공부에서도 끔찍이 싫어했다던데요. 하하.

그때 싫어한 이유가 뭐냐면, 그 양반이 주로 주장하는 게 왜 부품만 하느냐 이거예요. 종합을 해야 된다, 종합적인 걸 해야 된다고 해요. 그런데 그 말은 지금 기어 다니지도 못하는 애에게 뛰라고 하는 거예요. 나는 전문가라는 사람이 하나도 도움이 안된다고 생각했어요. 그때 10만 달러인가 주고 용역을 했어요. 거액이에요. 난 상공부가 왜 저런 사람을 데려다가 10만 달러나 주느냐고 말했어요. 나중에 한국도 전자공업이 많이 발전되고 나서 결과적으로 뒤를 돌아다 보면 그런 주장을 해 준 사람이 많이 도움이 되었다고 생각합니다. 그때는 내가 하는 일에 너무 비판적인 얘길 하니까 싫어했지만, 긴 장래를 두고 보았을 때는 그 사람도 공이 꽤 있다고 인정합니다.

이 미국계 전자회사의 한국 진출로 한국 전자부품공업이 출발했습니다만, 당시에는 이 외국계 전자부품 공장의 저임금이 문제가 되지 않았나요?

전자부품 공장 중에서 노동운동이 시작된 곳이 있었죠. 모토롤라 같은 데서 아주 곤란을 겪었고, 경찰 동원해서 데모를 막기도 했었죠. 하지만 정부 내부에서는 저임금 문제를 크게 취급하지 않았어요. 가급적이면 노동쟁의 못하게 했죠. 왜냐? 인력이 남아돌아가는 상황이었고, 그 사람들이 지금 기준으로는 기술 같지도 않은 것이지만 당시로는 대단한 기술을 배웠던 겁니다. 그래서 정부는 저임금을 문제 삼지 않고 오히려 노동쟁의를 진압하고 무마하려 했지, 노동자 임금을 올리라고 하지는 않았죠.

이 미국계 전자회사의 한국 진출이 갖는 의의를 더 지적하시면요?

이 무렵에 한국 경제에서 월남에 간 남자 노동력 못지않게 중요한 역할을 한 게 전자부품 공장의 아가씨들입니다. 시골 아가씨들, 초등학교나 겨우 나온 이 아가씨들이, 남은 길은 식모로 가는 길밖에 없는 아가씨들이 이 직접투자 공장에 와서 기계를 다루는 거예요. 그것도 아주 첨단 기술입니다.

식모 노릇이나 하던 애들이 기계가 뭔 줄 알고 전자가 뭔 줄 알기 시작한 거예요. 얘네들이 식모라는 소릴 듣기 싫으니까 월급이 적더라도 여길 오는 거예요. 와서 세 아이, 네 아이가 한꺼번에 조그만 방 하나 얻어서 편교대로 와서 자고 일하고 이랬던 거예요. 걔네들이 정말 열심히 일했어요. 장기영 씨가 대통령에게 가서 자랑했죠. 그래서 박 대통령이 한 번은 근처에 있는 이 외국계 전자회사들을 시찰하러 나왔어요. 안내는 내가 맡고요. 그렇게 몇 군데를 갔는데 대통령이 들어와도 눈 하나 깜빡 안 하고 일에 집중해요. 이렇게 앉은 애들이 그대로 자기 할 일만 하는 거예요.

그래서 그 기술 축적이 되었죠. 또 역시 이 아이들이 그대로 식모 노릇이나 하면 그때 돈을 받아봤자 얼마를 받겠어요. 그때 돈을 거의 못 받거든요. 밥이나 먹을 정도면 그만인데, 어린 여공들이 조금이라도 돈을 받으면 그 돈이 전부 자기 집으로 가는 겁니다. 가장 빈곤한 사회 밑바닥 층으로 그 돈이 자동적으로 흘러들어간 거예요. 이 힘이 무지하게 큰 겁니다.

눈이 번쩍 뜨이도록 중요한 말씀인 것 같습니다. 가난한 농촌 출신의 소녀가 도시에서 식모 노릇을 하면 입에 풀칠이야 하겠지만, 빈곤의 악순환에서 벗어나기 힘들 텐데요. 그 소녀가 외국계 전자부품 공장에 취직해서 적은 금액이나마 벌면 그게 가난한 자기 집으로 흘러들어가 다른 형제가 학교를 다닐 수 있을 테고요, 또 소녀 자신도 더 이상 더부살이가 아니라 사회의 당당한 일원이 될 수 있을 것이고요.

그래서 투자진흥관실을 만들어서 업무 볼 적에 나는 최우선 점을 일자리 창출(creation of job)에 두었어요. 그게 제일이에요. 그래서 일자리가 많이 생기는 투자를 적극적으로 유치하려 했어요. 그 다음 고려 사항이 시장 확보가 되느냐, 생산 제품을 쉽게 팔 수 있느냐는 거였어요. 이렇게 생산된 전자부품은 100% 수출이거든요. 다 자기 본사로 갖고 가요. 이 100% 수출이 시장 확보죠. 자본 확보는 그 다음이에요. 외자도입이라 하면 자본이 으뜸인 줄 아는데, 그게 아니라 일자리, 시장, 기술, 그 다음에 자본이에요.

그렇기 때문에 일본 청구권 자금을 종합제철소로 전용할 적에도 이런 걸 질문한 적이 있어요. 청구권 자금이 얼마만큼 한국에 기여를 했느냐? 난, 그 자금 기여도는 얼마 없다 이거예요. 그게 없었어도 문제가 별로 없었다는 겁니다. 그러나 그걸 터놓음으로 해서 일어나는, 여러 통로가 개방이 되었다는 게 중요하다는 거죠.

그 1년에 3,000만 달러, 2,000만 달러, 그것의 공헌이란 건 거의 없다고 생각해도 된다, 먹어서 없어진 건데, 거의 없다고 봐도 된다는 이야기입니다. 그걸로 인해서 교역이 확대되고 다양한 경제 관계가 만들어졌다는 게 중요하다는 겁니다.

크게 보면, 한일 국교 정상화 후 일본에서 자본재랑 부품을 들여 와서 우리나라에서 조립 · 가공한 다음 그 제품을 미국으로 수출하는 국제분업 관계가 만들어진 거 아닙니까?

그게 중요하지요. 통로가 열렸다는 게 중요한 거죠. 10년간 분할 지급하는 청구권 자금 무상 2억 달러, 유상 3억 달러라는 건 연간 액수로 보면 그때 PL480만도 못하다고 할 수 있어요. 그걸 분명하게 이야기할 수 있어요.[25)]

1967년에 양 국장님의 외자유치 활동이 계속됩니다. 1967년 9월 25~29일 브라질 리우데자네이루에서 열린 IMF, 세계은행의 연차 총회에 참석해서 각종 투자사업을 위한 차관 교섭을 합니다. 서봉균 재무장관, 김세련 한은총재, 이재설 재무부 차관보, 양윤세 투자진흥관 등이 대표단으로 가서 경인고속도로, 한국개발금융공사, 전천후 농업, 철도 1, 2차, 교육 사업 등 프로젝트에 관해 논의했습니다. 이어서 미국 뉴욕으로 가서 극동상의에서 연설하고 민간투자 유치 활동을 합니다. 워싱턴에서는 AID 처장 등을 면담하고요.

먼저 워싱턴 갔다가 다음에 뉴욕으로 갔어요. 워싱턴에서 AID 처장을 면담했는데, 그는 우리에게 미 수출입은행의 활용을 종용했어요. 일본 상업차관 도입이 크게 늘었는데 금리와 상환기간면에서 불리하다는 것이죠. 미 수출입은행

25 1965~1967년의 PL480 평균액이 4,700만 달러를 넘었다.

미, 대한(對韓)투자열 높아

약 15일간 미국 민간 실업인들의 대한(對韓) 투자 유치를 위해 미국 경제계를 방문하고 10월 23일 돌아온 양윤세 경제기획원 투자진흥관은 미국의 대한 투자열은 그 어느 때보다 고조되었으며, 미 민간 실업계의 20여 개 업체가 식품, 전자공업, 기계부속품, 섬유공업, 새우양식 부문의 대한 투자에 깊은 관심을 표시하고 11월 말에 조사단을 보내 시장 조사를 하고 구체적인 상담을 벌일 것이라 하였다.
양 국장은 미국 실업계 중진들이 한국 경제가 높은 성장률을 보인 데 대해 찬사를 보내고 있으나, 한국 경제의 당면 문제로서 단기 외채의 증가 템포가 너무 빠른 것과 상업차관의 과다, 수송, 전력 부문의 부족 등을 경고했다고 말했다.
양 국장은 우리나라의 대미 수출 증진에서 가장 큰 문제는 견본과 실제 수출상품의 품질 차이에서 오는 신용추락이라고 지적했다.

《경향신문》 1967.10.23; 《서울경제신문》 1967.10.24.

은 대개 연리 6%에 상환기간 10년 혹은 15년으로 상업차관보다 조건이 좋았어요. 그래서 미 수출입은행 사람도 만났는데, 그는 우리나라가 융자대상국으로서 가치가 있으며 통신위성 시설 계획에 대해서 융자해 줄 용의가 있다고 했어요. 우리나라가 더 좋은 조건의 차관을 들여 올 가능성이 생긴 겁니다.

그 다음에 뉴욕에서는 미국 기업인들 상대로 투자진흥 활동을 했습니다. 이어서 시카고에서도 하고 샌프란시스코에서도 했어요. 미 기업인들을 만나 보니 대한 투자에 대해 관심이 많았어요. 이게 앞서 언급한 대로 장기영 부총리가 해임된 직후의 일입니다.

네, 그렇지요. 그런데 부총리 경질 후에 차관도입 정책이 신중 모드로 바뀌지 않았습니까. 전임 장기영 부총리가 대일 차관도입에 적극적이었던 것과 달리, 후임 박 부총리는 대일 차관의 신규 신청 접수를 중단하고 대신 미국 수출입은행이나 IECOK 회원국으로 차관도입선을 다변화하려고 했는데요. 양 국장님의 이 미국 도시 순방 시에도 차관도입선을 다변화하려는 의도가 있었는지요.

그건 아니에요. 뉴욕 등 미국 도시를 순방한 것은 미 기업인들의 직접투자를 유치하기 위해서였어요. 워싱턴에서 AID 처장을 만나고 미 수출입은행 관계자를 만난 것은 차관도입을 위해서였고요. 미 수출입은행 차관이 성사되면 결과적으로 차관도입선이 다변화되는 것이지요.

양 국장님께서는 이 출장을 마치고 10월 하순에 돌아오셔서 기자회견에서, 11월 중에 미국의 20여 개 사가 음식료품업, 전자공업, 기계공업 등의 투자를 위해 우리나라에 기술조사단을 보낼 것이라 말씀하셨습니다.[26] 이 조사단이 실제로 방한했는지요.

조사단이 한꺼번에 방한하지는 않았어요. 대신 개별 회사마다 관계자가 방한해서 우리 직원들과 바삐 교섭했던 것으로 기억합니다.

이어서 1967년 10월 말 서울에서 한미상공장관 회담이 열립니다. 그해 3월 정일권 총리의 미국 방문 때 존슨 대통령과 합의한 사항이었습니다. 한국 측에서는 김정렴 상공부 장관, 이철승 차관, 김우근 차관보, 심의환 상역국장, 박필수 과장, 기획원 양윤세 투자진흥관 등이 참석하고 미국 측에서는 트로브리지 상무부 장관 등이 참석했는데요. 주무 장관인 김

26 《산업경제신문》 1967.10.23.

정렴 씨의 회고록에 의하면 우호적인 분위기에서 열렸고, 한국의 수출에 대한 특혜관세제도의 적용 문제, 미국의 공업소유권 문제, 보험회사의 진출 문제 등을 논의했다고 합니다. 이 회담의 현안으로 기억하고 계신 게 있는지요.

뭐, 특별한 것은 기억나지 않네요. 미국의 민간 투자가 활발해지도록 계속 지원하는 것이고, 또 무역 관계니까 마찰이 계속 생기잖아요. 그런 거 조정한 것이죠.

다음 해에도 외자유치 활동이 계속됩니다. 이미 말씀 나온 것처럼, 1968년 4월 16, 17일 워싱턴에서 제2차 IECOK 총회가 열립니다. 한국이 제2차 5개년 계획의 성공적 수행을 위해 21개 사업, 총 6억 7,000만 달러의 외자유치를 계획했는데, 그중 종합제철(1억 900만 달러), 원전 1호기(1억 600만 달러), 석유화학단지(1억 1,900만 달러) 건설이 3대 프로젝트였습니다. 그 밖에 화력발전소, 농업 수리시설 사업 등이 있었는데요, 이 회의는 어떻게 진행되었나요.

내가 이 IECOK 총회 가기 한 달 전, 그러니까 3월 초에 미국 뉴욕의 코리아 심포지엄에 다녀왔어요. 미국의 아시아협회(Asia Society)가 주최한 행사인데, 미국 측에서는 유진 블랙 전 세계은행 총재, 투자사절단 왔던 조지 볼 전 국무차관, 번스틴 전 유솜 처장 등이 참석했고, 우리 쪽에서는 박 부총리, 나, 그리고 천우사 전택보 씨, 럭키화학의 박승찬(朴勝燦) 씨, 김흥한(金興漢) 변호사가 참석했습니다.

내가 한국 경제의 현황에 관해, 그리고 한국의 수출산업에 관해 각기 주제 발표를 했어요. 첫 번째 발표에서는, 한국이 1960년대 초 이래 경제성장과 안정화를 동시에 달성했다는 것, 한국이 1965년 이후 직접투자라는 새로운 경제협력 관계를 미국과 맺기 시작했고 한국 정부가 1966년에 직접투자 활성화를 위해 외자도입법을 제정하고 투자진흥관직을 만들었다는 것, 외국인 직접투자에 세제, 금융, 행정 지원면에서 다양한 유인을 준다는 것, 그리고 한국을 지키고 발전시키는 것이 전 세계의 자유와 평화를 수호하는 일이라는 것을 강조했어요.

그리고 두 번째 발표에서는, 우리나라 수출의 비약적 성장과 그 내역, 정부의 각종 수출진흥책을 소개하고, 미국계 전자부품 회사들처럼 한국 수출산업에 대한 직접투자가 유망하다는 것을 강조했습니다.

그런데 이 3월 5일자 양 국장님의 주제 발표와 박충훈 부총리의 강연을 보면, 경제개발로 남한의 힘이 세지니까 북한이 초조해서 청와대 습격(1.21사건)이나 푸에블로호 납치를 자행한 거라는 언급이 있습니다. 북한의 군사도발의 원인을 그렇게 보셨던 건가요?

여러 원인 중 하나로 본 거죠. 그리곤 4월에 워싱턴의 IECOK 총회를 다녀오고 6월에는 유럽에 투자유치 순회 사절단을 다녀왔어요. 다각적으로 경제협력을 추진하는 데 숨 가쁘게 움직였어요.

IECOK 총회와 유럽 순회를 하고 온 다음에는 그 성과를 한국경제인협회(현 전국경제인연합회) 회장단에게 강의한 일이 있어요. 내가 그 강의록을 보관했는데 그 내용을 간추려 줄게요.

IECOK 제2차 총회에는 새로 오스트리아가 옵저버(observer)로 참석했고, 아시아개발은행(ADB)이 새 국제기구 멤버로 들어왔어요. 이 IECOK 총회에서는 먼저 세계은행 및 국제통화기금 대표가 한국 경제 상황에 대해 보고하고 이어서

제2차 IECOK 총회에 제출한 21개 사업

사업명	소요 외자 규모(백만 달러)	사업주	입지
전천후 사업	31.6	토지개량연합회	금강, 평택
종자개량사업	3.2	상동	전국
간척사업	7.3	상동	부안, 고창
종합제철소	109.2	대한중석(주)	포항
기계공장	17.0	한국기계	인천
서울화전 2호기	28.5	한전	서울
서울화전 3호기	28.5	한전	서울
마산화전 3호기	28.5	한전	마산
충주화전	16.0	한전	충주
원자력발전 1호기	106.1	한전	읍내
중소기업	50.0	산은, 기은, KDFC	전국
석유화학공업	119.0		울산
카프로락탐공장	19.1	동양카프로락탐	울산
암모니아공장	18.4	충비	충주
중기 도입	15.3	건설부	전국
준설선 도입	10.5	준설공사	전국
디젤기관차 도입	7.0	철도청	전국
인천항 건설	1.3	건설부	인천
특수화차 도입	10.0	철도청	전국
철로 10만 톤 도입	14.0	철도청	전국
농어촌 개발	27.1	농어촌개발공사	전국
계	667.5		

자료: 《서울신문》 1968.4.19.

한국 대표인 부총리가 기조연설을 하고, 그리고 내가 각각의 투자프로젝트의 사업계획에 관해 설명을 했어요. 난 가장 중요한 사업이던 석유화학과 종합제철소와 더불어 운송과 전력 등 인프라 부문에 대한 투자의 필요성을 설명하는 데 역점을 두었어요. 수송량 증가율이 GNP 증가율을 앞질렀기 때문에 철도차량을 늘리려 했고, 역시 급증하던 전력 수요에 대응하기 위해 원자력발전소와 화력발전소를 건설하려고 했죠.

이때는 세계은행에서 한국 경제의 성장을 아주 호의적으로 평가하고 있어서 회의 분위기가 좋았어요. 이 회의의 결론은 간단한 공동성명으로 집약 발표되었습니다. 첫째, 한국 경제가 장족의 발전을 이룩했다는 것을 인정한다. 둘째, 앞으로 계속 성장하기 위해서는 상당한 양의 외자가 도입되어야 할 필요성을 인정한다. 셋째, 이 외자도입은 가급적 유리한 조건, 즉 장기 저리의 차관으로 이루어져야 한다는 것이었어요.

사업 리스트의 3대 프로젝트 중 원전 1호기는 1970년 말에 착공해서 1978년에 준공되어 발전을 시작했습니다.

그게 고리1호기일 겁니다. 그런데 나중에 내가 주미공사 할 때 성사된 원자력발전소도 있어요. 그때는 연료 재처리가 문제가 되었어요. 우리는 연료 재처리를 하겠다는 입장이었어요. 핵확산금지조약(NPT)에 가입하면 재처리를 못하니까 우리는 가입 안 했지요. 미국은 NPT에 안 들어오면 원전 기술도 못 준다는 거였어요. 그래서 그 원전 계획은 움직이질 못하고 있었어요. 내가 나중에 1970년대에 공사로 갔을 때 본국에서 훈령이 왔어요. 나더러 미 국무부에 NPT 가입한다는 것을 통보하라는 거죠. 그래서 내가 가서 NPT 가입한다고 우리 정부 입장을 밝히고 원전을 추진하게 되었어요.

핵연료 재처리 건은 우리나라에서는 유일한 중수로 방식의 원전, 월성 1호기 건설 때 문제가 되었을 것 같습니다. 그에 관해서는 주미공사 시절에 관해 말씀을 나눌 때 여쭙겠습니다.

그런데 이 회의가 '지원할 용의가 있다' 거나 '장기 저리 조건의 외자를 사용해야 한다'는 원칙만 확인했다는 신문보도를 보면, 개별 프로젝트의 차관을 확정하거나 그 사업 타당성을 승인한 일은 없었고, 나중에 세계은행 등이 개별 프로젝트를 보아 가면서 타당성을 검토할 조사단을 보낸 건가요?

이 회의에서 개별 프로젝트의 타당성을 승인하거나 각각에 대한 차관 제공을 약속할 수는 없죠. 일례로 종합제철소 사업에서 어느 나라, 어느 업자, 금융기관에서 협조자나 차관선을 구할 것인지는 사업 주체가 정할 일이고, 그렇게 정해진 것을 취합해서 IECOK 회의에서 발표하면, 외국 차관선은 의사가 있으면 조사를 하는 거죠. 조사 결과를 보고서 자기들이 차관을 줄지 말지 결정하는 것이고요. IECOK 회의가 프로젝트들을 일률적으로 통제하거나 승인을 하거나 할 수는 없죠.

1968년 4월 IECOK 회의 후 6월 1일 유럽에 투자교섭단장으로 가셨습니다(양윤세 국장, 박문순 외무부 경협과 서기관, 김태경 기획원 사무관). 6월 한 달 동안 영국, 프랑스, 이탈리아 등 유럽 각국을 돌면서 교섭 활동을 하신 것으로 나옵니다. 이 사절단에 앞서 종합제철소 사업을 위해 피츠버그의 KISA에 노인환 공공차관과장 등 교섭단이 갔고, 또 고속도로 건설사업을 위해 건설부 기획관리실장 등 교섭단이 워싱턴의 세계은행에 갔습니다. 한 신문은 이를 '파상적(波狀的)인 외자유치 교섭'이라 표현했는데, 제2차 5개년 계획이 한창인 1968년은 외자유치 노력이 절정에 달한 인상입니다.

내가 유럽에 출장 간 건 IECOK 총회와 관련이 있어요. 국제회의에 나가면 통상적으로 미 AID 차장, 차장보, 국무부 차관보 등이 우리와 같이 다니며 식사도 같이하고 이야기도 많이 합니다. 2차 총회 끝나고 존 블리트라고 AID 차장보가 불쑥 박 부총리에게 미스터 양이 유럽을 한 번 순회하면 어떻겠느냐, 순회하면서 설명을 해서 유럽 각국이 한국을 좀 더 이해하도록 하는 게 좋겠다고 건의했어요. 박 부총리가 돌아와서 박 대통령에게 바로 이것을 보고하니까 대통령이 보내라 했어요. 그래서 내가 가게 된 겁니다.

그런데 비슷한 시기에 갔지만 교섭단의 성격이 달랐죠. 내가 유럽에 간 목적은 유럽 각국의 외자 제공 상황이 어떤지 알아보고, 또 한국이 하려는 사업을 유럽 각국에 알리려 했던 것이죠. 난 탐색 및 홍보하러 간 거고, KSIA 교섭단이나 고속도로 차관 교섭단은 개별 사업을 구체적으로 진척시키기 위해 간 거죠.[27] 성격이 분명히 달랐죠.

당시 양 국장님의 유럽 순방의 성과는 어떤 것이었나요? 신문에는 '상업차관, 일본으로부터 유럽으로 전환' 이런 식으로 보도되었던데요.

우선, 유럽 각국이 대한민국의 존재를 뚜렷하게 인식하게 된 것, 한국의 경제발전을 매우 높이 평가하게 된 것이에요. 그 전까지는 유럽인들에게 한국 하면 6.25전쟁 후 1950년대의 모습이 각인되어 있어서, "너희 나라는 왜 항상 저 모양이냐? 우리는 너희 나라를 돕기 위해서 많은 원조를 했다"는 말을 무수히 했어

27 KISA 교섭단은 KISA 측과 종합제철소의 내외자 소요액과 설계서를 검토하러 갔고, 세계은행 교섭단은 고속도로 타당성 조사사업의 계약을 체결하려고 출장 간 것이다.

▌1968년 6월 유럽 순방 중 스웨덴의 중장비 생산업체 방문

요. 그러던 사람들이 전과는 판이하게 한국을 평가해서, 한국과의 경제협력 무드가 만들어졌어요. 그리고 우리가 필요로 하는 외자의 액수는 이제 문제가 되지 않는다는 거였어요. 무슨 말이냐 하면, 그때 순방한 나라들과 자본 거래를 할 수 있는 범위가 어느 정도인가를 계산해 보니, 합해서 한 5~6억 달러 정도까지는 무난히 이루어질 수 있다는 판단이 들었어요. IECOK 유럽 회원국이 대한 차관 공여한도를 기존의 3억 달러에 신규로 3억 달러를 추가해서 6억 달러 선까지 증액할 뜻을 밝힌 거예요. 또 하나는 이전과 달리 차관공여국이 주도권을 쥐고 흔드는 시기는 지났다는 거예요. 그 전까지는 차관공급자가 마치 큰 은혜를 베푸는 식이고, 우리는 차관을 들여 오면서도 원조를 받을 때처럼 혜택을 입는 듯한 태도를 보였어요. 이제는 우리가 그 나라들과 대등한 위치에서 차관 교섭을 할 수 있겠다는 생각이 들었어요.

IECOK 유럽 회원국 순회 보고(요약)

① 유럽의 IECOK 회원국들로부터 자본을 유치해 올 수 있는 한도는 5억 내지 6억 달러이다. 그중 약 3억 달러는 이미 도입 확정되었고, 금후 신규로 2억 내지 3억 달러가 기대된다. 국별로 예측하면 영국과 프랑스가 각 1억 5,000만 달러, 이탈리아가 1억 1,000만 달러, 스위스, 네덜란드, 오스트리아, 벨기에가 각각 2,000 내지 4,000만 달러.

② 종합제철, 원자력발전, 전철화사업, 화력발전 등의 차관이 예상보다 유리하다는 전망이 보였다.

③ 은행차관으로 영국이 700만 달러, 이탈리아가 500만 달러, 벨기에 300만 달러를 중소기업 중기성 자금으로 공여할 것을 제의한 바 있다.

④ 기술학교 설립, 기술자 파견 등 기술협력에도 적극적인 협조 의사를 보였다.

⑤ 대한(對韓) 인식이 예상 외로 좋았고, 돈이 문제가 아니라 좋은 사업이면 된다는 가능성을 엿볼 수 있었다.

⑥ 통상면에서도 개척의 여지가 많았으나 업계의 활동이 부진했다. 상사(商社)의 진출이 거의 없었다.

《서울경제신문》 1968.8.8.

그때 요청한 차관 중에 화력발전소 건설 건이 여럿 있던데요.

발전소 건이 그때 많았어요. 한창 발전소 지을 때였으니까요. 미국의 공공차관 중에 발전소로 가는 게 상당히 많았습니다. 웬만한 화력발전소는 다 미국 공공차관으로 지은 거예요.

울산대, 당시는 울산공대 설립도 이때 영국 방문의 성과 중 하나였다던데요?

영국에 가서 한국에 투자해 달라, 원조도 해 달라 교섭을 했습니다. 맥노튼이라는 영국 외무차관을 만났는데, 원조 예산은 다 소진되었고 기술원조는 좀 남아 있다는 거예요. 영국에도 미국의 AID 같은 경제협력 담당 기관이 있는데, 거기 가서 차관보를 만나라, 자기가 약속 잡아 놓겠다고 했어요. 가서 담당자를 만났더니, 원조 자금이 좀 남아 있다 이거예요. 대신, 원조를 받아서 뭘 하려느냐고 묻더라고요. 금방 생각나는 게 있어야지. 그래서 대학을 하나 짓고 싶다 했어요. 우리나라가 산업을 막 일으키고 있는데, 영국처럼 보딩 하우스(기숙학교)로 해서 산업 전사들이 2년 동안 실무교육을 제대로 받을 수 있는 대학을 하나 만들고 싶다고 했어요.

그랬더니 아주 좋은 생각이래요. 자기네가 아프리카 같은 곳에 대학을 지은 일도 있어서 전문가도 있다 이거예요. 그래서 영국 측이 외자를 다 내고, 내자, 땅값 같은 거는 한국 측이 내서 하기로 했어요. 내가 대학 짓기로 했다는 것을 영국과 합의했다고 발표해도 좋겠냐고 하니, 잠깐 기다리라더니 어디에 짓겠느냐고 물어요. 그건 내가 대답 못한다, 내가 정할 수 없다고 했어요. 그래서 한국의 요지(prestigious place)에 짓는다고만 합의를 했어요. 영국 측은 울산 같이 새로 공업이 일어서는 곳에 짓기를 원했어요. 나도 울산을 생각했지만, 내가 거기서 정할 수는 없는 노릇이죠.

그리고는 영국 주재 기자들을 모아서, 영국의 지원을 받아서 대학을 짓기로 했다고 발표했어요. 우리 외무부에서는 믿을 수가 없다고 했대요. 주영 대사관에 전보를 세 번인가, 네 번인가 쳤대요. 뭐, 상세히 보고하라, 어떻게 된 거냐 알아봐라 했다는 거예요. 여하튼 그래서 영국에서 대학 설립 전문가가 와서 대학 설립을 추진한 거예요.

나중에 정주영 씨가 맡아서 대학을 세우게 된 건 어떻게 된 일인가요?

그건 이렇게 된 일이에요. 귀국 후에 청와대 가서 보고했어요. "영국이 지원해서 공과대학을 짓기로 했는데 어디가 좋은지를 답변해 줘야 합니다" 했어요. 당시 이후락 씨가 청와대 비서실장인데, 옆에서 듣더니 "그러면, 울산 어때?" 하는 거예요. 좋죠, '프레스티져스 플레이스'(prestigious place)로 나도 울산을 생각했는데, 이후락 씨가 울산으로 하면 되겠네 하고 거들어서 그리로 정해진 거예요. 이제 한국 측 50%를 누가 내느냐가 문제인데, 처음에는 세 회사를 지명했어요. 현대건설 정주영, 신진자동차 김창원, 또 어디더라… 아무튼 이 세 회사가 나누어 내기로 했어요. 그랬다가 얼마 있다가 현대에게 다 준 거에요. 지금은 그 학교가 처음에 어떻게 생겼는지 제대로 아는 사람이 거의 없어요.

그래도 울산대 건과 관련해서 구글 검색하면 장관님 이름이 나옵니다. 하하.

차화준 씨라고, 내 밑에서 일했고 나중에 울산 출신으로서 울산 지역구 국회의원을 두 번인가 한 그 친구는 잘 알아요.

여하튼 울산대에 영국 원조 자금이 들어간 것이죠.

물론이죠. 영국 자금이 기자재니 해서 50% 정도 들어갔습니다.

1968년 전후 외자도입 상황을 보면, 순(純) 민간 베이스로 추진되는 소규모 내지 비(非)계획사업은 예상보다 너무 많이 들어와서 PVC 공장과 같이 중복투자, 상환 문제가 우려된 반면 제철, 석유화학 등의 대규모 기간산업, 전력 교통 등의 애로 부문, 농어촌 개발 등의 정책

지원사업 분야는 잘 진척이 안 된 것 아닌가요?

PVC 같은 거는 사실상 너무 외자도입 인가를 많이 해 주어서 용량 초과가 되어서 문제가 되었죠. 내가 정확히는 모르지만, 정치자금 모으는 것과 관련이 된 거 같아요. 오버가 되더라도 반드시 외자도입 승인을 해 주어야 했던 케이스였다는 거죠.

이런 일이 있었어요. 1966년 쯤인지, 이미 PVC가 오버가 되었는데도 또 외자도입 신청서가 나에게 왔어요. 어째서 그게 나에게 왔는지는 의문인데, 아마도 차관에 합작투자가 붙어서인지… 여하튼 나는 그만큼 신청했으면 됐지, 또 들어 오냐고 승인을 안 해 주고 옆 캐비닛에 치워 놓았어요. 그랬더니 어느 날 장기영 씨가 "누가 PVC 하겠다고 신청한 거 있지?" 하더라고요. 내가 "PVC 너무 많아서 안된다"고, 그래서 "서류 홀드하고 있다"고 했어요. 보통사람 같으면 혼이 납니다. "이놈의 자식, 하라면 하지" 하면서 혼쭐을 냅니다. 그런데 별 말 없이 한 주일이 지나서는, 새벽 4시에 우리 집으로 장기영 씨의 전화가 왔어요. "미스터 양, 그 PVC 갖고 있는 거 민간차관과로 좀 옮길 수 없어?" 하는 겁니다.

하하하.

뻔한 얘기지요. 내가 "그러죠, 뭐" 했어요. 김형국(金炯國) 씨라고 민간차관과장으로 있었는데, 내가 그날 출근해서 "부총리가 옮기라 그러더라" 하고는 넘겼어요. 장기영 씨는 그때 정부 조직이 어떻게 되는지 잘 몰랐다가 연구를 한 거예요. 그런데 김형국 과장이 보니까 너무 오버가 된 PVC 쪽 투자 건이란 말이에요. 그래서 부총리께 가서 "너무 많아서…" 하고 안된다고 보고하려니까, 장기영 씨가 "이놈의 자식, 하라면 하지. 뭔, 말이 많아! 너는 외자도입 방해하는 놈이야!" 라고 욕을 하면서 혼쭐을 낸 거예요. 민간차관과장은 말도 제대로 못 꺼내고 욕만 얻어먹은 거예요. 표정이 얼얼해져서 내려왔더라고. 하하하. 그런데 장기영 씨는 나에게는 이놈 소리도 하지 않았어요.

너무 총애를 받으신 거 아닌가요. 하하하.

뒤의 일입니다. 마산수출자유지역을 위한 투자유치 활동도 있었습니다. 1970년 11월 23일부터 12월 3일까지 11일간 양 국장님, 한병일(韓秉鎰) 마산수출자유지역관리청 차장, 이선기 서기관 등 유치단 일행이 일본상공회의소, 일한경제협회의 주선으로 일본 곳곳을 방문해서, 대한투자설명회를 개최했습니다. 투자설명회에서 주로 어떤 점을 한국 투자의 장점으로 강조하셨나요? 한국 투자에 대한 일본 기업의 관심과 참여 열기는 어떠했나요?

처음으로 일본에 가서 직접투자를 권유한 것입니다. 그때 연설을 한 곳이 큐슈의 고쿠라, 히로시마, 나고야, 오사카, 도쿄 다섯 군데였어요. 5개년 계획 개요를 설명하고, 그 다음에 한국의 투자진흥체계, 정책을 설명하고, 그 다음에 일본 기업이 한국에 투자해 달라는 권고를 한 거예요. 원고 없이 연설했어요. 도쿄에서는 한 300명 정도 모였는데, 신문에서 호평을 하고 부각을 시켜주었어요.

이후락 대사가 그걸 보고 청와대에 보고했던 것 같아요. 아주 인기를 끌었다고. 그랬더니 귀국 후 크리스마스 쯤 되었나, 일요일 아침에 청와대에서 연락이 왔어요. 식사하러 들어오라고. 청와대에서 점심 얻어먹고, 오래 동안 이런 이야기 저런 이야기를 했어요. 그때 배석했던 사람이 이낙선 상공부 장관, 김학렬 부총리였어요. 그리고는 오후에 〈하야부사와 유꾸〉라는 일본 영화를 같이 봤고요.

저녁때가 되니 박 대통령이 저녁도 먹고 가라고 하시더라고요. 저녁때는 서종철 육군참모총장도 불렀어요. 그래서 같이 저녁을 먹었어요. 다른 사람들은 술을 조금씩 마셨어요. 그러니 박 대통령은 그게 답답했던 모양이에요. 그때 청주를 마셨는데, 나에게는 '양 국장, 그렇게 먹으면 안돼' 하면서 쭉 따라 주시고는 한 번에 다 마시라는 거예요. 그렇게 했지요. 그랬더니 계속 따라 주고, 난 그대로 받아마셨어요. 그렇게 쭉쭉 마시다가 밤 10시에 해방이 되었어요. 대통령 집무실에서 나와서 조금 왼쪽으로 가면 2층 침실로 올라가게 되어 있어요. 침실 앞에서 "주무십시오" 하고 악수하고 인사했어요. 그 양반이 다른 사람들과는 인사도 안 해요. 장관들만 모이긴 했지만 국장인 날 격려해 주는 자리였으니, 나에게만 인사를 한 거 같아요. 난 그리고는 자동차를 타고서는 그냥 뻗었어요.

1960년대 후반에 외국인 직접투자는 미국 기업이 주로 했습니다. 양 장관님이 *Financial Times* 1970년 8월 24일자에 기고한 글에 의하면, 전체 투자금액의 64%가 미국에서 왔고, 일본에서 온 것은 15%밖에 안되어서 한국인 해외교포의 투자금을 겨우 능가하는 정도입니다. 이렇게 된 이유는 무엇이었나요? 우리 정부가 일본 기업의 직접투자는 꺼렸기 때문인가요? 일례로 미국 기업에 대해서는 100% 단독 투자를 허용하면서 일본 기업에 대해선 50% 이하로 억제했다는 말도 있던데요. 아니면 일본이 자체 국제수지와 제반 투자환경 문제를 이유로 직접투자를 기피했기 때문인가요?

1960년대 외국인 직접투자 추이

	승인 건수	금액(천 달러)
1961	0	0
1962	2	2,120
1963	3	5,442
1964	5	757
1965	10	21,766
1966	10	2,014
1967	21	20,791
1968	48	32,031
1969	49	48,782

자료: *Financial Times*, Aug. 24, 1970.

정부에서 어떻게 해서 그런 건 아니에요. 처음부터 다 개방을 했어요. 일본 기업의 투자를 특별히 억제한 일은 없습니다. 일본과는 길이 터지니까 한일 양국 기업이 서로 의기투합해서 차관 들여 오는 데 집중한 겁니다. 직접투자는 자기자금이 들어오는 거잖아요. 미국이고 일본이고 자기자금 들어오는 거는 아주 적습니다. 또 크게도 안 해요. equity ratio라 해요. 그때는 그게 뭔지 아무도 몰랐지요. equity가 자기자본이라는 걸 아는 사람이 별로 없었어요. 일본에게도 당장 돈 버는 데는 차관이 더 매력적이었지요. 차관 주면, 물건 팔아 마진 남겨 먹고, 이자로 남겨먹어서 좋았거든요. 한국 기업은 킥백을 받아먹어서 좋고요. 서로 좋아서 크게 횡행한 것이죠. 그 증거를 잡으려면 상당히 힘들어요. 또 그거 색출하기 시작하면 국제 문제도 되고 여하튼 어려워요.

하지만 당시 양 국장님도 일본보다는 미국과 유럽에서 직접투자 유치 활동을 하시지 않았나요? 일본에서 직접투자 유치 활동을 하신 것은 1970년 하반기인 것으로 확인되거든요. 전반적 분위기와 마찬가지로 양 국장님도 일본의 직접투자를 꺼린 것 아닌가요?

일본과는 국교 정상화로 통로가 열린 뒤로 활발히 협력이 이루어졌어요. 재일교포가 직접투자를 많이 했고, 일본 기업의 차관이 많이 들어왔어요. 일본인 기업도 한국의 경제 사정과 투자 필요성을 속속들이 잘 알고 있었어요. 그랬기 때문에 일본인 기업의 직접투자까지 적극 유치할 필요는 없었어요. 미국이나 특히 유럽의 기업과 은행들은 한국의 경제 사정을 잘 몰랐기 때문에 적극적인 투자 유치 활동을 할 필요가 있었던 것이고요.

1970년대에도 우리나라 경제개발에 대해서 비판하는 사람들이 많지 않았습니까? 1970년대만 해도 상당한 성과가 났을 때인데도 그랬는데요. 그에 비하면 1960년대는 겨우 시작했을 뿐이고 이게 잘 가고 있는 것인지 믿기 어려웠을 것으로 생각합니다. 그래서 야당에서 비판한 것도 일리가 있는 것 같고요. 그렇지만 장관님께서는 당시 한국 경제가 제대로 된 성장의 길에 올라섰다는 확신을 갖고 일하셨던 거죠?

아, 물론이죠. 확신 중의 확신이죠. 자신만만했죠.

어쨌든 그때 당시 소득수준은 아직도 굉장히 낮은 상태이지만, 우리는 잘 가고 있다, 그런 생각을 하셨던 거죠?

그렇습니다. 신념을 갖고 일했죠.

사실 우리의 경제개발사에서 제일 힘들었던 때는 역시 1960년대 초반, 중반에 길을 찾을 때, 공산품 수출을 막 시작하고, 또 외자를 끌어들여서 중화학 공장을 하나 둘씩 건설하기 시작하고, 이렇게 처음 출발할 때가 아니었을까 합니다. 장관님께서는 어렵게 시동(始動)이 걸린 우리 경제개발을 가속하는 데서 한몫하신 것이겠고요. 그때 장관님 연령이 30대인데, 굉장히 보람찬 30대를 보내신 거 같습니다. 한국이 이만큼 발전하는 과정의 가장 어려운 시기, 가장 중요한 시기에 자신이 그 일익을 담당했다는 데 대해서 큰 보람을 느끼실 거 같습니다.

그럼요. 어떤 해는 존슨 대통령을 1년에 한 세 번 쯤 만나기도 했는데, 나중에는 그 양반이 나를 알아보고 "Mr. Yang!" 하고 먼저 부르기도 했거든요. 그때가 30대 때 입니다. 일본 관계에서도 장기영 씨가 이야기해서 경제각료간담회를 열게 되었는데, 일본의 그때 대신들이 다 60~70대입니다. 나는 30대 중간입니다. 그 사람들 상대해서 온갖 현안에 대해 교섭하고 합의하고 그랬어요.

10 종합제철소를 최종 성사시키다

포항제철에 관해서 여쭙겠습니다. 1965년도 6월 박 대통령이 미국 국빈 방문을 해서 워싱턴에서 정상회담을 한 다음에 피츠버그로 가서 제철공장을 시찰했는데, 그때 같이 가셨나요?

네. 거기 갔어요.

그때 코퍼스사 대표를 만나셨나요?

그때 그 사람들을 만난 기억은 없고요. 난 시찰 따라간 기억은 안 나고 디너에 참석한 기억이 납니다. 평생 처음으로 턱시도를 만들어서 턱시도 입은 게 기억나네요. 그때 걸프에서 초청 받고 갔죠.

걸프가 초청한 그 디너에 철강회사들, 철강기술회사들 대표가 많이 오진 않았나요?

그건 잘 모르겠어요. 우리는 초청을 받은 입장이고 초청한 사람은 걸프 측인데, 어떤 사람을 초청했는지 기억이 잘 안 나네요. 특별히 기억나는 건 없어요.

양 장관님은 종합제철소 건설 계획이 1969년 4월 파리 IECOK 총회에서 부결될 때부터 관여하신 것으로 알고 있습니다. 이 IECOK 총회에서 종합제철건설안이 부결되었는데, IECOK가 이런 식으로 투자에 제동을 건 일이 또 있었나요?

IEOCK가 제동을 건 게 아니에요. 보통은 그렇게들 알고 있죠. 왜냐하면 거기서 발표가 되었으니까. KISA 협약서에 미국, 독일, 또 어느 한 나라 등 세 나라의 정부자금(공공차관)으로 종합제철 공장을 건설한다고 되어 있어요. 그걸 KISA(한국국제제철차관단)가 교섭하게 되어 있어요. 교섭에 필요한 모든 경비는 우리가 내도록 되어 있어요. 그걸 우리가 깨버린 거예요. 그런데 깨버리려면 상대방 정부들이 분명하게 안 한다는 것, 그 나라들이 공공차관을 제공할 계획이 없다는 이야기를 해 줘야 해요. 그걸 IECOK를 통해서 시킨 거예요. 무슨 말인지 알겠어요?

네? 우리야 어떻게하든지 성사시켜야 할 입장인데, 우리가 깨버리다니요? 잘 이해가 안 갑니다.

내가 미국하고 따로 교섭을 해서, IECOK 총회에서 너희가 그런 자금에 대한 계획이 없다는 걸 정확하게 발표해 달라고 했고, 또 독일에 가서는 독일 정부더러 IECOK 총회에서 역시 자금지원 계획이 없다는 걸 분명히 해 달라, 그러면 우리는 KISA를 깨겠다고 한 거예요. 깨고 세계은행을 중심으로 새로 연구를 해서 방법을 찾겠다, 그렇게 된 겁니다.

그럼 우리 정부 측에서 KISA를 깨겠다는 결정을 먼저 내렸다는 말씀인가요? 경제기획원이 KISA와 계약을 맺었고 KISA를 통해서 종합제철을 성사시키기 위해 노력했던 거 아닙니까?

처음에 누가 KISA 관계를 만들어서 왔냐면 남궁련(南宮鍊) 회장이예요. 그걸 경제기획원에서 받아들인 겁니다.

▮박정희 대통령의 KISA 대표단 접견(1967.4.23, 국가기록원 CET0023648) 가운데 박정희 대통령 바로 왼쪽이 양윤세, 오른쪽이 장기영

아, 네. 대한조선공사 불하받아서 경영했던 분이죠.

남궁, 그 사람이 처음에 KISA와 교섭해서 그걸 기획원에 끌고 들어간 거예요. 그걸 경제기획원에 갖다 주면서 미국 정부가 이제 다 도와줄 거라고 그런 식으로 말을 하니까, 제철소 프로젝트를 맡은 경제기획원에서는 그렇게 되는 줄 알고 그것만 붙들고 있었어요.

기획원 출신자의 회고 잡지인 《경우經友》에서 본 것인데요, 장기영 부총리는 가장 자신 없는 사업이 종합제철사업이라고 여러 번 독백처럼 실토했다고 합니다. 혹시 재임중 그런 이야기를 들은 적은 없는지요.

나는 그런 이야기를 듣지 못했습니다. 그때 종합제철은 황병태 씨 관할이었는데, 남의 일이 어떻게 되는지를 장 부총리에게 물어보지는 않았어요. 내 할 일도 바쁜데 남이 하는 일이 잘 되니 어떠니 하고 관심 갖지는 않았습니다.

그런데 부총리가 장기영 씨에서 박충훈 씨로 바뀌면서 사단이 나기 시작한 겁니다. 박충훈 부총리가 하루는 날 부릅니다. 그때는 내가 투자진흥관 시절이에요. 국장이죠. 그가 기획원 업무 중 다른 건 다 파악이 되고 알겠는데 이 KISA 협약은 뭔지 전혀 모르겠다는 거예요. 그러면서 나에게 KISA 협약을 좀 파악해 보라고 지시했어요.

그게 언제쯤인가요. 박 부총리가 취임한 것은 1967년 10월입니다만.

글쎄 그게 정확히 언제였는지는 잘 기억이 안 나는데… 파리 IECOK 총회가 1969년 4월이니까 아마도 1968년 말이나 1969년 초가 아닐까 싶은데.

종합제철소 프로젝트는 당시 양 국장님 소관이 아닌데도 박 부총리가 그렇게 한 이유는 무엇이었을까요.

KISA 협약을 쭉 담당해서 끌고 온 게 황병태 국장인데도 박 부총리는 그에게 묻지를 않고 나에게 이걸 좀 파헤쳐 달라고 했습니다. 박 부총리야 본래 담당자에게 검토를 지시해서는 제대로 문제점이 밝혀지지 않을 것으로 본 것이죠. 어디나 그러했겠지만 기획원에서는 남이 하는 일에 대해 이렇다 저렇다 하지 않는 게 관례였습니다. 모함처럼 비치니까요. 그때까지 황 국장이 그걸 취급하고 있는 걸 내가 뻔히 알고 있는데, 내가 먼저 나서서 문제점을 파헤치지는 않았습니다. 하지만 난 종합제철소 건이 제대로 안 되고 있다는 건 확실히 느끼고 있었어요. 구체적으로 무엇이 문제인지는 몰랐지만요.

나로서는 박 부총리가 검토해 보라고 지시하니까 해야죠. 그래서 내가 박 부총리가 주는 협약서를 받아서 읽어 보기 시작했어요. 내가 KISA 협약 내용을 두 장, 석 장 넘겨 읽어 보니까 울화가 치밀어 올라와서 못 견디겠어요.

네? 뭐가 문제였습니까?

제철차관을 교섭하기 위한 모든 경비는 한국 측에서 부담해야 한다, 그리고 이 협약을 깨려면 상대방 정부가 자금 제공 안 한다는 확정을 갖고 와야 한다는 것이었어요. 그 과정에서 필요한 경비니 뭐니 하는 건 한국이 무조건 내야 해요. 그러면 우리는 앉아서 당하는 거예요. 교섭한다는 그 사람이 회의하고 점심 먹는데, 혼자 먹었는지, 둘이서 먹었는지, 뭐 친구를 데리고 먹었는지 알 수도 없고, 어떻게 그 경비를 추적할 수 있겠어요. 그 사람들 달라는 대로 다 줘야지요. 그때 그만둔다면 우리가 얼마큼 줘야 하냐를 계산해 보니까, 한 70만 달러가 되요. 게다가 이게 얼마나 더 올라갈지 몰라요.

그런데 미국 정부 측에서는 아무도 차관 교섭에 관해 아는 사람이 없어요. 미국 정부 자금이 들어간다고 했는데도 말입니다. AID 개발차관 같은 공공차관이든 아니면 세계은행 자금이나 최소한 수출입은행 자금 정도는 들어가야 하는데, 알아보니 자금 교섭한 게 없어요. 독일 쪽도 내가 한독 관계 담당하면서 살펴봤는데, 거기도 자금 제공할 계획이 없다는 거예요. 난 KISA가 좀 이상하다 하는 정도는 알고 있었는데, 막상 내용을 들여다보니까 미국이나 독일 정부 쪽에서 차관 제공으로 진척된 게 없어요. 그런데도 우리가 계속 KISA 사람들이 달라는 대로 돈을 내야 하고요. 그 비슷한 함정에 빠졌던 일이 예전에 한 번 있었어요.

원용석 원장 때 일인데, 태국의 왕족인 옹주가 한국에 자금을 빌려주려 한다, 또 암코라는 미국 회사가 차관을 주려고 한다는 제안이 있었어요. 그때는 외국에서 차관 준다면 무조건 받자는 생각이 팽배했어요. 하지만 나는 둘 다 극력 반대했어요. 외자는 은행에서 빌려야 하는 것인데, 무슨 사채업자처럼 돈 장사를 뒷구멍으로 하는 업자였기 때문이에요. 그래서 내가 못하게 했는데, 내가 출장간 사이에 원용석 원장의 비서실장이 개입을 해서 태국 차관 건을 성사시켰어요. 원용석 씨가 자기 사위를 비서실장으로 썼는데, 그가 현금 차관을 들여온 겁니다. 내가 돌아오니까 원용석 씨가 사위가 그렇게 했다는 말은 못하고 "양 과장이 그렇게 반대한 걸 내가 허용했다"고 미안하다고 하면서 수습해 달라는 거예요. 청구서가 오는 걸, 내가 바로 받아서 종결서(termination letter)를 썼어요. 본래 태국 업자가 주한 태국 대사와 같이 왔다고 해요. 내가 태국 대사를 찾아갔는데 나를 만나주질 않더라고요. 그래서 돌아와서 그 종결서를 보내고 몇십만 달러를 물어주었어요. 원용석 씨가 다 수습은 못하고, 김유택 씨가 장관으로 와서 마저 정리한 것으로 기억해요.

여하튼 내가 박 부총리에게 "제가 읽다가 화가 나서 더 이상 못 읽을 지경입니다. 저 사람들 자기 비용이라고 청구하면 실제 비용이 든 건지 아닌지 우리가 어떻게 압니까. 자꾸 줄 돈만, 빚만 늘어납니다. 게다가 내가 아는 한 미국과 서독 정부는 이런 거 할 계획이 없다고 합니다" 했어요. 부총리가 "어떻게 하면 좋겠소?" 하기에 내가 "깨버립시다. KISA에게 맡기고 그 경비 대주는 거 없애버리고 직접 우리가 합시다. 직접 우리가 무슨 방법을 찾든지 합시다"고 이야길 했어요. 그랬더니 박 부총리도 좋대요.

장관님께서 제게 주신 KISA와의 협약서를 읽어 보니, KISA가 일반설계서, 최종가격서, 차관확정계획서를 작성해서 우리 정부에 제출하고, 또 우리 정부의 차관도입 교섭을 도와서 제철소 건설에 착수하도록 되어 있습니다. 박 부총리가 협약서 검토를 지시한 무렵에는 어느 단계까지 진행되어 있었는지요. 차관확정계획서까지 다 제출되었나요.

내가 KISA로부터 일반설계서 등 용역 문서를 직접 받은 것은 아니었지만, 내가 계산해 보니 70만 달러를 주어야 하는 상황이었어요. 그러니까 그 세 문서가 이미 모두 제출된 상태였던 것이죠. 그리고 KISA가 앞으로도 계속해서 차관도입을 교섭한다고 비용을 청구할 것이니, 내가 KISA와는 더 이상 같이 사업을 추진할 수 없겠다고 보고한 겁니다.

KISA가 우리 정부에 일반설계서, 최종가격서, 차관확정계획서를 준다는 것은 결국 제철소 설립의 ABC를 모두 KISA가 대신해 준다는 것을 뜻합니다. 협약서 조항에는 KISA가 "한국 정부가 국제금융기관을 통해 자금을 조달할 것을 도와야 하며, 최선의 금융 조건을 얻도록 한국 정부를 돕는 데 모든 노력을 한다" 고 되어 있지만, 실제로는 KSIA가 차관까지 알선하기로 한 것인가요? KISA가 제철소 건설 차관을 제공하는 기관이 아닌데도 우리말 번역을 '차관단' 으로 한 것('한국국제제철차관단')은 KISA가 차관도입 교섭을 하기로 되었기 때문인지요?

KISA는 차관, 공공차관을 알선하는 기관이었어요. 그런 의미에서 '차관단'이라 불렀습니다.

대한민국 정부와 한국국제제철차관단(KISA) 간 협약서(1967.10.20) 중 주요 내용

〈경과 사항 확인〉

대한민국 정부는 코퍼스사로 하여금 60만 톤 규모의 종합제철 공장을 설계, 제작, 건설, 설치, 가동 감독하며 그를 위한 자금조달계획의 실행을 돕는 회사들의 국제 컨소시엄을 만들게 했으며, 코퍼스사는 이를 위해 KISA라는 컨소시엄을 만들었음. …

〈한국 측 권한과 의무〉

한국 측이 계약을 해지하려면 KISA의 일반설계서 제출 후에는 60만 달러와 총외환비용의 0.5%의 청산 보상비를, 최종가격서 제출 후에는 그에 더해 6만 5,000달러를, 차관확정계획서 제출 후에는 다시 3만 5,000달러를 지급해야 함.

〈KISA의 권한과 의무〉

60만 톤 종합제철소의 외환비용은 9,570만 2,000달러로 하되 실제 건설 과정에서 +/- 10% 범위 내에서 조정될 수 있음. …

KISA는 일반설계서, 최종가격서, 차관확정계획서를 순차로 제출함. …KISA는 한국 정부가 국제금융기관을 통해 자금을 조달할 것을 도와야 하며, 최선의 금융 조건을 얻도록 한국 정부를 돕는 데 모든 노력을 할 것…

〈분할 지급〉

한국 정부는 계약 체결 후 15만 달러를, 이어서 KISA의 일반설계서 제출 후 45만 달러를, 최종가격서 제출 후 6만 5,000달러를, 차관확정계획서 제출 후 3만 5,000달러를 지급함. …

차관확정계획서 제출 후 200일 이내에 양측이 그 차관조달계획을 실행하지 못하는 경우 계약은 해지되며, 양측 모두 추가적 책무는 없음.

〈위반에 의한 계약 해지〉

한국 정부 측 위반으로 계약이 해지된 경우 KISA는 이미 수행된 모든 작업에 대해 지급을 받으며…

KISA의 위반으로 계약이 해지된 경우 한국 정부는 미완결 작업을 재계약할 수 있으며 KISA가 그에 따른 추가 비용을 부담함. …

그런데 KISA를 깨버리면 종합제철소 건설 프로젝트 자체가 일단 무산되는 거 아닙니까?

무산되는 거죠. 그러니 보통 이야기가 아니죠. 그래서 "대통령께 보고합시다" 했어요. 박 부총리에게 우선 김학렬 경제수석과 의논을 하고 각하께 보고하시라고 했어요. 그런데 박충훈 씨의 장기는 남에게 시키는 거예요. 나더러 갔다 오래요.

그래서 내가 바로 청와대 경제수석실로 김학렬 씨를 찾아갔어요. 김 수석에게 KISA로는 일이 안되겠다, 깨야겠다고 그렇게 같은 이야기를 했어요. 그랬더니 김 수석이 무릎을 탁 치면서 이제 제대로 되었다고 하는 거예요. "그렇게 합시다. 내가 각하께 말씀드려서 시간을 잡아둘 테니까 그때 각하께 말씀드리세요" 하더라고요.

김학렬 수석도 비슷하게 본 건가요.

그건 뭐 아주 거의 감정적으로. 그 양반은 감정이 강한 분이에요. 감정적으로 부정하고 있었어요. 종합제철소 건은 KISA처럼 남의 손에 맡겨서 될 일이 아니라는 직감이 있었던 거죠. 그 양반은 기획원 있을 때에도 KISA를 싫어했어요. 그래서 내가 "그럼 각하 뵙고 오는 길에 연락 주십시오"하고 돌아왔어요. 두어 시간 뒤에 전화 연락이 왔어요. 내일 들어오라 이거예요. 각하께 직접 보고하라고요. 그래서 김학렬 경제수석, 박충훈 부총리, 나, 이렇게 셋이서 대통령을 뵙고, 내가 설명을 했어요. "이러이러한 관계인데 이대로 둬서는 도저히 안 될 테니까 다시 생각해야겠습니다. 그래서 이건 깨는 게 좋겠습니다" 하니까 대통령이 두 말씀 안 하시더만. "그렇게 해" 그러고 끝이었어요.

그럼 KISA를 깨기로 하셨을 때는 제철소를 새로 추진해야겠다는 계획이 있어야 할 거 아닙니까? 대통령께 보고할 때도 KISA를 무산시키고 나면 이런 방식으로 추진하겠다고 대안이 있었어야 할 거 같은데요?

아직은 이렇다고 내놓을만한 대안은 없고, 아무튼 KISA안은 잘못됐으니까 폐지하고, 우리가 직접 하되 세계은행 중심으로 해서, IECOK 중심으로 해서 다시 한 번 나갈 수밖에 없다, 이런 식으로 생각한 겁니다.

KISA와의 협약서에는 차관확정계획서를 제출한 후 200일 이내에 양측이 그 차관조달계획을 실행하지 못하는 경우 양측 모두 추가적 책무 없이 계약이 해지되는 걸로 되어 있습니다. KISA를 깨려면 미국 AID나 수출입은행과 사전 정지 작업 내지는 확인 작업이 필요했겠는데요.

그렇습니다. KISA를 깨려면 각 정부에서 차관 안 준다는 것을 공식적으로 확인해야 했지요. 때마침 1969년 3월 말경에 미국 갈 일이 생겼고, 그 참에 미 AID나 수출입은행에 가서 확인하기로 했어요. 무슨 일이냐 하면 아이젠하워 대통령이 돌아가신 거예요(1969년 3월 28일 서거). 그래서 각국에서 조문 사절단이 가게 되었고, 우리나라에서는 정일권 총리가 가게 되었는데, 내가 조문단에 끼었어요. 그리고는 정일권 총리 비서실장 하던 홍성철(洪性澈) 씨, 외무부 차관보인가 황호을 씨, 그리고는 이후락 비서실장, 이렇게 미국에 조문을 갔어요.

보통 조문단에서 각국에서 두 명씩만 실제 조문을 하고, 조문 끝나면 바로 리셉션 룸에 들어가서 거기서 칵테일 한 잔 하면서 각국 국가원수끼리 이야기도 하고 그렇게 되어 있어요. 1969년 3월이면 닉슨 정부가 새로 들어섰을 때니까,

새로 임명된 장관들과 거기서 계속 이야기하고 그랬단 말이에요. 그런데 어떻게 된 건지 미국 측에서 "한국은 우방이기 때문에 네 사람을 허용한다"는 거예요. 정일권, 이후락, 김동조 대사, 나, 이렇게 네 명 것이 나왔어요. 다른 나라들보다 2명 더 준 거예요. 그래서 나도 거길 들어갔지요. 내 바로 뒤에 기시 노부스케가 조문했습니다.

그런데 지금도 인상이 아주 깊은 건, 리셉션에서 닉슨 대통령과 악수를 하는데, 화장을 무지하게 했어요. 화장! 왜냐하면 그 양반이 1960년 대통령 선거에서 존 F. 케네디에게 졌는데, 그때 TV 토론회에 화장도 안 하고 나갔다가 아주 맥없어 보였기 때문이라는 게 통설이었거든요. 그래서 그런지 화장을 짙게 했어요. 지금도 눈에 훤하게 인상이 남아 있어요.

거기서 닉슨과 처음 악수하고 안에 들어갔어요. 리셉션 장에서 제일 키 큰 사람이 프랑스 드골 대통령이에요. 보통사람보다 머리 하나는 커요. 그 옆에 미녀가 한 명 서 있는데 필리핀의 이멜다예요. 그게 인상 깊어요.

그런데 마침 칵테일 장소에 국무장관 윌리엄 로저스(William Rogers)가 나왔어요. 그 사람 딸이 나와 코넬대 동기 동창이에요. 그분 딸이 소속했던 학생 클럽 소러리티(sorority)와 내가 소속했던 학생 클럽 디크가 자매결연이 되어 있어서 최소한 한 달에 한 번씩은 금요일 저녁에 같이 칵테일을 하곤 했던 관계여서 반갑더군요. 그래서 가서 "미스터 세크리터리(장관님)" 하고 부른 다음에, 내가 장관의 딸인 데일 로저스랑 코넬 같이 다니고 학생클럽 활동도 같이 한, 이러이러한 관계에 있다 하니, 로저스 장관이 "아, 반갑다" 그러더라고요. 그래서 내가 덧붙여서 "사실은 한 달쯤 후 우리나라 경제부총리와 함께 들릴 건데 그때 좀 잘 부탁하겠다. 우리 경제부총리가 닉슨 대통령을 만나서 인사드릴 수 있으면 참 좋겠다" 이렇게 부탁했어요. 로저스가 그걸 머리에 넣어서 그랬는지는 모르지만, 부총리 방문 건으로 정식 교섭할 때 처음에는 대통령 면담이 안 된다고 했다가 나중에 성사가 됐어요. 대한민국의 장관이 단독으로 방문해서 미국 대통령 만난 건 그때가 처음이라 봐요.

그런데 미국 대통령까지 꼭 만나야 할 이유가 있는 건가요.

새 정권이 들어섰는데 친해지려면 제일 좋은 방법이 그것이죠.

아, 네. 꼭 포항제철 건뿐만 아니군요.

미국에게는 그것 말고도 협력 요청할 게 많지요. 닉슨 대통령 만나는 건 IECOK 총회 끝나고 돌아오는 길에 따로 하는 거죠. 종합제철소 건과는 관계없죠. 여하튼 이제 IECOK 총회 건으로 국무부, 재무부, AID 등 관계 부처 책임자들을 만날 일만 남았지요.

그런데 아주 친한 사람이 재무장관이 되었어요. 데이비드 케네디라고 콘티넨탈 일리노이 뱅크의 회장을 한 사람입니다. 몰몬교라고 뉴욕 이타카(Itaca)에서 원래 발생된 후 서쪽으로 옮겨간 교단이 있잖아요.

유타주로 옮겨간 것이죠.

그렇죠. 유타주의 몰몬교. 새로 재무장관이 된 케네디가 몰몬교 장로(elder)로서 미국 사회에 영향력이 큰 분입니다. 그가 콘티넨탈 일리노이 뱅크 회장을 했는데, 내가 그때부터 알아요. 미 재무부로 찾아가서 그 사람을 만나서 반갑다고 인사하고, 다음에 우리 부총리가 미국 방문할 때 인사하러 가겠다고 이야기했어요.

그리곤 AID 사람도 만났어요. IECOK 파리 총회에는 AID 차장보가 수석대표로 오게 되었어요. 존 블리트(John Bulitt)가 그때 차장보였어요. 그래서 조문 후 비는 시간에 밖에 나와서 존 블리트를 만났어요. KISA를 통한 종합제철소 추진 건에 관해 사정 설명을 쭉 했지요. 그리고 종합제철소 차관 공여 요청을 받은 게 있냐고 물었어요. 그랬더니 자기네는 종합제철에 관해서 KISA로부터 교섭 받은 것이 전혀 없답니다. KISA는 이 사람들과 교섭했다고 우리에게 활동비를 달라고 했는데, AID는 KISA와 교섭한 게 없다는 거예요. 한국의 종합제철소 건은 제대로 알지도 못한대요.

그래서 한국 측이 KISA를 깨야겠으니 너희가 자금 지원 안 한다는 걸 공식으로 발표해 달라고 했어요. 존 블리트는 그러겠다고 해요. 앞으로 한국이 종합제철소 사업에서 주도권 쥐고 나가겠다면, AID도 같이 협력해 나가기로 했어요.

그리고 미 수출입은행장도 만났어요. 수출입은행장이 헨리 컨스(Henry Kearns)라고 내가 헨리, 헨리 하면서 친하던 이예요. 그 사람은 닉슨이 대통령 되면서 데리고 가서 새로 수출입은행 행장이 된 사람이거든요. 닉슨이 그 전에 선거에서 떨어져서 소위 방랑 생활 할 적에 같이 세계일주도 한 사람이에요. 닉슨하고 아주 가까워요. 그이에게도 물어보니, 자기네도 한국 종합제철소에 자금 빌려줄 계획이 없다 이거예요.

그리고는 독일을 갔어요. 독일에 가서 또 같은 걸 알아봤더니 역시 그런 계획

▮파리 이코크 총회 1 김학렬, 2 박충훈, 3 양윤세

이 없다는 거예요. 한국은 KISA를 깨고 새로 세계은행과 상의해서 새 길을 찾겠으니 독일이 KSIA에 자금을 지원할 계획이 없음을 밝혀달라고 했어요. 독일도 그러겠다고 합디다. 그때 내가 왜 독일에 갔느냐 하면, 김형욱이 일으킨 사건 있잖아요. 동독사건.

아, 소위 동베를린 간첩단 사건요?

그거 때문에 서독과의 경제협력이 다 단절되었거든요. 경제협력만은 다시 부활하자라는 교섭을 내가 했어요. "우리 부총리를 IECOK 총회가 끝난 다음에 서독으로 모시고 올 테니 한독경제각료회담을 열자. 그래서 다시 부활한다는 걸 서로 합의문에서 발표하자"고 제안했어요. 그 작업까지 다 마치고, 파리로 가서 부총리와 합류했죠.

▮파리 이코크 총회의 주요 참석자들 왼쪽부터 양윤세, 박충훈, 이코크 의장 레이몬드 굿맨, 김학렬, 미상, 유솜 처장 코스탄조

1969년 4월 17, 18일의 파리 IECOK 총회에 박충훈 부총리, 양윤세 투자진흥관, 황병태 경제협력국장, 또 오원철 상공부 기획관리실장, 이렇게 당시 정부 경제부처의 핵심 인물들이 모두 참석하는데요. 한국 정부 대표단의 표면상의 공식적 입장은 종합제철소 건에 대해 미 수출입은행으로부터 차관을 얻는 것이지만, 박 부총리와 김학렬 경제수석, 양 국장님 등은 내막으로는 차관 공여를 부결시키기로 각국 대표와 사전 합의를 본 것이네요.

실제 이 내용을 확실히 아는 분은 대통령 자신하고 김학렬 당시 경제수석하고 박 부총리하고 나밖에 없기 때문에 이게 밖으로 누설이 안 됐어요. 하나도 안 됐기 때문에 오늘까지 비밀이 지켜진 겁니다.

여하튼 파리 IECOK 총회에서는 각본대로 한 겁니다. 미국이나 독일이 정부 자금을 줄 계획이 없다는 걸 정식으로 발표했어요. 미국 AID는 현재까지는 종합제철소에 자금 지원을 할 아무 계획도 없고, 앞으로 세계은행 중심으로 해서 다시 검토가 되면 그때 가서 충분히 살펴보겠다 했어요. 그런 식으로 발언을 다 했죠. 이제 미국, 독일 등의 차관 공여 계획이 없다는 게 확인되었으니, KISA는 더 이상 우리 종합제철소 사업을 맡을 수 없게 되었습니다.

저는 다르게 알고 있었거든요. KISA가 어쨌든 수출입은행과 교섭을 하는데, 미국 정부가 반대를 해서 세계은행으로 하여금 이 한국의 종합제철 계획에 사업 타당성이 없다는 보고서를 내게 하고, 그래서 결국 미국 정부가 부결시킨 걸로요. 실제는 미국 정부가 반대했던 게 아니네요.

미국 정부는 반대할지 찬성할지 생각도 안 하고 있는 거예요. KISA는 미국 정부의 돈을 갖다가 하겠다고 했거든요. 그걸 교섭하기 위해서 교섭 비용이 필요하다고 해서 자기네 왔다 갔다 한 비용, 밥 먹은 그 비용을 다 물게 한 거예요. 우리가 그걸 깨버린 것이죠.

KISA가 수출입은행과 교섭하긴 했나요.

수출입은행도 모르고 있었어요. 제대로 교섭이 안 된 거예요. 수출입은행장은 교섭한 적 없다고 했어요.

세계은행이 한국에 종합제철 계획에 타당성이 없다는 이런 보고서를 어쨌든 IECOK 총회에 제출했던 거 아닌가요?

세계은행에서는 그거에 대한 스터디를 제대로 하지 않았던 거 같아요. 한다고 하니까 그냥 어느 정도 상의하다가 거기에서 내가 미리 각본을 갖고 가서 이야길 했으니까 차관 줄 계획이 없다고 발표해서 KISA안을 없애 놓고, 자기네는 본래 계획도 없었지만, 이제부터 스터디해서 방도를 찾겠다고 한 겁니다.

IECOK 총회 끝난 후의 일정은 어떻게 되었나요?

그 후 독일에 가서 한독경제각료회의를 했어요. 그때 중요한 이슈가 아까 얘기한대로 동백림 사건으로 해서 경제협력 관계가 단절된 거였어요. 그걸 회복하려는 회의를 한 거죠.

그러니까 미국 수출입은행이 안 되니까 새 제철차관선을 구하기 위해서 서독에 간 건 아니라는 말씀이죠? 오원철 수석은 양 장관님의 지금 증언과 달리, 새 제철차관선을 구하려고 서독에 갔다고 책에 쓰셨거든요.

오 수석도 내막을 모르니까 그렇게 이야기하는 것이죠. IECOK 총회 참석 멤버들이 독일까지는 같이 갔어요. 김학렬 경제수석, 황병태 국장도 같이 갔어요. 그런데 황병태 국장이 자꾸 그러는 겁니다. "KISA를 저렇게 하면 한국에서 제철소는 영원히 안 될 거다" 하는 거예요. 자기가 추진하던 게 무산되게 생겼으니 불평한 거죠. 부총리 비서들이 그 소리를 듣고는 부총리에게 일러 바쳐요. 나는 모른 척 했어요. 독일에서는 중요한 이슈가 "경제협력을 재개한다, 아직 정치는 아니지만 경제만은 재개한다" 하는 겁니다. 서독에는 한독경제 관계를

▮미국 방문 중 주미 한국대사관에서 미 주요 인사를 초청해 열린 black tie dinner(1969.4) 왼쪽부터 양윤세, 데이비드 케네디 미 재무장관, 맥나마라 세계은행 총재(전 국방장관)

풀기 위해서 간 것이지, KISA 이후 제철차관 때문에 간 건 아닙니다. 그건 박 부총리, 나, 김학렬 씨만 알지요.

IECOK 총회가 각본대로 되어서 합의해서 발표하니까 박 부총리 기분 좋았죠. 파리에서 KISA 문제 해결됐지, 독일 와서는 동백림 사건이 경제 문제에서 해결 됐으니, 기분 좋았고요. 이제 미국 가서 새 닉슨 행정부 관료들 만나서 협력 체제를 갖추겠다고 했지요.

미국 가니, 처음에는 대통령 만날 수 없다, 시간이 없다는 통보를 받았어요. 대통령만 못 만나고 재무장관, 세계은행 총재 등을 만났고, 내일이면 떠난다 하는데 대사관에서 연락이 왔어요. 다음 날 10시에 백악관으로 오라고 지명을 해서 왔대요. 박 부총리, 김동조 주미대사, 그리고 나까지요.

▮ 미국 방문 중 주미 한국대사관에서 미 주요 인사를 초청해 열린 black tie dinner(1969.4) 왼쪽부터 조지 볼 전 국무차관 부부, 박충훈 부총리, 양윤세

김학렬 수석은 없었나요?

김학렬 수석은 이미 서독에서 한국으로 돌아갔죠. 그렇게 닉슨 대통령을 만났어요. 뭐 만나서 상례적인 얘기 외에 특별히 결정할 것은 없었고, 이야기할 만한 거, 중요 과제라고 할 만한 거를 간단간단하게 써 주면 박 부총리가 그걸 들고 그대로 이야기한 거예요.

그런데 우리가 미국 대통령을 만난 게 신기하잖아요. 그러니까 워싱턴 특파원들이 대사관에 쫙 모여서 부총리를 기다리고 있는 거예요. 거길 갔는데 군사 문제 질문이 나왔어요. 그 무렵 1.21 청와대 습격 사건, 푸에블로호 납치 사건, 울진 · 삼척지구 무장공비 침투 사건 등이 연이어 터진 때문인지…

북한의 무력 도발로 안보위기가 고조된 상태였으니 군사 문제도 협의하기로 했던 것 아

▮박충훈 부총리 일행의 미국 닉슨 대통령 면담(1969.5.1, 백악관) 1 닉슨, 2 박충훈, 3 김동조 주미 대사, 4 양윤세

닌가요. 3월 29일자 경향신문에도 그런 내용이 보도되었는데요.

경향신문 보도 내용은 나는 모르는 사항이고 오보인 것 같습니다. 여하튼 워싱턴 대사관에서 기자들이 군사 관계에 관한 걸 묻기 시작한 거예요. 그런데 그 전에 서독을 방문했을 때에도 기자들이 군사 문제 관계된 걸 물으면, 내가 보기에 박 부총리가 좀 서툰 답변을 해요. 그래서 난 박 부총리에게 "부총리는 경제 부총리인데, '나는 경제 문제만 안다'고 하면 그만이지, 민감한 군사 문제를 잘 모르면서 자꾸 이야기합니까, 하지 마십시오" 했어요. 그런데도 박충훈 씨는 부총리가 경제만 담당하는 게 아니라는 거예요. 경제 이외에도 다른 것들도 다 알아야 한다는 거예요. 그때가 안보 문제가 심각할 때잖아요. 박 부총리는 "내가 그 부총리란 명색을 갖고 왔는데 질문하는 걸 대답 안 하면 어떻게 해. 대답을 해 줘야지." 하더라고요. 이렇게 이야기 하는 걸, 서독까지는 동행한 김학렬 씨가 들었어요.

그래서 나중에 안 이야기지만, 김학렬 씨가 귀국해서는 “양 국장과 박 부총리 사이에 자꾸 의견 충돌이 생긴다. 부총리가 자꾸 국방 문제 이야기하면 양 국장은 하지 말라고 그러고, 이 양반은 부총리인데 해야 한다고 그러고, 이런 문제가 있다”는 이야기를 대통령께 보고했대요. 나는 나중에 알았지요. 아무튼 그런 일이 있었는데, 다음 날 아침 신문에 박 부총리 방미 관련으로 큰 헤드라인으로 난 건 국방 문제 이야기한 거예요.

닉슨-박충훈 회담에서 한국 안보 문제가 중점 논의되었는데, 이 의제는 당초 박 부총리의 미국 방문 계획을 수립할 때 이미 잡혀 있었다.

〈미국 · 서독에 대통령 특사. 단장에 박 부총리. 4월 하순 안보 · 경협 등 협의〉

박충훈 부총리는 대통령 특사 자격으로 1969년 4월 20일과 24일 각기 서독과 미국을 방문한다. 특히 미국에서 1주일가량 머물면서 로저스 국무장관, 레이드 국방장관, 케네디 재무장관과의 고위회담을 통해, ① 대한 경제군사원조 증액, ② 북괴 도발 대비책 강화, ③ 월남 평화 달성 및 전후 복구 방안, ④ 아시아 · 태평양 지역 집단 안보 강화, ⑤ 오키나와 기지 반환 대비책 등 현안 문제를 협의하기로 되었다.

《경향신문》 1969.3.29.

〈닉슨, 한국 안보 특별 검토 – 박 부총리와 35분간 회담〉

5월 1일 상오 11시 26분 백악관 집무실에 인도된 박 부총리, 김동조 주미대사 및 양윤세 경제기획원 투자진흥관은 낮 12시 1분까지 35분 동안… 닉슨 대통령과 매우 우호적인 분위기에서 회담했다. …

비록 분명한 언질은 없으나 이날의 반응은 대체로 협조적인 것으로 알려지고 있다.

백악관 회담에는 한국의 직물 수출, 월남에서의 경제협력 문제, 대한 경제원조 투자 차관 등 경제 문제도 나왔으나, 집중적으로 토의된 것은 한국군 증강, 미 공군의 한국 증파를 중심으로 한 한국 안보 문제였다. …

《한국일보》 1969.5.2.

아, 박충훈 부총리가 국방 관계를 언급한 게 신문에 크게 난 거군요?

그때 국방장관이 유재흥(劉載興) 씨에요. 이걸 들고 청와대를 갔다는 거예요. 장관인 자기도 모르는 이야기인데 이게 어떻게 된 일입니까 했다는 거죠.

그러니까 결국은 여기서부터 미스테이크(mistake)가 생기기 시작한 거예요. 그런데 박 부총리는 그것도 모르고, 그 다음 일정으로 일본에 기분 좋게 왔어요. 일본에서도 사람들 만나기로 전부 미리 약속 잡아 놓았지요. 사토 총리도 만날 사람을 박 부총리, 주일 대사, 나 이렇게 셋으로 지명했어요.

그렇게 사토 수상 만나고 다른 관계되는 장관들도 만나고 하니, 이 양반 기분 좋았지요. 그렇게 하룻밤 지내고 그 다음 날 아침에 귀국 비행기를 타서 일본 신문을 보니까, 이 양반 조카가 간첩 혐의로 중앙정보부에 체포되었다는 기사가 나온 거예요. '어? 이거 이상하다' 해서 박 부총리에게 이거 보셨냐고 물었어요. 이 양반이 신문기사를 보고 막 떨어요. 그러더니 "들어가자마자 각하 뵙고 말씀을 드려야 할 텐데, 좀 써 주쇼" 해요. 닉슨 만날 때도 그렇고, 보면 늘 써 달라는 거예요. 그분은 내가 중요 항목을 써드리면 그 순서대로 말씀하곤 했어요. 그렇게 대통령 각하께 보고할 걸 비행기 안에서 써드렸어요. 공항에 도착해서 비행기에서 내렸더니, 아닌 게 아니라 청와대서 딱 연락이 와 있어요.

오는 즉시 들어오라고요?

양 국장과 같이 들어오라고. 그래서 짐은 공항에 마중 나온 직원들더러 찾으라 하고, 거기서 곧바로 청와대로 갔어요. 가니까 김형욱 중앙정보부장이 거기 대기실에서 앉아서 기다리고 있어요. 이만한 차트 같은 걸 갖고 있습디다. 보니까 박충훈 씨 가계(家系)를 도표로 그린 거예요.

박 부총리는 그냥 어떻게 할지를 몰라 안절부절해요. 대통령 만나기로 한 회의실에 그 차트를 놨어요. 그 회의실에서 대통령이 앉고 그 앞 제일 우측부터 김형욱, 이후락, 박충훈, 나, 이렇게 넷이 대통령과 마주 앉았어요.

대통령이 박 부총리에게 이번에 출장 다녀온 이야기 하라고 해서 박충훈 씨가 보고를 하는데 막 떨면서 이야기를 제대로 못해요. 옆에서 보니까 땀을 뻘뻘 흘려요. 그러니까 이후락 씨가 자꾸 날 보더니, 눈짓을 하는 거예요. 데리고 나가라는 거죠.

그래서 내가 "그만하시죠" 하고 끊었어요. 그랬더니 더욱 보기가 뭐하게 된 게, 박 대통령이 의자에서 일어나서는 아무 말씀 안 하고 내 앞으로 오더니 한 손을 내 어깨에 얹고 다른 한 손을 붙들고 "양 국장, 고생 많이 했어" 이러시는 거예요. 부총리에게 인사도 안 하고 나에게만 '양 국장, 고생 많이 했어' 하시고는 들어가셨어요.

그래서 난 그때 '아, 박충훈은 끝났구나' 생각했지요. 그리고는 며칠 지났어요. 하루는 어디 외출했다가 들어오니까, 부총리가 갑자기 고려병원(현 강북삼성병원)에 입원했대요. 의아했어요. '이상하다… 입원할 일이 없는데, 팽팽했는데 말이야.' 그래서 내가 고려병원에 달려갔어요. 갔더니 이 양반이 누워 있는데, 얼굴이 아파보이진 않고 팽팽해요.

"어떻게 된 겁니까?" 물었더니 "내가 이번에 그만두게 된 모양 같은데" 해요. 그러니까 아직 발표 전이에요. "이번에 종합제철 때문에 내가 나가게 되는 거 같은데, 종합제철은 양 국장도 알다시피 우리가 각하께 다 허가받고 한 일이잖아?" "그렇죠." "그런데 종합제철 때문에 내가 그만두게 된 거 같긴 한데, 이상해" 하면서 고개를 갸우뚱해요. 보아하니 박 부총리는 이미 대통령 눈 밖에 났는데, 종합제철이니 뭐니 하는 건 구실밖에 안 된다는 생각이 들더라고요. 내가 "언제 발표한답니까?" 물으니, "내일 발표난다"고, 그래서 자기가 입원했다고 해요.

본인은 종합제철 때문에 나가게 됐다고 하는 게 오히려 본인 명예에 도움이 되는 것이라 생각했는지, 나에게는 각하께 허가를 받고 했는데 그럴 수는 없지 않냐 반문하더라고요. 박 부총리가 종합제철 때문에 그만두었다고 밖에 소문난 건 그 양반이 그렇게 말했기 때문이 아닌가 하는 생각이 들어요. 그런데 실상 종합제철 때문은 전혀 아니지요. 박 대통령 당신이 직접 보고받은 후 하라고 지시한 대로 박 부총리가 한 건데, 그거 때문에 박 부총리를 자른 건 아닐 거고, 역시 박 부총리에 대해서 여러 면에서 한계를 느꼈던 거 같아요.

현재까지 알려진 바는 KISA안을 관철하지 못하고 종합제철소 추진력을 상실했기 때문에 박 대통령이 박충훈 부총리를 해임하고 김학렬 수석을 해결사로 투입했다는 것입니다. 오원철 수석의 책 등에는 그렇게 나와 있었습니다.

그러니까 넷밖에 몰랐던 일이고 누구도 말을 안 했어요. 이제 한참 시간이 지난 다음에 내가 그 이야길 사실대로 하는 거고요.

박충훈 부총리의 회고록(《이당貳堂회고록》, 박영사, 1988)에도 KISA 측이 1968년이 다 지나도록 계약을 이행하지 않아서 종합제철 건설이 큰 차질을 빚었다고 지적하면서도, 우리 정부가 KISA안을 무산시키기로 IECOK 총회 전에 결정한 부분에 관한 언급은 없습니다. 그는 4월의 IECOK 총회에서 자신이 회원국 대표들에게 종합제철 건설을 위한 자본협력을 요청했으나, 세계은행과 미 수출입은행이 타당성 재검토를 주장하고 서독 등이 소극적 태도를 보여서 최종 무산되었다고 썼습니다. 이렇게 쓴 것은 우리 정부가 일방적으로 KISA와의 계약을 깰 수는 없으니, 세계은행 등 차관단 때문에 KISA안이 무산된 것처럼 보이려 한 것인가요?

그거보다는 자신의 해임 사유를 감추고 싶어서 아닐까 해요. 박 부총리의 조카가 간첩단 사건에 연루된 것이 박 부총리에 대한 박정희 대통령의 신임이 떨어진 한 요인이 되었을 겁니다. 박 부총리에게는 그게 불명예스러운 일이죠. 그 밖에 대통령이 박 부총리에게 한계를 느낀 점도 좀 있었던 것 같고요. 세간에는 종합제철소가 추진이 안 되어서 해임된 것으로 알려져 있는데, 박 부총리에게는 실제 해임 이유가 알려지는 것보다는 이게 더 낫기 때문에 그렇게 알려지도록 유도한 것 아닌가, 회고록도 그렇게 쓴 게 아닌가 싶어요.

네, 알겠습니다. 다른 질문입니다. 1969년도 8월, 그러니까 제철소 규모를 키워서 경제성을 확보하고 청구권 자금을 쓰기로 하는 등 종합제철이 이미 새 가닥을 잡은 때인데요, 동아일보의 특집 기사에는 KISA안이 1968년부터 차질을 빚고 있었다고 나옵니다. KISA가 미 수출입은행에서 차관을 얻으려고 하는데, 다른 쪽에서도 한국 투자 프로젝트와 관련해서 수출입은행 차관을 얻으려 했다는 겁니다. 수출입은행이 한국 관련 프로젝트에 대해 차관을 줄 것인데, GE 같은 굉장히 큰 회사들이 한국에 원자력발전소를 짓겠다고 하면서 수출입은행 차관을 끌어가려고 했기 때문에 코퍼스 같은 작은 회사들은 밀릴 수밖에 없었다는 기사입니다. 즉, 미국의 업자 간 경쟁에서 KISA 회원사가 열세에 몰려서 이미 1968년부터 차질을 빚고 있었다는 말입니다. 그런 말씀 들으신 바가 있는지요.

그런 이야기를 들은 기억은 전혀 없어요.

1969년 5월 7일 귀국하셨습니다. 파리 회의 마치고, 서독 가서 동베를린 사건 때문에 양국 경제협력 관계가 깨졌던 거 복구하고, 다시 미국, 일본 들러서 귀국을 하신 겁니다. 그리고 5월 말에 박 부총리가 입원하면서 부총리가 바뀌게 됩니다. 5월 7일 귀국해서 5월 말에 박 부총리 입원할 때까지 한 달 가까이 시간이 있는데, 그 5월 중에도 종합제철 문제에 관여하셨는지요? 더욱이 박 부총리가 5월 16일 쯤에 종합제철 담당자인 황병태 경제협력국장을 조사통계국장으로 좌천 발령내는데요.

황 국장 인사 발령이 왜 그렇게 됐냐면, IECOK 총회에 가서 예전에 얘기한대로 거기서 KISA를 깨는 작업을 했잖아요. 그랬더니 담당자였던 황 국장이 투덜대기 시작했고요. 그러니까 그걸 누가 듣고 박 부총리에게 일러 바쳤어요.

네, 부총리가 괘씸히 여겨서 황 국장을 조사통계국으로 좌천시킨 건데, 그 후 종합제철을 어떻게 할 거냐 해서 양 국장님이 박 부총리와 계속 협의를 하셨나요?

계속 협의보다도, 그 전에 세계은행과 어떻게 이야기가 되었냐 하면, 세계은행에서 IECOK 총회 후 조사단을 우리에게 보내기로 했어요. 세계은행에 종합제철에 대해 잘 아는 기술자가 하나 있대요. 그 사람을 보내서 우리하고 방안을 논의하기로 했습니다. 우리는 앞으로 세계은행과 얘기를 해서 방향을 잡으려고 생각을 하고 있었어요. 그러니까 나로서는 거기에 대해서 더 왈가왈부할 게 없죠. 세계은행 조사단이 온 후 협의해서 새로운 대안을 찾으면, 새로 매듭을 지으면, 우리 기획원 업무 체제상 경제협력국으로 다시 넘겨줘서 거기에서 구체적 내용을 검토해야 될 판이거든요. 그런 입장에 있는데 박충훈 씨가 입원하고 김학렬 씨가 새로 온 것이에요.

그런데 박 부총리 재임 중인 1969년 5월 말까지도 공식적으로는 KISA와의 협약을 깬다고 결정하지 않은 것 같습니다. 5월 22일 날 박충훈 부총리, 김정렴 상공부 장관, 이한림 건설부 장관, 박태준 포항제철 사장이 종합제철 건으로 대통령께 보고를 합니다. 대통령은 더 적극적인 자세로 추진을 하라고 지시를 합니다. 외국 차관단을 설득하라는 지시가 들어 있습니다.

이 대통령 보고 후의 활동인데요. 5월 27일에 박 부총리와 박 사장이 KISA의 각국 대표, 코퍼스의 그라임스 부사장, 서독의 데마그사의 구센 대표 이런 사람들 7명을 불러서 책임 이행을 촉구했다고 보도가 나옵니다. 그러니까 5월 중 박 부총리가 있을 때는 공식적으로 KISA하고 결별한다고 선언을 한 것 같지는 않고, 어쨌든 KISA에 마지막으로 한 번 더 독촉, 독려한 걸로 나옵니다. 여기 관여하셨나요?

KISA를 부를 회의에 배석도 안 했고 저런 게 있었는지도 기억이 안 나요. IECOK 회의에서 돌아와 가지고 그 회의 결과는 이렇게 됐다 하는 보고까지는 아마 내가 냈을 거예요. 그래서 박충훈 씨가 사인해서 KISA에 통보를 했는데, 그건 귀국 직후이겠죠. 이건 난 전혀 처음 듣는 얘기에요.

5월 22일 회의 내용은 아래와 같이 《관보》에 게재되었습니다. KISA를 다시 한번 설득하라는 것으로 되어 있습니다. 이에 대해 회의 참석자였던 기계공학자 김재관(金在官) 씨는 박 대통령이 종합제철소 건설계획안을 외국 기관에게 일임하고 결과만 기다리지 말고, 한국 자체의 안을 만든 다음 적극적 자세로 세계은행 등 외국 기관을 설득하라고 지시했다고 증언했습니다. 경제기획원 출신자들의 단체 경우회(經友會)의 회지 《경우》 제5호(1989) 기고문입니다. KISA와 계속 손을 잡느냐는 점에서 관보의 게재 내용과는 분명히 차이가 있습니다. 그런데 이 회의에서 김학렬 경제수석이 그간의 추진 상황을 누구보다도 신랄하게 공박했다고 김재관 씨는 전했습니다. 이것을 보면 이 회의 무렵에는 이미 KISA에 더 이상 의존하지 않는다는 게 확고해진 것 같습니다. 그리고 5월 27일 KSIA와의 회의는 KISA와의 해약 절차로 거치는 형식적인 회의 같고요.

불과 1주일 정도 뒤인 6월 2일 김학렬 부총리가 임명됩니다. 그리고 김 부총리가 취임한 후 6월 7일에 KISA와의 계약을 백지화한다는 보도가 나옵니다. 새 태스크포스(TF)를 구성한다고 발표되었고요. 정문도 차관보를 단장으로 하고 노인환 경제협력국 공공차관과장, 포항제철의 부장 등으로 구성한다고 했습니다. 양 국장님도 이 TF에 정식으로 들어가신 건

대통령 각하 지시(1969년 5월 22일) - 종합제철 건설에 관한 보고를 받고

박정희 대통령은 22일 종합제철 건설에 관한 보고를 청취하고 관계관에게 다음과 같이 지시하였다.

1. 정부는 종합제철의 필요성, 경제성, 차관 상환 능력에 대한 자료를 대한 차관단에 제시토록 하여 적극적인 자세로 설득토록 할 것. 매달 22일 정기적으로 추진상황을 보고할 것.
2. 정부가 지원하는 종합제철과 관련되는 항만, 도로, 정지 사업을 계속 강력히 추진할 것.
3. 종합제철이 국제경쟁력을 갖출 때까지는 정부투자에 해당되는 부문은 모두 보조로 돌릴 것.

《관보》(제5256호), 1969년 5월 24일자.

아닌가요?

그 TF에는 기술자가 원칙으로 들어가는 겁니다. 그때 한국의 기술자란 사람은 주로 상공부에 있었는데 그 사람들을 다 망라해서 기술단을 만들고 그 단장에 그때 경제기획원 차관보였던 정문도 씨를 임명했어요.

그 기술단이 일본 야하타 제철소 사람과 협조해서 작업했어요. 거기 부장 하나가 아주 열심히 이 문제에 달라붙어서 협력해 주었어요. 그 기술단이 새로운 종합제철소 건설 방안을 작성했어요. 기술단이 작업한 후에 세계은행 사람들이 나타나면, 그때 내가 개입하게 되는 겁니다. 나중에 내가 청구권 자금 건으로 일본과 교섭할 때 이 TF에서 나온 보고서를 기초로 해서 활동한 거예요.

이 TF에서 8월 초 쯤에 종합제철소 건설계획안이 나왔습니다. 두 달 정도 걸려서요. 그리고 이 기술단은 일본에 건너가 일본의 철강연맹, 철강 회사 대표에게 한국의 새 종합제철소 건설계획안을 설명했습니다. 앞서 본 《경우》지에 쓴 김재관 씨의 증언입니다. 8월 6일자 신문에는 정문도, 박태준 등이 그달 말 열릴 한일정기각료회의의 사전 정지 작업 차 일본에 출장을 떠났다고 보도되었습니다.

그때 나 역시 그달 말에 열릴 한일정기각료회의에 앞서, 일본 정부 관계자들에게 일본 자금으로 제철소를 건설하겠다는 제의를 하러 도쿄에 갔어요. 이 TF 사람들은 일본의 철강업계 사람들과 기술 관계를 협의하러 도쿄에 간 거고요. 그런데 좀 이상하단 말이에요. 내 상급자인 경제기획원 차관보라는 사람이 와 있는데 국장급인 내가 대표로서 일본 측에 요청하기에는 조금 뭐하단 말이에요. 그래서 정문도 차관보에게 "같이 갑시다" 해서 같이 외무성에 가서 공식으로 "청구권 자금을 조상(繰上) 사용해서 종합제철소를 하나 만들자" 하는 제안을 한 겁니다.

그 이후에는 돈 관계 교섭하러 다니는 데는 정문도 씨가 동행한 일이 없어요. 제일 첫 번에 요청하러 갈 때 그때 정문도 씨를 필두로 한 기술단이 일본에 와 있었기 때문에 같이 가자고 내가 끌어 가지고 간 거예요. 물론 그가 내 직속상관이니까 대외적으로는 정문도 씨가 요청한 걸로 보이겠죠. 그런데 실제 내용은 그렇지 않아요. 그래서 한 번만 그렇게 해서 갔고. 그 다음에는 제대로 해서 공식으로 할 적에는 정문도 씨는 기획단 단장으로 출석해서 기획단에서 만든 계획에 대한 얘길 했고, 청구권 자금 교섭은 내가 맡았어요.

그러니까 양 국장님은 기획단에서 만들어진 안을 가지고 받아서 교섭하셨다는 거죠.

제철소 건설 과정의 기술 문제는 기획단에서 담당하는 것이죠. 조강 100만 톤을 생산하는 제철소의 건설 계획은 기술단에서 세웠습니다. 제철소 단지 100만 평 안에 어떤 공장을 어떻게 세운다는 것은 내가 관여할 수 없잖아요? 이건 전부 기획단의 일이에요.

정부안이 거의 확정된 게 8월 초인데 8월 말에 한일각료회담이 예정되어 있고요. 그래서 당시 양 국장님도 같이 가신 건 아닌가요?

포철 건으로 일본에 출장한 게 여덟 번 쯤 돼요. 그런데 1969년 8월 6일에 정문도, 박태준 씨와 같이 갔는지는 기억이 안 나네요. 한일각료회의 열리기 전에 이미 몇 번 가서 진행 절차 등에 합의를 봤어요.

각료회의에서는 조사단을 한국에 가급적 빠른 시일 내에 보내서 종합제철을 짓기 위한 조사를 진행한다는 게 합의됐어요. 그게 다 이미 각료회의 전에 합의된 사항입니다. 일본 측에서는 격식과 절차를 밟아야 하니까 그것에 맞추어 준 것입니다.

KISA안이 무너진 후 대일 청구권 자금을 종합제철소 건설에 조기 사용하고 차관도 일본에서 얻기로 결정한 것과 관련해서, 그 아이디어를 누가 냈느냐에 관해 여러 설이 있습니다. 오원철 수석 책에는, 귀국 직전 일본에서 대책회의를 할 때 당시 양 투자진흥관이 그 아이디어를 냈다고 하고, 김정렴 씨도 양 투자진흥관이 아이디어를 냈다고 증언했습니다. 반면 박태준 씨 전기에 의하면 박태준 씨가 1969년 1월 미국에서 귀국길에 하와이에 들렀을 때 불현듯 대일 청구권 자금을 사용하면 된다는 생각이 들었다고 했습니다. 그 아이디어는 누가 낸 것인가요.

종합제철소 건설에 청구권 자금을 쓰자는 게 내 아이디어냐, 박태준 씨 아이디어냐 그건 내가 답변할 수 없어요. 김학렬 씨가 나에게 "이 청구권 자금을 조상(繰上)[28] 사용하기로 청와대에서 결정했습니다. 양 국장이 그 교섭을 맡되 양 국장 마음대로 해서 이걸 빠른 시일 내에 매듭을 지어주세요" 하고 지시했습니다. 그래서 그 결정하는 순간에 무슨 회의를 하고 했는지, 아니면 김학렬 씨도 대통령께 직접 하나의 지시만 받았는지, 또는 김학렬 씨가 건의를 한 것인지, 또 회의를 몇 명이 했는데 박태준 씨를 불러서 물었는지는 내가 몰라요. 그러니

28 융통해서 당겨쓴다는 뜻의 일본어 ぐりあげ(繰り上げ).

대일 청구권 자금의 전용 아이디어를 누가 냈는가에 관한 여러 기록

박 부총리 일행은 IECOK 회의 후 서독과 미국을 방문하고 동경에 도착했다. 공항에는 박태준 사장이 기다리고 있다가 필자에게 종합제철에 관한 그간의 교섭 내용을 물어보기에 IECOK의 분위기를 설명하니 몹시 우울해 했다. 사절단 일행은 호텔에 모여 그간의 교섭 내용을 정리하는 회의를 가졌다. …모두 암담할 뿐이었다. 이때 양윤세 투자진흥관이 대일 청구권 자금을 요청하면 가망성이 있을 것 같다는 의견을 내놓았다.

오원철, 《한국형 경제건설》 제7권, 129쪽.

"내가 김학렬 부총리에게 얘기했어요. '청구권 자금 앞으로 몇 년 치 남은 것으로, 예를 들어 제철이나 조선 사업을 하면 어떻겠냐고?' 그랬더니 그 얘기를 듣고 '내가 올라가서 각하께 잘 말씀을 드려 보겠다' 그러더군요."(양윤세)

"양윤세 국장의 보고를 들은 김 부총리가 이 아이디어를 적극적으로 박 대통령께 건의를 드렸던 것으로 알아요. '일본 청구권 자금으로 (종합제철을) 추진하면 가능성이 있습니다. 일본의 고위층이 각하가 그걸 원하신다는 걸 알고 있고, 실무진에서도 움직임이 있습니다' 고 보고했다고 합니다."(김정렴)

육성으로 듣는 경제기적 편찬위원회, 《코리언 미러클》, 나남, 2013, 271쪽.

박태준의 '하와이 구상'

"69년 1월 하순, 나는 미국 피츠버그로 날아가기로 했다. …KISA를 잉태시킨 코퍼스사 포이 회장과 담판을 벌여 확답을 받아낼 작정이었다. …

코퍼스사는 세계 최고의 철강 엔지니어링회사였다. 그 대표인 포이와 마주앉았다. …하지만 그의 결정은 "노"(no)였다. "자페의 보고서를 무시할 수 없다"며 물러서지 않았다. …

포이는 미소를 지으며 "당신의 애국심은 이해하나 그것과 사업은 별개의 문제"라고 명확하게 선을 그었다. 최후의 통첩을 받아든 나는 망연자실했다. …

나는 일행과 함께 하와이로 날아갔다. …와이키키 모래사장에 드러누웠다. …갑자기 어떤 생각이 뇌리를 스쳤다. 번쩍 정신이 들었다. …대일 청구권 자금, 일제 식민지 배상! 조상의 피맺힌 돈이 남았을 것이란 생각이 스친 것이었다. …

"그래, 좋아! 자네가 기막힌 생각을 해냈군. 그 정도는 될 거야." 박 대통령은 즉시 수락했다. …

《중앙일보》 2004년 8월 29, 30, 31일 연재 박태준 자전 에세이.

까 박태준 씨가 하와이 구상을 말했다는 게 사실인지 아닌지는 내가 알지 못합니다.

최근에 오원철 수석님을 직접 만나서 여쭤봤는데요. 종합제철 관련해서 귀국 후 어떻게 보고할지를 정리하는 모임을 도쿄에서 가졌는데, 거기서 이런저런 이야기가 나왔다는 거죠. 이런저런 이야기 중에 양 국장님께서 종합제철소 자금으로는 청구권 자금을 조상 사용하는 방안도 있다는 말씀을 하셨다는 겁니다.

그런 이야기는 내가 일상으로 했어요. 청구권 자금 사용도 내가 총괄을 했어요. 그때 항상 느끼고 이야기했던 게, 이거 며칠 안 가서 없어지는 걸 자꾸 하지 말고, 뭔가 하나 남는 걸로 했으면 좋겠다고 이야기했어요.

나는 요로의 일본 관료들을 쉽게 만날 수 있으니 청구권 자금 사용 건도 교섭하면 되지 않겠냐는 생각은 갖고 있었지만, KISA를 깬 후 청구권 자금 사용안을 김학렬 부총리에게 건의한 것은 아니었어요.

최근 황병태 대사를 인터뷰 해보니 또 말씀이 달랐습니다. 이미 김학렬 부총리가 취임한 후니까 6월 이후의 일이겠습니다. 자신은 경제협력국장에서 이미 밀려나 조사통계국장으로 있을 때입니다. 김학렬 부총리가 자신을 불러서 종합제철소 만들 길이 꽉 막혔는데 어떻게 하면 좋겠느냐고 묻길래, 자기가 청구권 자금 2, 3억 달러 남아 있는 걸 쓰는 방안밖에 없다고 하니까, 김 부총리가 일본말로 "요시!", '좋아!' 라는 뜻이죠, "요시!" 하고 대통령께 가서 보고를 했고 대통령이 그를 수락했다고 말씀을 하셨는데, 그에 관해서 혹시 들으신 바가 있는지요.

전혀 들은 일 없어요.

그때 양 국장님이 김 부총리에게 청구권 자금 사용안을 정식으로 보고하고, 또 같이 청와대에 같이 들어가서 회의를 해서 결정하거나 한 건 아니라는 말씀이죠?

그건 아니기 때문에 그걸 논의한 어떤 회의가 있었는지 또 대통령이 직접 그냥 생각하고 지시를 했는지 그걸 난 모릅니다.

박태준 씨 전기에 의하면, 1969년 1월 하순 자신이 미국 피츠버그로 가서 KISA의 포이 회장을 만나서 거듭 차관 제공을 요청했는데 사업의 경제성이 없다고 포이가 거절했다고 합니다. 그가 귀국 길에 하와이에 들려서 와이키키 해변 모래밭에 누워서 잠시 쉬는 중에 불현듯 청구권 자금 사용 방안이 생각났다고 해요. 바로 박 대통령에게 전화를 해서 청구권 자금 사용 방침을 허락받았다고 합니다. 그리곤 일본에 들러서 청구권 자금을 사용할 수 있도록 일본 측에 협조 요청도 했다고 하고요(《중앙일보》 2004년 8월 29, 30, 31일 연재분). 이상이 박태준 자신이 대일 청구권 자금 전용안을 냈다는 '하와이 구상' 입니다.

그렇게 썼다면 그건 말이 안 됩니다. KISA는 우리 정부와 마찬가지로 차관을 성사시켜야 할 입장이었으니 포이 회장이 거절할 이유가 없죠. 제철차관이 성사되면 자기네가 제철소 건설 자재를 공급하고 기술 제공한 대가를 단단히 챙길 수 있는 건데, 차관 얻자고 나서야지 왜 반대해요. 또 거절할 위치도 아니예요. 차관은 미 수출입은행 등에서 주는 건데, KISA가 거절할 일이 아니죠.

네, 박태준 씨의 이런저런 언급을 대필 작가가 짜맞추어서 쓰다 보니 엉터리 소설처럼 된 것이 아닌가 싶습니다. 실제로 박태준 씨가 박 대통령에게 청구권 자금을 쓰자고 제안했을 수는 있는데, 박태준 씨 전기에서와 같은 그 앞뒤 설명은 워낙 사실과 안 맞아서 신빙성이 없습니다.

여하튼 김학렬 부총리가 그때 양 국장님에게 "청구권 자금을 조기 사용하기로 했으니까 가서 책임지고 교섭하시오" 지시한 거는 기획단 안이 만들어진 다음이었나요?

만들고 있는 중이었어요.

그렇다면 김학렬 부총리는 한편으로는 기획단을 만들어서 기술면에서 제철소 건설 계획을 만들게 하고, 양 국장님에게는 그 실행을 위해 청구권 자금 교섭을 맡긴 것이네요. 네, 분명해졌습니다.

그럼 일본 청구권 자금을 사용하기로 방침을 정하면 일본 측과 교섭을 해야 할 텐데요. 그때 누구와 처음 말씀을 하셨나요?

역시 일본 외무성의 우시바 차관에게 처음 이야길 했어요. 그에게 미리 귀띔을 해 놓으니 8월 초 일본 도착한 날 저녁에 우시바가 통산성, 대장성, 경제기획청 등의 웬만한 간부들을 전부 저녁식사 자리에 부릅디다. 그렇게 같이 이야기하게 만들었어요. 그 모임을 통해 일본 측 정식 대표 네 명을 결정했어요. 외무성의 참사관, 말하자면 연락관 비슷한, 창구 비슷한 역할 하는 이, 그 다음에 통산성의 하나무라 신페이라는 사람, 그 다음에 대장성 외환국의 국장, 이 사람이 나중에 후생성 장관이 된 사람이에요. 그리고 단장 격으로 경제기획청의 아카자와 쇼이치(赤澤璋一). 이 사람이 원래는 통산성의 중공업국장을 오래해서 이 계통에는 아주 전문가였지요.

네, 우리에게도 포항제철 관련해서 잘 알려진 분입니다.

네. 통산성에서 중공업국장을 하다가 경제기획청의 무슨 조정국장인가였는데 단장을 시킨 거예요. 그래서 이 네 명이 나를 상대하게 된 거예요. 그 후로는 내가 일본에 가기만 하면 그날 저녁에 우시바 차관이 무조건 그냥 내 저녁을 예약해 둡니다. 그리고는 그 네 명을 불러요. 그러면 이 사람들하고 친분을 갖고 이야기하게 해 놓아요. 일본에서는 그 자기의 콤파트먼트 같은 영역을 침범하는 거 아주 싫어하니까, 누구 한 사람만, 거기에 영향력 있는 한 사람만 만나서는 일이 안 돼요. 아침부터 한 사람 한 사람 따로 가서 만나고, 그리고 또 필요할 적에는 같이 만나고 이렇게 해야지, 그중에 누구 하나에게만 더 치우치면 안됩니다. 그런 식으로 해야 하는데 적극적으로 도와준 거는 우시바 씨죠. 갈 때마다 매번 저녁 그 시간에 비싼 집에서 저녁 먹는 게 한두 푼 드는 일이 아닙니다. 나는 그거 하는 동안에 저녁 한 번 냈나 그랬어요.

물론 개인적인 친분 이런 관계도 중요하겠지만 일본의 국가 입장, 나라 입장에서도 예를 들어 한국의 제철소 사업을 지원해 주는 게 자기들에게 나쁘지 않다, 또는 자기들도 이익이다 이래야 협력을 하는 거 아닐까요? 일본이 적극적으로 말하자면 도와준 편인데, 그 이유는 무엇인가요?

아까도 이야기했지만 처음에 우시바에게 정식보다도 비공식으로 이런 걸 맡아서 왔소, 내 일을 도와주시오 하는 식으로 이야길 했더니 그 사람이 거기에 동조한 겁니다. 거의 타당성을 인정한 거죠. 그 사람이 원칙적으로 우리에게 아주 동의하고 해 주려고 애를 쓴 거죠. 그런데 우리가 제철소 건설에 협조를 요

▌일본 측과의 청구권 자금 사용 교섭회의 왼쪽이 한국 측. 1 양윤세

청하니까 일본 측에서는 처음부터 도와준다는 생각이 있었어요. 그거 좋은 생각이다 하는 사람들이 많이 있었는데, 이 사람들이 절차를 중요시하더라고요. 그래서 기술부서의 대표 기술자들을 뽑아서 그 대표단이 나와 회담을 하게 하고, 그리고는 그 결과를 한일경제각료회담에 올려서 승인을 받고, 자기네 기술단을 한국에 보내서 기술 조사를 하게 하고, 그 보고서에 의거해서 자기네가 나중에 최종 결정을 하는 그런 형식을 취했어요. 일본 측이 그걸 쭉 맞춰서 움직여 준 거에요.

나중에 기술진이라고 해 가지고 기술 조사를 하러 왔을 때 대장성인가의 젊은 사무관 하나가 나에게 질문을 던졌어요. "한국에는 원료도 없고 기술도 없고, 결국은 다 수입을 해야 하는데, 어떻게 한국에서 제철소를 하겠다고 그러느

▮일본 민관합동조사단과 포항 제철소 예정지 방문(1969년 9월 하순) 1 박태준, 2 일본 측 아카자와 조사단장, 3 양윤세

냐"는 비판이었어요. 내가 이렇게 반박했어요. "그 이야기는 한국을 일본에 항상 예속시키겠다는 이야기랑 마찬가지다. 철강 생산이 부족하니 제일 가까운 데서 사는 건 어쩔 수 없고, 그러면 너희가 결정하는 가격을 우리는 안 따를 수 없다. 그런데 우리가 조그만 거라도, 백만 톤짜리라도 하나 갖고 있으면 우리 생산이 있으니까 너희가 마음대로 가격을 못 매긴다. 그러나 우리에게 아무런 제철시설이 없으면 너희 마음대로 너희가 국제가격의 2배를 매긴다고 하면 우린 그 가격에 사야지 별 도리가 없지 않냐, 너희에게 예속되는 거밖에 더 되느냐." 이걸로 그 친구는 그대로 묵사발이 되었어요. 나는 아주 솔직하게 이야기한 거예요.

우리 정부가 KISA와의 협약을 공식 해지한 것은 9월이었습니다.

IECOK 총회의 결과, 그 후 KISA의 차관 교섭 부진 등을 근거로 해서 내가 부총리 명의로 KISA와의 계약을 무효화한다고 편지를 보낸 겁니다. KISA에 '이러하기 때문에 우리 계약 뭐뭐에 따라서 해약한다' 해 버렸어요.

포철 착공한 게 1970년 4월인데요, 양 국장님은 1969년도 하반기에 일본을 계속 다니면서 교섭하신 거잖아요. 포철 착공하기 전에도 이미 박태준 씨에 대한 박 대통령의 신임은 두터웠던 것이죠?

대통령이 박태준 씨를 신임하고 아끼는 건 내가 여러 면으로 많이 봤어요. 박태준 씨가 최고회의 의장 비서실장 했잖아요. 그 후에는 대한중석 사장도 하고, 거기서 출자한 포철 사장도 하고요. 그 후에도 몇 번 내가 봤지만 아무튼 박태준 씨에 대한 박 대통령의 신임은 아주 두터웠지요.

오원철 수석은 포항제철이 박태준 회장의 작품처럼 된 것에 대해 불만을 갖고 계신 거 같고요. 그래서 포항제철 성사되기까지, 착공하기 전까지는 박태준 씨가 한 게 별로 없다는 말씀을 하시던데요?

그런 이야기 한 사람이 또 있어요. 정문도 씨를 단장으로 기술자들 중심으로 기획단 만들었다고 좀 전에 이야기했잖아요. 그 작업반에서 실질적으로 리더 역할을 한 사람이 독일 기계공학 박사인 KIST의 김재관 씨였어요. 아까 주 박사가 언급한 사람이죠. 그가 나중에 국방과학연구소 부소장, 상공부의 중공업차관보인가도 했지요. 2000년대 중반에 그이가 나에게 여러 번 전화했어요. "박태준이 딴 소리 하고 있다. 하와이 구상이니 어쩌니 하는 거 다 사기다. 당신이 항의 반론을 좀 해 달라" 이거였어요. 내가 지금 살고 있는 집에 이사한 게 2004년인데, 아마 그 이듬해 쯤인가 그런 요청을 받았어요. 중앙일보에 박태준 씨가 자전 에세이 연재한 게 2004년이었다고 했는데, 그때 오원철 씨나 김재관 씨 같은 상공부 계통 사람들이 그걸 보고 반발했던 거 같네요.

하지만 내가 굳이 나서서 박태준 씨를 깎아내리는 일을 하진 않았어요. 결국 포항제철을 크게 성공시킨 게 박태준이었고, 대통령도 그에게 일임해서 그렇게 되었는데, 청구권 자금 아이디어를 처음 낸 게 누구냐가 그렇게 중요하지는 않다는 거죠.

내가 교섭하는 중에 박태준 씨와 두 번을 같이 일본에 갔는데, 내가 좀 놀란 게, 노는 판이 달랐어요. 박태준 씨는 도쿄 긴좌(銀座)에 딱 정해 놓고 다니는 음식점이 있어요. 거기는 자기 술 맡기고 마시는 데거든요.

만나는 분들이 다른 건가요? 그때 양 국장님은 주로 관료들, 관계된 부처의 관료들을 만나신 건데, 박태준 사장은 정치인이나 재계 인물을 만난 것인가요.

정계와 재계 사람들이죠. 박태준 씨가 그런 사람들하고 상당히 친했다고 기억합니다. 나도 느꼈지만 누군가가 귀띔을 해 줘서, 종합제철소 건설에서는 일본 민간 제철업계가 상당히 중요한 역할을 할 것인데, 그 사람들을 만날 필요가 있다는 겁니다. 그 무렵 신일본제철이 성립하면 그 회장은 나가노 시게오(永野重雄)[29]가 맡고, 이나야마 요시히로(稲山嘉寛)[30]가 사장이 될 게 확실하다, 그렇게 내부에서 결정이 됐으니까 한 번 그 사람들도 만나두는 게 좋을 거다 하더라

29 일본 상공회의소 회장, 일본 경제인단체연합회(게이단렌 經團聯) 회장을 역임했다.
30 상공성 관료 출신으로 야하타제철소 사장을 하다가 1970년 여러 철강사가 합병한 신일본제철의 초대 사장을 맡았다. 1980~1986년에 게이단렌 회장을 했다.

고요. 그래서 내가 나가노 회장도 한 번 찾아가서 만났고 이나야마 사장도 찾아가 만났어요. 그 사람들과 만나는 약속은 박태준 씨가 해 주었어요. 같이 가진 않았고 약속만 해 준 거죠. 박태준 씨가 일본의 민간 재계나 정계에 꽤 통한 사람이란 걸로 알고 있어요.

네, 장관님 말씀을 정리해 보면, KISA를 통한 종합제철소 건설 사업은 박충훈 부총리-양윤세 투자진흥관이 중단시켰고, 대안으로 새로 김학렬 부총리가 취임한 후에 새 기획단을 꾸려서 제철소건설계획을 새로 만들면서 대일 청구권 자금 사용 방안을 결정했고, 일본과의 자금 교섭을 양 투자진흥관이 맡아서 성사시킨 것이 되겠습니다. 어떻게 해서 대일 청구권 자금 사용 방안이 나왔는지는 아직 잘 알 수 없는 것 같습니다. 그런데 그 과정에서 세계은행과의 논의는 어떻게 되었습니까.

그때 세계은행에도 소위 일관제철소 분야의 전문가는 하나밖에 없었어요. 내가 1969년 하반기에 일본하고 교섭하던 중에 도쿄에서 그 사람을 만났어요. 아주 젊은 사람이었어요. 한국이 이러이러한 방향으로 일관제철소를 만들려고 한다고 했더니, 이 사람은 전문가니까 곧바로 반응이 와요. 자기가 세계은행에 돌아가면 일이 되는 방향으로 하겠다는 거예요. 세계은행에서도 이제는 반대하지 않는다는 입장을 정한 거예요. 일본도 차관공여자로서 IECOK 멤버거든요. 청구권 자금을 쓴다면 IECOK 회원인 일본에서 자금을 받는 거니까, 세계은행에서 반대한다면 일본도 곤란하죠. 그런데 세계은행은 그 제철소 전문가의 검토를 통해서 결국 자기네는 반대 안 한다, 자금을 그렇게 쓰는 걸 환영한다고 정한 거죠.

종합제철차관이 확정된 것은 1969년 11월 19, 20일인 것으로 확인이 됩니다. 일본 정부가 청구권 자금 7,370만 달러를 주고, 일본 수출입은행은 5,000만 달러 상업차관을 제공한다라는 것이 일본 정부 측과의 회의에서 결정되는데, 정문도, 양윤세, 노인환 등의 실무교섭단이 결정지은 걸로 나옵니다. 그리고 12월 초에 서울에서 협약식을 갖습니다.

그것도 이상한 얘기인 게, 무슨 공식 합의하고 그런 건 없어요.

1969년 12월 3일에 서울에서 김학렬 부총리하고 주한 일본 대사하고 같이 사인하는 것으로 공식 합의한 거 아닌가요.

그건 김학렬 부총리가 부총리 된 지 6개월 되는 걸 기념해서 한 겁니다. 부총리의 비서실장이 나에게 한 달 쯤 전에 와서 종합제철 건을 매듭짓는 행사를 해서 부총리 취임 6개월을 축하해 줄 수 없겠느냐 했어요. 그래서 그런 의도로 만든 겁니다. 내가 일본 측에게 우리에게 이러이러한 사정이 있어서 6개월 되는 날에 최소한도 이 일은 확실히 된다 하는 희망을 줄 수 있도록, 대사하고 부총리하고 무슨 취향서 비슷한 걸 하나 만들어서 사인을 하면 어떠냐 했어요. 일본 측이 오케이 양해를 했어요. 그래서 주한 일본 대사를 찾아갔습니다. 그간 교섭과정에서 주한 일본 대사가 소외되어서 좀 빠져 있었는데, 내가 서로 취향서 비슷한 걸 합의문으로 해서 대사가 서명하겠느냐 제안했습니다. 대사가 좋다고 해서 이 사인 행사를 만들어 낸 거죠.

다른 질문을 좀 드리겠습니다. 그 1969년도 하반기에 한일정기각료회의에서 김학렬 부총리가 포항제철 건을 올리고 청구권 자금을 조상 사용하고 일본 측에서 기술지원해 주고

▮ 종합제철 한일기본협약 체결(1969.12.3. 경제기획원) 1 김학렬, 2 가네야마 마사히데(金山政英) 일본 대사, 3 포항제철 박태준 사장, 4. 이낙선 상공장관, 5 양윤세

이런 걸 협의를 시작해서 한 6개월 만에 성사를 시켰는데, 마침 그 무렵 박 대통령은 동시에 새 프로젝트를 시작했던 거 같습니다. 그 1969년 가을에 기시 노부스케가 한국에 와서 박 대통령을 만나서 방위산업을 육성할 필요가 있다고 했거든요. 그때가 안보위기가 불거졌을 때인데, 그걸 공감한 박 대통령이 김학렬 부총리에게 방위산업 육성 방안을 만들어봐라, 이래서 김 부총리가 KIST와 바텔연구소의 해리 최 박사인가에게 용역을 줘서 방위산업 육성 방안을 만들었습니다. 그게 1970년 7월 쯤 4대 핵공장 사업계획으로 발표되었습니다. 그쪽에는 관여를 안 하셨나요?

방위산업 육성계획 나올 때는 내가 이미 경제기획원 떠난 다음 이야기고, 내가 알기로는 방위산업 쪽은 김학렬 부총리보다는 오원철 씨가 더 잘 알 거예요. 오원철 씨가 쓴 책이 더 정확할 겁니다. 내가 알기에는 경제기획원에서 방위산업 관계로 스터디했다는 이야기를 들어 본 적이 없어요. 오원철 씨가 했어요.

양 국장님이 기획원 떠나시기 전에 기획원에서 방위산업 육성안이 마련되었습니다. 최초의 방위산업 육성안을 기획원의 황병태 씨가 맡았습니다. 1969년 가을부터 기획원에서 외부에 방위산업 육성의 연구 용역을 주었고, 1970년 봄에 그 결과가 나왔습니다. 김학렬 부총리가 그 무렵 3월에 황병태 씨를 기획원 운영차관보로 승진시켰는데, 7월부터 그에게 공식적으로 4대 핵공장 사업을 맡겨서 추진했습니다. 결과는 진척이 잘 안 됐습니다. 그러던 중 1971년 11월에 오원철 당시 상공부 차관보가 방위산업 육성 방안을 김정렴 대통령 비서실장 통해서 보고하니까, 박 대통령이 공감하고 "이제부터 당신이 맡아서 해 봐" 해서 경제2수석으로 임명했다고 합니다. 그게 1971년 11월이거든요.

그 전까지는, 즉 1970년 7월~1971년 11월에는 기획원에서 공개적으로 방위산업 육성을 추진했던 것으로 확인됩니다.

그건 잘 모르겠어요. 그 중간에, 1971년 1월 17일에 내가 농림부 농정차관보가 되어서 기획원을 떠났어요. 나는 처음부터 오원철 씨가 방위산업에 관계하던 걸로 알고 있었어요. 그리고 오원철 씨가 나중에 곤욕을 치른 게 방위산업 한 거 때문이었어요. 그가 방위산업 맡아서 군인들을 상대했는데, 좀 쌀쌀하게 대했던 것 같습니다. 만난 적 있어요?

2014년 10월에 대한민국역사박물관에 오셔서 강연하신 적이 있습니다. 그때 잠깐 뵈었고, 또 얼마 전(2015년 9월 15일)에 영상 제작 때문에 직접 뵙고 인터뷰 했습니다.

사람이 아주 무척 솔직하고 진실해요. 틀림없어요. 그런데 사람이 좀 냉랭해요. 모르는 사람을 냉랭하게 대해요. 원칙을 따지는 사람입니다. 그러니 그 사람 보고 부정했다 뭐했다 하는 거는 도저히 맞지 않는 얘기예요. 군인들 상대하면서 군인들 불러서 이야기를 하는데, 시시한 소리하면 팍팍 성질내고 그랬다는 겁니다. 너무 솔직해요. 여하튼 그러다보니 군인들이 잔뜩 벼르고 있었다는 후문입니다. 나하고는 아주 친했어요. 그는 경제2수석이고, 나는 경제3비서관이어서 아주 친해서 양형, 오형 하며 지냈죠.

오원철 씨는 머리도 좋고 아주 좋은 사람이에요. 해주 사람이죠. 해주 오씨요. 참 아까운 사람입니다. 박 대통령이 나에게 늘 그런 말씀을 했어요. "나는 경제 잘 몰라. 정치는 그럭저럭 하겠는데, 경제는 임자나 오 차관, 오 수석 같은 사람이 해야 해. 임자나 오 수석 같은 사람들이 장관도 하고 다 해야 해" 이 말씀을 내가 못 들어도 10번 이상 들었어요. 그런데 나에게 이야기할 때도 꼭 오 수석을 같이 거명해요. 그 정도로 오 수석의 신임이 두터웠거든요. 그런데 그게 이제 군인들에게 미움을 샀단 말입니다. 그를 그대로 활용했으면 아주 여러 가지로 좋았을 텐데요.

내가 주미공사로 있을 때 한 번은 누구 오는 길에 잘 아는 사람이라서 나에게 선물을 들려 보낸 게, 요만한 봉지에 도시락 반찬 하는 김, 그거 몇 개 들은 걸 보냈더라고요.

네? 도시락 반찬 김이요?

내가 그 사람 성격을 아니까 그게 금덩어리 보낸 거처럼 고맙더라고. 내가 정부를 떠난 후 얼마 지나 럭키금성사의 미주 담당 사장으로 가서 3년여를 보낸 다음 귀국해서 한두 번 만났어요. 그 사람 이야기가 그때 매일 똑같은 생활만 하니까 죽겠대요. 소일거리 하느라고 배드민턴을 치러 매일 아침에 다녔어요.

그래서 내가 "개인회사라도 이야기해서 쓰겠다고 하면 좀 다니시라, 왜 썩히느냐" 그랬는데, 그래도 민간기업 같은 데 갈 생각은 하지 못하더라고요. 그러다 나중에 들어갔지요. 어느 회사더라… 무슨 고문으로 들어갔는데. 다음에 한 번 만났더니 "내가 양형 생각해서, 양형도 하시는데 해도 괜찮겠지 해서 여기 들어갔다" 그러더라고요. 그게 내가 마지막으로 만난 겁니다.

그게 1980년대 일인가요?

1990년대 초.

그때면 그분이 기아경제연구소 고문이었는데요.

응 기아였던가, 뭐 거기 들어갔어요. 그 경제연구소, 거기서 이제 고문으로 들어간 다음에 한 번 만났는데, 자기가 거기 들어간 경위를 다시 이야기하는 거예요. "내가 갈까 말까 생각하다가, 양형도 그런 거 하는데, 내가 굳이 안할 게 없을 거 같아서 들어갔다"고 그렇게 이야기하더라고요. 그래서 잘했다고 했죠. 요즘 어떻게 지내는지 모르겠어요. 머리도 그쪽 계통에서 둘째가라고 하면 아주 서러워 할 정도로 비상한 사람이에요.

11 경제기획원을 떠나다

양 장관님께서는 기획원 계실 때 특히 장기영 부총리, 박충훈 부총리, 김학렬 부총리 이렇게 세 분을 가까이서 모시지 않았습니까. 양 장관님이 장기영 부총리의 심복처럼 일하신 거는 잘 알려진 사실입니다만, 김학렬 씨와도 잘 지내신 편인가요?

김학렬 씨가 기획원에서 차관보, 차관 하던 동안, 그러니까 재무부 장관 될 때까지는 나와 친형제 같았어요. 내가 1963년 9월 IMF, 세계은행 총회에 우리 대표단의 일원으로 처음으로 갔는데, 그때 김학렬 씨와 친해졌어요. 그 후로는 친형제같이 지냈어요. 내가 1964년 5월 10일에 을지로의 중국음식점 아서원에서 약혼식을 했어요. 장기영 씨가 부총리로 임명되는 개각 바로 전날입니다. 내가 약혼식 문제도 김학렬 씨와 의논했고, 그 약혼식에 정일권 씨 부부가 내 부모처럼 참석했는데 그 밖의 외부 손님으론 유일하게 김학렬 씨 부부가 참석했습니다. 그만큼 가까웠어요.

개각 날 오후 2시인가에 장 부총리가 신임 정일권 총리와 순화동 외무장관 공관에서 차관 인사 논의를 한 것 같아요. 장기영 씨가 김학렬 차관을 그곳으로 불러서 "김 차관, 앞으로 나 좀 도와줘"라고 하면서 차관으로 유임시켰어요. 장기영 부총리 부임 후 김학렬 씨는 장기영 씨와 사이가 좋지 않았지만, 나와는 잘 지냈습니다. 내가 두 사람 사이를 부드럽게 만들려는 중재 역할을 어느 정도 했는데, 그걸 김학렬 씨도 인정했습니다.

김학렬 씨가 1966년 9월 한비 밀수 관련 김두한 의원의 오물 투척 사건 후 재무장관이 되었어요. 정일권 총리가 천거해서 장관이 된 것으로 압니다. 김학렬

▮ **양윤세-윤영옥의 약혼식** 1964년 5월 10일 아서원. 일어선 이가 정일권 총리, 그 맞은 편이 김학렬 차관

장관을 그해의 워싱턴 IMF 총회에서 만났는데, "총리가 칼을 빼서 내가 재무장관 된 겁니다. 잘해 봅시다"고 나에게 말했어요. 그랬는데 그가 단기 현금차관을 일체 중지한다거나 역금리 체계를 바로잡겠다고 하면서 장 부총리와 맞서다가, 불과 석 달 만에 장관직에서 잘렸어요. 그때 장 부총리는 "정일권 총리가 개입해서 엉뚱한 사람이 재무장관이 되었다"고 했어요. 그 후부터 김학렬 씨가 나를 멀리하기 시작했어요. 나와 장기영, 둘이 똑 같다는 겁니다.

여하튼 그랬는데 내가 박충훈 부총리 지시로 종합제철소 건에 관여하게 되었죠. 그 후 다시 김학렬 씨와 가깝게 일하게 되었어요. 그가 부총리로서 종합제철소 프로젝트를 추진하는데, 내가 필요했던 겁니다. 물론 대통령이 그렇게 하라고 지시를 했지만, 본인이 나에게 일본과의 교섭을 전적으로 맡겼던 것입니다. 그때 김학렬 씨가 나에게 "지금 미스터 양에게는 말이야, 하나 마이너스

되는 게 장기영이 사람이라고 되어 있는 겁니다. 나랑 한 6개월 잘 일하면 '양윤세는 김학렬이 사람이다' 이렇게 됩니다" 이랬어요.

그런데 매일 오후 5시가 되면 장기영 씨에게서 내 사무실로 전화가 와요. "오늘 저녁은 나 어디 가 있습니다" 해요. 자기가 어디로 가 있겠다는 건, 나더러 저녁 때 그리로 오라는 거지요. 내가 이제 자기 직속 부하가 아니니까 그리로 오라는 소리를 직접은 못하고 '나 어디 가 있습니다' 하는 거예요. 그러면 난 또 그날 거길 갑니다. 기획원에서 1964년에 장기영 씨를 처음 만난 이래로 1974년에 주미공사로 나갈 때까지 만 10년인데, 그동안 저녁 같이 먹고 술 같이 마신 게 셀 수도 없어요.

아, 네.

그러니까 "양 국장이 장기영이 하고 오늘 술 먹었습니다"라고 이것도 가서 김학렬 씨에게 보고하는 친구가 있던 모양이에요. 김학렬 씨가 이것을 못마땅하게 생각했던 것이고요.

▮ 양윤세와 김학렬(1969.4, 파리 이코크 총회에서)

김학렬 씨가 1969년 6월 초에 부총리에 취임한 후 곧바로 종합제철소 프로젝트의 대일 교섭을 당시 양 국장님에게 맡

▮한미 원자재 차관 조인식(1969.6.5, 국가기록원 CET0060151) 김학렬 부총리, 코스탄조 USAID 처장. 김학렬 왼쪽 뒤에 양윤세

깁니다. 그래서 그해 하반기에 양 국장님께서 일본을 여러 차례 왔다 갔다 하시면서 프로젝트를 성사시켰고요. 그런데 그해 가을에 박 대통령의 방위산업 육성 지시에 따라서 김학렬 부총리가 미 바텔연구소의 해리 최 박사와 KIST에 방위산업 육성계획의 작성을 요청했고, 그 결과가 이듬해 4월인가 5월에 4대 핵공장 설립안이라는 것으로 나오는데, 그 직전에 김학렬 씨는 황병태 통계국장을 차관보로 발탁해서 이 업무를 맡깁니다. 종합제철소가 성공한 것을 보면 김학렬 씨는 누구보다도 양 국장에게 고마워해야 할 터인데, 황병태 씨 손을

들어 준 것은 양 장관님이 장기영 씨와 어울렸기 때문인가요?

장기영 씨는 기획원 그만둔 다음에도 계속 나에게 전화하고 저녁식사에 초대했습니다. 주로 대원각을 이용했는데 직접 통화가 안되면 저녁 몇 시부터 어디에 있노라고 메모를 남깁니다. 내가 종합제철 교섭 차 일본을 왕래할 때에도 돌아와 기획원에 가서 부총리에게 보고하려면 부재중이고 내일도 사무실에는 안 들어온다는 경우가 자주 있었습니다. 그런데 장기영 씨는 자기가 저녁 몇 시에 어디에 있을 거라고 내 사무실이나 집에 메시지를 남겨 놓았지요. 그러면 내가 그곳으로 가는 거죠. 이를 김학렬 씨가 알게 되고 나에게 현직 상관보다 전직 상관에게 먼저 출장 보고한다고 생각하는 거죠.

1970년에 마산수출자유지역이 생겼어요. 3월에 김학렬 씨가 정문도 차관보를 청장으로 보내고, 차관보 빈 자리에 황병태 씨를 발령냈어요. 황병태 씨가 내 상급자가 된 거죠. 하지만 난 개의치 않고 내 일에 열중했어요. 1970년 11월에 일본에서 대대적인 투자진흥 연설회도 열었죠.

그해 연말에 농림부 농정차관보 자리가 비었어요. 김용환(金龍煥) 씨가 그 자리에 있다가 1970년 12월 말일부로 청와대 경제비서관으로 갔어요. 농정차관보 자리가 빈 줄은 알았지만 내가 갈 줄은 생각도 못하고 있었는데, 하루는 청와대의 김병원 비서관이 나에게 전화를 해서, "김학렬 씨가 당신을 농림부 농정차관보로 보낸다" 하는 거예요.

그렇게 해서 미리 알았는데 이튿날 신문에 인사 발령이 쫙 났어요. 그걸 보고 내가 김학렬 씨에게 이렇게 말했습니다. "아, 그럼 보내려면 보내겠다고 미리 이야기를 하시지 그랬어요. 좋은 데 보내면서 보낸다고 미리 말씀해 주시지 그랬어요" 농담 겸 냉소 겸이었어요. 김학렬 씨가 "하하하하" 웃더니, "그렇게 됐어, 그렇게 됐어. 내가 농림부 장관과 함께 각하께 가서 말씀드렸는데, 각하가 양 국장 내보내도 괜찮겠냐고, 일에 지장이 없겠냐고 물으시더라고. 나는 대답을 안 하고 가만히 있었지. 농림부 장관이 '각하, 저희에게도 그런 사람 주셔야지요. 농림부에게도 그런 사람 오게 해 주십시오' 했어" 하더라고요. 대통령께서 좋다고 사인한 건데, 사인하면서 잠시 멈칫거렸다는 이야기까지 김학렬 씨가 나에게 했어요.

박 대통령도 김학렬 부총리가 양 국장님을 껄끄럽게 생각해서 내보내려는 걸 처음에는 만류했다가, 자꾸 요청하니까 들어 준 것이네요?

그런 면이 있겠죠. 하지만 공직 생활을 하다 보면 명암이나 기복이 여러 가지 있는 거고, 김학렬 씨에 대해서는 지금도 원망하는 기분은 없어요. 그 양반 성격이 특이한 부분은 있었지만요.

장기영 씨 후임자인 박충훈 씨도 내가 장기영 씨 만나는 걸 안 좋아했죠. 그때도 사람들이 나에게 장기영 씨 그만 만나라고 걱정을 했어요. 난 등 돌리고 그렇게는 안 한다고 했어요. 박충훈 씨도 처음 1년 동안은 나를 이상하게 봤어요. 그러다가 계속 일을 해보니 그런 게 문제가 안 된다는 걸 안 거죠.

이런 일도 있었어요. 일전에 재일교포 북한 방문 문제로 장기영 씨 특사 파견 건이 있었다고 했잖아요. 그때 박충훈 씨가 나를 꼬집더라고요. 내가 어딘가 다녀와서 박충훈 부총리에게 출장보고를 하는데, 박 부총리가 "양 국장이 장기영 씨를 모시고 가도록 되었는데, 물론 (장기영 씨에게서) 이미 들어서 알고 있겠지만, 내가 한 번 더 전달한다"고 하는 거예요. 내가 속으로 '저 양반이 나에게 꽤 꽁하고 있구나' 생각했어요.

하지만 그런 걸 다 초월한 게 종합제철 관계를 나에게 맡길 때인데, 그때 이미 박충훈 씨와는 완전히 풀렸어요. 중요한 종합제철 관계 업무를 나에게 맡겼다는 것 자체가 그가 나를 상당히 신임했다는 뜻이지요. 1969년 4월 파리 IECOK 총회 마치고 미국에 갔을 때인데, 닉슨 행정부가 들어선 지 얼마 안 되어서 우리 정부에서는 통하는 사람이 많지 않을 때였어요. 내가 미국에서 상당히 발이 넓게 움직이는 것을 박충훈 씨가 보았죠. 그래서는 나에게 "지금 한국에는 닉슨 정부의 고위층과 양 국장만큼 잘 통하는 사람이 없을 거야. 이럴 때일수록 자만하면 안돼. 잘 처신해야 해"라고 격려하기까지 했습니다.

제3부

1970년대, 경제개발의 현장에서

제 3 부

1970년대, 경제개발의 현장에서

01 농업 근대화의 현장에서

공직 생활 중 사실상 처음 부처를 옮기신 건데요, 농림부 첫 출근하신 소감은 어떠했는지요?

그때는 상당히 섭섭했지요. 농림부는 광화문의 지금 정부서울청사, 그때는 정부종합청사라고, 기획원 건물 맞은편에 있었어요. 막 새로 지었을 때죠. 농림부에 처음 출근할 때는 길 건너편에 있는 내 집에서 나만 쫓겨나 남의 집에 들어간 듯한 느낌이었어요.

그때 농림부에는 식산차관보라는 자리도 있었습니다. 직제상 농정차관보가 농정국 · 농업생산국과 농지국을 관할하고, 식산차관보가 양정국과 축산국을 관할했는데, 이 업무 분장은 어떤 것인가요. 예를 들어 이중곡가제 같으면 농정차관보 관할인가요.

이중곡가제 같은 것은 내 소관이 아니었어요. 그런데 쌀 문제와 관련해서는 두 가지가 기억에 있어요. 그때 정일권 씨 후임으로 백두진 씨가 총리가 되었는데, 그가 쌀 배급제를 실시하라고 김보현 농림장관에게 지시했어요. 김보현 씨가 나에게 와서 "양형, 총리가 배급제를 실시하라는데 어떻게 하면 좋겠소?" 해요. 나는 "우리 체제에서 배급제를 어떻게 하느냐고, 왜정 때 그 무섭게 할 때도 암시장이 있었고 통제가 안 됐는데 어떻게 하느냐"고 반문했어요. 내가 농림장관과 함께 백 총리에게 가서 "안된다"고 이야기를 했어요. 백씨가 나를 불쾌한 표정으로 보면서 "알았소" 하고 끝냈어요.

1971년에 김학렬 부총리가 농촌진흥청과 함께 쌀 신품종 IR 667을 전국에 보급하라고 지시했어요. 특히 농촌진흥청장이 야망이 큰 사람이라 아주 강하게 밀어붙였어요. 나는 그해에 그 신품종 벼를 시험해 본 게 1만 5,000정보밖에 안 되는데, 그걸로 전국에 확대하기는 무모하다고 봤어요. 나는 그걸 하나의 제안 정도로 생각하고, 내 판단대로 했어요. 내 밑의 국장들을 각 도지사에게 보냈어요. 도지사가 책임지고 관리할 수 있는 식부면적이 얼마인지 서명해서 서면으로 보내라고 하고, 그걸 합계해서 그 다음 해 신품종 재배면적을 확정했어요. 김학렬 씨는 나중에 이야기를 들으니 불쾌해 했다 해요. 농촌진흥청장은 문제가 없는 일에 차관보가 왜 그러느냐고 비판했다 하고요. 여하튼 내가 그렇게 견제한 일이 있어요.

네. 이중곡가제는 양정국의 업무였고, 쌀 증산을 위한 신품종 보급은 농산국 일이었군요. 이제 농림부 가셔서 하신 일에 관해 말씀해 주십시오.

내가 농림부의 '농'자도 제대로 몰랐지만, 농림부 차관보로 일단 갔어요.

내가 기획원에서 하던 외자 관계 일 중에 농림부와 관련 있는 일이 많이 있었어요. 가장 먼저 생각나는 게, 캐나다에서 처음으로 미 AID 자금에 해당하는 정부차관 100만 달러를 도입해서 그걸로 송아지를 사다가 농가에서 키우게 한 사업입니다.

내가 1966년 가을에 세계은행 연차 총회 참석 차 미국 워싱턴에 갔다가, 캐나다에도 미국의 AID 차관과 같은 장기 저리의 정부차관이 있다는 걸 알았어요. 캐나다 대표로 온 대외협력처 차장 토우가 나에게 이야기해 준 거예요. 우리가 그동안은 몰라서 이용을 못했죠. 그에게 한국이 혜택을 받을 길이 없겠냐고 물으니, 그가 알아봐 주겠대요.

다음 날 그를 다시 만났습니다. 그가 본국에 조회해 보았더니 약 100만 달러 정도 지원할 수 있는데, 내일이라도 오타와에 갈 수 있느냐고 물어요. 본래 출장 일정에는 없는 일이지만, 당연히 가야죠. 내가 갈 수 있다고 했더니, 그럼 대외협력처의 캐피탈국의 국장을 만나라, 자기가 다 연락해 놓겠다 했어요.

내가 바로 비행기 편을 얻어 오타와로 가서 백선엽 대사와 함영훈 경제참사관을 만나 설명을 하고, 함 참사관의 안내로 대외협력처에 갔습니다. 거기서 캐피탈국장을 만났더니 자기들은 한국에 100만 달러의 자금을 공여하는 절차를 취하겠는데, 한국은 그걸로 무슨 사업을 하겠냐고 물어요. 언젠가 국내에서 캐나다 송아지 사업에 대해 이야기를 했던 게 생각나서, 송아지를 사다 농가에 주어 키우도록 하겠다 했어요. 이렇게 해서 추진된 것입니다.

농림부의 이득룡(李得龍) 농정차관보가 1968년 8월에 캐나다와 100만 달러 낙농차관 교섭을 매듭지은 게 있습니다. 이 돈으로 젖소 800마리, 목초종자 25톤, 기타 낙농기자재 등을 도입한다고 했는데(《경향신문》 1968.8.10), 같은 건인가요. 지금 양 장관님께서 증언하신 것과 이 신문보도 건 사이에 2년 정도 시차가 있는데요.

같은 건일 겁니다. 이득룡 씨가 맡은 건이고 금액이 100만 달러면, 같은 건입니다. 캐나다 관계 부처와 우리 기획원에서 그동안 내부 절차를 마치고 실행에 옮겨도 좋은 단계에 이 건을 농림부로 이첩했어요. 이득룡 차관보가 실무진을 데리고 캐나다로 가서 송아지 매입을 했던 것으로 기억합니다. 이득룡 씨는 국장 시절에도 잘 알고 친히 지내는 사이였습니다.

장관님은 이미 농림부와 인연이 있었네요. 농림부 차관보 가셔서 제일 먼저 하신 일은 어떤 것인지요.

농림부 차관보로 가 보니, 2,500만 달러 농업 수리(水利)사업 건으로 세계은행 차관을 받았는데 기한이 되도록 착수를 안 했다고 반환하라는 요청서가 와 있었어요. 아산만 방조제와 남양 방조제 건이었습니다. 나는 바로 세계은행 측에 내가 기획원에서 농림부로 승진 이동해서 이 사업을 주관하게 되었음을 알리고 6개월 더 여유기간을 달라고 요청했습니다.

이 방조제 건은 금강·평택지구 농업개발사업이라 해서 양 장관님이 기획원 계실 때 역시 관여하신 것이죠? 1967년 9월 세계은행 총회에서도 거론된 바 있고, 특히 1968년 4월의 이코크 총회 때 한국 측이 제출한 프로젝트 목록에 〈금강, 평택의 전천후(全天候) 농업 사업〉으로 3,160만 달러의 차관 요청 건이 있었습니다. 그리고 1969년 5월 한국 정부와 세계은행이 4,500만 달러 차관협정을 맺었고요. 세계은행으로부터 차관도입 경위를 설명해 주십시오.

내가 기획원에 있을 때 금강·평택지구 사업을 다루고 세계은행과 교섭했어요. 난 여러 건을 묶어서 협의하니, 개발사업의 세세한 내용까지는 잘 몰랐지요. 그런데 농업개발사업은 오래 전부터 우리 정부와 세계은행이 논의해 왔어요. 우리 농업을 발전시키는 데서는 가뭄과 홍수를 관리하고 농지에 안정적으로 물을 대는 게 무엇보다도 중요했지요. 그래서 전천후 농업 사업계획이 세워진 것이고요.

내가 뚜렷이 기억하는 농업개발사업은 영산강개발사업인데, 그 건은 내가 기획원 들어갔을 때부터 논의되었어요. 처음에는 세계은행이 조사를 해서 개발계획을 수립해 달라는 거였어요. 이제 그 계획이 실행될 무렵에 내가 농정차관보가 된 것이지요. 내가 평택 사업이 끝나자마자 영산강 사업에 착수했어요. 그건 평택지구와 반대 방식으로 했어요. 상류에서부터 하류로 내려갔어요. 김보현 장관의 고향이 전북 장수인데, 거기서부터 시작했어요. 내가 영산강개발사업 사무소 오픈하는 일까지 했습니다.

명칭은 금강 · 평택지구 농업개발사업인데, 대규모 방조제 두 개가 평택지구에서 건설되었습니다. 금강지구에서는 어떤 사업을 한 것인가요. 아산만, 남양만에 만들어진 담수호의 물을 전북 익산까지 보낸다는 것도 들어있던데, 그 중간에 있는 금강 유역에도 이 물을 공급한다는 의미에서 금강지구도 포함된 것인가요?

왜 금강지구도 한 계획에 들어갔는지는 잘 기억이 안 나네요. 하지만 금강 일대에 댐을 건설한다든가 하는 별도 사업은 없었어요. 어쨌든 하나의 사업입니다.

금강 · 평택지구 농업개발사업

평택지구 농업개발사업은 평택 안성천 하구와 남양 하구에 각기 방조제를 쌓아 담수호를 조성하고 농업용수원으로 활용함으로써 기존의 인접 논은 물론 구릉지와 야산을 농경지로 조성한 우리나라 대단위 농업개발의 효시다. 세계은행 차관을 포함해서 58억 원의 공사비를 들여서 아산 · 남양 두 개의 대규모 방조제와 두 개의 인공담수호를 건설하는 공사를 1971년 3월 착공, 3년 2개월 만인 1974년 5월 준공하였다. 평택지구에서 약 2만ha가 전천후 농토로 개발되었다. 금강지구에서는 1만 6천ha를 전천후 농토로 개발하였다.

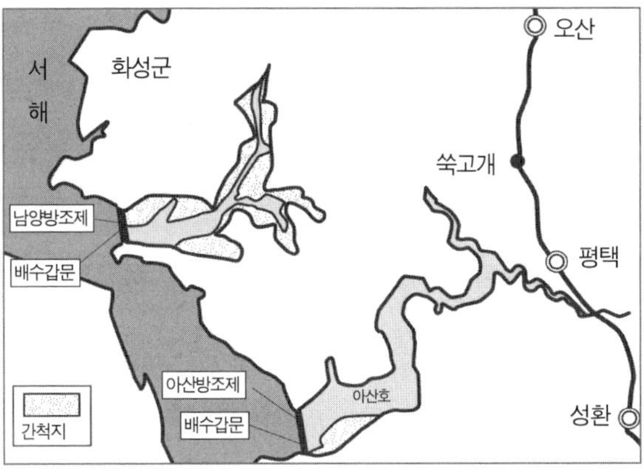

▮ 평택 · 금강지구 농업개발 사업도

그런데 좀 전 장관님 말씀처럼 세계은행의 차관을 받아놓고도 농림부에서 전혀 착수하지 못했다기보다는, 일부 일정이 지연된 것 아닌가요. 사업에 착수해서 진행하고 있는데 차관 집행이 지연된다든가 한 것 말입니다. 왜냐하면 차관보로 가시기 전인 1970년 9월 말에 두 방조제의 토목공사에 관한 국제입찰도 시행되었고, 또 차관보 가신 2달 후인 1971년 3월에 평택읍 성동초등학교에서 박정희 대통령까지 참석해서 방조제 기공식이 열렸습니다. 양 차관보님께서도 참석하셨을 텐데요. 어떤 부분이 추진되지 못했나요.

그 기공식에는 간 기억은 없네요. 세계은행 차관이 이미 집행되고 있었지요.

컨설팅회사의 컨설팅도 받고 방조제 공사에도 들어갔는데, 방조제 공사 중 신공법을 적용하려다 막혀서 더 이상 추진이 안 되었어요. 게다가 이 농업개발사업에서는 중앙부처와 각 군청, 조달청 등 여러 기관을 장악하고 가야 하는데, 농림부의 행정력이 약해서 추진이 잘 안 되기도 했어요.

나는 우선 업무 추진 행정력을 강화했어요. 내가 바로 관계부처의 국장급으로 구성된 협의체를 만들어 격주로 점심 회동을 시작해 각 관계기관의 협조를 구하도록 하고, 현장에는 지방 관계부서의 담당자들을 망라해서 역시 격주로 회의를 해서 사업추진 방향을 정하고 애로 사항들을 해결하도록 했습니다. 내가 경제기획원에서 유명했던 인물이고 대통령의 후광까지 입고 농림부에 왔으니까, 무시를 못하는 겁니다. 내가 관계부처 회의를 소집하면 협조가 잘 되었어요. 내가 오라면 관계자들이 오고, 가라면 가고 그랬어요. 기획원 외자총괄과나 투자진흥관실에서도 여러 관계부처를 통솔해서 조정, 결정하는 게 일이었지요.

또 기술면에서도 농업진흥공사, 농림부, 외국 자문회사의 기술자들의 조언을 듣고 배워 판단하면서 전혀 모르던 방조제 공사를 진척시켰습니다. 다수의 조언이 신공법에 문제가 많고 재래공법으로 해야 한다고 해서, 그에 따랐습니다.

조수간만의 차이가 큰 곳이라 난공사였고, 하구와 같이 퇴적물로 지반이 연약한 곳에 적용하는 공법으로 매트리스공업이 적용되었다고 하던데요. 가마니 같은 거 안에 흙과 돌을 넣고 그 가마니를 쌓아올리는 방식이라 합니다. 기술 분야와 관련해서 특기할 사항으로는

▮ 금강 · 평택지구 다목적 농업개발사업 기공식(1971.3.23, 평택읍 성동초등학교) 국가기록원 CET0021262

어떤 것이 있는지요.

그게 성공을 못해서, 사업이 지연되고 중단된 원인이 되었어요. 농업진흥공사의 기술 담당 이사가 그 신공법을 고집해서 두 번이나 시도를 했는데, 물살이 세서 가마니가 그냥 떠내려가고 유실돼요. 내가 다른 사람들에게 물어보니까 재래식밖에 안된다고 해요. 큰 돌을 철망에 넣어서 바다 속에 내려놓는 거죠. 내가 농진공의 기술 이사는 손 떼고 앞으로 회의에 들어오지 말라고 했어요. 그리고 재래식 공법으로 추진하라고 했어요.

▮ 아산만 방조제 전경(1974.5.17, 국가기록원 CET0042169) 길이 2,564m, 최고 높이 17m, 위 폭 16m, 아래 폭 168m로 당시 동양 최대의 인공담수호가 만들어졌다.

그렇게 해서 물막이 공사에 성공했어요. 성공하는 날 나는 바빠서 거기 못 가고 농지기감을 내보냈어요. 농업 기술자로서 최고로 올라갈 수 있는 게 농지기감인데 1급이고 나이도 많은 사람이에요. 그 사람이 거기서 만세 부른 사진이 있어요. 그 사람이 그걸 들고 나에게 와서 성공했다고 설명해 주었어요.

박태준 씨가 1973년에 포항제철 제1고로에서 화입식(火入式)을 하고 만세 부르는 유명한 사진이 있습니다. 그거와 비슷한 사진이겠습니다.

결국은 행정의 묘를 살렸고, 기술은 기술자의 합리적인 의견을 따랐기 때문에 일이 된 것이지요. 그 전까지는 행정력이 약했어요. 이 건처럼 거대한 방조제를 쌓아 담수호를 만들고 수로를 설치하며 농지정리하는 대단위 사업을 하려면 여러 부처를 움직이는 행정력이 필요해요. 그런데 당시 농림부의 국장이 업무 차 다른 부처 사람을 오라고 하면 과장도 잘 안 왔어요. 내가 부임하고 나서 행정력이 강화된 것이고요. 내가 다른 부처 어떤 국장을 지명해서 오라고 하면 왔어요.

이 농업개발사업은 방조제 하나만 건설하는 게 아니었어요. 그것을 활용하는 이용경제계획이 붙어 있는 겁니다. 내가 여러 군수까지 부른 것은 이 경제계획을 위해서였어요. 그 사람들 관할의 각 군에 제각기 토지이용계획을 세우고 그걸 따르게 했어요. 그게 성공해야 댐, 방조제 건설이 유효해집니다. 그동안 이용계획은 잘 섰는데 행정력이 부족해서 안 되었던 것이고요.

네, 행정력의 중요성을 알 것 같습니다. 그런데 그 무렵 농업기계화 사업도 우리 정부의 주요 시책 중 하나였던 것으로 압니다. 이농으로 농촌 인구가 매년 줄어드는 상황에서 농업 생산성을 높이려면 농업기계화를 해야 한다는 게 배경 논리였습니다. 농업기계화 쪽으로도 힘을 쓰셨지요?

내가 농업기계화도 추진했습니다. 농업수리사업 끝나고 한 건 아니고, 동시에 추진한 겁니다. 그때까지 농림부 내에서도 기계화 계획의 중요성을 인식하고 많이 연구를 했으나, 이것을 체계화하지는 못했어요. 기계화라고 하면 화려하게 생각해서 트랙터를 굴려 대형 농업을 하는 미국이나 유럽 등 선진국들의 모습을 동경하고는 했죠. 그러나 원래 영농 면적이 작고 경지가 잘 정리되어 있지 못한 우리 농지에 트랙터 같은 기계는 적합하지 않아요.

내가 군산에 시찰 나갔더니 농진공에서 관리하는 커다란 연못 같은 게 있었어요. 트랙터 하나가 연못 한 가운데 서 있더라고요. 저거 왜 저렇게 있냐 하고 물으니까, 저게 가다가 진흙이 너무 많아서 못 간다는 거예요. 저걸 운전하고 나올 사람이 없다 이거예요.

그런데 다른 한쪽에서는 일본에서 팔리지 않아 남은 트랙터를 싸게 들여 오는 프로젝트가 진행되고 있었어요. 그 트랙터 200대를 한국에 들여 와서 농업 기계화를 한다는 것이었어요. 그게 경제각료회의에 안건으로 올라와서 통과만 되면 그대로 수입이 되는 거예요. 나는 트랙터 세 대 있는 것도 제대로 움직이지 못하는데 그걸 대량 수입해서 어떻게 하느냐고, 출장 돌아온 다음 날로 경제각료회의 안건에서 그걸 빼오라고 했어요. 김보현 농림부 장관에게 보고하고 트랙터 도입계획을 철회했습니다.

농림부 관계 직원들, 산하 유관기관의 우수한 기술자들의 의견을 들은 결과, 우리는 경운기를 중심으로 소형 기계화를 추진하는 게 맞다고 판단했어요. 농지국에 오완수(吳完洙)란 사무관이 있었는데, 농기계 개발사업에 관한 한 박사라는 별명이 붙을 만큼 우수하고 지식이 풍부한 직원이었어요. 서울대 농대 출신이었고요. 그를 발탁해서 농기계 사업계획을 작성하게 되었지요.

그리고 세계은행에 영농자금 1,500만 달러를 신청한 것이 있었는데, 기획원과 협의해 그 전액을 농기계, 주로 경운기 보급 자금으로 바꾸었어요. 그때 기획원에서 최동규 씨가 예산국장, 정재석 씨가 기획관리실장이었는데, 내가 찾아가서 전액을 농기계 보급 기금으로 해 달라고 했어요. 그랬더니 최 국장이 "반만 하면 안됩니까?" 해서, 내가 "에이, 뭐가 반이야. 전부 해"라고 해서 전액을 농기계 자금으로 한 일이 있습니다.

경운기 개발보급

일본의 기술을 도입한 대동공업(주)이 1960년대 초부터 경운기를 생산하여 국내에 보급하였다. 1970년 전국 경운기 보급 대수는 1만 1,884대였다. 1971년 5월 농림부와 상공부는 벼농사용 위주의 기계화 계획을 세웠다. 1971년 5,000대, 1972년 5,500대, 1973년 6,700대 등 1972~1976년의 5년간 3만 8,760대의 경운기를 국내에서 생산해 보급하겠다고 했다. 실제로 동력 경운기 보급 대수는 1971년 5,000대 가까이 늘었고 1972년에는 8,000대가량, 1973년에는 1만 3,000대가량 늘었다.

농기계 보급 대수

	1967	1968	1969	1970	1971	1972	1973
동력 경운기	3,819	6,225	8,832	11,884	16,842	24,786	37,660
농용 트랙터	34	68	99	61	183	212	293

〈농업기계화계획(농림부 · 상공부, 1971.5)〉; 《한국통계연감》.

그럼 그때까지 트랙터 등 대형 농기계 위주로 기계화 사업계획이 잡혀 있다가 양 차관보님의 판단으로 소형 농기계 위주로 변경된 것인가요.

그렇습니다. 내가 농림부에 가 보니까 트랙터 도입 보급계획이 이미 서 있었어요. 그런데 그 계획이 무슨 확실한 근거를 갖고 수립된 게 아니라, 어디서 압력을 받아서 세워진 걸로 기억해요. 누군가 실력자가 일본에서 남아도는 트랙터를 값싸게 도입해서 마진을 붙여 넘겨서 이익을 얻으려고, 농림부에 그런 사업을 만들도록 한 것으로 기억합니다. 정부가 농업발전을 위해서 농업기계화 계획을 세운 것처럼 포장하지만, 실은 어느 업자가 돈 벌고 정치자금 만들려는 거였다는 이야기입니다. 그때 정부계획 중에는 "어디서 이런 게 있던데, 해 보면 어때?" 하는 식으로 수립된 경우도 많았어요. 트랙터 도입계획은 앞뒤가 안 맞는 계획이라서 내가 철회했고요.

그런데 경운기 보급이 1970년대 초에 크게 진전됩니다만, 이미 1967년경부터 가속화된 것이라 보아야 할 것 같습니다. 경운기 보급대수가 1966년 1,555대에서 1967~1970년에 각기 3,819대, 6,225대, 8,832대, 1만 1,884대로 급증합니다. 따라서 당시 양 차관보님께서 대형 농기계 보급사업에 제동을 건 것은 사실이겠지만, 소형 농기계 보급은 이미 추진되고 있던 것이라 봐야 할 것 같은데요.

내가 가기 전에도 경운기가 보급되었지요.

그때 정부 당국자들이 농업기계화의 필요성은 인식하면서도 그 방향을 제대로 잡지 못했다는 인상을 줍니다.

농업기계화가 필요하다는 이야기는 그때 상식처럼 누구나 다 했어요. 그런데 이상하게 그게 제대로 된 계획은 아니었어요. 누구나 말은 다 하는데, 앞뒤가 제대로 짜인 계획은 아니었어요. 또 담당하는 기구도 다 있어요. 농림부 산하에 기술진흥원도 있고, 여러 기관이 있었어요. 하지만 기계화가 제대로 추진되지는 않았는데, 난 이것도 농업 관계 사람들에게 행정력이 없어서 생긴 일이라고 생각해요. 게다가 농림장관이 자주 바뀐 것도 문제였어요. 전문성을 가진 사람이 꾸준히 추진해야 일이 될 건데, 정치성이 강한 자리라 장관이 자주 바뀌었습니다.

▮농기계업체 대동공업(주) 공장 시찰

농업기술의 발전에 두 가지 방향이 있다고 합니다. 하나는 기계화이고, 다른 하나는 생물학 및 화학 기술의 발전입니다. 경운기 보급이 전자라면, 신품종 보급이나 화학비료 사용은 후자에 해당합니다. 농정차관보로서 신품종 보급이나 화학비료 사용 문제도 다루셨나요.

다루었지요. 농업생산과 관련된 것은 내가 담당했는데, 재직 기간이 짧아서 뭐 눈에 띄는 성과는 없었습니다. 신품종 개발과 보급을 직접 책임진 것은 농촌진흥청이었지요.

1971년 수립되어 1972년부터 시작되는 제3차 경제개발 5개년 계획에서는 농업과 농촌개발에 큰 비중을 두었습니다. 계획의 3대 중점 과제 중 첫 번째가 농어촌 경제의 혁신적 개발이었습니다. 박정희 대통령이 그만큼 농업개발에 큰 관심을 두었기 때문이었습니다.

▮ 대동공업(주) 생산 경운기

1971년 초에 박 대통령이 기획원의 양 국장님을 농림부 차관보로 보낼 때에는 중요한 농업 개발 업무를 맡긴다는 생각이 있었다고 보입니다.

내 짐작에는 박 대통령께서 나를 그리로 보낸 것에 내가 섭섭해할까봐 신경 쓰신 것도 있는 것 같습니다. 내가 농림부 간 지 두 달 정도 되었을 때인가, 농림부에 오셔서 나를 격려해 주신 일이 있습니다. 그때 박 대통령께서 예고 없이 농림부에 와서 나를 찾으셨어요. 내가 농기계 사업을 추진한다는 것을 알고 장관실로 부르신 겁니다. 장관실에 갔더니 대통령께서 농기계 사업계획의 내용을 들어보고 싶다 하셔서, 내 방에 늘 갖추어 놓았던 차트를 갖고 가 브리핑해 드렸습니다. 특히 경운기와 주요 부속 기구 등은 어느 한 회사의 독점으로 하지 않고 경쟁체제를 유지하도록 두 회사를 지정하겠다고 말씀드렸더니, 대통령께서는 업체 지정 건은 상공부의 오원철 차관보와 협의하면 도움이 될 것이니 오 차관보를 만나서 마무리를 지으라고 하셨고요.

그리고는 박 대통령께서 나를 특별히 격려해 주셨어요. “양 차관보, 농림부 오니 일 재미있지?” 하시기에 “네, 좋은 곳에 보내 주셔서 재미있게 배우고 일하고 있습니다. 감사합니다” 하고 답했더니, “이젠 앞으로 농림부 장관도 할 수 있고, 기획원 장관도 할 수 있잖아” 하셨습니다. 주위에 여러 사람들 있는 데서 격려해 주신 것이죠. 김정렴 비서실장도 소형 농기계로의 기계화 계획을 감명 깊게 들었노라고 칭찬을 해 주셨어요.

농기계 사업은 이렇게 추진해서 그해 말경부터 농촌에 경운기가 보급되기 시작했어요. 경운기는 무엇을 부착하느냐에 따라 여러 용도의 기계가 되거든요. 제일 많이 쓰인 게 운반용 트레일러인 거 같아요. 그 후 시골 가서 농민들이 경운기를 운반수단으로도 써서 탈탈 거리고 다니는 걸 보면 기분이 매우 좋았어요. 내가 나중에 (주)한양에 있을 때인가, 농기계학회에서 나에게 농업기계화 공로상인가 감사패를 준 일도 있습니다.

뭐 농림부에 쫓겨 가긴 했지만, 몰두해서 열심히 일했고, 인상이 아주 깊고 지금까지도 하나 후회 없어요. 참 좋은 데 잘 갔다, 배운 것도 많고 보람 있게 일했다, 그렇게 생각해요.

02 관광 진흥의 특명을 받고

농정차관보를 1년 4개월 정도 하시다 1972년 5월에 청와대 비서관으로 옮기셨는데요. 그 경위는 어떤 것입니까?

내가 농림부에 예상치 않게 갑자기 갔는데, 청와대 간 것도 마찬가지여서 미리 교섭이나 타진이 있던 건 아니었어요. 농림부 일에 한창 재미를 붙여서 일했습니다. 경제기획원에 있을 때 해외는 많이 다녔어도 국내는 별로 다닌 게 없어서, 국내는 별로 몰랐고 또 농민 사정도 잘 몰랐어요. 내가 어릴 적 보았던 농촌밖에 몰랐어요. 곡산이 산 속의 농촌인데 거기서 우리 집이 소규모 지주에 속해서, 그 정도밖에 몰랐어요. 농림부에 와서 국내 여기저기를 다니며 일을 하는데 아주 재미있었어요. 또 처음에는 방조제가 뭔지 알지도 못했는데, 내가 온 뒤로 아산만과 남양 방조제 공사를 시작했고, 미호천 방조제도 계획을 다 짜서 세계은행에 제출한 상태였어요. 아산만 방조제도 내가 낳은 자식 같은 느낌이 들어서 아산만에도 자주 갔어요.

그렇게 딴 생각 없이 농림부 일 열심히 하고 있는데, 하루는 장관실에서 몇 명이 회의를 하는 중에 나에게 전화가 왔대요. 장관실에서 회의할 때 외부 전화가 오면 대개 회의중이라 하고 안 바꾸잖아요. 그런데도 전화 왔다고 하길래 "어디서 왔냐"고 물으니, 청와대라고 해요. 장관이 그 소리를 듣더니 "어이쿠, 빼앗겼다" 하는 거예요.

하하하.

장관은 그 전날 이런 움직임이 있다는 이야기는 들었던 거예요. 콕 집어서 내가 청와대로 간다는 건 몰랐고, 비서관 인선 작업을 하고 있다는 이야기만 들었던 거 같아요. 난 전혀 몰랐고요. "어이쿠, 빼앗겼다"하는 장관의 반응을 듣고 '무슨 소리지?' 하면서 전화를 받아 보니, 김정렴 대통령 비서실장이었어요. 박 대통령께서 빨리 오라고 하신다는 말씀이에요.

그래서 달려갔더니 대통령을 뵙게 하더라고요. 대통령께서 "양 차관보, 이제 여기 와서 관광 진흥을 위해서 일 좀 해 주어야겠어" 하셨어요. 누구 말씀이라고 거역을 해요. "알겠습니다" 했지요. "장관이란 사람들이 별로 일을 안 해. 관광사업에 관해서는 양 차관보와 내가 여러 가지 논의해서 결정하면 양 차관보가 소신껏 밀고 나가" 하는 게 부탁 말씀이었어요. 바로 와서 일을 시작해 달라 하셔서, 이튿날부터 청와대 출근을 시작했어요.

청와대에 관광담당 비서관을 별도로 둘 정도면 당시 박 대통령이 관광 진흥에 큰 관심을

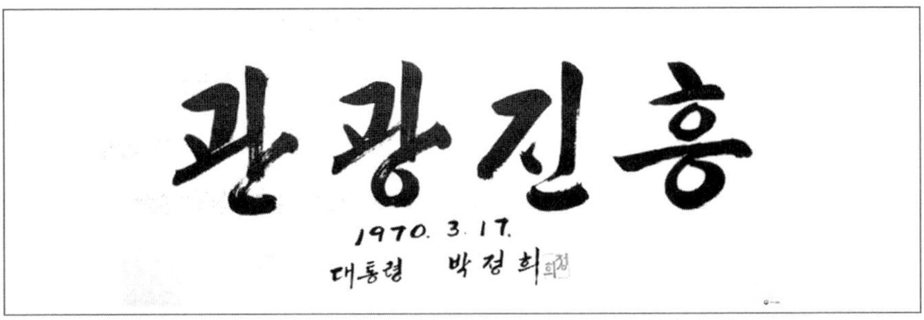

▮박정희 대통령의 "관광진흥" 휘호 – 국가기록원 CET0023210 1970년 3월 17일 관광업자 대표들을 접견하고 써 준 것이다.

두었기 때문일 텐데요. 박 대통령이 1970년 3월 17일에 관광업계 대표자들과 면담하고 “관광 진흥”이라는 한글 휘호를 써 주기도 했습니다. 그게 지금 강원도 원주혁신도시의 한국관광공사 사옥의 표지석에 새겨져 있습니다.

그런데 박 대통령이 관광 진흥에 관심을 두게 된 배경이 궁금합니다. 우리가 1960년대 후반에 월남에 진출한 후 거액의 외화 수입을 올리다가 그것이 줄어들자 새 외화 수입원을 찾겠다고 해서 관광 진흥에 나선 것 아닌지요.

그건 전혀 관계없다고 봅니다. 월남 진출 다음으로 생각한 것은 중동 진출이었지요.

그런데 월남과 중동 진출 사이에는 시차가 좀 있습니다. 월남 경기는 1970년경 이미 내리막이었고, 제1차 석유파동이 1973년 말에 시작되고 중동 진출은 그 후에 본격화되었습니다. 오원철 씨 증언에 의하면, 우리 정부에서 중동 진출을 본격적으로 구상하기 시작한 것은 1974년 1월 말이었다고 합니다. 사우디아라비아의 기획부 장관 내한을 계기로 박 대통령에게 중동 건설시장에 진출해서 외화 수입을 올리겠다고 첫 보고가 되었다 합니다. 그러니까 월남 경기가 내리막을 걷고 정부가 관광 수입 진흥에 힘을 쓰고, 석유파동 후 중동 진출이 시작되고… 이런 순서였다고 봅니다. 관광사업이 월남 경기의 대안 중 하나였다는 데 대해서는 좀 더 직접적인 증거도 있습니다. 1971년에 제3차 경제개발5개년 계획이 수립되는데, 관광 진흥이 3차 5개년 계획의 일환으로 들어있습니다. 무역외수지 부문인데요, 월남 및 주한 유엔군 수입이 줄어드는 반면, 투자 수익 지불이 늘어나서 무역외수지의 추이가 2차 5개년 계획 때와는 달리 악화될 것으로 진단합니다. 정부는 그 대책으로 해운업을 진흥해서 운임수입을 늘리는 것과 관광수입을 늘리는 것을 넣었습니다. 이 관광 진흥 정책을 제대로 수립 추진하기 위해, 대통령 비서실에 정무수석, 경제수석처럼 독립된 직위로 관광비서관 직을 만들지 않았나 합니다.

제3차 5개년 계획에 그렇게 되어 있었는지는 기억이 나지 않네요. 그때 외화 수입을 늘리자는 것은 지당한 과제였어요. 지금 주 박사가 이야기한 것처럼 이쪽 수입이 줄어드니 저쪽 수입을 늘려서 대체하자는 게 아니라, 기회만 있으면, 벌수만 있다면 어떻게 해서라도 외화 수입을 늘리려고 했다는 겁니다. 관광이 그중 하나였죠. 나중에 중동 건설로 크게 외화 수입을 올리잖아요. 외화 수입을 늘릴 기회라고 하면 그쪽으로 달려갔던 겁니다.

내가 관광비서관 직을 만드는 논의를 하는 회의에 참석하질 못해서 어떻게 해서 관광비서관실을 만들었는지에 관해 정확한 답변은 할 수 없습니다. 그런데 그때 멕시코 이야기를 많이 했어요. 멕시코에서 전직 대통령을 관광 담당 기구의 총재로 임명해서 관광 진흥에 힘을 쏟고 있다는 이야기였어요. 그때 우리 정부도 새로운 돌파구와 동력을 찾아야겠다고 하면서 관광을 택한 것이 사실이고, 이는 박 대통령의 구상이 아닌가 생각합니다. 대통령이 나를 불러서, 당시 장관들이 일하는 게 실망스럽다는 이야기를 하면서 앞으로 자기와 합의를 보면 그대로 밀고 나가라는 말씀을 하셨단 말이에요. 관광비서실을 만들어서 관광을 진흥시키겠다는 생각은 대통령의 발상이었던 것 같습니다. 주변 사람들이 나에게 듣기 좋으라고 하는 말이지만, 멕시코와 같은 나라에서는 대통령 하던 사람이 가는 자리에서 내가 일하는 거라고도 했어요. 그때 웬만한 아이디어는 대통령 자신이 직접 냈다고 생각합니다.

비서관 임명 때나 재임중에라도 "월남 경기도 내리막이니 새 외화 수입원을 찾아야겠고 해서 당신을 관광비서관에 임명했다"는 취지의 말씀을 박 대통령으로부터 들으신 적은 없나요.

그렇게 꼭 찍어서 말씀한 적은 없고, 외화벌이의 중요성은 항상 강조했던 바죠. 국제 협력의 중요성도 마찬가지였고요.

네. 박 대통령이 관광 진흥 구상을 어떻게 해서 갖게 되었는지는 좀 더 구명할 필요가 있겠습니다. 대통령의 관광 구상이 어떤 것인지 알아볼 필요가 있겠는데요. 비서관 발령받을 때에 박 대통령으로부터 관광 진흥의 구체적 추진 방향에 관해 지침을 받으신 것은 없었나요.

그런 건 없었어요.

당시 김정렴 비서실장이 관광업 진흥을 독려하거나 드라이브를 건 것도 없었나요.

특별히 그것도 없었어요.

당시 대통령은 어떻게 관광 진흥을 할지는 양 비서관님께 맡겼던 거였네요. 그러면 경제 3비서관의 지위에 관해 여쭙겠습니다. 지금은 경제수석 1명 밑에 분야별로 무슨 비서관, 무슨 비서관이 있습니다만, 당시 경제제3비서관은 경제수석의 지휘를 받는 건 아니었나요.

당시 경제제1, 제2비서관이 있었고, 내가 경제제3비서관이 된 겁니다. 경제제1비서관과 제2비서관에는 수석이란 타이틀이 붙었고, 내 자리는 수석이란 타이틀이 붙지 않았지요. 오원철 씨가 나보다 먼저 수석비서관으로 들어갔잖아요? 한 1년 되었을 거예요.

네, 오원철 씨는 경제제2수석비서관이라 했는데요. 양 비서관님 경우보다 한 6개월 정도 빨라서 1971년 11월에 수석비서관이 되었습니다.

아, 그랬나. 여하튼 오원철 씨는 경제제2수석비서관이었고, 나는 경제제3비서관이었어요. 수석이 붙으면 대우가 달라서 승용차가 다르고 의전이 달랐습니다. 하지만 대통령이 주재하는 비서관 회의에서는 대등하게 업무 보고하고 지시받는 겁니다. 내가 경제제1수석이나 제2수석 통해서 보고한 게 아닙니다. 경제1, 2, 3비서관이 나란히 앉아서 대통령께 업무 보고하거나 대통령과 식사하거나 했습니다. 그때 수석비서관 회의는 비서실장이 주재했는데, 거기는 내가 안 갔어요. 밖에서는 뭐 나도 수석비서관으로 불렀어요. 내가 독자적으로 일을 하니까.

그리고 이건 추측으로 하는 이야기인데, 나의 직급과 관련해서 좀 혼선이 있었던 것 같아요. 나를 청와대로 불러서 관광 진흥 업무를 맡긴다고 할 때 그게 수석 자리인지 아닌지 물어볼 수는 없잖아요. 그런데 박 대통령은 한동안은 계속해서 나를 양 수석이라고 불렀어요. 무슨 메모 지시를 할 때에도 '양윤세 경제제3수석'이라고 썼고요. 그러다가 한참 지나서는 나를 그냥 비서관이라고 불렀어요. 아마도 박 대통령이 김정렴 씨와 처음 이야기할 때는 나를 수석으로 발령내는 걸로 하지 않았나 해요. 실제로 수석 발령이 나진 않았던 거고요.

김정렴씨 회고록을 보면, 그분이 1969년에 비서실장 발령을 받았을 때 청와대 비서실

▌청와대 비서관들과 함께 맨 왼쪽이 양윤세. 오른쪽으로 한 명 건너 정소영 경제1수석, 홍성철 정무수석, 오원철 경제2수석

조직이 너무 비대해서 규모를 줄였다는 이야기가 있습니다. 외자관리 업무를 맡았던 경제제3수석실을 없애기도 했고요. 아마도 박 대통령은 경제제3비서관을 수석급으로 생각했는데, 비서실 조직이 비대하다고 생각한 김정렴 씨는 명시적인 지시가 없던 차에 경제제3비서관을 1급으로 한 게 아닌가 합니다.

뭐, 그런지도 모르겠는데, 내가 직급에는 큰 관심이 없었어요.

경제3비서관실이 생기기 전에는 경제1수석실에서 관광 진흥 업무를 맡았던 것이지요? 예를 들어 1971년 경주관광종합개발계획을 작성한 청와대 관광개발계획단이 있었는데, 거기서 이미 관광 진흥을 추진하지 않았나요.

그랬지요. 관광 진흥을 본격적으로 추진하려고 나를 3비서관에 발령한 것이고요.

제3비서관실은 어떻게 조직하셨나요. 관광개발계획단에서 넘어온 인원 등 기존 인력은 없었나요.

이제 사무실을 하나 큼지막하게 얻었는데, 직원은 하나도 없었죠. 경제1수석비서관실에서 직원을 넘겨받지는 않았습니다. 거기서 준다고도 안 했고 내가 달라고도 안 했어요. 사실 정소영(鄭韶永) 경제1수석은 자기 업무를 빼앗겼다고 해서 좀 기분 나빠 했어요. 나와 사이가 나빴던 것은 아닌데, 그렇다고 좋았던 것도 아니에요. 그저 잘 지내려고 했을 뿐입니다. 그는 기획원 출신이 아니었어요. 그 아버지가 대구의 의사인데 박 대통령이 대구에서 근무하던 시절 아주 가깝게 지냈다고 해요. 그때는 정씨가 학생이었죠. 이후 워싱턴의 아메리칸대학인가에서 박사학위를 받고, 일찍부터 청와대 비서관으로 박 대통령 곁에서 일했어요. 그 후 재무부 차관보, 차관을 하고는 경제1수석이 된 것이고요. 그는 박 대통령을 가까이서 보좌했다는 데 대해 자부심이 강했어요.

그러면 경제3비서관실 직원을 어떻게 뽑았나요.

내가 먼저 경제기획원에 갔어요. 거기서 내 일을 도와주던 사무관이 하나 있었어요. 태완선 부총리를 만나서, "제가 지금 각하 말씀을 듣고 청와대 경제제3비서관실을 열게 되었는데, 사람 많이 데려가는 것은 저도 싫고 청와대에서도 원치 않는 거라서 몇 명 파견을 시켜야 하겠습니다. 기획원에서 전부터 제가 데리고 키우다시피 하던 친구가 1명 있으니 청와대로 데려가고 싶습니다"고 했어

▌청와대 경제제3비서관 집무

요. 이성근 사무관이었어요. 태완선 씨가 데려가라고 해요. 그래서 기획원에서 사무관 단 한 명 데리고 가서 사무실을 오픈했어요.

어디서 누구를 얼마나 차출하느냐가 문제인데, 가장 중요한 곳이 교통부 관광국이었어요. 당시 관광을 담당하는 관광국이 교통부 내에 있었어요. 교통부가 관광 계통의 주무부처였습니다. 지금은 관광 업무가 문화체육부 소관이지만요. 우선, 관광국에서 2명, 과장 1명과 사무관 1명을 받았고, 그 산하의 국제관광공사에서도 내 여비서와 호텔 담당 등 우수하다는 2명을 받았어요. 관광공사 쪽 직원은 공무원은 아니고 준공무원격이었다 할까요. 사무보조로 여직원 2명을 채용했어요. 그 다음에 문화공보 관계가 중요할 것으로 보고, 문화공보부에서 과장 한 명을 또 받았어요. 그렇게 처음에 비서실 직원을 조직했어요.

비서관으로서 실제로 정책을 추진할 때는 교통부 관광국이나 교통부 산하의 국제관광공사를 움직여야 했을 텐데, 어려움이나 불편함은 없었나요. 그 전에 경제기획원 경제협력국 과장이나 투자진흥관으로 계실 때에는 청와대 비서실의 지휘를 받은 게 아니고 장기영 장관과 김학렬 차관 등 소속 라인의 지휘를 받아서 움직였는데요. 교통부 장차관 라인과 청와대 관광비서관 라인 간에 혼선은 없었나요.

나와 교통부의 김신 장관의 사이가 아주 좋았어요. 교통부 관광국 직원이 마치 내 직원처럼 일해 주었어요. 관광국 직원 두 명이 내 비서실에 파견되어 있었고, 관광국의 전 직원이 내 직원처럼 움직여 주었어요. 조금도 불편한 게 없었습니다.

네. 비서관실을 조직한 다음에는 어떻게 일을 시작하셨나요.

이제 소관 업무 파악을 위해서 교통부 관광국과 관광공사 양쪽을 통해서 국내 민간 관광 관계자를 두루 만났습니다. 제일 먼저 호텔의 총지배인 출신 인물들을 만났습니다.

그때 대표적인 호텔이 조선호텔인데, 예전에 사실상 내가 관여해서 지은 겁니다. 내가 투자진흥관이던 때에 미국 항공사 아메리칸에어라인이 합작투자해서 호텔을 짓겠다고 담당자들이 찾아왔길래, 그 사람들과 내가 기본 원칙을 정하고, 세부적인 사항은 관광공사가 아메리칸에어라인과 교섭하도록 했습니다. 그렇게 해서 관광공사와 아메리칸에어라인의 합작기업으로 조선호텔이 세워졌어요. 당시 웬만한 호텔은 모두 관광공사 소유였어요. 반도호텔, 워커힐도 관광공사 소유로 거기서 운영했어요.

자료를 찾아보니, 조선호텔에 대해 미국 아메리칸에어라인과 한국 국제관광공사가 각기 550만 달러씩 투자하되, 미국 측이 51%, 한국 측이 49% 지분을 갖고 미국 측이 25년 동안 운영권을 보유했다가 그 후 시설 일체를 양도한다고 했습니다. 조선호텔은 반도호텔이나 워커힐처럼 관광공사의 영업소가 아니라 별도 법인이었던 것이죠.

네, 그럴 겁니다. 여하튼 대표적인 호텔 총지배인으로는 워커힐에서는 권득주(權得周)라는 사람이고, 도큐(東急)호텔에서는 전대실(田大實) 씨였으며, 또 권득주 씨 후임으로 워커힐에 간 신의균(申義均) 씨가 있었어요. 이 세 사람이 호텔 보이부터 시작해서 호텔업에서 잔뼈가 굵은, 말하자면 웨이터들의 보스격인 사람이었어요. 이 세 사람을 반도호텔에 불러서 관광호텔에 관한 회의를 했습니다. 관광호텔에 어떤 문제점이 있느냐, 앞으로 어떻게 운영하면 좋으냐 하는 데 대한 밑바닥 의견을 들었습니다. 그중에는 호텔 수입 중 상당한 부분이 옆으로 샌다는 이야기도 있었어요. 그 이야기가 크게 참고가 되었습니다.

그리고는 관광사진업, 관광선물업, 교통업 등 관광과 관련된 여러 업종의 협회들이 있었는데 그 간부들을 불러다 관련된 정보를 들었습니다.

그렇게 이야기를 듣는 과정을 거치고 동시에 시급한 데는 직접 가 보기도 했어요. 제일 먼저 설악산에 갔어요. 가서 깜짝 놀랐어요. 관광호텔에서 신흥사까지 가는 길에 50개 쯤 되는 막사가 쭉 있는데, 전부 막걸리 등을 파는 가게들이에요. 지저분하기가 말할 수 없었어요. 박 대통령도 설악동 다녀오시고서는 너무 지저분하고 심지어 똥내까지 난다고 빨리 대책을 강구해야겠다는 말씀을 하셨어요. 그래서 이걸 당장 처리해야겠다고 생각했어요.

또 대구도 가 보고, 또 부산도 가 보고 하면서 업계 현황을 파악했어요. 부산에 갔을 때에는 시 관광과의 안내를 받아 양산 통도사를 갔습니다. 오전 10시 쯤 절에 도착했는데, 그 기막히게 멋진 곳에서 여자들 술 먹고 노는 니나노 소리가 들려요. 주지를 불렀어요. "당신이 주지야? 왜 이런 거를 허용하느냐"고 호통을 쳤어요. 지금 생각해 보면 내가 무슨 권한으로 호통을 쳤나 싶은데, 여하튼 그런 걸 없애야겠다고 생각했어요.

그렇게 해서 1달 쯤 되었을 때 정리된 생각은, 관광공사를 수익사업에서 손 떼게 해야겠다는 거였어요. 제대로 해서 국고에 바치는 게 거의 없고, 담당 직원들이 전부 해 먹는 거예요. 돈을 벌긴 버는데 어디로 가는지 몰라요. 담당 직원들은 다 잘 살아요. 일례로 호텔에서 객실 담당이면 요직인데, 다 돈 빼먹는 겁니다. 객실이 실제로는 10개 찼는데 5개 찼다고 보고하고 나머지 돈은 해 먹는 거예요. 그래서 관광공사로 하여금 직접 돈 버는 사업에서 손을 떼고 관광개발과 홍보에만 집중시키기로 했어요. 관광공사가 소유한 관광호텔을 경매 매각하기로 한 것이죠. 그리고 관광호텔을 새로 많이 짓고, 민속촌 만들고, 그리고 각 지방과의 유대를 강화하는 것 등을 마스터 플랜에 넣었습니다.

불하 조건은 대금의 30%를 자기자금으로 치른다는 것이었어요. 그 전까지는 불과 몇 % 자금을 갖고 호텔을 불하받으려고 하니 자꾸 뒷거래가 생기고 문제가 일어나는데, 30% 요건을 적용하면, 파리가 못 들러붙고, 대기업이 들어올 수밖에 없어요. 자기자금 있는 쪽은 대기업뿐이었으니까, 대기업이 호텔사업에 투자하게 하겠다는 것이었어요.

설악산 같은 곳은 새 설계를 담은 기본 계획을 만들어서 틀을 바꾸기로 해서, 설악산 개발계획단을 조직했어요. 지금의 경복궁역에서 효자동 길로 해서 청와대 쪽으로 가면 왼쪽에 옛날 신익희 씨가 만든 국민대학이 있었어요. 거기에 설악산 개발계획단 사무실을 두었어요. 건설부 국토계획과의 주관 사업으로 하고, 그때 정부 설계 업무를 많이 한 백 모 소장의 회사에게 설계를 맡겼어요. 그때 한 30명 정도가 참여해서 일을 했을 거예요. 거기서 지금의 설악동을 만드는 정화사업을 한 겁니다.

또 문화공보부의 송영지 과장이라는 사람에게, 장관과 논의해서 사찰정화운동을 시작하라고, 사찰 주변에서 술 먹고 니나노 못하게 하라고 했어요. 절 주변에서 술 먹고 놀지 못하게 하고, 사찰 주변을 미화하는 것, 필요하면 개발까지 하라는 거였죠.

그 다음에는 제주도 중문(中文) 개발계획이 막 논의되고 있을 때인데, 제주도 날씨 관계로 제주공항에 비행기 이착륙이 곤란한 날이 많다고 하기에 활주로를 옆으로 더 만들라고 했어요. 그리고 제주시에서 중문으로 가는 5.16도로에 더해서 제2횡단도로를 만든다고 하기에, 나는 그건 급하지 않으니 제주도 일주순환도로에 아스팔트 포장을 하라고 했어요. 그때 일주도로가 있기는 했는데 포장이 안 되어 있어서 다니기에 몹시 불편했어요. 중문계획은 아직 이르다고 판단했어요.

이런 내용을 담은 관광개발계획을 한 달 반 쯤 만에 완성해서 대통령께 보고했어요. 대통령께서 들어 보시더니, "이건 혼자 갖고 있으면 안돼. 이번 달 수출진흥확대회의에 나와서 보고해"라고 하셨어요. 그래서 내가 1971년 6월 말의 수출진흥확대회의에서 관광개발계획을 발표해서 공개했어요. 내가 청와대 들어간 지 두 달째 되던 때였지요.

네. 관광공사의 영업소인 각 호텔에서 직원들이 매출을 누락시키고 그만큼 착복한 것을 보면 당시 부패 문제가 심각했다는 것을 알 수 있습니다. 지금도 공기업의 비리나 방만한 경영이 문제가 되지만, 그때는 아주 원초적이고 노골적인 부정이었네요. 역시 민영화가 해법이었는데, 이는 관광비서관 부임 전부터 정부가 이미 추진했던 것 아닌가요.

관광공사 소유의 지방 호텔의 불하 작업은 내가 비서관 되기 전부터 이미 시작되었지요. 관광공사가 지방에도 호텔을 여러 개 갖고 있었어요. 온양관광호텔, 부산 해운대관광호텔, 코모도호텔… 등인데, 서울 소재 호텔에 비해서는 규모가 작았지요. 내가 비서관 되기 전에 관광공사가 그 지방 호텔의 불하 작업을 했어요. 반면 워커힐이나 반도호텔 같은 것은 내가 관광비서관 되고 나서 불하 작업에 들어갔습니다.

또 그때 수출진흥확대회의에 보고하신 내용 중, 외국인 관광객을 지정된 요정, 카바레, 바에 안내토록 하겠다는 방침은 어떤 배경에서 나온 것인가요. 실제로 그렇게 되었는지요. 예를 들어 지정된 요정만 외국인 관광객을 받도록 되었는지요.

수출진흥확대회의에서 내가 외국인 관광객을 지정된 요정, 카바레 등에 안내토록 하겠다고 했는지는 기억이 안 나네요. 각 관계기관에서 수준에 달한 관광업소를 지정했지만, 다른 업자는 관광업소를 할 수 없게 배제한 것은 아닙니다.

또 그 회의에서, 관광사업을 준(準)수출산업으로 대우해서 세제와 금융면의 지원책을 강구하겠다고 보고하셨습니다. 하지만 이미 정부가 1960년대 후반부터 관광사업을 수출산업처럼 간주해서 여러 가지 지원을 하지 않았나요. 예를 들어 관광호텔의 기자재에 대한 수입 관세를 면제해 주는 것 말입니다.

지원책이 그 전부터 있었죠. 하지만 지원이 일정하지 않았고 또 전 산업에 대해서 적용하지 못했고 부분적으로만 했기 때문에 땜질식 지원이었어요. 그래서 무언가 통일적인 지원책을 강구해 보겠다고 했어요.

1970년대 초에 우리 정부가 관광개발에서 가장 큰 비중을 둔 곳이 경주였던 것으로 알고 있습니다. 1971년에 청와대 경제제1수석비서관실에서 경주관광개발계획안을 작성해서 세계은행과 차관도입 협의를 하는 등 사업에 착수했는데, 그 자료를 넘겨받지는 않았

경주관광 종합개발계획

관광개발을 희망한 한국 정부의 요청에 따라 1970년 5월 세계은행 조사단이 내한하여 경주를 제1순위, 제주를 제2순위 관광지로 평가하였다. 이에 6월 박정희 대통령의 지시에 따라 조직된 청와대 관광개발계획단이 11월 〈경주관광종합개발계획〉을 작성하고 세계은행에 차관 공여를 요청하였다. 이 계획에는 세계은행 차관 2,390만 달러(약 90억 원)를 포함해 10년 동안 288억 원의 거금을 들여 토함산 등 13개 사적지구를 정비하고 보문유원지 등 6개 관광시설(3,000객실의 호텔 포함)을 건설하기로 하였다. 1972년 이 사업에 대한 국내 전문가의 타당성 조사가 있었고, 1973년 4월 내한해 그를 평가한 세계은행 관계자는 보문단지 개발에 중점을 둘 것을 권하는 보고서를 11월 발표했으며, 이듬해 1월 한국 정부와 세계은행 사이에 2,500만 달러 차관 협정이 체결되었다. 이 자금으로 보문관광단지와 덕동댐, 수리시설이 건설되고 경주시 상하수도 시설과 전기시설이 확충되었다.

청와대 관광개발계획단, 《경주관광종합개발계획》, 1971; 경주개발동우회, 《그래도 우리는 신명 바쳐 일했다》, 고려서적, 1998.

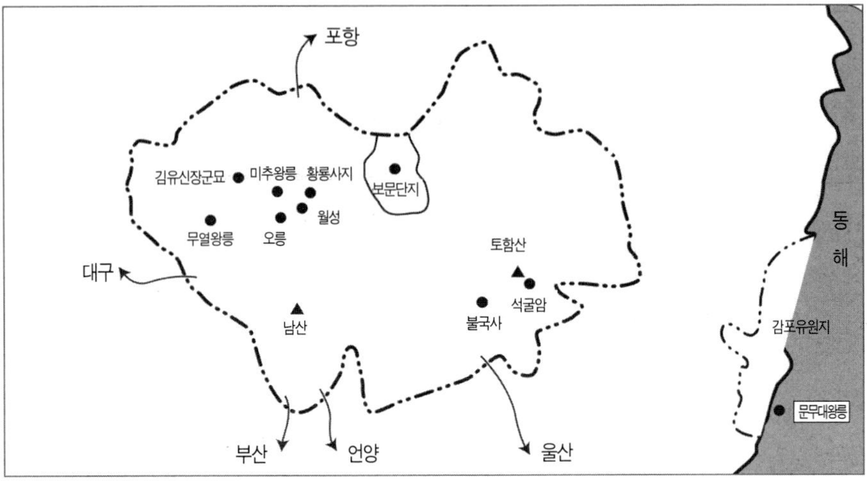

▮ 경주지구현황지도 《경주관광종합개발계획》, 1971, 22쪽

나요.

경제제1수석비서관실에서 경주개발계획 자료를 이관받지는 않았어요. 내가 관광비서관 가서 보니, 이미 경주개발사무소에서 관광개발 사업을 시작했더라고요. 그때 경주개발사무소장이 김학소 씨였는데, 그는 기획원 출신으로서 건설부로 옮겨 갔다가 경주개발사무소장을 맡았습니다. 경주에서 사적지 보존, 보문단지 등 관광단지 건설, 또 시내 상하수도와 전력시설 확충 등 여러 사업이 추진되고 있었어요. 그중 대규모 위락시설단지인 보문단지를 만든다는 계획은 내가 매듭지었어요. 세계은행에서 투자하기로 되어 있던 것인데, 내가 청와대 재직 중 유일하게 미국 출장 가서 세계은행과 교섭했어요. 2,500만 달러의 저리 차관을 받아서 보문단지 개발사업을 하도록 했어요. 세계은행에서 관광공사를 믿지 않았기 때문에 관광공사 산하에 보문단지를 담당하는 별도 법인(경주관광

개발공사)을 만들었어요.

세부 사항 몇 가지를 좀 더 자세히 여쭙겠습니다. 우선, 1971년 11월 완성된 경주관광종합개발계획서에는 앞머리에 박정희 대통령의 지시사항이 다섯 쪽 들어있습니다. 관광지 개발의 전반적 방향뿐 아니라, 개발 대상지 지정과 지구별 개발 세부 계획, 문화재와 사적의 보수 개발계획, 도시계획, 도로개발계획 등 전체 개발계획의 틀을 박 대통령이 제시한 것으로 보입니다. 경부고속도로가 박 대통령의 작품인 것처럼, 이 경주 관광개발도 박 대통령의 작품 아닌가요.

경주 개발은 박 대통령의 작품입니다. 경주에 관해서는 대통령이 직접 개발 계획을 짰다는 이야기를 들었어요.

근래의 연구에 의하면, 박 대통령은 경주를 단지 전통문화 관광지가 아니라 1970년대의 국난을 극복할 이념을 제공하는 국민 교육 성지로 보았다고 합니다. 북한의 도발 및 미군 철수, 미중 · 일중 접근에 따라 국가 안보가 위태로운 국가 비상사태에서 과거 3국을 통일하고 당을 물리친 신라의 화랑정신, 호국정신을 앙양하려고 한 것입니다. 박 대통령에게서 이런 말씀을 들으신 적은 없나요?

그건 기억에 없네요. 내가 비서관 부임했을 때는 이미 경주 개발 업무가 시작된 뒤였습니다. 아무튼 박 대통령이 경주 개발에 큰 관심을 쏟은 건 사실입니다.

경주개발계획은 그 후의 추진 과정에서 여러 면에서 수정되었습니다. 특히 1973년 세계은행 조사단은 보문단지 개발에 중점을 둘 것을 권했습니다. 1971년 우리 정부가 계획을

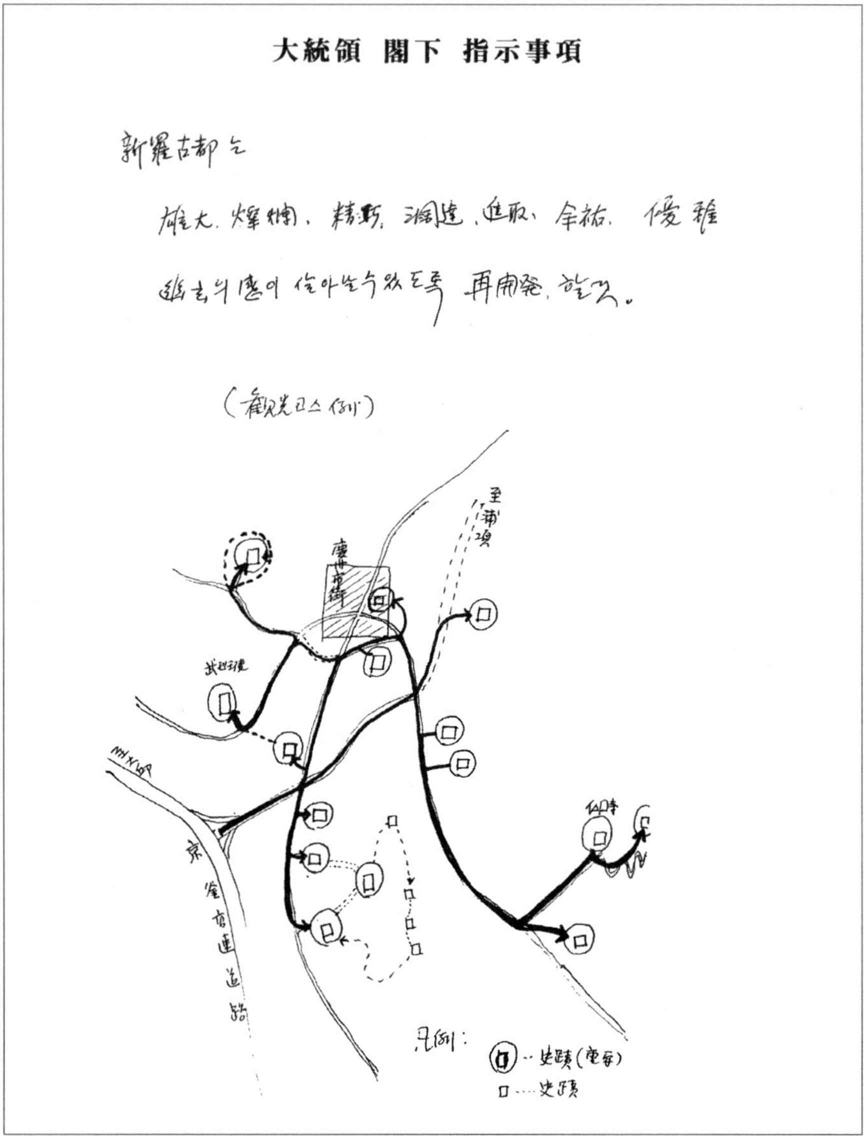

▮경주관광개발 관련 박정희 대통령의 1971년 7월 16일자 지시사항 박 대통령은 "신라고도는 웅대, 찬란, 정교, 활달, 진취, 여유, 우아, 유현의 느낌이 살아날 수 있도록 재개발할 것"이라는 총괄 지침을 내리면서 관광코스 예까지 제시했다.

▮토함산 석굴암 일대(1972.5.3) 국가기록원 CET0072470

작성했을 때의 차관 내역도 1974년 차관 협정 때에는 달라졌습니다(도로의 투자 비중 감소 등). 비서관으로서 이 교섭에 참여하셨는지요. 세계은행의 의견을 반영해서 적절하게 변경된 것인지요.

내가 1973년에 세계은행 조사단과 협의하지는 않았어요. 아마 경주개발사무소에서 협의했을 거예요. 경주관광개발공사를 새로 만들어서 보문단지 개발을 하기로 했는데, 세계은행 측이 요구한 그 회사 자본금이 모기업 국제관광공사보다 많아서, 그걸 좀 줄여야 했어요. 내가 그걸 줄여달라는 요청을 하러 세계은행에 갔어요. 1973년 11월인가에요. 하지만 그건 자기네가 바꿀 수 없다고 해서, 결국 그걸 받았어요. 경주관광개발공사를 큰 회사로 만들어서 사업의 안정성을 갖추어야 한다는 게 세계은행의 입장이었어요.

▮경주 고분공원(1976.7.23) 국가기록원 CET0066207

경주관광 종합개발계획을 관광 주무부처인 교통부가 아니라 건설부에서 맡은 이유는 무엇인가요. 대형 건설 프로젝트가 포함되어서 인가요.

그렇습니다. 거기에는 큰 설계와 건설공사가 들어갔지요. 그런 것은 건설부가 맡았습니다.

그 무렵 불국사나 석굴암의 정비 상황은 어떠했나요. 비서관 재임 중인 1973년 7월에 불국사 복원작업이 완료되었던데요.

그때 불국사는 마무리 작업으로 단청 칠을 한창 하고 있었어요. 그 입구의 한옥 가게들 모양이 좋진 않았지만 어쩔 수 없었어요.

불국사에서 토함산 석굴암 올라가는 도로를 만들었는데, 모양이 안 좋다고 논란이 있었어요. 도로를 만드느라 산을 깎은 게 멀리서 보면 허옇게 보였거든요. 그 조경사업을 맡은 비서관이 오휘영(吳輝永) 씨인데, 미국 대학에서 조경을 전공했고 나중에 한양대 조경학과 교수로 활약이 컸어요. 지금은 조경학계의 원로인 사람입니다. 그가 경제제1수석비서관실 소속이었다가 내 관할인 제3비서관실로 옮겼어요. 내가 그 사람을 경주에 한 달씩 주재토록 해서 나무 수종을 제대로 골라서 허옇게 깎은 부분에 심도록 했어요.

오휘영 씨가 장관님과 비슷한 시점에 경제1비서관실에 들어갔습니다. 1972년 5월입니다. 그런데 얼마 후에 경제3비서관실로 옮겼는데, 같은 급은 아니었던 것인가요.

둘 다 비서관인데, 나는 1급이고 그는 2급이었어요. 그래서 그가 내 휘하에 들어온 겁니다.

석굴암 관련해서 또 하신 일은요?

석굴암은 원래 제한된 사람들이 보도록 만들어진 것이었어요. 그런데 자동차 길이 생기니 수많은 사람이 몰려와서 석굴암을 드나들었어요. 그 때문에 햇빛이 들어오고 체온으로 온도가 올라가고 습기가 들어오고 해서 부식이 생기고 곰팡이가 생기게 되었어요. 그래서 내가 모형을 만들자고 했어요. 그 대책과 관련해서 여러 가지 방안이 논의되었는데, 내가 일반 관람객들은 모형을 보게 해서 원본을 보존토록 하자고 했어요. 내가 떠난 다음에 실현되었을 거예요.

그 꼭대기에 화장실이 없었어요. 몰려온 사람들이 아무 데서나 용변을 봐서 그 냄새가 말을 못했어요. 그래서 차량 정류장 아래쪽에 화장실을 크게 만들었어요.

▌천마도(1973.12.26) 국가기록원 CET0061097

그때쯤 경주에서 고분 발굴이 활발하지 않았나요. 1973년에 제155호 고분 천마총 발굴이 있었는데요.

고분 발굴해서 천마도가 나온 게 내 비서관 재직 중의 일이었어요. 천마도 사진을 내가 받았던 기억이 있습니다. 그 무렵 왕관을 관광 상품으로 개발해서 널리 퍼진 일이 있습니다.

경주사적지 발굴에 관한 책《일곱 원로에게 듣는 한국고고학 60년》에 수록된 1973년의 발굴현장 사진 몇 장에 정소영 경제수석이 보이던데요. 그가 경주 개발에 계속 관여한 것인가요?

그 관계는 잘 모르겠네요. 정소영 씨가 경주개발계획을 세웠고 그 계획에 따라서 실제로 경주 개발이 추진되었으니, 그가 경주 개발 현장에 가는 게 크게 이상한 일은 아니라고 생각해요. 그렇지만 내가 할 일을 그가 빼앗아서 한 것은 아니었어요.

경주의 경우와 같이 굵직한 관광지 개발계획이 1970년대 전반에 수립되었는데요, 제주, 설악, 부여, 공주 등의 관광지 개발계획은 어떻게 마련되었나요. 일례로 주미 공사로 부임한 후이긴 하지만, 정부가 설악, 부여, 공주를 종합관광개발 대상 지역으로 지정한다는 보도가 1974년 4월 11일에 나왔던데요. 관광비서관 재직 중에 그런 논의를 하셨나요.

부여나 공주도 가 본 일이 있고, 백제 근거지이니 앞으로 개발해야겠다고 생각은 했지요. 하지만 내가 비서관 재직 시 개발계획에 착수하지는 않았습니다. 설악산은 이미 개발계획 수립에 착수했고요.

그때 관광개발사업에서 가장 급한 것은 일본인 관광객을 수용하는 것, 특히 일본 농협 관련 농민 관광객을 수용하는 것이었어요. 또 좀 더 긴 안목으로는 미국인과 유럽인을 유치하는 것인데, 그 사람들은 동해안 관광지로 유치하면 좋겠다고 생각했어요. 고급 관광지로 개발할 만한 곳은 동해안이었어요. 유솜 직원들은 휴가를 동해안으로 갔어요. 강원도 화진포에 있는 이승만 대통령 별장, 김일성 별장도 개발하면 장차 서양인 관광객을 유치할만한 물건이 되겠다

싶었어요. 그 다음으로는 우리 역사적 뿌리를 보여 주자는 취지에서 부여, 공주 등지의 개발을 하자는 구상이었어요.

가장 급한 과제로 일본인 관광객을 유치, 수용하려면 무엇을 해야 했나요?

호텔 객실을 늘려야 했어요. 우선 호텔이 제대로 되어야 했기에 큼직큼직한 호텔 건립을 장려했어요. 그때는 관광숙박업소가 무슨 여관 정도인 경우가 많았는데 대기업이 호텔업에 들어와야 한다고 생각했어요.

우선 관광공사에서 갖고 있던 호텔을 불하하는 데 착수했어요. 첫 번째 불하한 게 워커힐이에요. 한진에서 먼저 접근했어요. 조중훈 씨가 박 대통령을 직접 찾아가서 의사를 밝혔어요. 대통령께서 나에게 전화를 주셨어요. 조중훈 씨가 왔다 갔는데 워커힐호텔 사업을 하고 싶어 하니 검토해 보라는 것이었어요. 그래서 조중훈 씨를 만나서 어떻게 사업을 하겠다는 것인지 이야기를 들었습니다. 일본 투자가를 하나 끌고 오겠다는 것이었어요. 오사노 겐지인가 하는 일본 오야붕이 있었어요.[1] 투자 액수는 둘이 합해서 자기자금으로 매각대금의 5%를 내겠다고 해요. 그건 도저히 안 되겠더라고요.

조중훈 씨에게는 알았다고 하고, 대통령께 "자기자금 비율이 너무 낮아서 이건 안 되겠습니다" 하고 보고했어요. 대통령은 여태까지 국영기업체 불하할 때 자기자금 몇 %로 했느냐고 물으시더라고요. "종전에는 5%면 충분했습니다. 그런데 이건 금싸라기 땅입니다. 불하받고 개발하면 앞으로 땅값이 급격히 올라

• • • • •

1 오사노 겐지(1917~1986). 부동산 등 투자사업을 한 일본 국제흥업(주)의 총수. 정치권력과 결탁해 부를 축적하고 또 정치에 영향을 미치는 정상(政商)으로서, 특히 거물 총리 다나카 가쿠에이(田中角榮)와 가까웠다.

갈 것인데, 정부가 특혜를 주었다는 비판이 나올 겁니다. 재벌기업이 호텔사업에 제대로 투자하도록 만들었으면 합니다. 공연히 말 나오지 않게 했으면 합니다" 이렇게 보고했어요. 그랬더니 "응, 그래? 그런데 30% 낼까?" 하면서 대통령이 고개를 천천히 끄덕끄덕하는데, 썩 맘에 들지는 않았던 모양이에요.

박 대통령은 조중훈 씨에게 불하해 줄 생각을 한 것인가요. "확실히 불하해!" 하는 정도까지는 아니더라도요. 월남 진출이 성공을 거둔 후 박 대통령과 조중훈 씨 사이가 가깝지 않았나요.

조중훈 씨가 박 대통령과 얼마나 잘 통했는지에 관해서는 내가 아는 바가 없어요. 한진에 불하하라는 게 박 대통령의 의중이었는지 확실하지 않아요. 나에게 검토해 봐라 한 것인데, 대통령은 그 후에도 대개 나에게 어떻게 생각하느냐, 검토해 보라고 했지, 이걸 누구에게 주라고 지시하지는 않았어요.

여하튼 이렇게 해서 한진은 손을 뗐고, 얼마 안 있어서 선경(현 SK)의 최종건(崔鍾建) 씨가 왔어요. 자기네가 매각대금의 30%를 자기자금으로 내고 워커힐을 사겠다고 해요. 그래서 선경에 불하하기로 결정하고 관광공사에 명령하다시피 했어요. 워커힐은 선경에 불하하기로 내정했으니, 그렇게 알고 추진하라는 것이죠.

선경으로 하기로 했는데, 최종건 씨가 병에 걸려서인지 예전과 사람이 달라졌어요. 너무 신경질적이고 작은 문제까지 물고 늘어지더라고. 그래서 친한 사람이지만, 내가 견디다 견디다 못해서 역정을 냈어요. 그랬더니 돌아가서 자기 동생(최종현 崔鍾賢)과 이야기를 한 모양이에요. 동생과 선수 교대를 했어요. 최종현 씨가 교섭 파트너로 온 다음부터는 이야기가 잘 되었어요. 나와는 일을 빨리 마무리 짓고, 바통을 관광공사로 넘겼어요. 1973년 초의 일이에요.

세간에는 선경에 워커힐을 넘긴 게 중앙정보부장 이후락 씨가 개입한 결과라는 이야기도 있습니다. 이후락 씨가 최종건 씨와 사돈이었고, 그래서 본래 한진에 넘기도록 된 걸 권력실세인 그가 개입해서 선경으로 바꾸었다는 것입니다. 이후락 씨가 1973년 8월 김대중 납치사건을 일으킬 때까지는 권부의 2인자였다고 할 수 있는데, 선경 인수 건으로 이후락 씨가 양 비서관님께 요청한 건 없었나요.

이후락 씨가 워커힐을 선경에 넘기게 했다는 것은 터무니없는 이야기입니다. 이후락 씨가 워커힐 건으로 나에게 연락한 일은 없어요.

그 무렵 삼성에서도 연락이 왔어요. 이병철 씨가 나를 만나고 싶다고 해요. 왜 그러냐고 했더니 장충동의 영빈관(迎賓館)을 인수해서 일본의 오쿠라호텔 같은 것을 짓고 싶다는 거였어요. 그래서 내가 바로 대통령께 삼성에서 영빈관 인수 건으로 만나고 싶어 한다고 보고했어요. 대통령께서 "조건이 맞으면 해" 하시더라고. 그렇게 내락을 얻어서 이병철 씨를 만났어요. 그랬더니 참 시원시원하게 이야기가 됐어요. 자기자금 30% 부담 등 원칙 문제에 관해서 이야기하는데 딱딱 합의가 되었어요.

그때 중앙일보사 인근에서 점심을 세 번인가 같이 했는데, 같이 참석한 사람이 고문 홍진기 씨, 아들인 이건희 씨, 럭키그룹 출신으로 사위인 구자학(具滋學) 씨입니다. 이건희 씨는 경영 수업중이었던 것으로 기억해요. 이 건으로는 주로 구자학 씨가 심부름을 많이 했어요. 구씨는 그때 삼성그룹의 건설회사인 중앙개발(주) 사장이었는데, 이병철 씨는 그를 경상도 사투리 발음으로 "우리 재학이, 재학이"라고 불렀습니다. 남산외교클럽에서 요리사를 불러서 케이터링을 해서 점심 대접을 잘 받았어요. 그렇게 해서 삼성을 관광공사와 연결시켰지요.

나중에 이병철 씨가 쓴 자서전에는 자기가 영빈관을 정부의 압력 때문에 불하받았다고 썼는데,[2] 그건 사실이 아닙니다. 삼성이 정부(관광공사) 소유 호텔의 매각 방침을 보고 먼저 요청한 것입니다.

삼성이 영빈관을 관광공사가 아니라 국세청으로부터 불하받은 것 아닌가요. 영빈관의 내력을 보면, 이승만 정부 말에 착공했는데 4.19 후 공사가 중단되었다가 박정희 정부에서 1967년 준공한 후, 관광공사에게 인수토록 했습니다. 관광공사 소유의 반도호텔이 그 운영을 맡았고요. 그러나 계속 적자를 보다가 1972년 8월 총무처로 관할권이 넘어갔고, 총무처에서 용도 폐지를 함에 따라 국세청이 국유재산 불하를 맡았습니다. 1973년 6월 26일 남산세무서가 공매공고를 냈습니다. 삼성이 접근하기 전에 영빈관은 총무처로 이관되었는데요, 그 이유는 무엇인지 아시나요. 적자를 보는 국영기업체를 민간에 매각한다는 방침이 이미 섰던 것인가요.

영빈관 관할권이 바뀐 것은 기억이 안 나네요. 그런 구체적인 사정에 관해서는 그때도 몰랐던 것 같습니다. 그런데 영빈관은 불하 전까지 관광공사와 중앙

2 "1972년 가을이었다. 영빈관을 인수하여, 국민이 투숙할 수 있고 1,000명 규모의 국제회의를 개최할 수 있는 호텔을 건립해 달라는 정부의 강청(强請)이 있었다. 이듬해 5월 부득이 이를 인수키로 하고 곧 호텔 건설에 착수했다." 이병철, 《호암자전》, 중앙일보사, 1986, 223쪽. 삼성이 영빈관을 불하받는 것은 1973년 7월이었다.

▌불하 전의 장충동 영빈관(1973.4.14) 국가기록원 CET0071048

정보부에서 분명히 관리하고 있었어요. 나는 관광공사 담당자와 중앙정보부 쪽 담당자 –나중에 국회의원까지 하는 이용택(李龍澤) 씨– 와 불하 업무를 진행했어요.

영빈관을 불하하기로 한 방침은 비서관 부임 후에 세워진 것인가요. 본래 있던 것을 받아서 하신 것은 아닌가요.

영빈관 일대를 불하한다는 정부 방침은 이미 있었지요. 비서관 부임 후에 검토해 보니까 관광공사와 KCIA의 이용택이 우리 측 상대인 것을 알았지요. 그리고 이병철 씨가 제안을 하기에 세 번 만나서 조건을 교섭한 것이죠. 전체 가격의 30%는 현금으로 내야 한다, 500실 이상 객실을 지어야 한다, 맨 꼭대기 층에는 영빈관을 갖추어야 한다는 게 조건이었지요.

불하 전에 영빈관은 단층 독채 형식의 게스트하우스만 있었나요. 삼성이 인수 후 23층 객실 765개의 호텔을 신축한다는 계획을 발표했던데요.

삼성에 불하하기 전에는 독채 형식의 게스트하우스가 부지 내에 띄엄띄엄 떨어져 있었어요. 다섯 개 쯤 있었는지 모르겠네요. 오늘의 신라호텔과 같은 큰 건물은 삼성이 인수한 후 지은 것이지요.

그렇게 영빈관을 매각하기로 한 다음에는 을지로의 반도호텔을 매각하기로 했어요. 유창순 씨가 그때 롯데 고문으로 있었는데, 그에게서 연락이 왔어요. 그분은 내가 과장일 때 경제기획원 원장으로 모셨단 말이에요. 신격호 씨는 그걸 알고 유창순 씨를 앞세워서 나에게 왔어요. 유창순 씨가 가방을 들고 신격호 씨를 수행해서 왔더라고요. 하지만 내가 유창순 씨에게 "장관님, 여기 앉으십시오" 하고 상석을 권하고, 그 옆에 신격호 씨를 앉게 하고, 내가 유창순 씨 앞에 앉았어요. 내가 유창순 씨를 깍듯이 대접을 한 거죠. 그렇게 교섭해서 롯데그룹이 반도호텔을 불하받게 되었습니다.

신격호 씨를 너무 홀대한 것 아닌가요. 하하하. 그런데 지금 소공동 롯데호텔 부지가 대단히 넓은데 반도호텔 부지도 그렇게 컸나요.

롯데가 큰 호텔을 지으려면 반도호텔 부지 외에 땅을 더 확보해야 했어요. 반도호텔 옆의 아서원, 국립도서관 등 여러 필지를 합쳐서 지금의 소공동 롯데호텔을 세운 겁니다. 현재 을지로입구 4거리의 롯데쇼핑 앞 모퉁이에 산업은행 본점이 있었는데, 롯데는 앞으로 그 땅도 사겠다고 했어요. 반도호텔 뒤 아서원 땅은 이미 동생 신춘호 씨가 갖고 있었어요. 그런데 신격호 씨가 동생과 사이가 틀어져서 이야기가 안 된다고 하면서 나에게 동생을 불러서 이야기해 달라고 했어요. 내가 신춘호 씨를 불러서 반도호텔, 아서원 땅을 합쳐서 국책으로 호텔을 지으려고 하니 협조해 달라고 부탁한 일이 있어요. 산업은행은 장차 여의도로 사옥을 이전한다는 계획이 있었고요.

그 무렵부터 관광공사 사장이 반발하기 시작했어요. 비서관 된 지 얼마 안 되어 관광공사 사장이 안동준 씨에게서 이한림(李翰林) 장군으로 바뀌었어요(1972년 7월). 내가 이한림 장군과 상당히 친했어요. 그 양반이 건설부 장관할 때 남들은 그 양반이 무서워서 쉽게 다가가지 못했는데, 그쪽에서 나에게 접근했어요. 내가 투자진흥관일 때에요. 자기들 중요한 저녁식사 자리가 있으면 나를 불렀어요. 그래서 저녁식사를 같이 한 적이 몇 번 있었어요. 선물까지 보내 준 적도 있었고요. 나는 그런 분이 관광공사 사장이 되었으니 잘되었다고 생각했지요. 그분과의 관계도 좋았고요. 관광공사 소유 호텔을 불하한다는 원칙에 그도 동의했어요.

그런데 내가 관광공사 소유의 호텔을 하나씩 처분하니 그 관할 영역이 줄어들잖아요. 그게 섭섭해서 반발하기 시작한 것인데, 본래 관광공사 사장 자리에 불만이 있었던 지도 모르겠어요. 자기가 장관도 지낸, 큰 일을 할 사람이라는 것이지요. 그분이 자기 사무실 앞에 동초(보초)를 세우기도 했어요.

나로서는 그분을 "장관님, 장관님" 하면서 전직 장관으로 모신다고 모셨는데, 내 사무실에 와서는 차렷 자세로 "수석비서관님" 하면서 경례를 하고 절까지 하면서 자기는 불하를 반대한다고 이야기를 하는 거예요. 미치겠더라고요. 그리고는 밖에 나가서 불하에 반대한다는 이야기를 하고 다녔어요. 그 이야기를 들은 중앙정보부에서 이한림 씨를 붙들어 가서 혼을 냈어요. 그분이 중앙정보부에서는 자기는 박 대통령을 비난한 게 아니고 양 비서관을 비판한 것이라고 했대요. 그랬더니 중앙정보부에서는 앞으로 양 비서관도 비난하지 말라고 했다 해요.

그럼 중앙정보부의 지원을 요청한 것인가요?

내가 요청한 건 아니었지요. 중앙정보부 측은 자기가 관리하던 영빈관과 부산의 코모도 등에서 손을 떼기로 했는데, 내가 그 처리를 다 해 주는 것이니 나에게 고마워했어요.

하루는 대통령을 만났더니 "그 이한림이 말이야. 내가 만군(滿軍) 계통의 동창이라 해서 대접을 하고 있는데, 자꾸 말썽을 부려서 잡아다 혼을 좀 내라고 했어. 그런데 나에게 욕한 게 아니라 임자에게 욕한 거라고 했대. 그래서 임자에게도 욕하지 말라고 했어"하면서 허허허 웃으시더라고. 내가 "원래 큰 일을 하시던 분인데 관광공사 일이 성에 차지 않아서 그런가 봅니다. 가급적 관광공사 사장에는 차관급 인물을 임명하시고 그분은 일을 제대로 할 만한 곳으로 보내 주시죠"하고 말씀드리니까, 대통령께서 "이 양반아, 조그만 일 제대로 못하는 사람은 다른 데 가도 마찬가지야" 하셨어요.

이한림 씨가 중앙정보부에서 혼쭐이 난 후에는 경기도 고양군의 벽성에서 기념비 만드는 일에 열중했어요. 벽성, 벽제가 임진왜란 때 명군과 왜군이 싸운 곳인데 거기에 그 기념비를 만들었어요. 이한림 씨가 그 일에 열심히 매달렸어요. 일본인들이 앞으로 많이 올 테니 만들어 두자고 했어요.

1970년대 전반에는 그 밖에도 여러 재벌기업이 호텔사업에 뛰어들지 않았나요. 대우그룹, 김우중 씨의 대우도 이때쯤 호텔을 크게 짓겠다고 했던데요.

그렇습니다. 그때 문공부가 중구 필동의 코리아하우스(현 한국의 집)를 관할하고 있었습니다. 한 독일 기업인이 코리아하우스를 인수해서 호텔을 짓겠다고 했고, 대우도 미국의 홀리데이 인(Holiday Inn)과 합작으로 코리아하우스를 인수해서 호텔을 짓겠다고 했어요. 세계적 호텔 체인인 힐튼도 관심이 있었어요. 그걸 검토하는 중에 다들 떨어져 나갔습니다. 독일 사람은 대우와 같이 하기 힘들겠다고 해서 포기했고, 힐튼은 대우와도 안 맞고 나와도 맞지 않아서 떨어져 나갔어요.

난 힐튼이 투자한다, 투자한다 해서 돈을 좀 내는 줄 알았더니, 자기들은 투자 안 한다고 밝히더라고요. 대신 자기들은 호텔 운영의 노하우를 제공하고, 그 대가로 매출의 5%인지 얼마를 가져가겠다는 거였어요. 여하튼 달라는 게 너무 많았어요. 그래서 내가 힐튼에 안된다고 했어요. 그랬더니 그 대표자가 "제 입장이 곤란합니다. 우리 회사에서는 한국에 진출할 필요가 없다고 합니다" 해요. 그래서 나도 "그거 잘되었다. 나도 당신 회사와 생각이 같다"고 했어요. 그래서 그때 힐튼이 안 들어 왔어요.

힐튼이 몇 년 뒤에 대우와 합작으로 들어왔어요. 그런데 그 방식이 내가 비서

대우-힐튼 간 관광호텔 위탁경영 계약

힐튼이 호텔 부대시설을 운영하며, 호텔 건축기술을 지도하는 대가로, 대우는 건설기간 중 기술료 20만 달러를 지급하며 경영기술료로 매년 총영업이익의 20%를 지급함

《매일경제신문》 1977.12.23.

관 때 거절한 것과 같았어요. 여전히 힐튼이 투자는 안 하고 마음대로 움직이는 식이더라고요. 힐튼이야 세계적 호텔망을 갖고 있으니, 자신과 제휴하려 하는 어느 나라의 기업에 대해서도 아주 고자세로 합작사업을 하는 겁니다. 여하튼 그 때문에 나중에 분쟁도 생기고, 그 때문에 결국 대우와도 결별하게 된 것이고요.

그런데 서울역 앞의 옛 대우센터 빌딩(현 서울스퀘어빌딩)이 원래 호텔로 계획해서 건설된 것인가요. 대우가 서울역 앞에 교통센터 호텔과 만다린 호텔을 지으려 했다는 보도(《경향신문》 1973.9.26)가 있던데요.

대우센터 빌딩이 맨 처음에는 철도청, 대한해운공사, 대한조선공사 등 교통운수 관련 기관의 오피스빌딩으로 출발했어요. 교통센터라고 불렀습니다. 김일환 씨가 교통부 장관 할 때 낸 아이디어였어요. 그 계획에 따라 1960년대 말에 교통부와 서울시가 서울역 건너편에 교통의 광장을 만들기 시작했어요. 그러니까 대우센터 빌딩 자리에 교통센터를 짓고, 그 옆 옛 세브란스병원 터에 시

외버스터미널을 지어서 그 일대를 교통의 광장으로 만든다고 했어요.

아, 그렇군요. 1970년대 초에 서울역 앞에 고속버스 터미널이 있었던 것 같은데요. 제가 초등학교 6학년이었으니 1971년일 건데 거기서 호남고속버스를 타고 전주에 다녀온 일이 있습니다. 개가 그려진 그레이하운드 버스, 그리고 중앙고속도 거기서 본 기억이 있습니다.

그럴 겁니다. 교통센터는 교통부 산하 여러 국영기업체가 공동투자하고, 철도청이 공사를 맡았던 것으로 기억해요. 1970년인가에 일부 준공된 상태에서 철도청이 입주했는데, 그해 말에 공사하던 맨 윗 층인가에서 화재가 났어요. 그리곤 공사가 중단되었고요. 그러니 한동안 흉물마냥 철골조 뼈대만 앙상하게 서 있고 더 이상 진척이 되지 않았어요. 박 대통령이 오가다 그걸 보면 울화가 터진다고 말씀하셨어요. 그래서 내가 이걸 처리해야겠다고 생각하던 중이었어요. 혼자 생각인데 호텔 건립도 그중 한 처리 방안이었어요.

1973년의 일인데 하루는 김우중 씨가 나에게 와서 자기에게 현금이 75억 원가량 있는데 그것을 활용할 방도를 찾으면 좋겠다고 하더라고요. 말 자체는 고마운 이야기죠. 그래서 내가 박 대통령께 여쭈어 봤어요. "김우중 씨가 현금 75억 원가량을 갖고 있는데, 그 활용처를 자기에게 소개해 달라고 합니다. 저는 무슨 말인지 모르겠습니다" 하니까, 박 대통령께서 눈을 껌뻑껌뻑 하시더니 "아마 그 정도 될 거야" 하시더라고요. 그러니까 김우중 씨 기업의 자금 사정에 관해서는 이미 알고 계셨던 것이죠. 김우중 씨 아버지와 박 대통령이 서로 알던 사이였던 거 같은데, 그래서 대통령도 기회가 되면 김우중 씨를 도와주어야겠다고 생각하고 있었는지도 모르겠어요. "뭐 시켰으면 좋겠어?" 하고 물으셨어요. 내가 "서울역 앞에 있는 교통센터를 김우중 씨에게 넘겨서 호텔을 짓게 하면 어떻겠습니까?" 하니까, 대통령께서 "넘겨 주면 하겠지" 하시더라고요.

그래서 내가 김우중 씨를 불러서 거기에 호텔을 지으라 했어요. 그랬는데 그가 즉답을 안 해요. 그러더니 얼마 후, 호텔을 짓겠는데 그 지하의 개발권을 자기에게 달라고 조건을 걸더라고요. 상가를 조성 분양해서 이익을 챙길 생각이었던 것이죠. 본심은 오피스 빌딩을 지어서 임대하려는 것이었고요.

지하상가 개발은 서울시 관할인데, 서울시에서는 정면으로 반대하지는 않아도 그렇게 하기 힘들다는 입장이었어요. 나는 구두로 약속했다가는 나중에 말이 바뀔 수도 있으니, 양택식 서울시장에게 서면으로 입장을 밝혀달라고 요청했습니다. 양 시장은 그때 가 봐야 알지 미리 대답할 수 없다고 했어요. 김우중 씨는 또 오피스 빌딩으로 바꾸었으면 좋겠다고 해요. 나는 그게 가능한지 알아보니, 교통센터의 기자재가 이미 호텔 짓는다고 해서 무관세로 들여온 것이었어요. 그때 호텔 짓는 자재는 무관세로 했거든요. 그러니까 교통센터 지을 때 일부를 호텔로 하기로 해 놓고 기자재를 무관세로 들여온 거였어요. 나는 오피스 빌딩으로 하려면 그 기자재에 대해 세금을 물어야 하니, 호텔이 아니면 여러모로 곤란하다고 하던 참에, 미국에 공사로 갔어요. 그러니까 김우중 씨에게 불하하기로 내정은 되었는데, 호텔로 짓되 김우중 씨가 원하는 대로 지하 개발권을 줄지는 결정되지 않았던 것이죠.

그런데 비서관 재직 중에 불하가 내정된 게 아니라 실제로 불하가 된 것 아닌지요. 1973년 8월에 대우가 일본개발(주)이라는 일본계 자본과 합작해서 180억 원을 투자해서 교통센

터를 인수해서 초대형 관광호텔을 짓겠다고 발표했고, 9월에 관광호텔 건설용 외자도입 인가도 났습니다. 교통센터 빌딩을 23층으로 증축해서 5층까지는 백화점을 만들고 6~11층은 사무실로 쓰고, 그 이상은 객실 863개짜리 호텔을 세우고, 교통센터 빌딩 뒤편에도 역시 백화점, 사무실, 객실 608개를 가진 만다린 호텔을 짓겠다고 했습니다. 그리고 12월에 철도청으로부터 교통센터 빌딩을 47억 원에 인수했고요. 이는 양 장관님께서 청와대 비서관 재직 중일 때입니다. 지하개발권을 주느냐, 오피스로 전환하느냐 등은 미정인 채로 일단 불하가 먼저 이루어진 것인가요.

그 부분은 정리가 안 된 채로 불하가 되었고, 내가 관광비서관 그만둘 때(1974년 2월)까지도 마찬가지였어요.

여하튼 내가 미국에 있는 동안 그 건물이 완공이 되었더라고요. 그리고 1979년에 내가 주미공사를 마치고 귀국해서 수출입은행장이 되었는데, 수출입은행이 대우센터 빌딩에 입주해 있더라고요. 그래서 내가 한동안 그 대우센터 빌딩에서 근무했어요.

결국 그 건물은 대우센터라는 오피스 빌딩으로 바뀌었습니다. 본래 지상 5층까지 완공되고 12층까지 철골조만 올라간 것을 23층으로 증·개축하는 공사인데, 대우는 이 공사를 1974년 9월에 착공해서 1976년 8월에 완공했습니다. 건축계획을 호텔에서 일반 오피스로 바꿀 때 무관세 도입 자재의 처리 문제 등을 해결해야 했을 텐데요. 장관님은 미국에 계셨으니, 어떻게 해결되었는지는 모르셨겠습니다.

그런데 1976년 5월 초에 교통부에서 법무부에 교통센터 빌딩 매매계약을 취소할 수 있는지 질의하고, 법무부에서 법률 검토 후 답신한 것이 있습니다. 1973년의 매매계약에 추후 관광호텔 사업에 사용하지 않으면 이 계약을 해제할 수 있다는 조항이 있었습니다. 대우가 1974년 8.15 때의 문세광 저격 사건으로 일본인 관광객이 줄어들자 일본 측 차관 제공 업체가 떨어져 나갔다는 등의 이런저런 이유를 대면서 호텔을 짓지 않고 오피스 빌딩을 증축한 것이 계약 위반인데, 정부는 이 문제를 법적으로 매듭짓고자 한 겁니다. 법무부의 답신은, 건물을 관광호텔용으로 쓸 의무는 매매계약의 부수적 책무에 불과하고 이미 건물이 증 · 개축되어 원상회복이 불가능하므로 매매계약을 해지하는 것이 권리남용이라는 것이었습니다. 즉, 대우가 당초의 약속을 어기고 밀어붙이고 나니 정부도 어쩔 수 없이 승인해 준 모양새입니다.

그랬을 겁니다. 대우가 독단적으로 바꾼 것이지요.

이렇게 서울 시내의 본래 정부 소유 호텔이나 건물을 재벌이 불하받아 확장해서 대형 호텔을 건설한 것을 두고, 재벌이 정부에게서 큰 혜택을 본 것처럼 말하기도 할 것 같은데요.

그렇지 않아요. 그때 불하에 대해 특혜다 뭐다 이러쿵저러쿵 단 한 마디도 신문에 난 게 없어요. 그때 신문에서 유신체제를 비판하진 못해도, 국유재산의 민간 불하에 문제가 있다면 얼마든지 비판했습니다. 하지만 내가 추진한 호텔 불하에 대해서는 아무런 비판도 없었습니다.

네. 불하 가격은 어떻게 결정되었나요.

불하하려고 할 때 미리 한국감정원에 의뢰합니다. 교섭 상대가 나타났을 때는 그쪽에서 감정원에 접근해서 영향을 미칠 수 있기 때문에, 감정 가격 산정 업무는 불하 상대가 정해지기 전에 진행했습니다. 감정 가격을 먼저 정한 후에 불하 방침을 발표하고, 기업이 불하를 요청하면 30% 내겠느냐 하는 식으로 진행하는 겁니다. 내겠다고 하면 관광공사에 추후 작업을 넘겼습니다.

지금까지 장관님의 설명에 의하면 재벌이 호텔을 인수하거나 신설할 때에는 그다지 권력 실세가 개입하거나 지원한 것 같지 않습니다만, 다른 경우는 어떠했나요. 재벌급이 아니어도 새로 외국 자본과 합작해서 호텔을 세운 경우도 여럿 있을 텐데요.

지금 서울 남산의 하얏트호텔이 그랬어요. 그게 세워질 때 권력 실세 몇 명이 개입해서 아주 복잡했습니다. 하얏트 땅이 신탁은행 소유였나 그래요. 대출 담보로 제공되었다가 은행 땅이 된 건데, 거기에 호텔을 짓자는 이야기가 나왔어요. 하루는 박 대통령께서 나에게 전화를 걸어서, “내가 남산을 한 바퀴 돌아보니 은행 땅이 있던데, 거기에 호텔을 지으면 어때? 한번 검토해 봐” 하셨어요. 당시 신탁은행장이 김진흥(金振興) 씨인데, 그 부인이 한무숙(韓戊淑) 씨라는 유명한 소설가예요. 내가 바로 김진흥 씨에게 전화했어요. 은행 소유의 남산 땅을 사겠다는 작자가 있냐고 물으니 아무도 없대요. 의사표명한 쪽도 없대요.

그리고는 얼마 뒤 대통령 경호실장 박종규(朴鐘圭) 씨가 나에게 마치이라는 사람이 그 땅에 호텔을 짓고 싶어한다고 알려 주었어요. 마치이[3]라고 일본 재일교포 야쿠자인데, 자기 집에 부하들이 충성 서약 차 자른 손가락이 몇 십 개 있다는 풍문도 있었어요. 내가 1960년대 후반에 한일정기각료회의 하러 일본에 장기영 부총리와 같이 갔을 때, 그가 호텔방에 꽃을 보내기도 했어요. 물론

3 본명 정건영(鄭建永). 일본명 마치이 히사유키(町井久行). 김종필, 석정선, 박종규 등 박정희 정부의 실력자들과 교분을 맺은, 성공한 재일교포 사업가, 야쿠자, 극우 정치깡패, 스포츠 외교가 등 다양한 면모의 인물이다.

내가 직접 만난 적은 없습니다. 그가 평소 잘 알던 박종규 실장을 앞세워서 그 땅을 불하받아 호텔을 짓겠다고 나선 겁니다. 나를 직접 찾아온 것은 마치이 밑에서 일하는 무슨 전무였어요. 그가 그 전에도 나에게 찾아와서 호텔을 짓고 싶다고 했습니다. 그래 놓고 움직임이 없기에 내가 그에게 왜 말만 하고 착수를 안 하느냐고 독촉 비슷하게 한 일도 있어요. 그런 관계인데 박종규 씨가 마치이가 남산 땅에 호텔을 짓고 싶어한다고 나에게 알린 겁니다.

그런데 그 무렵 전에 한국은행 총재 지낸 민병도(閔丙燾) 씨도 일본의 후지다(藤田)공업(주) 회장이라는 사람과 함께 나를 찾아왔어요. 학교 때부터 알던 사람이래요. 민병도 씨가 남문(南門)이라는 면세점을 하고 있었어요. 그들이 나에게 한국에서 어떤 사업을 하면 좋겠냐고 물어요. 마침 며칠 전에 대통령께서 남산 땅에 호텔 지으면 어떠냐고 말씀하셨거든요. 그래서 내가 남산에 호텔 지을 만한 땅이 있다고 민병도 씨에게 알려 주었어요. 후지다공업이 같이 들어와도 좋다는 생각이었죠. 하지만 그들이 호텔을 짓겠다고 적극적인 의사표현을 한 건 아니었어요. 남산 땅에 호텔을 짓겠다고 확실히 의사표현한 건 일본의 마치이였죠.

신탁은행이 땅 매각을 입찰 부쳤는데, 입찰 전날 은행에 확인해 보니 아무도 접촉을 안 했대요. 그래서 마치이에게 불하하는 걸로 하자고 은행 측과 이야기했지요.

그런데 남산 땅 입찰 후에 뚜껑을 열어 보니, 마치이가 응찰한 것 말고도 시청 옆 뉴코리아호텔의 이상순(李尙舜) 사장이 합작으로 입찰에 참가했어요. 합작선이 후지다(藤田)관광(주)이에요. 난 얼마 전 찾아온 후지다공업(주)과는 같은 회사인 줄은 몰랐어요. 후지다가 일본에는 흔한 성씨이었으니까요.

이상순 씨 쪽이 더 높은 가격을 써내서 그 땅을 불하받게 되었어요. 마치이가 떨어진 거죠. 그랬더니 박종규가 화가 났어요. 입찰에 누가 들어오느냐고 해서 전날까지 다른 쪽은 없다고 했는데 입찰 들어온 사람이 있어서 자기를 망신시켰다는 거죠. 그가 뿔이 이렇게 나서 내막을 조사하고는 나에게 따졌어요. "민병도가 후지다 회장을 데리고 왔다는데 왜 아무도 안 왔다고 했느냐. 뭐 숨기는 게 있지 않냐?"고요. 내가 "(민병도 씨가 데려온) 그 후지다가 (입찰 들어온) 이 후지다구나"하고 무릎을 쳤어요. 후지다관광이 후지다공업의 계열회사였던 것이죠.

나중에 알아보니까 이상순 씨가 김종필 총리와 친해요. 자기가 호텔을 하나 크게 하고 싶다고 총리에게 이야기한 모양이에요. 총리는 남산에 호텔 지을 땅이 있다던데, 거기 해 보면 어떻냐고 이야기한 거고. 그러니까 일본 합작선을 후지다공업으로 하고는, 민병도 씨를 나에게 보내서 상황을 살펴보고 입찰에 들어온 거예요. 하지만 호텔 짓겠다는 적극적인 의사표현이 없었기 때문에 난 박종규 씨를 내세운 마치이 쪽 이야기를 안 했고, 그래서 이상순 씨 측도 몰랐지요. 박종규가 씩씩거린다는 이야기를 듣고, 이상순 씨가 튀어버렸어요. 피신한 거예요. 박종규는 나를 의심해서 다그치고요. 내가 이상순 씨에게 아무리 전화를 해도 연락이 안 돼요.

하하하. 박종규 씨가 핏대나면 권총을 뽑는다고 해서 피스톨 박이라고 하지 않았습니까.

그게 뭐 권총 빼들고 그럴 일은 아니고, 박종규 씨는 나에게 "이게 어떻게 된 일입니까?" 하고 정색을 하고 물은 정도지요. 내가 민병도와 후지다를 끌어들인 걸로 의심했던 거죠. 결과적으로 내가 거짓말한 셈이 되었고요.

내가 김정렴 비서실장을 찾아가서 경위가 이렇게 되었는데 어떻게 하는 게 좋을지요 하고 물어봤어요. 김 실장은 "그럴 수 있는 거 아닙니까. 입찰했으면 그 결과를 따라야지요" 하더라고요. 그래서 나도 배짱을 튕기고 그대로 하기로 했어요. 이 이야기를 들었는지 1주일 후쯤 이상순 씨가 나타났어요. 그리곤 불하계약이 진행되었어요. 내가 이상순 씨에게 불하해 주려고 짠 게 아닌데 그렇게 되었던 거고, 나중에는 오해가 풀렸어요. 김종필 총리를 만났더니 하하하 웃으면서 "양 비서관, 요즘 호텔 건으로 곤욕 치렀다며?" 하더라고요. 아마도 이상순 씨 통해서 김종필 씨가 경과를 들었던 것 같습니다.

이 호텔의 경우만은 아니지만, 계획에 여러 문제점이 지적되었던데요. 예를 들어 외자도입액 1,750만 달러 중에서 전환사채 750만 달러, 무의결권주 250만 달러 등 1,000만 달러를 뺀 외자 지분 규모를 750만 달러로 해서, 내외자 50:50 규정을 형식상으로만 준수했다는 논란이 있었습니다. 그리고 당시 도시계획지구상 건립이 불가능해서 도시계획지구 변경까지 했고, 건물이 남향으로 한강을 바라보는 남산 중턱에 자리잡고서 남산 경관을 해쳤고요. 이런 허다한 문제점에도 호텔을 건립할 수 있도록 한 게 권력 실세의 역할이었나요. 아니면 대통령의 방침이 그러했나요.

그 부분은 잘 모르겠어요.

1973년 3월 29일에 뉴코리아호텔과 후지다공업의 호텔 건설을 위한 합작 투자 및

1,750만 달러 외자도입 계획이 외자도입심의위원회를 통과했습니다. 그 후에 토지 입찰에 참여한 건가요. 그리고 1973년에 뉴코리아호텔의 이상순 씨와 일본 후지다공업 측이 건립을 추진한 호텔은 미라마호텔이었습니다. 합작 회사명도 서울미라마관광(주) 이었습니다. 어떻게 해서 하얏트호텔이 되었나요.

토지 입찰 먼저 하고 준비된 다음에 외자도입심의위원회에 들어오는 것이죠. 난 토지 입찰 부분만 관여해서 자기자금 30% 이상 규정을 지키냐만 봤고, 외자도입 심의는 내 소관이 아니었어요.

이상순 씨가 미라마호텔의 건축공사를 마치고 개관할 때 세계 유명 호텔 체인인 하얏트에 위탁 경영을 시켰어요. 그래서 하얏트호텔이 되었어요. 대우의 힐튼호텔과 마찬가지였죠. 하얏트는 역시 지분을 인수한 게 아니라, 이름 빌려주고 경영에 참여해서 매출이나 영업이익의 일부를 로열티로 받는 거고요. 그리고 민병도 씨가 쭉 하얏트호텔의 고문으로 있었어요. 호텔 건립 과정에서 도움을 주었다는 거죠. 훨씬 더 나중에 외환위기 때인가 하얏트가 지분을 인수한 것으로 알고 있습니다.

1973년에 대기업을 중심으로 쏟아진 호텔 신축계획에 있어서 외자 비율이 너무 높은 데다 지나친 일본 편중을 보였는데요. 당시 이것을 문제로 보시진 않았나요.

간혹 그런 지적이 나오긴 했는데, 그게 실제로 큰 문제는 아니었어요.

네, 이상 말씀하신 국유 호텔의 민간 불하와 같은 정부와 민간 기업 간의 거래는 으레 특혜와 정치자금을 서로 주고받는 부정한 거래인 것처럼 보기도 합니다. 장관님의 설명을 듣고 보니, 권력 실세가 부당하게 개입해서 가까운 업자에게 터무니없는 헐값에 국유재산을 내 주고 그 대가를 챙기는 일은 없었다고 판단됩니다. 부패로 얼룩졌을 것이라는 통념과 달리, 이 호텔 불하 사업은 투명하게 처리되었다고 하겠습니다. 박정희 시대의 경제운영에 관해 새로운 이미지를 본다고나 할까요.

그런데 대기업에게 불하한 이상의 호텔이 실제로 개관하려면 최소 2~3년이 걸리는데, 당장 객실을 늘리기 위해서는 어떤 조치를 하셨나요.

호텔을 새로 짓자니 시간이 걸리니까 우선 급한 게 보수작업입니다. 산업은행이 30억 원의 자금을 내게 하고 산업은행 직원과 내 비서실 직원이 같이 다니면서 호텔 시설을 점검해서 일본인들 숙박을 늘리려면 어디에 어느 정도 지원할지를 결정하도록 했습니다. 호텔 시설 보수작업으로 어느 도의 어느 호텔에 무슨 시설의 개보수에 지원하다는 목록을 만들어서 대통령 사인까지 받은 게 있습니다.

하얏트호텔의 개관

미라마호텔은 1973년 12월 건축허가 후 공사가 시작되었다. 1974년 8월 문세광의 대통령 저격 사건 이후 일본 관광객이 급감하자 호텔사업의 전망이 어두웠다. 이에 미라마호텔은 20층 골조 공사만 진행한 후 중단되었다. 1년 반 이상 도시의 흉물로 방치되었다가, 1976년 다시 관광객이 증가하자 추가 외자를 도입하여 공사를 재개했다. 한국 측 투자자인 뉴코리아호텔은 1977년 관광업을 폐업하고 일반 오피스 임대업으로 바꾸었으며, 미라마호텔 지분을 한 재일교포에게 매각했다. 미라마호텔은 1978년 4월 개관을 앞두고 하얏트에 경영을 위탁했으며, 위탁 대가로 연평균 수입의 11.5%를 지불하기로 했다. 이후 하얏트 리젠시 호텔로 개명하여 그해 7월 개관하였다.

관광진흥개발기금을 만든 것도 같은 목적이었나요? 1972년 10월 유신 후 비상국무회의에서 관광진흥개발기금이란 것을 만들었더군요. 정부가 기금을 조성해서 관광객 유치를 위해 긴급히 확보해야 할 시설을 건설하는 데 우선 지원한다는 것인데요.

그건 일반 호텔의 신축이나 증축과는 관계없는 겁니다. 1973년에는 처음이라 관광진흥개발기금이 2억 원밖에 조성되지 않았어요. 내 생각은 민속촌과 유스호스텔에 지원하자는 거였어요. 유스호스텔은 해외 젊은 관광객의 숙박을 위한 것이니 요금이 싸야 했어요. 내 산하에 있는 각 기관에 민속촌이나 유스호스텔 사업할 사람을 알아봐 달라고 했어요.

그랬더니 문공부에서 온 송 과장이 고미술협회장이던 김정웅(金正雄) 씨를 민속촌 건설할 이로 소개했어요. 돈이 꽤 드는데 그 사람이 할 수 있겠느냐 물으니, 송 과장이 현금이 얼마 있는지는 모르겠는데 고미술품을 엄청 많이 갖고 있다고 해요. 그래서 만나 보니 30대 초반의 젊은 사람인데 바닥부터 올라온 이더라고요. 재력이 얼마나 되냐 하니, 자기가 갖고 있는 미술품을 한 번 보러 오래요. 그를 따라서 인사동의 한 가게로 갔더니, 골동품, 미술품이 엄청나요. 이야기해 보니, 지식도 대단해요. 고미술품 감정도 잘하고. 그래서 난 그 사람에게 시켜야겠다고 마음먹었어요. 며칠 후에 그 사람이 용인 땅을 알아보고 왔어요. 나도 그 땅을 가서 보니 좋더라고요. 그래서 문공부 시켜서 절차를 밟게 했어요.

그런데 많은 사람들이 정적인 민속촌을 이야기해요. 집을 지어 놓고 그냥 밖에서 보라는 거예요. 박물관처럼 보존을 위주로 해야 한다는 거예요. 일본 아이치현에 메이지무라(明治村)[4]라는 게 있는데 바로 그겁니다. 메이지시대 건축물을 복원해 놓고 당시의 음식, 식당, 복장 등을 그대로 재현해 놓은 겁니다. 그게 정적(靜的)인 겁니다.

반면 난 동적(動的)인 민속촌을 생각했어요. 사람들이 전통양식으로 생활하는 거죠. 무당이 굿을 하고, 점도 치고, 양반이 글도 쓰고, 사람들이 장례식도 치르고 민속주도 빚고 옛날 떡도 만들고… 전통 생활양식을 재현하길 바랐어요. 그래서 일본의 메이지무라보다 크게 만들어야 한다고 했어요. 20만 평으로 넓게 출발했어요. 문화재 위원들을 설득해서 만든 게 지금의 민속촌이에요.

민속촌 건립계획은 처음에 어떻게 나왔나요. 1972년 11월 문공부의 문화재관리국에서 「민속촌설치안」이라는 것을 만들었고, 12월 말에 양 비서관님도 참여하신 민속촌 건립 세미나가 열렸고, 이듬해 3월 중순경에 김정웅 씨를 사업자로 선정하고 5월에 사업계획서 심의위원회가 열렸던데요.

민속촌 만들자는 이야기는 그 전부터 있었어요. 문공부 문화재관리국에서 민속촌설치안을 만들었고, 그걸 검토하는 회의를 12월 말에 한 겁니다.

민속촌 건립과 관련해서는 중점을 관광 활성화에 두느냐, 아니면 민속 자료의 수집 · 보존에 두느냐의 논란이 있지 않았나요. 문화재관리국의 「민속촌설치안」은 어떠했나요. 1972년 12월 28일 양 비서관님과 교통부 국장, 학계 전문가 등이 참석한 민속촌 세미나에

• • • • •

4 일본 아이치현[愛知縣] 이누야마시[犬山市]에 있는 박물관 마을. 메이지 시대의 건축물을 전국에서 수집하여 이곳에서 다시 복원하여 만들어진 테마파크로서 1965년 개관했다. 유명한 건축물 이외도 당시 생활상을 보여 주는 음식, 식당, 복장 등을 그대로 재현해 두었기 때문에 마치 타임머신을 타고 과거로 되돌아간 느낌을 받게 한다(네이버백과).

서는 관광자원화가 우선이라는 양 비서관님과 민속 자료의 연구 보존 · 수집에 중점을 두는 민간 전문가가 의견 차이를 보인 게 확인됩니다. 1975년 대학입학 예비고사에서 민속촌의 건립 목적을 묻는 문제가 나왔는데, 생활민속 유산을 모아 보존하는 것이냐, 생활민속을 전시해서 관광객을 유치하는 것이냐의 정답 논란까지 벌어졌습니다.

문화재관리국의 안은 민속 자료의 수집 · 보존 위주로 된 것인데, 내 지시에 따라서 만든 건 아닙니다. 문화재 위원들은 그를 지지하면서 정적인 것, 민속 자료를 수집해서 보존하는 걸로 하자고 했어요. 나는 그래서는 돈 벌이가 안 된다, 관광자원화를 위해서 동적인 민속생활촌으로 만들어야 한다고 주장했습니다. 나는 고상한 양반문화든, 무당의 굿과 같은 것이든 다 모아서 전통 생활양식을 보여 주자고 했습니다.

양측의 의견 차이는 어떻게 조정되었나요. 민속촌 건립 사업을 문화공보부가 아니라 교통부(관광국)가 관장한 것을 보면, 양 비서관님의 관광자원화 주장 쪽으로 결정된 것 아닌가요?

회의에서는 의견 정리가 안 되었어요. 회의에서는 문화재위원들이 관광자원화에 대해서 동의를 안 했어요. 김정웅 씨가 자기에게 맡겨달라고 하고는 문화재위원들을 개별적으로 설득했습니다.

1973년 5월 김정웅 씨가 민속촌건립준비회(가칭) 명의로 사업계획서를 제출했는데, 기본 방향은 양 비서관님 쪽에서 제시한 건가요?

그렇지요. 우리 담당자와 김정웅 씨가 계속 협의해서 정리한 게 그 계획안

▌주미공사 부임 후 서울 출장 시 개관 직전의 민속촌 방문 1974년 5월 케네디 투자사절단과 방한했을 때 전 경제제3비서관실 직원들과 함께. 앞줄 왼쪽에서 네 번째가 양윤세. 그 왼쪽이 조경 담당 오휘영 비서관

입니다.

건설 작업에 들어 간 후 계획이 변경되는 게 이상한 일은 아닙니다만, 민속촌 건설계획의 경우에도 사업비가 처음에는 9억 1,500만 원으로 계상되었는데, 1년도 안 된 1974년 3월의 수정계획서에는 22억 2,000만 원으로 크게 늘었습니다. 주택 동수 등이 늘어난 것인데, 왜 이렇게 되었는지 아시나요. 비서관 그만두신 때라 관여하시지 않았을 수도 있습니다만.

그건 잘 모르겠네요.

민속촌이 1974년 10월 초 개관한 지 얼마 안 되어 사업주가 바뀌지 않았나요?

김정웅 씨가 욕심이 생겨서 사업을 자꾸 펼치면서 동업자를 새로 끼워 넣었는데, 동업자 하나가 주식을 더 사서는 경영권을 차지했어요. 그렇게 주인이 바뀌었습니다.

다른 이야기도 있던데요. 《시사인》 2012년 10월 24일 기사를 보면, 민속촌 개관 1년 쯤 뒤에 김정웅 씨가 문화재법 위반으로 구속되어 경영에 문제가 생기니까 다른 사람이 그 회사를 인수했는데, 사실상 민속촌을 가로챘다는 겁니다. 박정희 대통령의 처 조카 사위, 그러니까 육영수 여사의 언니인 육인순(陸寅順) 씨의 셋째 사위인 정영삼(鄭永三) 씨가 민속촌을 가로챘다는 주장입니다.

김정웅 씨가 부산에 면세점을 내는 등 확장을 하다가 돈이 모자라니까 지분을 다른 사람에게 팔았다고 해요. 그는 그래도 자기가 최대 주주인 줄 알았는데 어느 날 보니 정영삼 씨가 최대 주주가 돼서 경영권을 차지했다는 겁니다. 내가 나중에 김씨를 만났을 때 들은 이야기입니다.

그런데 민속촌은 관민(官民) 합작으로 건설된 것 아닌지요. 민간에서 돈을 댔지만, 사업 추진에서는 정부가 전폭적으로 지원했습니다. 일례로 1974년 3월의 건립회의 참석자를 보면, 양 비서관님, 내무부 재정부국장, 교통부 관광국장, 문공부 문화재과장, 건설부 국토계획국장, 산림청 치산과장 등 중앙 여러 부처 관계자가 망라되었습니다. 단적으로 한 지역의 토지를 수용하고 원주민들은 이주시키는 것을 일개 민간 업자가 하기는 어려워 보입니다. 정부의 전폭적 지원을 받은 사업인데, 민간 업자가 소유권을 갖는 건 문제 아닌가요?

내가 아는 범위에서는 정부가 김정웅 씨에게 1억 원을 빌려 주었고, 그 밖에는 김정웅 씨 자금으로 건설된 것으로 알아요. 정부가 여러 면에서 지원한 것은

▌**민속촌 전경** 1974.10.4 - 국가기록원 CET0071072

사실이지만, 민속촌이 주주구성상 관민 합작 회사는 아니었어요. 민속촌 처음 설계할 때 관여한 내가 기억하는 바로는 그렇습니다.

정부가 빌려 준 게 1억 원을 훨씬 넘었습니다. 비서관으로 계셨던 1973년에 정부가 1억 원을 빌려 주었고 그 이듬해에 2억 원을 더 융자해 주기로 예정되어 있었습니다. 1974년 3월의 수정 계획에서 계상된 총 22억 원의 건립자금에 대하여 그해 10월 3일 개관 때까지 14억 원 가량이 투입되었는데, 그중 7억 3,000만 원이 김정웅 씨의 자기자금이고, 6억 8,000만 원이 융자금이었습니다. 융자금은 관광진흥기금 2억 8,000만 원, 산업합리화 자금 3억 원, 조흥은행 융자금 1억 원 등입니다(대통령 비서실, 「한국민속촌 개촌」, 1974.9.26). 토지수용 지원, 각종 인허가, 금융 제공 등에서 민간기업에 대한 정부 지원이 과도한 것 아닌가 의문이 듭니다. 여기서는 이 정도로 하고요, 그러면 유스호스텔 건립은 어떻게 진행되었는지 말씀해 주십시오.

유스호스텔은 앞으로 외국의 젊은이들이 한국에 여행 와서 묵을 수 있는 저렴한 숙소로서 짓기로 한 겁니다. 내가 관할 기관의 관계자들에게 유스호스텔 사업할 이를 찾아보라고 했더니, 관광공사에 있던 직원(김정칠)이 곽근배(郭根培)라는 사람을 데려왔어요. 온양 제일호텔, 아니 제일여관 사장의 아들이에요. 젊은 사람이었어요. 그 모친이 사장인데, 이복례 씨라고 아주 유명한 사람입니다. 제일여관이 음식을 아주 맛있게 했어요. 세계은행 사람들과 지방 출장 갔을 때 들르곤 했던 곳입니다. 곽근배 씨를 만나 보니 아주 진실해 보여요. 숙박업에 대해서 잘 알더라고요. 유스호스텔 이야기를 하니 자기가 해 보겠대요. 우리나라에 유스호스텔에 대해 아는 이가 없었어요. 나는 유럽을 다니면서 본 게 있어서 대강 알았지요.

곽씨가 유스호스텔 사업을 하려고 영동개발인가 하는 회사를 세웠어요. 그리곤 비서관실 직원이 강남에 유스호스텔 지을 땅을 보러 다닌 일도 있어요. 곽

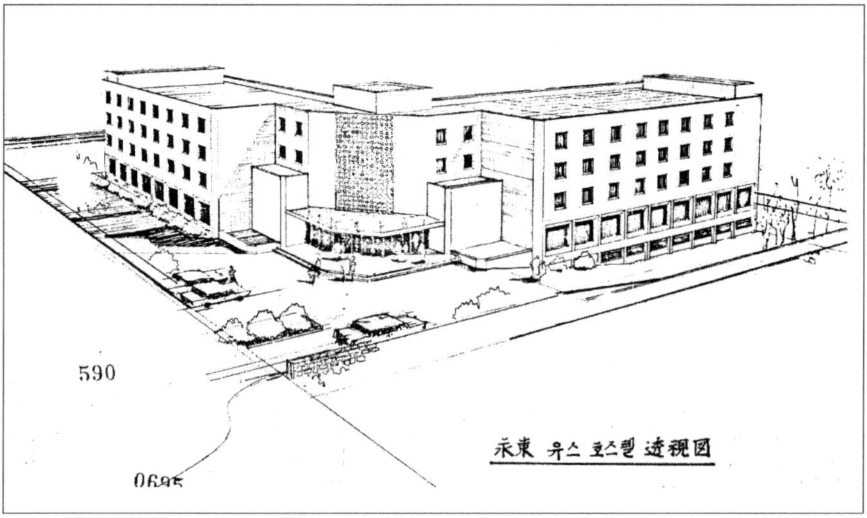

▌영동 유스호스텔 투시도 대통령 비서실, 「영동유스호스텔 건립계획 보고(1973. 9.18)」

씨가 역삼동에서 땅을 샀어요. 땅값이 쌀 때입니다. 평당 4,000원인가 그랬어요. 나는 곽씨에게 엘리베이터 없어도 되는 4층으로 설계하고 절대 확장하지 말라고 했어요.

내가 유스호스텔 건립 중에 주미공사로 갔는데, 이복례 씨가 돈을 좀 더 벌겠다고 욕심을 부려서 건물을 키우고 호텔식으로 바꾸었어요. 그렇게 해서 반도호텔이 문을 열었어요. 그래도 반도호텔이 유스호스텔 비슷하게 운영했습니다.

서울 강남에 있던 유스호스텔이 그렇게 해서 생긴 거였군요. 제가 1984년인가 대학원생일 때 거기서 여러 교수님, 선배들과 함께 1박 하면서 워크샵을 한 일이 있습니다.

반도유스호스텔이라 불렀을 거예요. 지금 2호선 역삼역에 강남GS타워 있지요. 그 자리에 있었어요. 곽씨 집안이 사업을 무리하게 벌였다가 빚더미에 올랐어요. 유스호스텔 건설할 때 건설비 남에게 주는 게 아깝다고 자기가 건설회사를 만들었어요. 그 회사가 싱가포르도 나가서 해외건설사업도 하고, 사업을 너무 벌였어요. 그거 때문에 금융부정도 저지르고, 불행하게 끝났습니다.

이상과 같이 말씀해 주신 경주 개발, 호텔 건립, 민속촌 건립 외에 관광개발 프로젝트로 뭐가 또 있었나요.

스키장 건설이 있어요. 1973년 중반 쯤으로 기억하는데 쌍용의 김성곤 씨가 스키장을 하나 만들고 싶다고 부탁을 해 왔어요. 자기 아들 김석원이 스키광인데 스키장을 만들자고 권한다는 겁니다. 김석원이 아직은 사회에 나오기 전이에요. 김성곤 씨가 아들 김석원을 유학 보냈더니 스키에 빠졌다는 겁니다. 김성곤 씨는 이미 대관령에 땅을 샀대요. 그런데 자기가 스키장 사업한다고 하면 대통령이 허가 내줄까 걱정이라는 거예요.

네, 1971년 10월의 항명파동으로 박정희 대통령에게 맞섰다가 중앙정보부에 끌려가 곤욕을 치르고 공화당에서 쫓겨났기 때문인 것이죠. 국회의원도 물러났고요.

그런 상태였는데 내가 관광비서관이 되었다고 하니 나에게 연락을 한 거예요. 그 양반이 동양통신을 갖고 있었는데, 내 친구 하나가 거기 상무로 있었어요. 내 결혼식의 사회도 봐 준 친구인데, 그 친구를 나에게 보내서 좀 만나자, 자기 집에서 점심을 하자고 했어요. 당시 김성곤 씨 추천으로 동양통신 출신의 김성진(金聖鎭) 씨가 문공부 공보실에 들어와 있었어요. 나중에 문공부 장관도 했지요. 그런데 김성곤 씨는 김성진 씨에게 부탁하지 않고 나에게 직접 부탁했어요.

내가 김성곤 씨 집에 가서 점심을 먹으면서 이야기를 들었어요. 자기가 스키장을 만들려고 하는데 도와줄 수 없냐고 해요. 난 마침 잘되었다 했어요. 내가 세운 관광개발 계획에 스키장 만드는 것도 들어있었거든요. 대관령이라고 지정은 안 했지만요.

그래서 즉각 대관령에 갔어요. 대관령 일대를 둘러보니 스키장 해도 될 것 같아요. 그래서 대통령께 타진을 했어요. "김성곤 씨가 만나자고 요청해서 점심을 같이 했습니다. 이러이러한 이야기를 합니다. 어떻게 할까요?" 여쭈니까, 대통령께서 "응, 하라고 해" 하셨어요.

그러니까 사람들이 밖에서는 떨고 걱정했지만, 막상 대통령은 안 그랬던 것이지요. 김성곤 씨에게 "각하께서 허락했으니 안심하고 사업 추진하십시오"라고 전했어요. 그런데 스키장을 만들려면 김성곤 씨가 땅을 더 사야 해요. 인근 지역 군수들을 불러서 회의를 열고 지시를 했어요. "이건 국가사업으로 해야 할 일을 개인이 하는 것이니까, 국가사업으로 생각하고 협조해 주세요" 했어요.

그때 땅값이 아직 미미했어요. 내가 농림부에서 개발사업할 때에도 사람들이 "차관보님, 이건 평당 10원이면 삽니다. 눈 딱 감고 50만 원 어치만 사 두십시오" 하는 이야기를 여러 번 했어요. 5만 평인 거죠. 그런 거 알고 땅 산 사람들이 나중에 부자가 되었어요. 난 내 직무와 관련해서 땅 사서는 안된다고 생각해서 안 했습니다만.

그런데 스키장을 만들려면 내가 스키장을 알아야 하잖아요. 내가 스키장을 가본 적이 없었어요. 그래서 1973년 말에 경주 보문단지 개발에 관해 세계은행과 교섭하러 미국에 출장 갔다가 돌아오는 길에 일본 홋카이도에 들러서 스키장을 돌아보기로 했어요. 그 전에 일본에서 올림픽을 열었거든요.

아, 네, 1972년 2월인가에 삿포로 동계올림픽이 있었지요.

그래서 대통령께 출장 보고를 하면서, 돌아오는 길에 삿포로에 들러서 스키장을 보고 오겠다고 말씀드렸어요. 대통령 허락을 받고 삿포로에 가서 스키장을 들어가려니 딱 닫혀 있어요. 눈이 전날 너무 많이 와서 사람 출입을 못시킨다 이거예요. 거기 총영사와 같이 갔다가 허탈하게 돌아온 일이 있어요. 그렇다고 이틀, 사흘 기다릴 수는 없었으니까요.

네. 여하튼 김성곤 씨가 그렇게 해서 개발한 스키장이 평창의 용평스키장[5]인 것이지요? 리프트와 제설기 등을 갖춘 우리나라 최초의 현대식 스키장말입니다.

그렇습니다. 이 용평스키장 만들 때 프랑스 대사가 후원자 역할을 했습니다. 김석원이 유럽 어딘가에 가 있으면서 스키광이 되었는데, 우리나라 돌아와서는 프랑스 대사와 스키로 연결이 되었어요. 프랑스 대사가 나를 찾아와서는 스

5 용평스키장은 김성곤이 설립한 유국개발(주)(원 고원개발)의 소유로서 1974년 12월 21일 평창군 도암면 용산리의 해발 1,480m 발왕산 기슭 80만 평에서 개장했다. 당시 국내 최장 슬로프에 체어리프트 2대, 인공제설기와 스노 비히클 등 최신시설을 갖추었다.

키장 만들어야 한다고 자기도 후원하겠노라고 했어요.

그 밖에도 부산 용두산공원 타워, 서울 남산 타워도 민간회사에게 허가를 주어서 만들게 했어요. 그때 민간에서도 활발하게 관광 시설 사업을 하고 있었는데, 내가 시간만 되면 현장에 가서 보고 격려를 해 주었어요. 치안국장 출신의 부산 박영수(朴英秀) 시장과도 호흡이 잘 맞았고요. 충무에서 관광진흥회의한다고 하면 가서 연설하고, 학교에서 강연 요청하면 그것도 했습니다.

대학에 관광학과가 있었는데, 내가 그 학과에서 무엇을 가르치나 봤더니 과목마다 '관광' 자를 다 붙여놓았더라고요. 관광 영어, 관광 예술, 관광 교통… 일반 과목에 전부 관광 자를 붙여 놓기만 했을 뿐, 관광과 관련된 내용이 별개 없더라고요. 이것도 개혁을 해야겠다고 생각해서, 관광학과 교수들을 모으고 문교부의 대학 담당 국장인지 과장인지를 불러서 회의를 했어요. 그 사람들 이야기를 들어 보니까 알맹이가 없더라고요. 내가 여름방학 때 관광학과 교수들만 모아서 연수를 시키고 교재를 새로 만들자고 했어요. 전 교육 과정의 반은 영어로 하라고 했어요. 외국 관광객과 만나는데 말이 안 통하면 곤란하잖아요. 그리고 제2외국어는 일본어나 중국어 중에서 하고 싶은 대로 하고. 그리고 특별히 관광이라 하지 말고 일반 과목을 교육시키라고 했어요. 이런 방침에서 교재를 만들게 했는데, 석 달 후인가 작업이 끝날 때 대한항공 조중훈 씨의 협찬을 얻어서 교수들에게 동남아 관광 다녀올 비행기 표를 주었어요.

관광과 관련된 모든 분야에 손을 대셨던 것이군요. 그런데 1973년에는 미 보잉사에 우리나라 관광시장에 대한 분석 용역도 주셨지요.

제주도 관광개발계획을 제대로 만들자고 보잉사의 관광개발팀에게 용역을 주었습니다. 그때 내 주변 사람들이 중문단지도 빨리 개발하자고 이야기를 했는데, 내가 이건 좀 체계적으로 제대로 준비하자는 취지로 개발 용역을 맡겼어요. 제주도가 따뜻한 곳이라면서 1년 내내 수영할 수 있으니 개발만 하면 된다고 서두르는 사람들이 있었어요. 내가 가 보니 바람 불고 추워서 안 되겠더라고요. 내가 재직 중에 용역을 맡겼습니다만, 결과는 내가 비서관을 그만 둔 다음에 나온 것으로 알고 있어요.

네. 이상의 말씀을 들어 보니, 1972년 5월 관광비서관에 취임하신 후 관광 인프라를 구축하는 데 진력하신 걸 알겠습니다. 장차 관광객을 늘리려는 것입니다.

그런데 그 무렵, 1970년대 전반에 외국인 관광객이 급증해서, 그에 대한 대처도 필요했습니다. 우리나라에 대한 외래 관광객 수는 1971~1973년에 매년 2배씩 뛰어, 1970년 5만 4,000명이던 게 1973년 44만 9,000명이 됩니다. 3년 사이에 8배 넘게 증가했습니다. 그중 일본인 관광객은 3년 사이에 13배로 증가합니다. 해외여행 수입도 1973년 2억 6,400만 달러로 피크에 달합니다. 1974년에는 재일교포 문세광의 8.15저격 사건으로 일본 정부와의 마찰이 빚어지고 반일감정이 격화되자 일본인 관광객이 반 토막 납니다만. 1973년 관광객 중 일본인의 비중이 90%가 넘었습니다. 관광비서관으로서 일본인 관광객이 급증하는 데 따른 대처를 하셨을 텐데요.

내가 관광비서관 되어서 살펴보니, 이미 관광객 하면 다 일본인이었어요. 미국이나 유럽에서 온 관광객은 별로 없었어요. 우리는 관광 자원도 없고 관광객 맞을 준비도 되어 있지 않았어요. 우선 급한 게 일본 관광객에 대응하는 일이

외국인 관광객 및 여행 수입 추이

	외래객 입국자 (천 명)	여행수입 (백만 달러)	외래관광객 (천 명)	관광객 비중 (%)	일본인 관광객 (천 명)	일본인 관광객 비중(%)
1968	102.7	16.9	29.2	28.5	16.6	56.7
1969	126.7	16.2	38.3	30.2	21.5	56.1
1970	173.3	18.7	53.9	31.1	34.1	63.2
1971	232.8	31.2	95.5	41.0	72.5	75.9
1972	370.7	74.7	209.2	56.4	179.8	85.9
1973	679.2	264.1	448.5	66.0	408.5	91.1
1974	517.6	153.3	271.4	52.4	229.3	84.5
1975	632.8	140.6	327.9	51.8	275.3	84.0
1976	834.2	275.0	501.2	60.1	432.7	86.3
1977	949.7	370.0	590.3	62.2	497.6	84.3
1978	1,079.4	408.1	701.3	65.0	570.3	81.3
1979	1,126.1	326.1	810.9	72.0	584.0	72.0

자료: 교통부, 《관광통계연보》.

었어요.

일본에서는 그때 마침 농민들이 농업협동조합 관계로 땅값 보상을 받고 갑자기 수중에 돈이 생겨서 관광을 다니기 시작했어요. 그 사람들이 우리나라에 와서 조선호텔에 많이 묵었어요. 그런데 조선호텔에서 자꾸 변기를 교체한다고 수입 신청을 하더라고요. 관광호텔의 변기와 같은 관광 시설품은 면세였어요. 수입 신청이 자꾸 들어오니까 호텔 관계자들이 변기를 빼돌려서 팔아먹는 거 아닌가 해서 관광 당국에 시켜서 조사까지 했어요. 내가 알아보니까, 일본인 관광객들이 좌변기에 올라가서 용변을 본다든가 세면대에 발을 올리고 씻거나 올라가서 발을 씻다가 세면대가 파손되는 겁니다. 그 빈도가 낮아서 호텔 화장실의 변기를 쓸 줄 모르는 겁니다. 목욕용 큰 수건 좋은 걸 갖다 놓으면 얼마 안 되어 다 없어져요. 그 사람들이 가지고 가는 겁니다. 그런 데 대한 긴급 조치가 필요했어요. 당장 고쳐 놓고 채워 넣어야 했던 겁니다. 관광객이라고는 일본 사람들 뿐이니 그 사람들 위주로 대응한 것이지요.

그뿐 아니라 기생관광에 대한 대책도 세우셔야 했지요. 그 일본인 관광객이 주로 기생관광차 왔으니까요. 「관광객을 위한 요정 운영의 합리화」라는 제목의 경제3비서관실 보고 문서(1972.8.25)가 바로 그 대책을 담은 것이지요. 1972년 8월이면 비서관 되신 지 석 달밖에 안 되었을 때입니다.

그렇습니다. 내가 일찍부터 기생관광에 대한 기본 정책도 세웠어요. 그때 일본인들이 기생관광 하러 한국에 대거 몰려왔습니다. 내 입장은 "기생관광은 아무리 막으려 해도 막을 수 없는 것이다. 여자들이 몸 팔지 못하게 했으면 좋겠지만 그걸 막을 수는 없다. 대신, 여자들이 빨리 재생의 길을 찾게 해 주어야 한다. 그 여자들이 얼마 받는지에 관해서는 터치 안 하지만, 받은 돈을 포주 등이 갈취하지 못하게 하자"고 했어요.

관광회사들, 여행사들이 29개가 있었는데 그를 동결시켰어요. 지금도 그렇지만 여행사 만들기는 아주 쉬웠거든요. 여행사가 난립하면 수익 남기려 인신매매 하고 기생 대주고 돈 뜯어 먹는 걸 하게 되잖아요. 그래서 여행사들이 기생파티 알선까지는 하더라도, 여자들이 나중에 화대로 받는 돈을 갈취하지 못하게 했어요.

이 문서는 두 가지 사항을 담고 있습니다. 첫째는 관광객이 많이 이용하는 요정을 지정해서 시설과 서비스를 개선하고 여행사가 그 요정에 단체 관광객을 알선한다는 겁니다. 둘째는 지정된 요정들로 구성된 협회가 접객 여성을 등록해서 이 여성들만 관광 요정에 출입할 수 있게 하고, 위생관리도 하고 봉사료도 중간 사취되지 않게 한다는 겁니다. 한마디로 지정된 요정에 등록된 여성들만 관광객을 접객할 수 있게 하고, 위생과 봉사료면에서 이 여성들을 보호·관리한다는 겁니다.

그게 관광객을 맞는 업소의 시설을 충실히 하고 종사원의 자질을 개선하려 한 겁니다. 내가 비서관 되고 나서 바로 관광업계 현황을 파악해서 수출진흥확대회의에서 관광개발계획을 보고했다고 했잖아요. 거기에도 그런 내용이 있을 겁니다.

네. 수출진흥확대회의 보고문을 보면, 요정, 카바레, 바 등에 지정제를 시행해서 외국인 단체 관광객을 지정된 업소에 안내시키겠다는 것, 그리고 접객 여성들을 조직화해서 위생, 교육, 인권 옹호 등에도 힘쓰겠다는 게 있습니다. 앞서의 「요정 운영 합리화」 문서는 이것이 구체화된 것이라 하겠습니다. 그런데 일각에서는 이 문서에 대해서, 정부가 기생관광을 조장한 증거라고 해석하는데요.

정부가 기생관광을 조장했다기보다는 이미 있는 기생관광을 개선, 합리화하려는 것이었어요. 나도 기생관광이 바람직하지 않다고 생각했고, 그래서 막을 방안이 없는지도 알아 봤어요. 그런데 도저히 막을 수가 없더라고. 지금도 성매매 금지했지만, 안 없어지잖아요. 억지로 막으면 암시장만 생기는 겁니다.

게다가 그때 기생관광에는 좀 특수한 사정도 있었어요. 일본 농협의 농민들

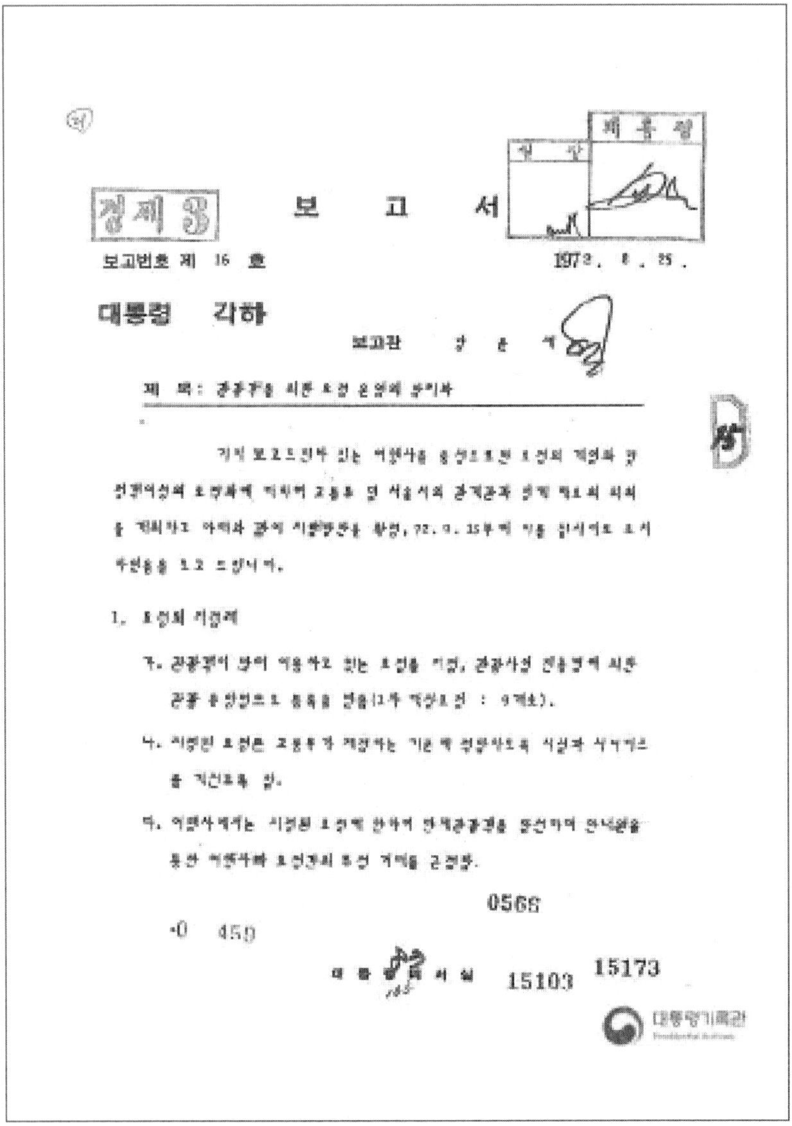

경제 3

보 고 서

보고번호 제 16 호　　　　1972. 8. 25.

대통령 각하

보고관

제 목: 관광객을 위한 호텔 운영의 합리화

[illegible]

1. 호텔의 지정제

가. [illegible]

나. [illegible]

다. [illegible]

0568

15103　15173

대 통 령 비 서 실

2. 접객여성의 조직 및 보호

가. 이상된 요정은 협회를 구성하여 동협회는 요정에서 관광객을 상대하는 모든 접객여성의 등록을 받아 등록증을 교부함.

나. 관광객을 상대하는 요정에서는 등록증을 소지하지 않는 접객여성의 출입을 제한하며 등록된 접객여성은 요정별 10명 단위로 조를 편성하여 연락 체제를 일원화하고 협회에서 관광객의 예약 상황에 따라 접객여성의 수급을 조정함.

다. 협회는 요정이 납부하는 회비로 접객여성에 대한 교육을 실시하고 위생관리와 보호등 위한 사업을 실시함.

라. 접객여성들은 지금까지 관광객으로 부터 받는 봉사료의 약60%를 편취당하고 있는 실정이나 앞으로도 어떠한 중간 착취가 근절되도록 노력하겠음.

[illegible]

徹底[illegible]

0567

460

대 통 령 비 서 실

15104 15174

이 수중에 갑자기 돈이 생기자 해외여행을 나갔는데, 그들을 끌어들이면서 기생관광을 하게 된 것이었거든요. 바이어(buyer)가 일시적으로 등장한 건데, 나는 셀러(seller)도 일시적인 것으로 해야겠다는 입장에서 정책을 폈습니다.

그런데 이 「요정 운영 합리화」 문서를 보면, 접객여성의 봉사료 편취를 근절하겠다는 부분에 "전에도 지시한 바 있음. 철저 단속 요"라는 수기 메모가 있습니다. 박정희 대통령의 메모 아닌가요.

이 문서는 내가 기안해서 비서실장을 거쳐서 대통령 결재를 받은 것인데, 거기에 이렇게 크게 메모를 했으면 박 대통령의 메모일 겁니다. 김정렴 실장은 보다시피 작은 결재란의 구석에 개미만큼 작게 사인을 했잖아요. 그가 이렇게 크게 메모했을 리가 없습니다. 대통령 아니면 감히 이렇게 쓸 수 없어요. 박 대통령의 메모일 거예요.

김정렴 실장은 아주 겸손하고 조심스럽게 박 대통령을 보좌한 분으로 알려져 있는데, 이 사인에서도 그러한 자세를 엿볼 수 있네요. 박 대통령이 전에도 지시한 사항이니 철저 단속하라고 재차 지시했다는 게 이채롭습니다.

접객여성, 관광기생을 보호하자는 건 박 대통령의 관심사이면서 내 의지였어요. 그전에도 관광공사에서 관광기생을 교육하는 등 형식적인 지원책이 있었어요. 나는 우선 건강검진을 시켰어요. 시도별 관광협회에서 관광기생들에게 성병 정기검진을 하도록 했어요. 임질은 상당히 많고 매독까지도 6~7%였던가 꽤 나오더라고요. 몇 달을 계속 건강검진을 하니까 그게 없어졌어요.

둘째로 나는 관광기생들에게 통장을 만들어서 저금을 하도록 했어요. 그 저금 액수를 다달이 체크해서 그 금액이 올라가지 않거나 떨어지면 어떤 놈이 빼먹는 것이다 해서 단속했어요. 내가 그 단속을 당시 서울시경의 유명한 수사반장이었던 최중락 씨에게 하도록 했어요. 내가 무슨 단속 건으로 회의를 열었는데 거기서 그를 만났어요. 그 사람더러 나에게 좀 오라고 해서는, 기생 화대 뜯어 먹는 사람들을 모두 척결을 해 달라고 부탁했어요. 그가 화대를 갈취하는 포주는 시경에 불러다가 사무실 한편에 하루 종일 세워 놓는 벌을 주기도 했어요. 그렇게 최중락 씨가 마치 내 직원처럼 도와주었어요. 그 사람이 책을 쓴 게 있는데, 거기에 나를 만난 이야기가 있습니다.[6] 그는 그 일을 한 게 애국한 일이었다고 썼어요. 최씨는 정부가 그때 화대 60불을 지키기 위해서 그렇게 했다고 썼는데, 그건 잘못 쓴 거였어요. 정부가 관광기생의 화대까지 정하려 한 것은 아니었어요.

그런데 관광기생의 예금 통장을 개설하게 해서 그 예금액을 누가 어떻게 확인하는지요.

시도별 관광협회에서 총무 같은 사람이 그 예금액만 확인하는 거예요. 기생이 통장에 얼마 넣었다고 알려 주면 그를 기입하고 전 회원의 예금액을 집계하는 것이죠. 한번에 관광기생 손에 들어오는 돈이 50달러 정도 되는데, 그걸 몇 달 정도 모으면 꽤 큰 돈이 돼요. 그러면 그걸 밑천으로 다른 일로 전직해서 재생의 길을 찾게 하려는 겁니다.

6 최중락, 《우리들의 영원한 수사반장 최중락》, 민중출판사, 2007, 305~307쪽.

최중락 씨의 책에는, 1978년 9월 관광의 날에 2,000만 원 이상 저축한 관광기생 16명에게 기생퇴역식을 풍림각 요정에서 거행했다는 이야기도 있습니다.

나는 그 사람들에게 돈이 모이면 대다수는 관광기생을 그만둔다고 봤어요. 내가 재직할 때 막판에 예금 총합계가 4억 원이 되었어요. 중간착취를 없애니 그 예금 올라가는 속도가 아주 빨라요. 그걸 보고는 상당히 기분이 좋았어요.

중간착취가 없어진, 혹은 줄어든 요인은 무엇이었나요. 단속 때문만은 아닐 텐데요.

처음에 내가 여행사 대표들 29명을 모아서 중간착취 하지 말라고 강력 경고했어요. 대신 우후죽순처럼 생기던 여행사를 29개로 동결시켰어요. 여행사 간 과당 경쟁이 줄어드니, 여행사 가치가 확 올라가요. 전에는 몇 백만 원만 있으면 여행사를 세울 수 있었는데, 이제는 여행사를 인수하려면 5,000~6,000만 원이 있어야 해요. 이렇게 돈벌이를 시켜주는 대신 화대 중간갈취 하지 말라고 했습니다.

그런데 얼마 후에 중앙정보부에서 여행사 사장들을 잡아가서 두들겨 패고 혼을 낸 일이 있어요. 중앙정보부가 관광기생에 대한 중간 착취 금지 정책을 지원한 것 같아요. 내가 중앙정보부에 요청한 것으로 오해도 받았어요.

이렇게 정부가 보호 · 관리하면 관광기생 각각에게는 도움이 되지만, 기생관광이 성행하면서 관광기생도 크게 늘어나지 않겠습니까. 최중락 씨 책에는 당시 서울 교북동 풍림각, 종로3가 대하와 청풍, 성북동 삼청각 등 11개 관광요정이 관광기생을 약 3,000명이나 수용했다고 했습니다. 한 요정당 300명 꼴입니다. 기생관광을 둘러싼 논란도 커졌을 텐데요.

시도 관광협회가 관광기생에게 준 등록증과 관련해서 사단이 났어요. 내가 지방 출장 가 있는 동안에 기자들이 교통부 관광국장에게 그 증명서를 갖고 호텔에 들어갈 수 있느냐고 물었어요. 어느 호텔은 관광기생을 출입시키고 다른 호텔은 허용하지 않고 했거든요. 그랬더니 이 친구가 "그 증명서가 있으면 어느 호텔이든 들어갈 수 있다"고 답변했어요. 나 같으면 절대로 그렇게 답변하지 않았을 거예요. "그건 본인을 만족시키기 위해서 만든 것이지, 대외적으로 써먹으라고 만든 게 아니다"고 답했을 겁니다. 여하튼 그 국장의 답변 때문에 정부에서 앞장서서 기생이 몸 팔게 한다는 악평이 나오게 된 겁니다.

당시 야간 통행금지가 있을 때인데요. 그 증을 갖고 있으면 야간 통행금지에도 안 걸리고 호텔에도 출입할 수 있었으니, 관광기생이 몸 팔 수 있게끔 국가가 적극 지원하고 조장한 거 아닌가요?

관광국장의 답변이 그렇게 비판할 수 있는 근거가 된 겁니다. 그 친구가 세간에서 오해하게 하는 답변을 한 겁니다. 나는 관광기생이 화대를 예금하고 건강검진을 받는 일을 민간 조직이 맡고 정부는 관계없는 것으로 하려는 의도로 관광기생을 관광협회에서 관리하게 만들었는데, 그 국장은 그 증을 받으면 그 전에는 못 가던 호텔을 이제 드나들 수 있다고, 정부가 기생관광을 공식 지원하는 것으로 잘못 답변한 겁니다. 그래서 내가 그 답변을 듣고 아차! 했어요.

정부가 대놓고 노골적으로 기생관광을 조장하지는 않았더라도, 실제로 지원하는 취지로 민간단체를 만들어서 관광기생에게 그 일을 할 수 있도록 여러 가지 편의를 제공해 준 것

아닌가요?

그러니까 정부가 적극적으로 앞장서서 제도를 만드는 일은 안 해야 하거든요.

관광사업진흥법에 관광사업자들이 단체로 대한관광협회 중앙회를 설치할 수 있고, 사업자들이 업종별 협회와 지역별 협회도 만들 수 있게 되어 있었습니다. 이 대한관광협회 중앙회에 요정과까지 있었다고 합니다. 그리고 서울시 관광협회에서 관광기생에게 등록증을 발급해 주었습니다. 《경향신문》 1972년 10월 5일자에 등록증 사진이 나와 있습니다. 법에 의거해서 설립된 단체가 한 일입니다. 결국 정부가 기생관광을 지원하는 조치, 제도적 장치를 마련한 거 아닌가요.

관광협회 중앙회의 요정과는 기억나지 않네요. 여하튼 나는, 요정은 요정대로 하고, 관광기생이 몸을 파는 것은 본인들의 자의로 하는 것이고, 호텔에서 관광기생을 받아 주느냐 아니냐는 호텔의 경영방침에 따르도록 해라, 정부에서 뭐는 하고 뭐는 하지 말라는 식으로 나서지 말자고 했어요. 이렇게 되어 있었는데, 그 국장이 답변을 잘못한 겁니다.

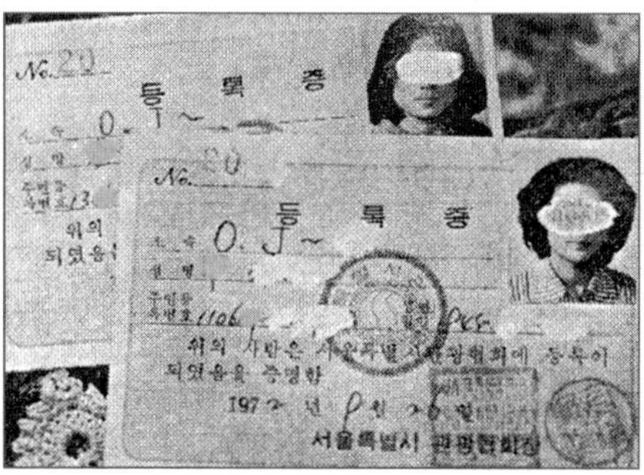

▮ 접객여성 등록증 《경향신문》 1972.10.5. 경향신문사 제공

1972년 5월 30일 쯤이니까 관광비서관에 부임하신 직후입니다. 국제관광공사가 김포공항 근처 방화동에 기생촌과 카지노, 누드촌 등으로 이루어진 관광단

지를 만들겠다고 발표한 일까지 있습니다. 이것 역시 정부가 기생관광을 적극 진흥하려 한 거 아니겠습니까.

내가 그에 관해 글 쓴 게 있는데, 내 신문 스크랩 북에 있는 《조선일보》의 짧은 칼럼이에요. 그러니까 바로 이 기생촌 관광단지 계획이 보도된 직후입니다(1972년 6월 21일자). 외국인 관광객에게 누드촌보다 우리 초가집의 풍취를 느낄 수 있게 하자는 취지의 글이었어요. 기생관광에 대한 그때의 내 생각을 분명히 알 수 있을 겁니다.

관광공사의 이 계획이 어떻게 수립되었는지 혹시 아시는지요. 안동준 사장 시절에 만들어진 계획이겠습니다만. 그리고 이 계획과 관련해서 관광공사 관계자를 질책하시진 않았나요. 이게 실행되지는 않았는데, 그 경위는 무엇인지요.

그게 뭐 제대로 된 계획으로 보고된 일도 없어요. 그냥 발표한 것으로 압니다. 그러니 질책하고 말고 할 것도 없었습니다. 신문에 칼럼 쓰고 그냥 무시했습니다. 그런데 육영수 여사께서 "기생촌 대신 초가집을"이라는 내 칼럼을 보시고 잘 썼다고 칭찬을 하셨어요. 내가 비서관 되고 나서 인사를 못했다가, 1972년 8.15 때 경복궁 경회루에서 열린 광복절 경축연에서 육 여사를 뵈었어요. 내가 인사를 했더니, "비서관님, 지상(紙上)을 통해서 잘 봤습니다" 하시더라고요.

여하튼 박정희 시대를 비판하는 사람들에게는 관광공사의 이 계획이 아주 좋은 공격 거리입니다. 정부가 어떻게 이런 일을 할 수 있냐는 거죠.

기생촌을 만들자고 한 건 확실히 잘못된 겁니다. 나는 기생촌은 관광자원이 될 수 없다는 입장이었어요. 내가 충남 도고에 기생촌을 만들겠다는 계획을 막은 일이 있어요. 정 모씨가 충남 도고 온천 지역에 기생촌을 만들겠다고 계획 가져온 것을 내가 거절하고, 온천 단지를 새로 만들게 했어요. 그가 충남 도고에 기생촌을 만들겠다고 큰 종이에 그림을 그려서 온 일이 있어요. 큰 한옥 기생집을 쭉 이어서 만들겠다는 거였어요. 내가 그걸 못 하게 했어요.

내가 박 대통령의 지시를 계기로 온천지대 개발 구상을 미리 갖고 있었어요. 당시 홍성철 사정특보 밑에 사정 담당 박승규(朴承圭) 보좌관이 있었는데, 박 대통령이 나에게 박승규 씨를 통해서 일본인 핫토리를 만나라고 했어요. 만나 보니 핫토리가 나가노(長野)온천을 만든 사람이에요. 자기가 나가노온천을 개발했는데, 일본에 올 때 한 번 들러달라고 했어요. 그 마을에는 먹을 거, 온천욕 할 거 다 있다고 했어요. 유카다 입고 온 마을을 돌아다니면서 온천욕도 하고 먹을 것도 사 먹는다고 해요. 그 사람이 서울에 와서 경제1수석비서관이던 정소영 씨를 만나고 나도 만난 이야기를 자기 자서전에 써 놓았어요.

그래서 내가 나가노온천에 한 번 갔습니다. 앞서 경주 보문단지 세계은행 차관 건으로 워싱턴에 출장 간 일 있다고 했잖아요. 1973년 말이요. 돌아오는 길에 일본에 들러서 나가노온천에 갔어요. 도쿄에서 나가노로 갔습니다. 거기 가 보니 과연 유카다 입고 온 마을을 돌아다니면서 먹기도 하고 온천욕도 하더라고요. 그걸 보고 스키장 보러 삿포로에 갔다가 도쿄로 와서 귀국했고요. 삿포로 간 이야기는 전에 했지요.

여하튼 나가노온천에서 아이디어를 좀 얻었습니다. 나가노처럼 관광객이 온 마을을 다니면서 온천욕도 즐기고 먹고 마시게 하는 거였어요. 그때까지 도고에는 순전히 여관만 있었어요. 온양도 마찬가지고요. 여관의 온천탕에서 온천욕을 하는 정도였지요. 도고에서도 외국인을 끌어들이려면 나가노처럼 해야겠다고 생각을 갖고 있는데, 정 모씨가 도고에 기생촌을 만들겠다는 계획안을 갖고 온 겁니다. 그래서 내가 '기생촌은 집어치우고 온천을 만들어라, 온천 마을 안에서 온천복 입고 편하게 다니면서 먹고 마시고 온천욕도 할 수 있게 하라'고 했어요.

실제로 도고는 일본 나가노처럼 개발되지는 않았어요. 그 안에 식당도 많이 안 들어가고 온천복 입고 다니지도 못하게 되었습니다. 그렇게 하려면 시설이 커야 하거든요. 그 업자가 큰 소리는 쳤는데 그렇게 못한 건 아마도 투자금이 많지 않았던 모양이에요. 여하튼 도고가 개발된 후 박 대통령이 자주 다니셨어요. 10.26 사건으로 돌아가시던 날도 지방 출장 가셨다가 거기를 들르셨어요. 박 대통령이 온천욕 하시던 곳이 지금도 남아 있을 겁니다.[7]

1973년 말에는 일본의 여성단체가 일본 공항에서 기생관광 반대 시위를 하거나 우리나라 여성단체가 김포공항에서 반대 시위를 하는 등 기생관광에 대한 비판이 최고조에 달한 것 같습니다.

그게 10월 유신 후의 일입니다. 유신체제가 성립한 후 정부를 직접 반대하기 어려워지니까, 언론에서 합법적인 테두리 내에서 정부를 비판할 거리를 찾는

7 '도고별장 스파피아'라는 곳에 별장이 남아 있다.

겁니다. 제일 손쉬운 게 기생관광 갖고서 정부를 비판하는 것이었어요. “여자들 몸판 돈으로 경제개발하려느냐” 하는 식으로 기생관광을 비판하면서 반정부 감정을 조장하는 겁니다. 신문에 매일같이 기생관광 기사가 나왔어요. 내가 청와대 비서관으로서 기생관광을 앞장서 조장하는 것처럼 되었으니 아주 죽을 맛이었어요.

그래서 정부에서는 사회 저명인사들을 불러서 기생관광 비판하는 사람들을 설득하러 다니게까지 했어요. 그런데도 그걸 끝까지 물고 늘어지는 사람들이 있었어요. 그때 이화여대 총장이던 김옥길(金玉吉) 씨가 그러했습니다.

그랬더니 관광기생 중 일부가 반발해서 이화여대에 쳐들어가겠다고 했어요. 가서 발가벗고 항의하겠다는 거예요. “너희들은 좋은 집에서 태어나서 좋은 교육을 받고 살지만, 우리는 몸이라도 팔아서 앞으로 재생하려 하는데 그걸 방해하느냐”는 겁니다.

내가 어느 날 지방 출장을 가 있는데 비상전화가 왔어요. 지금 한성 요정의 기생 수십 명이 이화여대에 쳐들어가려고 한다는 거예요. 나는 “그게 만일 터지면 국제망신이다. 세계 각국 신문마다 그 기사가 나올 것이니, 반드시 막아야 한다”고 했어요. 경찰을 출동시켜서 한성을 두 겹으로 둘러쌌어요. 그리고는 내가 비행기로 바로 서울로 돌아와서 한성으로 갔어요. 내가 기생 대표를 직접 만나진 않고, 중간에 사람을 놓아서 의견을 조정했어요. “당신들 이야기 내가 다 이해한다. 앞으로도 당신들 편에 서서 보호하겠다. 그런데 오늘은 이 정도로만 해 다오. 여기서 더 나가서 이화여대에 쳐들어가기라도 하면, 이건 국내 문제가 아니고 전 세계에 가십 기사가 떠서 대한민국 망신도 더 이상의 망신이 없다. 그러니 참아라" 했어요. 그렇게 해서 기생들을 겨우 해산시킨 일이 있어요.

그 후 내가 김정렴 비서실장을 만나서, 공연히 경제3비서관을 만들어서 정부가 기생관광을 조장하는 것처럼 보이니까 경제3비서관 자리를 없애는 게 좋겠다고 건의한 일까지 있어요. 내 자리가 없어지는 것이지만, 나는 아무 데나 보내도 좋다, 외부의 비판의 표적을 없애는 게 좋겠다고 했습니다. 내 건의 때문인지는 몰라도 1974년 2월 경제제3비서관실을 없애고 나는 주미공사로 보낸다고 발표가 났습니다.

박 대통령은 기생관광에 대한 비판을 감안해서 경제3비서관 자리를 없앤 것 같습니다. 박 대통령이 1974년 1월 25일에 교통부 연두 순시에서 "관광사업을 추진함에 있어 풍기가 문란하여 국가 체면이 손상되는 일이 없도록 업자들을 선도하라" 고 지시했습니다. 그 전해에 논란거리가 된 기생관광을 이제 정부가 방치하지 않겠다는 것인데요. 그때 배석하셨을 것 같은데, 비서관직 변동을 예상하시진 않았나요.

내가 당연히 대통령의 교통부 연두 순시에 배석했지요. 그 보고 때 이한림 국제관광공사 총재가 입장을 뒤집어서 반도호텔을 매각하지 않고 갖고 있겠다고 해서 논란이 있었어요. 이미 신격호 씨에게 매각 작업이 진행되던 중이었죠. 그랬더니 김종필 총리가 날 보면서 얼굴을 찡그리고 이한림 씨에게 답변한 일이 있어요. 그래서 그날 회의를 기억합니다. 그때 대통령이 기생관광의 문제점을 언급했지만, 난 대통령이 비서관직을 없애리라고는 생각하지 못했어요.

관광업 진흥에 관한 이상의 장관님 말씀을 들어 보니 1970년대 전반 우리 정부의 관광업 진흥 정책을 새롭게 파악할 수 있을 것 같습니다. 박정희 시대의 관광 정책과 관광업에 관해서는 근래 사회학이나 정치학 분야의 연구자들이 논문을 좀 냈는데, 주된 논조는 박정희 정부가 여성을 상품화한 돈으로 경제개발을 추진했다거나, 이 충무공의 호국정신이나 신라 화랑정신을 선양해서 정권의 지배이데올로기를 강화하려 했다는 것입니다. 그러니까 관광업이나 관광 인프라 자체가 어떻게 발전, 변모했는가를 밝히기보다는 박정희 대통령의 정책을 비판하는 데 주안을 둔 겁니다.

하지만 장관님의 말씀을 듣고 보니, 그때 정부의 관광 정책에서 가장 중심이 된 것은 우리의 자연적 · 역사적 관광자원을 개발하고 현대식 호텔을 건설하는 등 관광 인프라를 확충하는 일이었음을 알 수 있습니다. 그 무렵 일본인 기생관광이 급증했지만, 기생관광을 최대한 조장해서 외화 수입을 극대화하는 게 정부의 주된 관광 정책이었다는 식의 논의는 잘못된 것이라 하겠습니다. 현대식 관광 인프라의 확충을 중심으로 박정희 정부의 관광 정책을 재조명할 필요가 있다고 봅니다.

03 한미 관계의 안정화를 꾀하다

주미공사 발령은 어떻게 났는지요?

1974년 2월에 박 대통령께서 전라남도 광주 시찰 가셨다가 청와대 비서실 축소 방침을 발표했습니다. 경제3비서관이 없어지고 경제1비서실로 흡수된다는 것입니다. 난 주미공사로 발령낸다고 했고요.

대통령께서 광주에서 돌아오셔서 나를 부르셨어요. 집무실에 김정렴 비서실장과 단 둘이 계셨어요. 박 대통령께서 미국에 나를 경제공사로 보내기로 했다, 한미 관계가 당시 안 좋은데 경제 관계에만은 손상이 가지 않도록 잘 해 달라고 말씀을 하셨어요.

그 무렵 한미 관계가 불편했던 이유는 무엇이었나요. 1971년 미군 1개 사단의 철수 등 미국의 대한방위공약의 후퇴로 인해 한미 간에 상호 불신이 이미 시작되었습니다만, 1974년 초에는 유신체제에 따른 인권 문제 때문에 한미 관계가 불편하지 않았나요? 미 하원 외교위원회가 프레이저의원을 위원장으로 한 인권청문회를 1975년 6월에 엽니다. 박동선의 미국 의원 매수 불법 로비는 1976년 10월에 폭로되었고요.

박동선이 문제를 일으키고 있다는 것은 내가 주미공사 떠나기 전에도 알 만한 사람은 다 알았어요. 미국 정부가 정식으로 문제 삼지 않았을 뿐이고요. 한미 관계가 삐거덕거릴 때에 경제 관계만큼은 관리를 잘 해 달라는 게 박 대통령의 주문이었습니다.

네, 박동선과 관련해서는 나중에 여쭙기로 하고요. 그러면 비서관 그만두시고 곧바로 미국으로 떠나셨나요.

주미공사 발령은 났는데 바로 부임하진 않았죠. 청와대 비서관을 그만둔 것은 1974년 2월이고 한 달 정도 있다가 3월에 주미공사로 떠났어요. 3월 19일에 워싱턴에 부임했어요.

주미 대사관의 조직 편제는 어떻게 되어 있었나요.

대사 밑에 공사가 셋 있는데, 정무 담당, 경제 담당이 원 관료고, 그 다음에 중

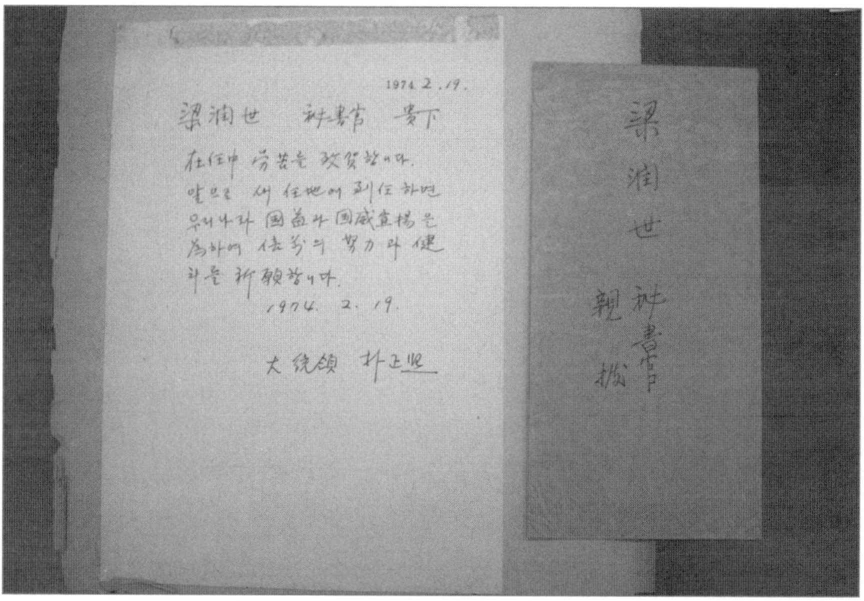
1974.2.19.
梁潤世 秘書官 貴下
在任中 労苦를 致賀합니다.
앞으로 새 任地에 到任하면
우리나라 国益과 国威宣揚을
為하여 倍前의 努力과 健
斗를 祈願합니다.
1974. 2. 19.
大統領 朴正熙

▮주미공사 발령 때의 박 대통령 친전 "양윤세 비서관 귀하. 재임중 노고를 치하합니다. 앞으로 새 임지에 도임하면 우리나라 국익과 국위선양을 위하여 배전의 노력과 건투를 기원합니다. 1974.2.19, 대통령 박정희"

앙정보부 공사가 있었어요. 주미공사는 차관 대우입니다. 1급 비서관 하다가 차관 대우를 받게 된 것이죠.

경제공사 밑에는 외무부에서 온 경제참사관이 있고, 상공부에서 온 상무관, 기획원에서 온 경제협력관, 이런 식으로 재무관, 농무관, 수산관, 과학관, 조달관, 해운관 등이 있었어요. 재무관, 조달관 등은 뉴욕에 있었는데, 내 지휘를 받았어요. 그 사람들이 경제부처를 하나씩 대표해서 파견되어 있으니 숫자가 꽤 많았습니다.

경제공사는 정부의 경제부처를 망라해서 업무를 보는 거네요. 가신 지 두 달밖에 안 된 1974년 5월에 미국의 전 재무장관 데이비드 케네디를 단장으로 한 투자사절단을 이끌고 내한하셨지요.

그게 석유화학 기업 투자사절단이었어요. 내 밑에서 일하던 차화준 씨가 그때 기획원 투자진흥관이었는데, 그가 석유화학 부문에 외국인 투자를 끌어오려고 기획해서 초청한 겁니다. 본래 미국 기업인들의 투자사절단은 1973년 6월 발족한 미한경제협의회(US-Korea Economic Council)를 통해서 오게 되어 있었어요. 한미경제협의회가 한미 양국에 각기 있었어요. 한국에서 조직된 한미경제협의회(Korea-US Economic Council)와 미국에서 조직된 미한경제협의회가 달랐습니다. 한국 측 한미경제협의회는 우리 정부 요청에 따라 무역협회, 대한상의, 경영자총협회 등 경제3단체의 장이 미국과의 민간 경제협력을 증진시키고자 조직한 단체예요. 그 회장은 박충훈 무역협회 회장이고, 2인자가 기획원 출신인 김태동(金泰東) 씨였어요. 미국 측 미한경제협의회는 한국에 진출한 미국 기업을 중

▮ 케네디 사절단 울산 현대조선소 방문(1974.5) 서 있는 앞 줄 왼쪽 세 번째가 양윤세, 그 오른쪽이 데이비드 케네디. 양윤세 왼쪽 뒤가 차화준

심으로 조직되었어요. 좀 굵직굵직한 회사의 대표가 이사를 맡았는데, 그중 정유회사 걸프의 회장 밥 도시(Bob R. Dorcey)가 회장을 했습니다. 그리고 그 밑에 윌리엄 헨더슨이라고 월급쟁이가 사무를 총괄했어요. 내가 허만 칸(Herman Kahn)이라는 미래학자를 추천해서 이사에 넣었습니다. 우리나라도 여러 차례 방문해서 박정희 대통령에게 조언을 했던, 박 대통령의 미래학 교사라고 불린 인물입니다.

그런데 1974년의 투자사절단은 차화준 씨가 미국 측 미한경제협의회와 관계없이 케네디와 협의해서 조직한 겁니다. 사절단 모집은 케네디가 했고, 난 그들을 인솔해서 한국에 데려왔습니다. 미한경제협의회의 회장 도시는 이 케네디 사절단 초청에 대해 좀 기분 나빠 했어요. 자기가 투자사절단을 조직하려는 중

▮ 한미 상공장관 회담(1974.6.4, 워싱턴) 앞줄 가운데 키 큰 이가 덴트 미 상무장관, 그 오른쪽으로 장예준 상공부 장관, 함병춘 대사, 그 옆 여성 오른쪽 양윤세

인데, 왜 한국 측이 별도의 투자사절단을 부르냐는 거였죠. 그래서 내가 도시 당신은 전 부문에 걸쳐 지속적으로 투자사절단을 만들어 달라, 이번 것은 석유화학 부문에 국한한 일회성 사절단이라고 해명한 일이 있습니다.

이때가 중화학공업화 선언 후 여천에도 석유화학단지를 만들려 할 때인데, 그쪽에 투자를 유치하려고 케네디 사절단을 초청한 것이었나요.

여천을 염두에 두지는 않았어요. 위치가 어디든 석유화학계통의 투자자를 유치하려고 했습니다. 석유화학단지가 울산에 있었기 때문에 사절단이 그쪽을 시찰하게 했습니다.

다음 달 6월에 미국에서 열린 한미상공장관회담에서도 한국 석유화학공업에 대한 미국의 민간투자 지원 문제가 회의 의제 중 하나였습니다.

장관 회담에서는 광범위하게 이러저러한 사업이 있으니 지원해 달라는 일반적인 이야기를 하는 것이지, 석유화학 프로젝트에 집중해서 논의한 것은 아니었어요.

양 공사님께서 1977년 5월에도 미국 실업인단을 인솔해서 내한하여, 서울에서 열린 한미경제협의회에 참석하셨지요.

1974년부터 1977년까지 매년 한국에 미국 실업인단을 인솔해서 왔습니다. 특히 1977년에는 주한미군 철수를 주장하는 카터 행정부가 들어선 후 처음 열린 민간 경제협력회의였어요. 미국이 한국을 떠나는 듯한 분위기인데, 미국 정유회사 칼텍스가 호남정유(현 GS칼텍스정유)에 추가 투자하기로 하는 등 성과가 있었어요.

미국에서 미한경제협의회는 어떻게 개최되었습니까?

협의회의 이사들 자체는 1년에 한두 번씩 정기 이사회를 하거나 아니면 특별한 계기로 모였어요. 회의는 뉴욕에서 했습니다. 이사회를 열게 되면 나에게도 연락이 왔습니다. 회의 주제를 보고 내가 갈 때도 있었고 안 가는 경우도 있었어요.

내가 주미공사로서 이들과 긴밀히 연락해서 이들을 통해서 미국 기업인들에게 한국 경제를 이해시키고 한국에 투자를 촉진시켜야겠다고 느꼈어요. 그래서 협의회에 순회 강연회를 조직해 달라고 요청했습니다. 그래서 미한경제협의회에서 뉴욕, 휴스턴, 댈러스, 텍사스, LA, 뉴잉글랜드 등 미국 각지의 상공회의소를 통해서 그 지역 상공인들을 모았습니다. 나와 도시가 연설하고, 그때그때 필요한 사람이 있으면 또 초청해서 연설하도록 했어요. 그런 강연회를 보통 1년에 2번씩 했어요. 회의를 2~3시간 정도 하는데, 대개 나와 도시가 강연하고 질문 받으면 시간이 다 돼요.

나는 한국 경제의 발전 과정과 전망에 관해서 강의를 했습니다. 한국 경제 발전의 요소를 세 가지로 설명했어요. 첫째, 국민이 강하게 경제발전을 원했다. 내가 처음 기획과장 할 때부터 느낀 건데, 한국인이 미국으로부터 얻어먹고 사는 데 대해서 부끄러움을 느끼고 우리 힘으로 벌어서 살겠다는 의지, 열망이 강했다. 둘째, 그에 부응하는 리더십이 나왔는데, 그게 박정희의 리더십이다. 셋째, 경제개발에는 광범위한 국제협조가 필요한데, 한국은 세계은행을 비롯해서 세계 자유국가들의 큰 음양(陰陽) 지원을 받았다. 나는 이 세 가지가 한국의 발전에 시동을 걸었다고 이야기 했어요. 연설을 여러 번 하다 보니 나중에는 원고 없이도 외워서 할 정도가 되었어요.

미국 기업인들에게 한국 경제와 한국인에 대한 긍정적 인식을 심어 주신 거네요. 전망이 밝은 한국에 투자하라는 이야기가 되고요. 중요한 홍보 업무라고 생각합니다.

1970년대 후반에 정치면에서는 한미 관계가 안 좋았지만, 경제면에서는 별 문제가 없었습니다. 차관 액수만 봐도 한미 간 경제협력이 매우 잘 이루어졌다는 걸 알 수 있습니다. 그 차관도 다 조건이 좋은, 최소한 수출입은행 차관 이상의 공공차관이었어요.

▮ **세계은행 차관협정 체결(1975.3.31, 워싱턴의 세계은행)** 원자재 도입 프로그램 론 1억 달러와 과학교육 차관, 산업은행 전대 차관 등 총 1억 8,250만 달러의 차관을 들여 오는 계약이었다.

네, 양 공사님께서 그때 공공차관을 도입하는 협정을 직접 체결하셨지요.

우리 정부의 투자기관, 국책은행이나 국영기업이 세계은행이나 미 수출입은행과 차관 협정을 체결할 때, 내가 우리 정부기관을 대신해서 서명했습니다. 총액이 30억 달러가 넘은 걸로 기억합니다. 내 친구가 나더러 어떻게 빚을 그렇게 많이 지느냐고 농담반 진담반 이야기한 일도 있습니다.

그러면 차관을 도입할 공기업, 예를 들면 한국개발금융, 포항제철, 한국전력 등이 차관 교섭은 다 하고, 양 공사님은 서명만 하신 건가요. 아니면 차관도입 교섭에도 참여하셨는지요.

내가 기획원이나 농림부 있을 때 논의하기 시작했던 차관 건도 많았고, 또 새로 논의해서 성사된 건도 있었어요. 내가 내용에 관여한 것도 있고, 내가 단순히 일정만 당겨서 계약을 체결한 것도 있습니다.

주미공사 재직기가 중화학공업화기였는데요, 중화학 프로젝트와 관련된 차관 건은 다루시지 않았나요.

내가 취급한 것 중에 전력 관계, 도로 관계의 공공차관이 많았어요. 원자력 발전소도 그때 했지요.

네, 앞서 1968년의 원자력 차관도입 계획 관련해서 언급하셨습니다만, 박정희 대통령이 핵연료 재처리 시설을 갖추려 했던 원자력 차관 건이 아닐까 합니다. 1975년 3~4월의 일입니다. 3월 12일에 미 수출입은행이 한국에 대한 원자력 차관의 승인을 미 의회에 요청했다가 한국이 NPT 가입 안 한 것 때문에 철회한 일이 있습니다. 그 후 한국 측이 태도를 바꿔서 3월 20일에 국회에서 NPT 가입 비준을 통과시켰고, 4월 23일에 주미 대사관의 구충회 공사(대리대사)가 미 국무부에 NPT 비준서를 정식으로 전달했습니다.

그 차관은 한국이 핵확산금지조약(NPT)에 가입해야만 주겠다는 것이었어요. 그때 박 대통령은 핵연료 재처리 시설을 갖추겠다고 했고 미국 측은 그렇다면 차관 제공을 할 수 없다는 거였어요. 그런 상태에서 내가 미국에 왔는데, 지금 이야기한 것처럼 1975년 봄 본국에서 NPT에 가입한다는 걸 미국 측에 통보하고 원자력발전소 차관을 빨리 추진하라고 훈령이 왔어요. 그래서 내가 국무부에 통보를 했고, 며칠 안 가서 고리 2호기 차관이 성사되었어요.

네. 그 무렵 한국을 비롯해서 아르헨티나, 브라질, 이스라엘 등이 핵 개발 의도를 가진 것으로 미국이 의심했습니다. 우리나라의 경우에는 프랑스에서 원자로 시설을 도입하려던 건이 있었는데, 그게 핵 연료 재처리 시설과 관련되어서 견제를 받았고 결국 포기된 것으로 압니다.

그런데 그때 한미 간 무역마찰도 있지 않았나요. 미국에서는 1970년대 초반에는 직물류 수입 쿼터가 있었고, 신발 수출이 1970년대에 크게 늘자 한국산 신발의 수입 규제가 시도되었습니다. 미국 국제무역위원회가 우리나라와 대만산 신발류에 대해서 쿼터제를 실시하자고 하니까 신임 카터 행정부가 자율 수출 규제 방안을 추진했고, 1977년 5월에는 우리가 신발류의 대미 수출을 자율 규제하는 문제로 한미 간 협상도 있었습니다.

미국에서 한국산 섬유와 신발 수입품으로 인한 피해가 크다는 이야기가 나왔어요. 직물 쿼터 교섭은 내가 가기 전부터 했죠. 내가 간 다음에는, 로버트 스트라우스(Robert Strauss)라는 거물 정치인이 미국 특별통상대표부(STR)의 대표가 되어서, 나에게 직물 쿼터 문제를 논의했으면 좋겠다고 해요. 만났더니, 그가 정치인답게 말을 해요. "자, 당신네 필요한 거는 내가 도움을 주고, 내가 필요로 하는 건 당신이 도움을 주고 그런 식으로 합시다" 하더라고요. 나도 좋다고 했지요. 나도 양보가 불가피하다는 우리 정부의 입장을 들었기 때문에 한 10~15% 정도는 양보할 생각이었는데, 그가 그렇게 나에게 말을 해 놓고는 50% 깎겠대요. 나도 크게 놀아보자는 생각에서 당신 마음대로 하라고 하고 자리에서 벌떡 일어났어요. 국장급으로 와 있던 우리 상무관이 그게 끝인 줄 알고 깜짝 놀라더라고요. 스트라우스가 나더러 이야기를 더 하자고 해요. 난 상의하자는 사람이 어떻게 50% 깎자고 하느냐 했지요. 스트라우스 보좌관이 좀 더 두고 이야기를 하자고 중재를 했고, 그 뒤로는 내가 스트라우스를 만나진 못했어요. 결과가 정확히 기억 안 나는데, 아마 어느 정도는 삭감했을 거예요.

한국산 신발류의 수입 규제는 미 무역당국자가 우리 측에 요구하거나 지적한 것이 아니고, 신문에서 미국 신발업자들의 말을 인용해서 많이 거론했던 겁니다. 그러니까 경제공사가 나서서 꼭 해결해야만 할 문제는 아니었지요.

1979년인가 미국신발협회(American Footwear Association)에서 연락이 왔어요. 신발업자 총회가 있는데 나에게 와서 연설을 해 달라고 했어요. 미국 측에서는 상원의원이 나온대요. 그래서 내가 마이애미에서 열린 총회에 갔어요. 수백 명 쯤 모인 데서 내가 연설을 했어요. "우리는 당신네 일을 대행해 주는 거다. 신발을 만들 때면 섬유가 들어간다, 그건 전부 미국에서 수입한다. 또 가죽이 들어가는데, 가죽도 전부 미국에서 수입한다. 또 신발을 수입하는 배는 전부 미국 국적 배다. 한국의 신발 한 켤레 수출가격 2달러 50센트 중 각종 원재료 비용을 제외하고 실제로 한국에 떨어지는 것은 고작 절반인 1달러 25센트 정도의 임금뿐이다. 그게 비싸냐?" 이런 내용으로 설명 겸 반격을 했어요. 연설 초반에는 청중들 반응이 냉랭하더니, 연설 끝 무렵에는 박수를 치고 호응이 좋아요. 날보고 그날 저녁을 대접하겠다는 사람이 그렇게 많아요. 그래서 그날 남부 지방의 한 신발업자에게서 저녁을 아주 잘 얻어먹었어요. 내가 효과를 아주 극대화한 연설이 그거였어요.

네, 장관님께서 주신 강연문을 읽어봤습니다. 강연 일자는 1979년 3월 26일이었습니다. 앞부분에서는 한국이 예전에는 미국의 원조를 받아서 살았지만, 근래에는 매우 역동적인 경제성장을 이룩했고 그 핵심 요소는 천연자원의 결핍, 인력, 정부의 지도력, 국제협력, 자유시장경제에 대한 믿음 등이었다고 했습니다. 이어서 그간 한미 간의 경제협력이 확대 심화되어 한국이 미국에 수출도 많이 하지만 수입도 많이 하고 향후에도 수입을 더 늘릴 용의가 있다고 했습니다. 그리고 한국이 신발류를 미국에 많이 수출하지만, 미국에서 한국산 신발 한 켤레가 10달러에 팔릴 때 그 수출가격은 본선 인도 기준(fob)으로 2달러 50센트에 불과하고 그중에서도 절반인 1달러 25센트가 겨우 한국에 떨어진다는 것, 앞으로 한국과 미국의 두 신발생산자협회 간에 이 문제를 협의하자는 것 등이었습니다.

미국에서 한국산 신발 한 켤레가 10달러에 팔리면, 미국인들은 한국이 그 대부분을 받는 걸로 짐작하는데, 실제로는 1달러 남짓 한국에 떨어지고 9달러 가까이가 미국 측 몫이라고 내가 구체적으로 해명했어요. 그러니 아무도 반박 안 합디다.

미국에서 10달러에 팔리는 한국산 신발 한 켤레로 한국에 실제로 떨어지는 몫은 1달러 남짓이라는 말씀은 놀랍네요. 그런데 강연문에는 한미 간 신발류 무역협상에 관한 이야기도 있습니다. 1973~1976년에는 한국이 신발류 수출을 자율 규제했고, 1977년부터는 4년간의 OMA(Orderly Marketing Agreement)를 하고 있다고 되어 있습니다. OMA는 수입 수량을 수출입 양국이 협의해서 정하는 것으로 시장질서유지협정이라고 합니다. 이 협상에는 관여 안하셨나요. 상공부가 했나요?

그런 일이 있었다면, 아마 내 밑에 있던 상무관 레벨에서 협상했을 것 같습니다. 구체적인 거는 기억나지 않네요.

이 문제를 포함해서 한국 신발산업의 성장사, 신발의 수출사에 관해 연구가 나왔으면 합니다. 여하튼 경제공사로 재직하신 1970년대 후반을 포함해서 1970년대에는 한미 관계가 안 좋았습니다. 박정희 대통령은 한국을 지킨다는 미국의 약속을 믿지 못해서 자주국방을 추진하다 핵연료 재처리 시설을 만들려 했고, 미국은 한국 정부 수뇌부의 동향을 파악하기 위해 청와대를 도청하기까지 했습니다. 그러다 우리 정부의 불법적인 대미 의회로비, 의원 매수 사실을 알게 되었고, 그게 1976년에 코리아게이트 사건으로 터졌습니다. 그 10년 쯤 전인 1965~1966년 박정희–존슨 대통령 시절에 비하면 정말 극과 극이라 하겠습니다.

그렇습니다. 한미 관계는 존슨 대통령 시절에 가장 좋았고, 그 후는 별로 좋지 않았고, 특히 카터 집권기에는 불편했지요. 카터가 인권외교를 자신의 대표적 캐치프레이즈로 내세우면서 다른 여러 안건들은 젖혀 놓았어요. 카터가 미국 국내에서도 인기가 없었어요. 한국에는 아주 강경한 태도를 취했고, 주한미군도 철수하려 했지요. 박동선 사건은 거기에 가중된 겁니다. 그러니까 카터의 인권외교와 철군 시도로 한미 관계가 악화되었는데 박동선의 미 의원 로비 사건이 터져서 거기에 중첩된 것입니다.

박동선 사건은 한국 정부가 쌀을 미국으로부터 수입하면서 조성한 자금으로 미국 국회의원을 매수하려 했다는 것이죠. 박동선이 미국으로부터 쌀 수입을 독점 중개하면서 커미션을 받고, 그것으로 우리 정부의 미국 의회 로비를 대행한 것 말입니다.

내가 이 미국산 쌀 수입에 관여한 게 있어요. 1960년대에도 1년에 얼마씩 우리 쌀을 일본에 수출했어요. 왜정 때부터 우리 쌀이 일본에서 명성이 있었어요. 식당에 '조센마이'(朝鮮米)라고 표시한 메뉴도 있었어요. 한국 쌀로 밥을 했다고 하면 주가가 올라가는 겁니다. 일본에서 우리 쌀이 인기가 있었기 때문에 1960년대에도 그런 수요를 충족시키기 위해 쌀을 수출한 겁니다.

1966년인가 1967년인가 쌀을 5만 톤인가 수출했어요. 여하튼 이미 쌀을 수출했는데, 계산해 보니 국내에서 쌀이 모자라게 되었어요. 박 대통령과 장기영 부총리가 의논을 했어요. "이거 큰 일 났다. 이게 밖에 알려지면 쌀값이 올라가고 소동이 일어날 텐데, 극비로 취급하고 미국에서 쌀을 들여올 수밖에 없다"는 거죠. 장 부총리가 나를 불러서, "쌀이 남아돌아갈 줄 알고 수출했는데 알아보니 모자란다. 미국에서 쌀을 사 왔으면 좋겠는데, 극비로 유솜 처장 정도만 알게 하고 추진할 수 없냐?"고 해요. 내가 추진해 보겠다 하고, 번스틴 처장에게 전화를 해서 긴밀히 논의할 게 있다고 했어요. 보통은 내가 빈스 브라운 차장보를 상대하는데, 이번은 사안이 사안이라 처장을 직접 만난 겁니다.

내가 번스틴을 만나서, 쌀이 모자라는데 극비리에 미국에서 쌀을 가져올 수 없겠냐고 물었어요. 미국에서는 안남미를 long grain rice라 하고, 일본 쌀을 short grain rice라 해요. 특히 캘리포니아에서 재배하는 일본 쌀을 캘리포니아 펄이라고 해요. 번스틴이 자기만 알고 추진하겠대요. 하루 이틀 후에 연락이 와서 코넬이라는 곡물상 부사장이 곧 한국에 올 것이라고 해요.

얼마 후 곡물회사 사람이 왔어요. 내가 그 사람을 만나서 쌀 수입에 관한 이야기를 했어요. 내 기억에는 30만 톤 수입하겠다고 한 것 같아요. 나는 거기까지만 이야기하고, 그걸 조달청으로 넘기기로 했어요. 정부가 구매하는 거니 조달청이 해야 했어요. 실제 구매 교섭까지 내가 할 일은 아니거든요. 그때 조달청장이 김씨(김원희 金元熙)였는데, 그를 부총리실로 불러서 이 건은 조용히 처리해야 한다고 당부하고 넘겼어요. 조달청에서 구체적인 구매 절차에 착수했죠.

그 후 얼마 안 되어서 장 부총리가 나를 보자고 하더니, 쌀 중개를 박동선에게 맡기기로 했는데, 커미션을 톤당 1달러인가를 준대요. 나는 조달청에서 직접 하는 거 아니냐, 왜 사람을 끼워 넣어서 부담을 늘리냐고 했어요. 내가 박동선 씨를 그 전에 알았는데, 별로 좋게 생각을 안 했어요. 그 형이 박건석이라고 하는데, 자살했지요.

아, 1980년대에 범양상선인가 해운업 관련으로 수사 받다 검찰청사에서 투신자살한 분 아닌가요.

맞아요. 내가 한국일보의 신영수 씨와 더불어 박건석 씨와 가까웠어요. 쌀 수입 건이 나오기 전인데 언젠가 박건석 씨가 자기 동생이 미국에서 왔다고 하면서 한 번 자기 집에서 같이 점심을 하자고 해요. 만나 보니, 박동선은 그 형과 전혀 스타일이 달라요. 외모도 미끈하게 생겼고 좌중을 휘두르고 설쳐대는 성격이에요. 아주 미끈한 미국 아가씨까지 데려왔더라고요. 미국 공보원 직원이래요. 참석자가 다 자기 형 친구들인데, 박동선 이 친구가 너무 설쳐요. 와인을 자꾸 권하면서, '뭘 위하여! 위하여!' 하고 몹시 소란스러워요. 거기서 인상이 아주 안 좋았어요.

그 박동선에게 1달러씩 준 커미션으로 대미 로비를 한다는 거예요. 난 장 부총리에게 죽 써서 개 주느냐고 했어요. 어렵게 쌀을 들여 오는 건데 박동선만 좋은 일을 왜 하느냐고 했지요. 장 부총리는 나를 납득시키려 애를 쓰더라고요.

"미스터 양. 미스터 양이 좀 더 크면 알겠지만, 불가피한 일이 생깁니다" 해요. 김형욱이 맡아서 하는 일이라고 했어요. 중앙정보부 사업이라는 것이죠. 여하튼 난 기분이 아주 안 좋았지만, 내가 막을 수 있는 일이 아니었죠.

나중에 보니 미국 쪽에서 관련된 사람이 리처드 해너(Richard Hanna)라는 캘리포니아 주 하원의원, 오토 패스맨(Otto Passman)이라는 루이지애나 주 하원의원이었어요. 그 두 지역에서 쌀을 수입했거든요.

박동선이 쌀 수입 독점 중개권을 얻은 게 1968년 말로 알려져 있습니다. 그때는 장기영 씨가 부총리직에서 물러나서 1년 쯤 되었을 때고요. 박동선은 중개권을 준 김형욱이 1969년 10월 중정 부장에서 잘린 뒤에 박종규 경호실장이 개입하는 바람에 1970년 말에 중개권을 한때 잃기도 했습니다. 그 후 다시 회복했습니다만. 하지만 주미공사직에 발령받으신 1974년 2월은 아직 박동선 사건이 터지기 전이었고요. 그때 벌써 한국 정부가 미국 국회의원을 매수하려 했다고 문제가 되었나요.

난 분명히 장기영 부총리 때 박동선이 쌀 수입 중개권을 얻은 것으로 기억해요. 그리고 내가 주미공사로 갈 때 코리아게이트라는 이름만 안 붙었을 뿐이지 박동선 씨의 로비로 인해 이미 문제가 생겼어요. 미 국무부는 코리아게이트 터지기 몇 해 전에 이미 박동선의 불법적 의회 로비 활동을 알았어요. 주한 미국 대사 포터가 우리 정부에 그에 관해 경고도 했어요. 포터 후임인 하비브 대사(1971.10~1974.8 재임)는 박동선을 끔직히 싫어해서 직원들에게 박동선과 일체 접촉하지 말라는 지시까지 내렸다고 해요.

내가 부임하자마자, 박동선과 밀착했던 해너 의원이 찾아와서 청탁을 한 일이 있어요. 박동선이 사장인 회사의 부사장 직함이 쓰인 명함을 나에게 주더라고요. 미국에서 한국에 고철을 수출하고 있었는데, 그는 한국 측의 독점 수입권을 자기에게 달라, 즉 우리 주미 대사관에서 미 상무부에 자기를 독점 수입중개인으로 지정하는 내용의 공문을 보내달라고 했어요. 나는 내가 대한민국 정부의 피용인이지, 당신의 피용인이 아니니 그렇게 할 수 없다고 답했어요. 그는 곧 우리 정부에서 지시가 올 거래요. 난 아직 그런 거 받은 거 없다고 했어요.

그 얼마 후에 박동선을 공항에서 우연히 만났어요. 그가 나를 보더니, "본의 아니게 회사 사람이 괴롭혀서 미안합니다"라고 인사하더라고요. 그는 해너 의원을 자기 회사 사람이라고 표현했어요. 그래서 내가 "당신이 나와 아는 사이이니 나에게 직접 이야기할 것이지, 왜 하원의원을 시켜서 이야기를 하느냐? 미국 하원의원의 말이면 내가 그대로 따를 거 같냐?"고 화를 냈어요. 그가 "네, 알겠습니다" 했어요. 그때 이미 박동선 사건은 시작된 겁니다.

박동선이 우리 정부에게서 이런저런 물자의 독점 수입 중개권을 받아서 로비 자금을 만들고 그걸로 미국 의원을 매수하는 일은 전부터 하고 있었고, 한미 관계가 안 좋아진 1970년대 전반에 그런 활동을 더 벌였습니다. 그런데 1974년 3월경에는 아직 미국 정부가 한국 정부의 그런 활동이 불법이라고 정식으로 문제 삼지는 않았던 것이지요.

그러니까 코리아게이트라는 이름은 아직 안 나왔지만, 조만간 터질 수 있는 상황이었어요. 한미 관계가 여러 모로 안 좋아서 경제면에도 부정적 영향이 갈까 염려되던 상황이었다는 겁니다.

박동선 사건이 더 파급되지 않도록 하는 일은 중앙정보부에서 맡는 것, 공작할 일 아닌가요.

미국 의회 입장에서 보면, 중앙정보부는 코리아게이트의 주범이지요. 그러니 거기서 대처할 수 있는 게 아니었어요. 정무와 경제를 분리해서 정무는 함병춘(咸秉春) 대사가 맡고, 경제는 내가 맡아서 한미경제 관계가 악화되지 않도록 하자고 했습니다.

양 공사님은 어떤 것에 중점을 두고 대처하셨나요?

우호적 입장의 미국인을 많이 만들어 내야 했지요. 그런데 다들 그러려면 일본이 한 것처럼 로비 자금을 많이 써야 한다고 했어요. 돈을 얼마쯤 쓰면 해결할 수 있다는 거예요. 우리 정부가 이런 입장에서 힐 앤 노튼(Hill+Knowlton, H+K)이라는 아주 유명한 PR회사와 홍보 계약을 했어요. 주로 신문이나 방송에 광고를 기획해서 내보내는 회사입니다. 우리 무역협회에서 1년에 10만 달러인가를 주기로 하고 계약했어요. 정부에서 무역협회를 앞세운 거죠. 그러면서 미국 현지에서 같이 일할 사람으로 나를 지명했어요. 대사관에 공보관도 있고 정무공사도 있기 때문에 직제상으로는 내가 맡을 일이 아닌데, 나에게 맡겼습니다. 내가 신문 편집자와도 만나고 설득도 해야 했습니다.

하지만 난 활동의 주안을 다른 곳에 둬야 한다고 생각했어요. 박동선 사건이 돈 쓰다가, 그걸 잘못 쓰다가 일어난 거잖아요. 그러니 난 돈으로 해결할 생각 말고 발로 뛰겠다고 생각했어요. 그래서 두 그룹의 우호 세력을 활용하려 했습니다.

하나는 이미 조직되어 있던 미한경제협의회였습니다. 이 협의회를 한 축으로 해서 한미 경제협력을 원활히 하려고 했습니다. 밥 도시가 회장으로 있을 때, 매해 30명 정도의 실업인단을 모아서 한국에 와서 중요 시설도 돌아보고 투자 협의도 했습니다. 또 미한경제협의회의 힘을 빌려서 미국 내에서도 중요한 도시를 정해서 순회 강연회를 열었습니다. 밥 도시가 걸프사 회장이니까 자가용 비행기를 이용할 수 있었어요. 그걸 타고 다녔습니다. 내가 준 연설문을 보면 여러 곳에서 연설했다는 걸 알 수 있어요.

또 하나는 한국과 관계를 맺었던 사람들, 유솜, 대사관 사람들이죠, 그들을 다른 한 그룹으로 해서 활용했어요. AID 고위층에 가네트 짐멀리(Garnet Zimmerly)라고, 유솜 차장보를 했던 사람이 있었어요. 또 블레이크 홀컴이라고 유솜에서 투자진흥관 상대역을 했던 사람이 역시 AID의 기술원조팀에 있었어요. 이 두 사람을 통해서 한국에 근무했던 유솜과 대사관 직원 명단을 만들고, 필요 시 협조를 요청해서 이 사람들을 움직였어요.

의회에서 여러 청문회가 정신없을 정도로 한꺼번에 열렸는데, 거기 대응하는 일은 맡지 않으셨나요.

그건 정무공사와 대사가 맡았지요. 이건 코리아게이트가 터지고 프레이저 청문회가 열리기 전인데, 내가 프레이저 의원을 만나서 협의한 일이 있습니다. 1975년인가에 정일권 국회의장이 미국을 방문해서 프레이저 의원을 만난 일이 있는데, 내가 참석해서 통역도 하고 또 대사관의 입장에서 이야기를 했습니다. 지금 기억나는 게 프레이저가 "나는 주한 미군을 철수하자고 말한 적이 한 번도 없다"고 한 거예요. 그래서 정일권 씨가 미국 의회의 여러 조사 활동에도 불구하고 미군 주둔 문제에는 변동이 없다는 걸 확인하고 돌아갔습니다. 그때 프레이저와 뭔가 더 협의할 게 남아서 나중에 내가 다시 그를 만나서 이야기한 적이 있습니다. 그랬더니 정무공사가 자기 영역을 침범하는 것으로 오해해서 그 후로는 더 이상 관여하지 않았습니다.

1977년부터 청문회가 열리고 뇌물을 받은 의원이 사법처리를 받을 때에는, 우리 주미 대사관이 미국 정부로부터 무슨 범죄기관 취급을 받은 거 아닌가요. 주미 대사관 근무자 중에 망명 이탈하는 자도 여럿 나오고 반한단체는 기승을 부렸고요. 근무 분위기가 매우 안 좋고, 외교관으로서 성과 내기도 힘들었을 것 같습니다.

분위기는 안 좋았지요. 하지만 그건 언론이나 의회 쪽의 일이었어요. 미국 정부가 우리에게 정식으로 문제를 삼아야 우리가 일하는 데 어려움을 겪습니다. 하지만 미국 정부가 큰 문제 제기를 하지 않았어요. 미 행정부는 의회의 문제 제기에 따라서 협조하는 정도였지, 한국 정부의 대미 로비를 적극 파헤친 게 아니었어요.

내가 주미공사를 마치기 한 반년 전, 그러니까 1978년 말일 거예요. 코리아게이트 문제를 이제는 정리해야 한다는 사설이 미국 워싱턴 포스트(*Washington Post*)지에 나왔습니다. 내가 워싱턴 포스트의 에디터를 설득해서 그런 취지의 글을 쓰게 했어요. 그런데 그때 주미대사였던 김용식 씨가 나중에 중앙일보에 연재한 글에는 자기가 그걸 했다고 써 놓았어요. 책으로도 나왔을 거예요.

하하. 그분이 한 역할도 있는 모양이죠.

내 방에 와서 그 건이 어떻게 되어 가느냐고 계속 물었던 일이거든요. 물론 어떤 기관의 장이 되면 그 아래 사람이 한 일을 자기가 한 일이라고 할 수 있지요. 그러니 내가 한 일 아니냐고 반발하진 않았어요. 여하튼 내가 워싱턴 포스트의 한 에디터에게 2년간 공을 들였어요. 1달에 한두 번씩 점심을 하면서 의견을 나누었던 사이입니다.

코리아게이트의 파급을 차단하려는 활동이든 무역 마찰을 완화하는 활동이든 결국 양 공사님의 활동은 한국에 대해 미국 측의 우호적 시각과 여론을 조성하려는 것이겠는데요. 그 성과를 총평하신다면요?

여하튼 미국과의 무역이나 미국 측의 대한 투자에 코리아게이트로 인한 나쁜 영향은 별로 없었다고 할 수 있어요.

내가 주미공사 마치고 떠나기 전날 국무부에 인사를 갔어요. 그때 한국 대사나 공사가 만나는 게 부차관보 레벨이었는데, 홀부르크 차관보가 이야기를 듣고 나를 보러 왔어요. 그가 나더러 한국에 돌아가면 이야기를 전해 달래요. 딱히 누구에게 전하라고 지정한 건 아니고, 내가 청와대에 근무하다 미국에 왔으니 돌아가면 정부 고위층 만날 때 전하라는 말이겠지요. "한국의 경제발전은 경탄스럽다. 경제에는 아무 문제가 없다. 그런데 정치 발전은 안 되고 있다. 앞으로는 정치발전에도 열을 올려 달라"는 이야기였어요. 그 메시지를 한국에 전해 달라고 해요. 그런 이야기가 나올 만큼 한국, 한국 경제에 대한 인식은 좋았습니다.

1979년에 제가 대학교 1학년이었는데, 선배들로부터 한국 경제는 곧 파탄난다는 이야기를 많이 들었던 것 같습니다. 그들도 그 무렵의 비판 경제학자 몇 명의 책이나 논문 좀 읽고 한 이야기였죠. 지금도 1970년대의 중화학공업화를 중심으로 한 경제운영이 잘못된 것이라고 보는 연구자들이 있습니다.

방금 말씀하신 홀부르크가 카터 행정부에 들어가기 전에 포린 폴리시(*Foreign Policy*)라는 잡지의 편집장을 하면서 저널리스트 활동을 했는데, 뉴욕 타임즈의 일요판(Sunday Magazine)에 박 대통령을 "제거(replace)하는 방법 말고는 유신체제 딜레마를 해결할 방법이 없다"고 기고한 일이 있다 합니다.[8] 그는 유명한 냉전 전문가인 존 루이스 개디스(Gaddis) 교수의 말을 인용한 것입니다만, 그렇게 반한(反韓), 반(反)박정희 시각을 가진 사람이 미 국무부에서 동북아지역을 담당하는 차관보로서 일한 겁니다. 그럴 정도로 카터 행정부가 유신 말기의 박정희 정부와 대립각을 세웠는데, 그럼에도 한국 경제에 대한 당시 미국 측 시각은 좋았다는 말씀이죠?

홀부르크가 그런 글을 썼는지는 몰라도, 한국 경제에 대해서는 한마디로 "경이스럽다"는 입장이었어요. 한국은 놀라운 경제발전을 이룩했다는 게 공통의 인식이었어요.

네. 중요한 지적이라고 생각합니다. 원활한 경제협력까지 고려해서 1970년대의 한미 관계를 파악해야 하지 않을까 합니다.

그런데 1970년대의 기획원에서는 1960년대의 양 과장 · 국장님만큼 경제외교에서 두각

• • • • •

8 남재희 증언, 정성화 · 강규형 편, 《박정희 시대와 한국현대사》, 선인, 2007, 309~310쪽.

을 나타낸 분은 없는 것이지요. 1970년대의 경제개발사에서는 중화학공업화를 추진한 김정렴, 오원철 씨만 보일 뿐, 기획원에서는 눈에 띄는 분이 없는 것 같습니다.

1960년대에 난 백지 상태에서 경제외교를 했어요. 백지에 그림을 그리면 뚜렷이 보이잖아요. 내가 움직인 대로 대외경제 관계의 틀이 잡혔고, 내 활동의 성과가 뚜렷했어요. 하지만 내 후임자들은 이미 틀이 잡힌 상태에서 활동하는 것이니 오히려 개인의 성과는 잘 부각되지 않죠.

그리고 남덕우 씨가 부총리 할 때, 이제 경제도 상당히 성장했으니 우리 돈으로 하지 굳이 외국인 끌어들여서 같이 할 필요 없다고 주장했어요. 그래서 외국인에게 혜택 주던 것도 덜 주는 식으로 외자도입법을 개정했어요.

외국인 직접투자를 환영하지 않는 분위기로 바뀌었나요.

말하자면 민족주의 사상, 태도가 세력을 얻은 것이죠. 우리 돈 있으니 우리끼리 하자는 거였죠. 중동 관계로 돈이 들어오기 시작하니 투자여력도 생긴 영향도 있고요.

1970년대의 중요한 변화인 거 같습니다. 제대로 구명해 볼 필요가 있겠습니다.

04 제2차 석유파동과 대통령 유고(有故)의 비상사태 속에서

1979년 5월에 수출입은행장으로 오실 때 인사의 배경에 관해 들으신 것은 없는지요.

없어요. 주미공사는 대개 2년이면 마치고 오는데 내가 5년이나 있었어요. 내 아이들이 5년이나 미국에서 생활하니 더 이상 있다가는 한국에 돌아가서 적응을 못하리라는 생각이 들었어요. 특히 막내는 한국말을 제대로 못하는 상태였거든요. 그래서 내가 그해, 1979년에도 한국에 못 돌아가면 망명을 해서라도 미국에 눌러앉겠다는 생각까지 할 정도였어요. 자식을 위해서요.

그런데 서울에서는 청와대도 정신이 없을 때인데 기획원에서 이건 너무하다고 느낀 모양이에요. 청와대 류혁인(柳赫仁) 정무수석이 신현확(申鉉碻) 부총리와 만났을 때, 내가 너무 오래 나가 있었다고, 안됐다고 한국에 좀 다녀가게 해야겠다고 이야기를 했대요. 유혁인 씨는 내가 비서관 할 때 같은 1급 정무비서관을 해서 잘 알았거든요. 나에게 협의 차 한번 다녀가라고 명령이 왔어요. 그래서 내가 1979년 2월에 서울에 출장을 왔어요.

서울에 와서 김계원 비서실장을 만났더니, "각하께서 너무 바빠서 이번에 뵙지 못하게 되었다. 미안하다"고 하면서 한국에 와 있는 동안 용돈이라도 쓰라고 50만 원을 줍디다. 그리고 신현확 부총리를 만났더니, 정부조직도를 펼쳐보이고는 인사가 꽉 막혀 있어서 어디에 배치할지 모르겠다고 해요. 그래서 그런 것이지 마음에 없어서 나를 주미공사에 계속 두는 게 아니라고 이야기해요. 알겠다고 했지요. 난 그해 중에 귀국 인사 발령을 안 해 주면 그만둔다고 마음먹었어요.

그리곤 다시 미국으로 돌아갔어요. 그런데 4월 말인가 5월 초에 내 친구가 전화를 했어요. 민간에 있는 친구예요. 나를 수출입은행장에 발령낸다고 신문보도가 났다고 해요. 난 아직 통고를 받지 못했는데 말이죠. 이튿날 정부로부터 나를 수출입은행장에 발령한다는 전보가 왔고, 뉴욕 타임즈 1면에 우리나라 은행장 인사 뉴스가 실렸어요. 나의 발령을 특기사항으로 보도해서, 금융개혁 일환으로 은행장 인사를 했다는 거였어요.

국내 정세로 보면 장기 집권에 대한 염증도 있어서 1978년 12월 12일의 총선에서 집권 공화당이 야당 신민당에 득표율에서 1.1%p 뒤지는 패배를 당합니다. 그게 박정희 정권에 큰 충격을 주고요. 정부는 그해 말 신현확 부총리를 팀장으로 새 경제팀을 구축하고 이듬해 4월 경제안정화 종합시책을 내놓습니다. 김영삼 씨가 5월에는 선명야당의 기치를 내걸고 신민당의 총재로 선출되면서 반유신 투쟁을 시작하고 결국 10월 하순에 박 대통령의 피살로 유신체제가 붕괴됩니다. 양 공사님께서는 멀리 계셨지만, 이런 정세 변화에 대해 우려하시지는 않았나요.

난 1979년 초까지는 그런 국내 정세의 흐름은 자세히는 몰랐어요. 그래도 긴급조치 9호로 유신체제가 억지로 유지되고 있다는 것, 비유하자면 배가 높은 파도에 흔들린다는 것은 느끼고 있었어요.

그때쯤 박 대통령의 업무 열의나 집중력이 좀 약해진 거 아닌가 하는 생각도 했어요. 1976년에 내가 서울에 출장 와서 박 대통령과 마지막 점심을 먹었는데, 1977년에 출장 왔을 때는 박 대통령을 못 만났어요. 최규하 총리를 대신 만났어요. 그 전에는 박 대통령이 나에게 주미공사 일도 묻고 이러저러하게 잘 해 달라고 말씀도 하셨는데, 그해에는 그런 게 없더라고요. 그래서 박 대통령이 상당히 피곤하고 고단해 하시는구나 생각했어요. 최고 권좌에도 15, 16년이나 있었고 영부인도 비명에 가고 해서, 외롭고 사기가 저하된 거 아닌가 하는 느낌이 들었어요.

내가 1978년에는 한국에 안 왔어요. 1979년 2월에 서울에 왔을 때, 역시 박 대통령이 바빠서 일정을 낼 수 없다는 김계원 비서실장의 말씀을 듣고는 무언가 장벽이 있는가 보다고 생각했어요.

그때는 경호실장 차지철이 설쳐대서 박 대통령 주변에 장막을 쳤을 때였지요.

나는 그때 그런 것까지는 잘 몰랐어요. 여하튼 수출입은행장 발령을 받고 5월에 귀국했는데, 대통령께서 부르시질 않아서 인사를 못했어요. 그때 재무장관이 김원기(金元基) 씨인데, 그로부터 이야기만 전해 들었어요. 그가 수출입은행장 후보로 2명 이름을 써서 대통령께 갔더니 "이 친구가 해야 돼" 하면서 나를 지명하셨대요. 김원기 씨는 재무부에 있던 사람인데, 나보다 직위가 좀 위였지요. 뭐, 난 수출입은행장 된 거에 만족했어요. 정부를 떠났다는 데 대해서는 좀 아쉬운 느낌이 있었지만요. 취임 후 업무 파악했지요.

그런데 얼마 안 되어서 10월 26일 대통령이 시해 당했고, 그 후 혼란된 상태에서 내가 다시 정부에 들어간다는 소문이 있다고 해요. 난 지금 들어가면 뭐하냐고 생각했어요. 난 수출입은행장직도 1~2년 안에 그만두고 민간기업에 갈 생각이었어요. 지금과 달리 그때는 국책은행장 급여가 많질 않았어요. 수출입은행장 급여가 장관 급여와 같았어요. 세후로 가져가는 돈이 66만 원 쯤이었어요.

▮ 동력자원부 장관 취임식 1979.12.15, 동자부 강당

내가 아이들 대학 공부는 미국에서 시켜야겠다고 생각했는데, 그 급여로는 아이들 미국 유학을 시킬 수 없었어요. 주미공사로 있을 때는 아이들 교육비 부담이 없었죠. 나라에서 교육비 지원을 해 주었으니까요. 그런데 한국말도 잘 못하는 애들을 데리고 들어왔지요. 나중에 애들을 미국에 보내서 대학 교육을 시켜야겠는데 상당한 돈이 들겠고, 결국 내가 민간기업에 가서 월급 받아서 애들 공부시켜야겠다고 생각했어요.

그런데 12월 14일에 연락이 온 겁니다. 그날 약속이 없었어요. 자장면이 먹고 싶어서 자주 다니던 중국음식점에 운전기사와 같이 가서 자장면을 먹고 있었어요. 기사가 갑자기 들어옵디다. "행장님, 국무총리실에서 전화가 왔습니다. 전화를 빨리 해달랍니다" 해요. 그래서 중국음식점의 전화로 국무총리실에 전화를 하니 신현확 총리가 나와요. 나더러 동력자원부 장관을 맡으라는 겁니다.

내가 그런 거 할 준비가 안 되었다고 하니, 당신이면 충분히 할 수 있다고, 자기가 충분히 알아 본 것이니 아무 소리 말고 받으라는 거예요.

12.12사태 후이니 신군부의 입김이 들어간 내각 개편인데, 장관님의 경우는 신군부보다는 신현확 씨가 한 인사겠죠.

네. 그런데 나중에 한국은행 총재를 하는 김건(金建) 씨가 그때 수출입은행에 감사로 와 있었는데, 그이가 그 전날인가 내 방에 와서, "행장님, 입각한다는 소문이 꽤 믿을만한 데서 들립니다. 정말 가시겠습니까?" 해요. 내가 어디서 누가 그러더냐고 물으니, "군인들 계통에서 나온 말 같은데, 지금 같으면 안 하는 게 좋겠습니다" 해요. 나는 그다지 심각하게 생각하지 않고 그러냐고 했어요. 그 다음 날 입각 제의 전화를 받은 거예요.

그런데 막상 신현확 씨로부터 전화를 받으니 안하겠다는 소리가 안 나와요. 사실 그때 들어가면 몇 달 하고 나서는 물러나야 하는 게 뻔히 보이는데, 그렇다고 안 하겠다고 하는 건 너무 야박한 거 같았어요. 그래서 알겠다고, 하겠다고 대답했어요.

그런데 내가 비슷한 이야기를 들었던 게 있어요. 내가 쭉 같이 데리고 일했던 이선기 씨라고, 나중에 동력자원부 장관 한 이가 있습니다. 전에 이야기한 적 있을 겁니다. 그가 그때 조달청장이었는데, 내가 장관 발령받기 1주일 전쯤 나에게 이야기를 해 주었어요. 그 사람 아버지가 대구대학 학장을 했는데, 신현확 씨와 친분이 깊었어요. 그 인연으로 이선기 씨가 신현확 씨를 자주 찾아가고 모셨어요. 신현확 씨도 이선기 씨를 상당히 신뢰해서 개인적인 의논도 했나 봐요.

신현확 씨가 제2차 오일쇼크가 나서 동자부 장관 자리가 아주 중요해졌는데 누구를 시켜야 할지 모르겠다고 이야기를 했대요. 이선기 씨가 "아, 양윤세 행장 있지 않습니까" 했다는 거예요. 그랬더니 신현확 씨가 "아, 그래" 했다고 해요. 이선기 씨가 술이 잔뜩 취한 채로 날 찾아와서 한 이야기여서, 이야기 듣는 자리에서는 그다지 믿지는 않았어요.

관료가 장관 발령을 받으면 가문의 영광이라는 식으로 기쁠 텐데, 그때는 그렇지만도 않았겠습니다.

'이제 몇 달 하면 끝이로구나. 그 후에는 민간기업에나 가야겠다'고 생각하고 장관직에 취임했어요.

취임하고 가장 먼저 할 일은 석유류 현황을 파악하는 겁니다. 내가 석유재고 예측표를 만들라고 했어요. 깜짝 놀란 게, 앞으로 1달 이내에 석유저장량이 7일분까지로 줄어요. 우리나라에 유조선이 입항하는 일정 관리가 제대로 안 되어서 한참 뒤에 유조선이 들어오게 되어 있었어요. 그래서 내가 유조선 입항 일정을 당기라고 지시했어요.

게다가 쿠웨이트가 우리나라에 공급하던 원유가 얼마 뒤 끊기게 되었어요. 걸프사가 쿠웨이트에서 원유를 받아서 대한석유공사에 공급하고 있었는데, 쿠웨이트가 걸프사에 더 이상 원유를 안 준다는 거였어요. 아직 경험도 없는데 그걸 보니 큰일 났다 싶고 겁이 확 나요. 그때 석유파동으로 국민의 이목이 동자부에 집중되었는데, 내가 조금이라도 자신 없어 하거나 흐트러진 모습을 보이면 사태가 더 악화되겠더라고요. 그래서 겉으로는 여유 있게 웃고 자신감을 보였어요. 하지만 속으로 가슴앓이를 하는 겁니다. 그때부터 밤에 잠을 못 자는 불면증이 오고, 당뇨도 확 나빠졌어요. 주미공사 시절에 당뇨 진단을 받았거든요.

정말 큰 일 났는데, 내각에서 아무도 의논할 사람이 없어요. 자기 맡은 일만 신경 쓰지 다른 사람에게 도움을 주거나 받을 수가 없어요. 이한빈 부총리와도 의논할 수가 없었어요. 석유류 확보하라는 게 신현확 총리와 최규하 대통령이 내게 준 하명인데, 그분들에게 어떻게 할까요? 하고 물을 수도 없는 노릇이고요.

그때 우리나라에는 석유비축시설이 없었나요. 비축제도는 있지 않았나요.

비축제도는 있는데, 비축시설도 제대로 없고, 비축량이 거의 없었어요. 정유사에 소규모로 자체 저장시설 있는 거 말고는 별도의 비축시설이 없었어요. K1, K2라 해서 정부의 비축시설을 만들려는 계획이 있었어요. 그거에 박차를 가해야 할 상황이었어요.

여하튼 1980년 1월 4일에 시무식 하고, 바로 그 다음 날 중동 출장을 갔어요. 그때 사우디아라비아의 야마니 석유장관이 까마득히 높은 존재였는데, 그와는 만날 약속도 못 잡은 채로 출장을 떠났어요. 나는 원래 면담 날짜라도 잡고 가려고 그쪽 답변을 기다리던 중이었어요. 신현확 씨가 빨리 가라고 채근을 해서, 예약되기도 전에 그냥 떠났어요.

그 출장은 앞으로 어떻게 할지를 판단하기 위해서 간 겁니다. 박 대통령이 사우디아라비아에 방문하는 걸로 약속이 되었다가, 박 대통령이 돌아가시는 바람에 그 계획이 취소되었어요. 그래서 내가 최규하 대통령에게 사우디아라비아 방문하는 것을 추진하겠다고 미리 보고했어요.

처음에 사우디아라비아를 갔다가 쿠웨이트에 갔다가 다시 사우디아라비아로 갔고, 그 다음에 오만에 가고 인도네시아에 갔어요. 무작정 사우디아라비아에 갔는데 야마니가 어디 출장을 갔기에 며칠을 기다리기로 하고 쿠웨이트를 다녀왔어요. 오만은 원유 공급선을 늘릴 생각에 갔고, 인도네시아는 그때 가스 공급 건이 있어서 갔습니다.

그때 쭉 다녀 보니, 쉽진 않지만 석유류 물량은 확보할 수 있겠다는 판단이 들어요. 한국화약의 경인에너지(현 SK인천정유) 물량 중 1만 배럴이 사우디아라비아 원유였고, 그게 끊어질 위기였는데, 야마니와 협의해서 살렸어요. 그때 사우디아라비아에서 1일 23만 배럴을 칼텍스를 통해 호남정유(주)로 가져오고 쿠웨이트에서는 1일 15만 배럴을 걸프를 통해 공급받고 있었어요. 우리나라의 대한석유공사(현 SK이노베이션)나 호남정유(현 GS칼텍스) 같은 정유공장은 걸프, 칼텍스 등 미국의 메이저 석유회사를 하나씩 끼고 만들었는데, 이 미국 합작선이 원유 공급을 책임지고 있었어요. 우리는 원유 공급을 교섭해 본 적이 없었고요. 딱 한 번, 대통령 특별보좌관으로 남덕우 씨가 중동 다녀올 때 5만 배럴인가 따온 적이 있을 뿐입니다.

그 전까지는 걸프사가 쿠웨이트산 원유를 1일 15만 배럴씩 유공에 공급했어요. 그렇게 우리가 쿠웨이트로부터 원유를 공급받았는데, 그 후에 무슨 이유였는지 쿠웨이트가 걸프사와 틀어져서 그게 취소되었어요. 3월인지 4월까지만 공급되는 겁니다. 그걸 다시 살리려고 내가 쿠웨이트 석유장관과 교섭했어요.

앞으로 살리자는 쪽으로 협의했어요. 이번에는 우리와 쿠웨이트가 직거래하기로 하고요. 또 인도네시아와는 기존의 하루 1만 배럴에 새로 1만 5,000배럴의 벙커C유를 추가 공급하는 계약을 맺기로 했어요.

우리가 그때 1일 50만 배럴 정도가 필요했어요. 사우디아라비아에서 23만 배럴, 쿠웨이트에서 15만 배럴하면 38만 배럴인데, 그 밖에 쌍용이 이란에서 1일 7만 배럴 공급받는 게 있었어요. 극동이 1만 배럴인가 공급받았고, 베네수엘라에서 양은 작은데 고급유를 공급받고 그걸 국제시장에서 더 값싼 원유로 교환해서 들여 왔어요. 이런 것들을 합산해 보니 50만 배럴 정도 공급받을 수 있겠고, 그렇게 되면 그해에 현물시장에서 비싼 원유를 사지 않아도 되겠더라고요. 그때 산유국 직도입 가격과 현물시장 가격 사이에 배럴당 11달러인가 차가 있었어요. 1만 배럴만 해도 하루 11만 달러 차이입니다.

출장에 상당한 성과가 있었네요.

네. 그렇게 2주인가 출장을 마치고 귀국하니 공항에 기자들이 몰려나왔어요. 내가 다녀온 결과로 "가격은 정해지지 않았지만 물량은 확보할 수 있겠다는 전

1월 중동 출장 귀국 기자회견에 대한 신문보도의 헤드라인

"올해 원유 확보 낙관"(《조선일보》 1980.1.20)
"원유 공급 이상 없다"(《매일경제신문》 1980.1.21)
"원유 확보 전망 밝다"(《동아일보》 1980.1.21)
"원유 확보 무난하다"(《경향신문》 1980.1.21)

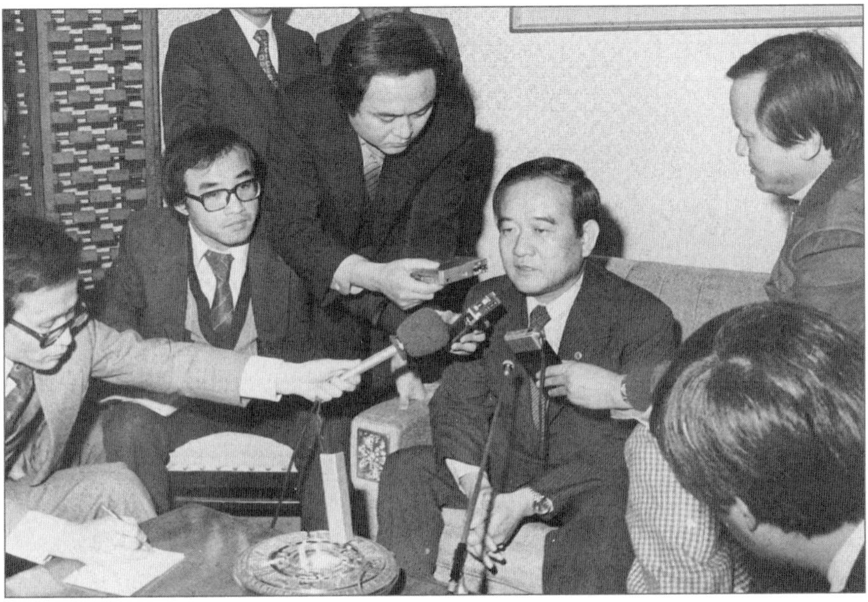

▮첫 번째 중동 및 인도네시아 출장 후 귀국 기자회견 1980.1.19, 김포공항

망이 섰다. 나머지 상세한 것은 위에 보고하고 발표하겠다"고 말했어요. 그랬더니 내가 공항에서 기름 확보에 아무 문제없다고 큰소리친 걸로 보도가 되면서 혼선이 생겼어요. 그게 청와대에 보고가 되어서 최규하 대통령이 조사해 보라고 했다 하고, 신현확 씨는 내가 기자회견한 녹취본까지 틀어 보고서야 와전된 걸 확인했다고 했어요. 그렇게 다들 신경이 예민한 상태였어요.

그런데 출장 후 귀국하시고 열흘 쯤 된 1980년 1월 29일에 정부가 석유가격을 59.43%나 한꺼번에 올려서 큰 논란이 벌어졌습니다. 국내 정유회사에게서 요청받은 것(45% 인상)보다도 훨씬 더 인상했다는 지적이 있었습니다. 국제 석유가가 그 후로도 더 인상될 것으로 보고, 그때까지의 실제 인상 요인보다도 훨씬 더 인상한 것인가요? 그게 아니면 여러 석유 도입 가격의 평균치가 아니라 가장 비싼 28.8달러를 기준으로 해서 인상했다고도 하던데요. 왜 59%인지 설득이 안 된 것 같습니다. 그 전해 7월에도 59% 인상하지 않았습니까. 1년 새 156% 인상입니다.

그때 가장 비싼 도입 가격을 기준으로 할 수밖에 없었어요. 이란에서 도입하는 게 28.8달러로 가장 비쌌어요. 석유 도입처가 여러 군데인데 도입가가 제각기 달랐어요. 얼마 안 가서 다른 도입 가격도 그렇게 올라서 곧 평균 도입가가 28.8달러 수준도 넘어설 전망이었어요. 석유 도입 가격이 오를 때마다 계속 올릴 수는 없잖아요. 그러니 향후 전망치를 기준으로 올릴 수밖에 없었어요. 인상 시점에서 실제 평균 도입가보다 좀 높게 기준(28.8달러)을 잡아서 가격을 매기면, 그 후 국제원유가가 계속 올라서 도입가가 28.8달러를 넘더라도 한동안은 버틸 수 있으니, 그렇게 가장 비싼 도입 가격을 기준으로 인상한 겁니다. 석유가가 아무래도 북반구 겨울에 비싼데, 한동안 버티면 겨울이 끝나고 석유가가 안정되리라 본 겁니다.

이게 부당하게 보일 수도 있지만, 그럴 사정이 있었어요. 내가 장관에 취임해서 처음 파악해 보니 석유비축량이 곧 1주일분밖에 안 남게 되었다고 했잖아요. 이 문제를 시급히 해결하기 위해, 우선 유조선이 국내에 들어오는 일정을 최대한 당겨서 한꺼번에 들어오도록 했어요. 한 달 분량을 비축하는 걸 목표로 했어요. 또 석유비축기금으로 석유를 비축하기로 되어 있는데, 국내 유류 가격이 너무 싸서 그 기금을 적립하지 못했어요. 유류 판매 가격이 도입가에 대해 좀 여유가 있어야 기금을 적립할 수 있잖아요. 또 석유안정기금이라는 것도 적

▮국회 상공위에서의 한병채 의원 질의 청취 1980.2.5.

립금이 얼마 없었어요. 이건 국제원유가가 급변동해도 국내 석유 가격이 급격히 등락하지 않게 하는 겁니다. 원유가가 쌀 때 기금을 적립해 두었다가 원유가가 올라도 석유류 가격을 올리지 않고 이 기금에서 손실분을 보전해 주는 거였어요. 이런 상황에서 기름값을 올려서 우선, 양대 석유기금을 적립할 수 있게 하고, 둘째로 석유 소비를 억제하자는 것이었어요. 동자부 석유국에서 계산해 보니 59% 올리는 게 맞겠다고 판단했어요.

그런데 신문 비평기사를 보면, 우리 정부가 국제 석유시장의 동향을 잘 몰라서 현물을 가장 비쌀 타이밍에 가장 비싸게 샀기 때문에 고율 인상한 것이라고 했습니다. 현물시장 도입 비중을 20%로 잡고, 그 가격을 40달러로 전망(그 무렵 현물시장 가격이 떨어져서 배럴당 30달러)해서 도입기준가 28.8달러를 잡은 거 아니냐고도 했습니다(《조선일보》 1980.1.29;

1980.2.2). 그래서 다른 수입국보다 훨씬 더 고율 인상이었던 건가요?

전임 장관 때 어떤 경우가 되면 현물시장에서 구입하기로 계약한 일이 있었는데, 실제로 현물시장에서 원유를 구입한 일은 없었습니다. 내가 장관 취임해서는 필요 없다고 보고 취소시켰어요. 내가 담당 직원에게 "현물시장 도입 계약을 해약할 수 있냐?"고 물으니 그가 "해약할 수 있다"고 답했고, 그래서 해약하라고 지시한 일이 있습니다. 그러니 현물시장 도입분 때문에 평균 도입 단가가 어떻게 올랐고 그를 기준으로 해서 석유가를 인상했다는 보도는 잘못 쓴 겁니다. 소설이나 마찬가지예요.

여하튼 이 석유가 인상 때문에 국회에서 난리가 났어요. 내가 2월 초 국회에서 엄청나게 비판을 받았어요. 야당의 한병채 의원이 첫 질문자로 나서서, 이번 인상으로 2,000억 원인가를 조성해서 신현확 총리가 만들려 하는 신당의 조직기금으로 하려는 게 아니냐고 질문해요. 난 언어도단이다, 말도 안 된다고 했지요. 구체적인 답변은 하지도 않았어요. 이런 공세가 꼬리를 물고 이어집니다. 상공위원회 사흘 동안 견딜 수가 없었어요. 신문 기자들도 마구 공격을 해댔고요. 그래서 도저히 안되겠어서, 그때 야당에서 말발이 셌던 최형우 의원에게 이거 빨리 끝내달라고 요청했어요. 최형우 의원이 그렇게 하겠다고 하고 당내에서 논의해서 정리해 주었어요. 그 후로는 조용해졌습니다.

2월 하순에는 유가 인상 논란이 수그러들고 다시 물량 확보 문제가 대두되지 않았나요. 4월부터 쿠웨이트에서 원유 직도입을 해야 하는데 쿠웨이트가 하루 생산량을 줄이기로 해서 도입 전망이 불투명해졌다고 하던데요.

1월 출장에서 확인한 건 물량 전망치였고, 이걸 확정지어야 했어요. 확정 지으러 출장가서 교섭할 필요가 있었습니다.

이렇게 석유 물량 확보 문제가 대두하자 정부가 민간 업계에 원유 도입 교섭을 다시 하도록 했는지요. 2월 21일자 《신아일보》를 보면, 본래 1979년 하반기에 삼성, 선경, 효성, 경인에너지, 금문 등 민간기업이 산유국 교섭에 앞장섰으나, 산유외교에 혼선을 가져온다는 이유로 양 장관님 취임 후 활동을 중지시켰는데, 이제 2월 중순 혹은 하순에 다시 민간 업계로 하여금 다시 활동토록 지시했다는 겁니다. 기자는 이것이 "물량은 정부가 직접 확보하겠다"고 장담해 온 입장에서 크게 후퇴한 것이라고 썼습니다. 2월 20일경 정말로 이런 입장 변화가 있었는지요.

나는 정부 대표로서 직접 확보하려 했지, 민간도 나서서 원유 확보하라고 한 일이 없습니다. 그건 기자 맘대로 쓴 기사입니다. 어쨌든 2월 하순에 중동 출장을 가라는 지시가 신 총리에게서 다시 떨어졌어요. 공급계약을 맺으라는 거죠. 그래서 새 출장을 3월 초에 또 떠났어요.

사우디아라비아와는 종전의 23만 배럴을 그대로 보내고 경인에너지에도 1만 배럴을 공급하는 것으로 합의했어요. 쿠웨이트와의 15만 배럴 중 10만 배럴은 에버 그린(ever green)이라고 해서 전과 같이 계속 공급해 주기로 했고, 5만 배럴은 배럴당 2달러 50센트씩 웃돈을 얹어 주고 공급받기로 했습니다. 또 한전이 쓰는 벙커 C유는 인도네시아에서 1만 5,000배럴씩 공급받기로 했어요. 이제 이란에게서 7만 배럴인가를 공급받으면 되는 겁니다.

그래서 이란을 갔어요. 이란에는 그때까지 한국에서 장관급이 간 적이 없었어요. 그런데 이란에는 북한에서 나와 있었거든요. 이란 공항에 도착했더니 비행장에 경찰 사이드 카 1대와 오토바이 2대, 경관 6명이 나와서 신변 보호를 합디다. 다음 날 아침부터 내가 움직이려 하면 이북 공사 쪽에서 나를 미행해요. 그래서 경호를 했던 거예요. 내가 화장실을 가도 따라와서 경호를 해 주었어요.

이란 측이 쌍용정유에 몇 백만 달러 정도 투자했는데, 투자금을 회수하겠으니 쌍용이 2,000만 달러를 내놓으라고 했습니다. 나는 "이건 민간기업에 대한 투자 문제이기 때문에 얼마를 돌려 줄지 한국 정부가 결정할 수는 없다. 우리는 달러 환금만 해 줄 수 있다. 너희와 쌍용이 일단 교섭해서 결과를 가져오면, 우리가 달러 환금을 해 줄지 말지를 판단하겠다"고 했어요. 그리고 우리에 대한 원유 판매가격을 2달러 얼마 올려 달래요. 28달러 80센트인가가 되요. 그렇게 하겠다고 했어요. 20일가량의 장기 출장에서 그렇게 하니 원유 물량 확보 문제는 해결되었어요.

3월의 중동 출장으로 석유 물량 문제가 일단락되었다는 말씀이지요. 그런데 양 장관님이 출장 중이던 3월 15일, 정부가 석유사업법의 석유수급조정명령권을 발동해서 정유사들에게 알아서 원유를 확보하라고 지시합니다. 언론에서는 장관님의 이 산유국 순방이 별다른 성과가 없기 때문에 나온 석유 확보 비상책이라 논평했습니다.

내 출장이 별다른 성과가 없었다는 이야기는 잘못된 겁니다. 이미 우리나라에 필요한 물량은 충분히 확보했어요. 정부 외에 정유사 등도 석유 물량 확보에 나서라는 3월 15일의 이 조치는 내 출장 중에 나도 모르게 발동된 것입니다. 그게 엉뚱한 결과를 가져온 것으로 기억해요. 정부가 이 조치에 따라 선경(현 SK)

석유사업법(1977.12.31 시행)상 석유수급조정명령 규정

제17조(석유수급등의 조정) 동력자원부 장관은 석유수급계획의 실시에 중대한 지장이 생기거나 생길 우려가 있다고 인정할 때 또는 국제 석유사정의 변동으로 인하여 국내 소요석유의 확보가 곤란하다고 인정할 때에는 석유수급의 안정을 기하기 위하여 석유정제업자 · 석유수출입업자 또는 석유판매업자에게 다음 각호의 조정에 관한 명령을 할 수 있다.
… 5. 석유의 도입방법 및 수출입에 관한 조정 …

의 최종현 씨에게 원유 수입 권한을 준 겁니다.

내가 순방 거의 마치고 홍콩에 왔어요. 그 다음 날(3월 21일) 귀국하는 겁니다. 동자부 유각종(劉珏鍾) 차관이 나에게 전화를 했어요. 그날(3월 20일) 정부가 선경에게, 정부를 대신해서 원유를 확보하라는 위촉장 같은 것을 주었다고 해요. 총리의 지시에 따라 부총리가 자기 명의로 발급했다는 겁니다. 이건 있을 수 없는 일입니다. 우선, 석유수급조정 명령권자는 동자부 장관, 그러니까 나입니다. 내가 바로 석유 물량을 확보하는 출장 중이고 일이 잘 되고 있는데, 나와는 한마디 상의도 없이 그런 명령을 내려서는 안되지요. 내가 연락 두절된 것도 아니잖아요. 그러니 그 위촉장은 법적으로는 무효입니다. 게다가 외국에서 정부를 대신하는 것은 대사관 외에는 있을 수가 없어요. 정부를 대신하는 대리인, government agent라는 건 없어요. 그런데도 우리나라에서는 그때 선경에게 정부 대리인 자격을 준 겁니다.

귀국 후 내가 신현확 총리에게 "내가 하루 이틀이면 돌아오고 원유 확보도 다 했는데, 왜 그런 걸 선경에 써줍니까?" 하고 항의했어요. 사표까지 써서 갔어요. 그의 대답이, 내가 돌아오면 반대할 줄 알고 그 전에 미리 했다는 거예요. 선경에게 그 위촉장을 주기로 이미 결정한 것이지요. 또 이한빈 부총리는 자기는 아무것도 모르고 신 총리가 하라고 해서 그 문서를 발급해 주었다고 했어요. 신현확 씨가 이승만 정부의 부흥부 장관일 때 이한빈 씨가 재무부 예산국장이었어요. 1979년 말에 이한빈 씨를 부총리로 발탁한 것도 신현확 씨였고요. 그래서 이씨가 신씨 말을 잘 들었던 것으로 압니다.

평상 시의 정부 같으면 이런 일이 일어나지도 않았을 것이고, 또 내가 당연히 문제 삼았을 겁니다. 그런데 그때 나라 사정이 어지러운데 그걸로 더 복잡하게 만들 수도 없었어요. 그 후 신 총리는 나를 진정시키려 했는지, 총리 주재의 무슨 저녁 행사마다 나를 불렀어요. 아마도 신문 동정을 보면, 동자부 장관이 갈 자리가 아닌데도 내가 참석한 행사 기록이 있을 겁니다.

신현확 씨는 왜 선경 쪽에 기울었을까요.

그때 신군부가 권력을 장악하려고 했을 때잖아요. 신씨가 신군부와 좋은 관계를 맺으려 한 것이라고 생각합니다.

어쨌든 3월 15일의 석유수급조정명령이 명령권자인 장관님과 아무런 상의 없이 내려졌다는 말씀입니다. 그런데 사우디아라비아 출장 중에는 그 문제로 사우디아라비아와 교섭하신 게 없는지요.

내가 사우디아라비아 출장 중에 그 건으로 사우디아라비아 측과 논의한 게 있습니다. 선경은 커미션을 사우디아라비아 석유광물공사에게 주는 게 아니라 그 회사의 부회장 개인에게 준다고 했어요. 이름도 기억하고 있어요. 자말자왈이에요. 내가 이 3월의 사우디아라비아 방문 중에 그 사람을 만났어요. 그가 나에게 한국 측 석유 도입처로 선경을 지명해 달라고 했어요. 그러면 자기들이 일하기가 쉽대요. 내가 아무 답변도 안 했어요.

바로 이어서 내가 야마니 석유장관을 만났을 때, "자말자왈이 나에게 한국 측 석유 도입처로 선경을 추천해 달라고 하더라. 당신은 어떻게 생각하느냐?" 물었어요. 그가 눈을 껌뻑껌뻑하더니 "It rings a bell" 해요. 어디서 들어 본 소리라는 겁니다. 그리곤 선경이 민간회사 아니냐고 물어요. 내가 그렇다고 하니, 야마니는 그러면 곤란하다, 자기네는 일반 상사와는 거래하지 않는다고 해요. 그날 저녁에 야마니 공관에서 나를 환영하는 파티를 열었어요. 관계자가 전부 참석했는데 자말자왈이 빠졌어요. 그는 당연히 참석해야 할 사람이고 좀 전에도 나를 만났는데 안 온 거예요. 그래서 야마니와 자말자왈 사이에 무슨 농간이 있지 않나 하는 생각도 들었어요. 야마니가 나에게는 자기네가 정부만 상대한다고 말했지만, 자말자왈과 이미 이야기가 된 게 아닌가 하는 겁니다.

여하튼 그때는 선경의 석유 도입이 성사가 안 됐어요. 내가 자말자왈이 하자는 대로 안 해서 선경 건이 성사되지 않은 게 알려졌겠죠. 그러니까 내가 출장 중인데 급히 서울의 총리, 부총리가 선경에게 석유 수입 위촉장을 발급해 준 것이겠지요.

아, 그런 내막이 있었나요. 사우디아라비아 석유광물공사의 자말자왈 부회장과 선경의 최종현 씨 간에는 아주 돈독한 관계가 맺어졌나 봅니다.

최종현 씨가 그 사람을 붙잡느라고 엄청나게 공을 들였대요. 신 총리가 그렇게 이야기를 합디다. 내가 나중에 민간 건설회사 고문으로 근무할 때 보니까, 우리나라 건설회사들이 중동에서 사업할 때 그쪽 유력자들에게 가정부를 대주고 뭐 온갖 것을 다 해 주더라고요.

여하튼 이 조치로 정유사만이 아니라 특정 민간회사, 종합상사가 원유 수입을 할 수 있게 한 것인데요, 선경만 원유수입권을 받았나요, 아니면 다른 종합상사도 그런 위촉장을 받았나요.

원유수입권은 종합상사 중 선경에게만 준 것으로 기억해요. 삼성에게도 써준 게 있는데 그건 원유수입권을 준 게 아니었어요. 최종현 씨가 이미 그 전에 1월인가 2월 초에 나를 찾아와서는, 자기네가 원유를 공급하되 수입단가에 12% 마진을 붙이겠다고 한 적이 있어요. 왜냐고 했더니, 사우디아라비아에서 원유를 확보하면서 5% 정도는 커미션으로 주고, 나머지 7%로 자기네 경비 쓰고 이익 먹겠다는 거예요. 나는 정부가 직접 원유를 확보하면 그런 마진 안 붙여도 되는데, 왜 민간기업을 중간에 끼워 넣어서 원유수입가를 비싸게 하겠냐고 했어요. 나로서는 동의할 수 없는 거죠. 그래서 내가 그에게 원유 수입 문제에서 손 떼라 했어요. 그런데 그가 안 뗐던 겁니다. 내가 그때 몰랐던 것인데, 선경에서 이미 신군부 군인들과 통하고 있었어요. 난 그 내막을 알았더라도 선경에게 손 떼라고 했을 겁니다.

여하튼 3월 출장에서 내가 사우디아라비아의 야마니와 호의적인 관계를 맺었어요. 그래서 사우디아라비아에서 추가 물량을 도입하면, 그때 가장 비싸게 들여 오던 이란 석유를 대체할 계획이었어요. 이란에서 1일 7만 배럴 들여 왔는데 배럴당 28달러 80센트인가 했어요. 그렇게 하면 평균 원유 도입가가 낮아져 국민 부담이 줄어들지요.

그런데 선경이 끼어들어서 전체 원유 도입가가 올라가게 된 거잖아요. 그러자 삼성도 나에게 자기에게도 같은 원유 수입 위촉장을 달라고 하더라고요. 난 내가 발급한 게 아니니 나에게 얘기하지 말고 그거 발급해 준 사람에게 요청하라고 했습니다.

석유 물량 확보가 시급했던 상황이니, 정부도 그 일을 하겠지만 정유사도 노력하라는 것으로 3.15조치를 이해할 수는 없을까요.

그때 뭐 하루에도 원유 수백만 배럴이 왔다 갔다 했습니다. 누구누구가 어디서 원유를 대량으로 들여 올 수 있다는 이야기가 나에게 수없이 들어왔어요. 사기꾼 같은 이야기도 많았지요. 그때가 세계 석유파동기라 해도 하루 수백만 배럴도 수입할 수 있어요. 대신 커미션이 붙어서 석유값이 훨씬 비싸지지요. 모리배에 가까운 이들이 그 기회에 돈벌이 좀 하자는 거였지요.

하지만 우리 정부가 원유 물량도 확보 못할 정도로 무능하지는 않았죠. 내가 산유국 가서 좀 뛰고 고생하면 충분히 물량 확보할 수 있었습니다. 그런데 정부도, 민간기업도 다 원유 수입하겠다고 뛰어들면 원유 도입가만 올라갑니다. 그때 산유국 카르텔인 석유수출국기구(OPEC)에서 석유가격을 결정해서 공시했습니다. 그 이하로 팔지 말자고 담합한 것이니, 최저 가격이죠. 우리 같은 원유소비국은 그 가격에 수입하는 게 최선입니다. 그러려면 정부가 각 산유국 정부와 직접 교섭해서 그 가격에 물량을 확보해야 합니다. 그런데 정부가 공인한 수입선 외에 민간기업도 산유국에게 물량을 달라고 나서면, 산유국은 그냥 안 줍니다. 선경 측이 나에게 말한 것처럼 커미션을 얹어 줘야 하고 그러면 석유 도입 단가가 올라가지요. 민간 직도입은 정부 간 직도입보다 가격이 비쌀 수밖에 없습니다.

네, 민간기업이 나서면 안되는 분명한 이유가 있었군요. 그런데 양 장관님이 출장 귀국 후인 3월 24일 출장 성과에 관한 기자회견을 했습니다. 지금 증언하신 바와 같이, 상반기에 필요한 석유 물량은 확보했다고 하셨습니다. 그런데 민간 상사의 원유 도입 건에 관해서, "적정 가격으로 도입할 경우 원칙적으로 이를 허용할 방침"을 밝히셨습니다. 이는 선경에 이미 석유 수입 위촉장이 발급되었으니, 이를 뒤집을 수는 없고, 민간상사의 도입가격 여하에 따라서는 허용할 수도 있다는 말씀이었는지요.

그건 민간상사에 석유 수입을 위촉한 게 못마땅한 일이라고 표현한 겁니다. 민간상사가 사우디아라비아와 석유도입 계약을 해도 그 석유를 사는 이는 유공이고 결국은 정부니까, 살 사람이 받아 주지 않으면 못 들여 오는 겁니다. 그 때는 나도, 석유공사도 굳이 12%니 뭐니 하는 커미션이 붙은 원유를 살 생각이 없었어요. 국제 원유가에 커미션이 붙으면 적정 가격이 될 수 없죠. 허용하지 않겠다는 것을 완곡하게 표현한 겁니다.

《중앙일보》도 그러한 취지로 보도했습니다. 즉, 장관님은 민간이 정부와 협력해서 원유를 들여 와야 할 것이라고 밝혀서, 민간상사에 의한 산발적인 원유 도입 교섭에 대해 부정적이었다고 했습니다. 하지만 3월 25일자 《서울경제신문》은 「삼성, 선경에 현물수입토록 추천」이라는 부제의 기사에서 장관님이 종합상사를 내세운 민간 직도입을 활성화하려고 우선 삼성물산과 선경에 대해 원유 수입 추천을 해 줬다고 밝혔다고 했습니다. 어느 쪽이 맞나요. 그날 회견에서 선경과 삼성이 현물 수입을 할 수 있게 추천해 주었다고 밝히셨나요.

내가 선경과 삼성물산에 원유수입권을 주었다고 말한 일이 없습니다. 그런 기억이 없어요. 그때 내가 굉장히 화가 나 있었어요. 내가 어렵사리 원유 확보를 하고 있는데 난데없이 부총리 명의로 선경에 원유수입권을 준다고 한 것 때문에요. 그런 상태인데 정부가 선경에 원유수입권을 주었다고 애써 밝힐 이유가 없지요. 아마도 《중앙일보》 기사가 좀 더 사실에 가까울 거 같습니다. 선경에 원유수입권을 준 것은 사실이니, 선경이 원유를 수입할 경우에도 정부 및 유공과 협력해야, 동의를 얻어야 한다는 취지로 말했을 겁니다. 각 신문마다 기사 내용이 다른 것은 기자가 제멋대로 쓴 것을 뜻합니다. 내가 명확히 밝혔으면 모든 신문이 주 발표 내용은 동일하게 썼겠지요.

네, 장관님께서 밝히지 않은 내용도 기자가 추측해서 쓴 것이라 하겠습니다. 아무튼 선경이 이제 석유수입권을 얻었으니, 산유국에서 볼 때는 같은 나라에서 정부도 달라, 민간기업도 달라는 상태가 되었습니다. 그로 인해 문제가 발생한 것이죠?

그렇습니다. 5월 쯤 되어서 혼선이 생겼어요. 내가 3월 출장에서 사우디아라비아의 야마니 석유장관에게 앞으로 한국이 사우디아라비아로부터 원유를 들여 오는 창구는 대한석유공사라고 밝혔고, 또 그걸 분명히 하려고 서한까지 써서 주었거든요. 사우디아라비아에 대한석유공사 주재원도 있었어요. 하지만 며칠 후에 선경도 자신이 원유 수입에 관한 한국 정부의 대리인(agent)이라는, 부총리 명의의 문서를 사우디아라비아 정부에 냈습니다. 그러니까 야마니가 우리 정부(외무부)에 문의를 했어요. 두 문서 중 어느 문서가 맞느냐, 어디가 원유 수입 창구냐는 것이죠. 주 사우디아라비아 한국대사관이 그 문의에 대해서, 부총리 명의 문서가 동자부 장관 명의의 문서보다 우선한다고 회신했어요. 내 장관 전임자인 장예준 씨가 주 사우디아라비아 대사였어요. 야마니는 나에게 자신이 그런 답변을 받았다고 알려 주었어요. 나와는 대한석유공사를 통해서 수입한다고 합의했는데, 이제 그걸 변경하게 되었으니 내 양해를 구하는 것이죠.

그때 정부의 일처리 방식은 수긍하기 어렵네요. 한 민간기업주가 모리(謀利)를 하도록 정부가 판을 깔아 주는 거네요. 왜 여러 정부 관계자가 그렇게 일처리를 했는지요. 박 대통령 서거 후 행정부가 와해된 느낌입니다.

그 내각은 지금 우리가 알고 있는 내각과 다릅니다. 본래는 내각이 하나의 그룹이 돼서 서로 협조하고 옹호하는 유대감이 강해야 하는데, 그때는 그렇지 않았어요. 각자 책임제입니다. 내가 믿을 곳은 아무 데도 없고 보고 채널만 있어요. 난 총리에게만 보고했어요. 특히 오일쇼크로 유가가 인상되어 국민이 큰 어려움을 겪을 때라 석유 문제에 대해서는 사람들이 민감하게 반응했기 때문에 비밀로 취급했어요. 같은 내각 안에서 장관끼리도 서로 모르게 일했어요.

▮ 인도네시아 광업에너지 장관 부부 내한 환영 1980.3.25, 김포공항

이 문제는 조금 후에 다시 여쭙겠습니다. 장관님은 4월 하순에 강원도 정선의 동원탄좌 광부들의 소요사태, 일명 사북사태 때문에 정선에도 가셔야 했습니다. 정부는 광부에 대한 처우 개선을 발표했고, 5월 초에는 그 영향이겠는데 연탄값과 석탄값을 각기 35%, 41%나 올렸습니다. 여기저기에서 문제가 터져서 정말 힘드셨겠습니다.

네. 그동안 마음 고생한 거 때문에 당뇨 수치가 엄청 높아졌어요. 그런데 5월 들어와 출장 건이 또 생겼어요. 신현확 총리가 김우중 씨와 의논한 결과인데, 신현확 씨가 나더러 석유수입선을 다변화하기 위해 나이지리아에 출장가라고 했어요. 그때 우리가 나이지리아와 막 국교를 맺었습니다. 아직은 공사만 파견해 두었고요. 수교할 때 대우가 막후에서 역할을 좀 했어요. 신 총리는 나에게 그때 영향력이 크다는 나이지리아 대통령 특보를 만나 원유 공급을 협조 받을 수 있게 해 보라 했어요. 난 '아니 급할 게 뭐 있느냐. 국내에 필요한 물량은 이미 확보했다. 나이지리아에는 대통령 사우디아라비아 순방을 수행하고 나서 가도 된다'는 입장이었어요. 하지만 신 총리가 당장 가라고 재촉하는 걸 거역할 수 없었어요. 그래서 한준호라는 내 비서관–지금 삼천리그룹 회장입니다–과 둘이서 5월 초에 나이지리아 출장을 떠났습니다.

나이지리아와는 그때까지 석유 거래가 없었어요. 나이지리아 대통령도 만나서 우리와 석유 수출입 거래를 하는 걸로 합의를 봤습니다.

그런데 내가 출장 출발하기 전에 김우중 씨가 나에게, 나이지리아 정부 당국자를 만나면 나이지리아와 한국 간의 거래를 대우가 독점하도록 이야기를 해 달라고 했어요. 난 그럴 수 없다고 했어요. 나이지리아와 수교하는 과정에 대우가 기여를 좀 했다고 해서, 우리 정부가 나서서 대우에게 나이지리아 무역 독점권을 주자고 할 수는 없잖아요. 그래서 난 나이지리아 당국자를 만나서, "한국과 나이지리아 간 석유류 거래에서는 한국의 석유공사나 외무부가 직접 교섭을 한다. 다만 그밖의 순수한 민간 상업 거래는 대우가 할 수 있다"고 공식 서한을 나이지리아 측에 주었어요. 대우는 좀 실망했겠죠. 대우가 내 출장 숙박비를 내면 문제가 될 수도 있기 때문에, 한준호 비서관에게 아침 일찍 6시인가 호텔 숙박비를 물게 하고 떠났어요. 그렇게 귀국해서는, 다음 날(5월 10일) 특별기 타고 곧바로 대통령과 사우디아라비아 순방을 떠났어요. 그때 한국에서 한창 민주화 데모가 벌어질 때인데 난 거기에 대해서 전혀 몰랐어요.

네, 1980년 서울의 봄 때에는 제가 대학교 2학년이었는데, 그 기억이 생생합니다. 5월 초

▌최규하 대통령의 사우디아라비아 할리드 국왕 방문 1980.5.11, 리야드의 사우디아라비아 왕궁 – CET0014495

는 학생들이 '비상계엄을 해제하라'는 시위를 교내에서 한창 하다가 교외 가두시위로 전환하려던 무렵입니다. 5월 14, 15일 양일에 서울역 앞에 서울 시내 대학생들이 가득 모여서 대규모 시위를 벌였고요. 시국을 둘러싼 긴장이 최고조에 달했을 때입니다. 여하튼 사우디아라비아 순방의 구체적 성과는 무엇이었나요.

그때만 해도 국가원수가 다른 나라를 방문할 때 구체적인 성과를 바라는 것은 사리에 맞지 않았어요. 말하자면 레일을 깔아서 기차가 제대로 다닐 수 있게 여건, 분위기를 조성하는 것이지, 무슨 구체적인 성과를 따지는 것은 적절하지 않았습니다. 우호 관계를 잘 성립시켜서 앞으로 한국에서 요청하면 잘 고려해 주기로 약속하는 걸로 끝냈던 겁니다.

예정보다 하루 당겨서 16일 밤늦게 귀국하셨지요.

사우디아라비아, 쿠웨이트 순방 중 급히 귀국한 날이 5월 16일이었어요. 본래 그날 말레이시아 페낭에서 하루 쉬고 돌아오기로 되어 있었어요. 그날 아침에 최규하 대통령이 나와 유병현 합참의장과 함께 아침식사를 하면서, 데모가 심한데 어떻게 하면 좋겠냐고 묻습디다. 나는 일상적인 데모로만 알고 있었어요. 나중에 5.18까지 날 수도 있는 심각한 사태인 줄은 몰랐어요. 유병현 씨는 "하루라도 빨리 돌아가시는 게 좋겠습니다" 했어요. 최 대통령이 나에게도 묻기에, 나는 "늘상 있는 데모인데 대통령께서 순방 일정까지 단축하면 국민들에게 오히려 불안감을 조성하지 않겠습니까. 예정대로 하시는 게 좋겠습니다" 했어요. 여하튼 단축해서 돌아와서 보니까 내가 잘못 본 거였어요.

다음 날 17일, 토요일 밤에 계엄령을 제주도까지 확대한다고 결의하는 국무회의가 열렸어요. 난 안건이 뭔지도 모르고 참석했어요. 그리고 19일 월요일에 국무위원 일괄 사퇴하는 데 서명하라고 해서 서명했고, 22일인가 23일에 사표가 수리되었어요. 그렇게 장관 임기가 끝났어요. 속이 시원합디다. 그 짧은 기간 동안 어찌나 신경 많이 쓰고 몸이 망가졌는지, 장관 그만두어서 섭섭한 게 아니라 아주 속이 후련했어요.

그런데 박정희 대통령이 약속했다가 취소된 순방을 다시 살린 것입니다만, 당시 대통령이 순방을 꼭 갔어야 했나요. 신군부가 권력을 완전히 장악할 기회를 엿보고 학생들은 비상계엄 해제를 요구하는 대규모 시위를 벌여서 시국이 긴박해지던 때였지 않습니까. 당시 《조선일보》(1980년 5월 7일자) 만평에는 중동에서 '오시오' 하니 '우리가 고맙소' 하는 것으로 묘사하기도 했습니다. 또 신군부가 5.17 쿠데타 후 새로 임명한 동자부 장관은 군 출신의 유양수(柳陽洙) 씨였는데, 대통령이 가야 할 만큼 석유 확보 문제가 그렇게 심각했다면, 군 출신을 양 장관님 후임으로 임명하지는 않았을 것 같습니다. 이런저런 사정을 감안하면 최 대통령의 중동 순방이 의외랄까 좀 한가하다고까지 생각됩니다. 혹시 신군부 쪽에서 최 대통령을 중동에 일부러 보내려 했던 건 아닌가요.

난 떠나기 전에 국내 시국이 얼마나 긴박한지도 몰랐어요. 난 석유 확보 문제가 워낙 위중했기 때문에 거기에 몰두해서 임기 중 거의 절반을 해외 출장갔던 데다 특히 중동 순방 직전에 나이지리아 출장을 갔기 때문에 더 그랬고요. 그런데 대통령이 중동에 가기로 이미 약속을 했기 때문에 갈 수밖에 없었어요.

단지, 가기로 약속했기 때문에 가야 했나요.

아니요. 그때는 석유 수입 물량을 확보하는 게 아주 중요해서, 대통령이 산유국을 돌면서 길을 닦을 필요가 있었어요. 긴박한 상황이기 때문에 좋은 관계를 유지하기 위해서 가야 했던 겁니다. 특히 내가 3월 사우디아라비아 출장 때 야마니 장관과 향후 공급 물량을 늘리자고 했는데, 다음 번의 대통령 순방 때 우리 유공과 사우디아라비아 석유광물공사가 그 합의서에 서명하면 되겠다고 생각했습니다. 그런 의도로 이미 사우디아라비아와 약속을 잡은 거였어요. 그러니 가야 했습니다. 물론 선경이 원유수입권을 받고 그걸 사우디아라비아가 인정하는 바람에 유공과 사우디아라비아 석유광물공사가 합의서 서명할 일은 없어졌지요.

5.17 후에 내각이 일괄 사표를 냈는데, 그중 일부는 사표가 반려되어 유임되

었어요. 내 기억으로는 호남 출신만 남고, 다 바뀌었습니다. 내 후임 유양수 씨는 실은 나보다 까마득한 선배입니다. 5.16 후 국가재건최고회의 위원, 재경위원장까지 했습니다. 내가 육군 중위일 때, 그는 소장이었어요. 내가 기획원 과장일 때, 그는 기획원 장관을 부리는 지위에 있었어요. 군 출신이지만 그 전에 필리핀, 월남, 오스트리아, 사우디아라비아, 카타르 대사 등 오랜 외교관 경력이 있어요. 일 처리도 매우 합리적입니다. 그때 동자부 장관을 하는 데 전혀 문제가 없는 분입니다.

최 대통령의 중동 순방에는 청와대 비서실, 총리실, 외무부 등 여러 기관이 관여했을 텐데요. 순방을 적극적으로 추진한 기관이나 인물은 없었는지요. 신현확 총리는 노련한 분이라 정세 판단을 했을 터인데, 대통령 해외 출장에 대해 어떤 입장이었나요. 최 대통령 본인이 순방 중 그 출장에 대해 속마음을 드러낸 것은 없었나요.

최 대통령이나 신 총리가 해외 출장 관련해서 특별한 입장을 밝힌 건 없었습니다.

신문보도를 보면, 최규하 대통령의 사우디아라비아 순방 수행 후 5월 16일 밤늦게 귀국해서 다음 날 17일(토) 기자간담회를 가지신 것 같습니다. 거기서 물량 문제는 해결되었다고 하셨습니다. 특히 "사우디아라비아는 우리 민간상사를 통해 상당량의 원유를 3년 장기 베이스로 추가 공급해 주기로 했다"고 하셨습니다. S종합상사–선경이겠죠–를 통해 6월 1일부터 하루 수만 배럴씩 공급하기로 되었는데, 고율의 프리미엄이 붙어 있는 가격 문제를 놓고 유공, 경인에너지와 S사가 협상하고 있다고까지 보도되었습니다(《조선일보》 및 《한국일보》 1980.5.18). 그러면 이때는 선경을 통한 원유 도입을 인정하신 것인가요? 다시 말해, 3월에 선경이 우리 정부로부터 석유 수입 대행권을 얻었을 때만 해도 장관님이나 유공 사장이나 유공이 선경에게서 원유를 사도록 할 생각이 없었는데, 5월에 우리 정부 내의 교통 정리가 끝나고 사우디아라비아도 선경을 한국 측 원유 추가 수입자로 지정하니까, 장관님도 선경에게서 원유를 사되 커미션 율을 낮추려 했던 것인가요? 물론 며칠 뒤에 물러나셨으니, 다 소용 없는 일이 되었습니다만.

정식 기자회견을 한 기억은 없어요. 시간 여유가 없었어요. 아마 기자가 개별적으로 나를 찾아와서 물어 본 후에 쓴 기사가 아닌가 싶어요. 나는 선경의 원유수입권을 계속 인정 안 했어요. 그게 성사가 되려면 유공과 협의가 되어야 하는데, 유공의 유재흥(劉載興) 사장도 선경에게서 도입할 의사가 없었습니다. 나는 이미 정부가 한 일이니 그걸 정면으로 부인할 수는 없고, 그걸 피할 생각을 하고 있었습니다. 선경을 인정하는 쪽으로 입장이 바뀐 건 아니었습니다.

네. 여하튼 곧 상황 정리가 되어야 했습니다. 사우디아라비아의 야마니는 선경을 통해서 원유를 주겠다고 했습니다. 양 장관님은 대통령 순방까지 수행해서 석유 물량을 이미 확보했는데, 선경도 이제 석유 수입에 나서는 상황입니다. 비유하면 1인용 의자에 사람이 이미 앉아 있는데 다른 사람이 자기가, 혹은 자기도 앉겠다고 하는 것 같습니다.

그렇게 볼 수도 있겠지요. 사우디아라비아 야마니 석유장관의 통지에도 불구하고 한국 정부는 아직 공식적 결정을 안 내린 상태입니다. 동자부 장관인 나나 대한석유공사의 유재흥 사장이나 선경을 통해서 원유를 받겠다고 결정하지 않았어요. 선경은 선경대로 자기네가 약속받은 걸 쥐고서, 그걸 정부와 유공이 받아들이도록 작업하려던 참이었어요. 바로 그때 5.17이 나고 내각 총사퇴가 된 겁니다.

그 후 선경이 원유를 도입해서 공급합니다. 2013년 발간된 《SK그룹 60년사》를 보면, 1980년 7월에 종합상사인 (주)선경이 사우디아라비아의 국영 석유광물공사로부터 하루 5만 배럴씩 원유를 도입하기 시작했다고 합니다. 양 장관님 재직 중인 5월에 야마니가 한국 정부의 입장을 물어서 선경의 석유 수입 위촉장을 인정하겠다고 했는데, 5.17 신군부 집권 후 양 장관님 물러나신 다음에 정부와 유공이 선경을 통해서 원유를 받기로 결정한 것이죠?

그렇지요. 5월 쯤 결정되고 실제로 수입되는 것은 7월부터인 것이죠.

그 무렵 우리나라가 하루 수입하는 물량이 50만 배럴이 넘어서 선경이 들여 오는 5만 배럴은 그 1/10 정도입니다. 선경이 석유 수입 위촉장을 갖더라도, 기존 수입량에 새 물량을 추가하는 것이죠?

그렇습니다. 사우디아라비아에서 23만 배럴을 공시가격으로 공급하던 중인데, 거기에 5만 배럴이 더해진 겁니다. 이 5만 배럴은 아마도 공시가격+12% 마진으로 수입되었을 겁니다.

그런데 《SK그룹 60년사》에는 마치 우리나라에 원유 공급이 거의 끊겼는데 그걸 SK가 해결한 것처럼, 정부가 못한 일을 선경이 해 낸 것처럼 썼습니다.

사사(社史)에 자화자찬은 흔하지요. 하지만 누차 이야기한대로 정부도 못한 일을 민간기업이 한 건 전혀 아닙니다. 내가 세 차례의 출장에서 기반을 닦아서 앞으로 물량을 더 늘리자고 야마니와 합의를 했습니다. 선경도 사우디아라비아의 야마니 석유장관이나 국영 석유광물공사 관계자와 교섭하고 애를 썼겠지만, 결국 5%든 얼마든 커미션을 얹어 주겠다는 교섭이고, 그 부담은 석유를 소비하는 국민이 지게 되는 것입니다.

이 일은 선경의 유공 인수 과정의 한 사건으로 보아야 하겠습니다. 그해 말(1980년 12월)에 선경이 유공을 인수하는 사건이 벌어집니다. 일대 사건이죠. 1979년 현대자동차나 삼성전자의 매출이 2,000억 원대일 때 유공은 국내에서 유일하게 매출 1조 원을 넘긴 최대 기업이었고, 그래서 선경의 유공 인수는 새우가 고래를 삼킨 격이라고 했습니다. 그런데 유공 민영화 방침은 어떻게 해서 나온 것인가요.

본래 유공 민영화는 아니고 걸프사의 유공 지분의 인수 문제가 나왔어요. 걸프가 유공 지분 50%와 경영권을 갖고 있었지요. 쿠웨이트가 걸프 통해서 공급하던 원유를 끊겠다고 하자, 걸프는 한국에서 나가겠다고 했어요.

그게 양 장관님 취임 전에 나온 이야기인가요.

내가 장관되기 전부터 그런 움직임이 있었대요. 그런데 정식으로 통지한 건 내 장관 재직 중이에요. 지분 철수하겠다고 걸프사 지사장이 통고하러 왔더라고요.

그러면 장관님이 걸프 지분을 어떻게 하겠다는 방침을 세우셨나요.

▮ 걸프 지사장 맨스필드(R. F. Mansfield) 접견 1979.12.19, 동자부 장관실

그거는 논의를 하지 못했어요. 내 복심은 국영화, 그러니까 걸프 지분을 정부가 인수해야겠다는 거였어요. 내가 원칙상으론 민영화를 찬성하는데 그때 민간 불하를 꺼린 것은 석유수출국기구가 국제 석유 공시 가격을 매겼기 때문이에요. 1배럴 23달러가 공시 가격인데, 시장 가격은 변동해요. 유공을 국영으로 유지하면 국가 대 국가의 교섭이 되기 때문에 산유국이 함부로 수출 가격을 올리지 못합니다. 우리가 원유 수입 가격을 공시 가격에 묶어 둘 수 있다는 거죠. 국영기업체가 민간기업보다 더 효율적이고 성과가 더 좋다고 보는 건 아니고, 국제석유거래제도의 특성 때문이에요. 게다가 2월 초에 석유류 가격을 대폭 인상해서 엄청 두드려 맞았기 때문에, 유공의 민간 불하로 석유류 가격이 올라갈까도 염려했어요. 가능한 한 낮게 국제 공시 가격대로 수입하자는 게 내 최우선

관심사였어요. 그러니 당분간 민간 불하는 안된다는 게 내 입장이었어요. 아마 선경 같은 데서는 '야, 저 사람이 장관으로 있어서는 안되겠다'고 생각했는지도 모르지요.

신군부 인물들 중에서 노태우 당시 보안사령관이 유공을 선경에 불하하게 한 것으로 알려져 있습니다. 신군부 노태우 씨와 선경의 최종현 씨가 사돈을 맺는 것은 1980년대 말의 일입니다만, 이미 1980년에 상당한 친분이 있었다는 말입니다. 양 장관님 그만두신 다음에 차관을 한 최동규(崔東奎) 씨와 장관님 후임인 유양수(柳陽洙) 씨 등이 그에 관해 증언을 했습니다. 산업자원부가 1999년에 발간한 《남기고 싶은 이야기들》이라는 책입니다. 최동규 씨가 1990년대인가 전두환 씨를 만났을 때, 전두환 씨가 유공을 선경에 불하하게 한 것은 노태우 씨였고, 자기도 몰랐다고 말했다고 합니다.

내가 장관 물러난 후 그런 소리를 박종규 씨에게서 들은 적이 있어요. 그를 만났는데 그가 나에게 묻더라고요. 혹시 내가 장관 재직 중에 노태우 씨에게서 유공을 선경에 불하하라는 이야기를 들은 적이 없냐는 거예요. 박종규가 노태우, 전두환과 가까웠어요. 난 노태우 씨에게서 연락받은 일은 없었어요.

1980년 12월에 선경이 우선 걸프의 유공 지분(50%)을 인수합니다. 달러 평가액은 9,700만 달러고, 원화로 671억 7,800만 원이었습니다. 선경은 차관을 도입해서 그것을 지불하겠다고 했습니다. 그런데 선경이 8월부터 1일 5만 배럴 원유를 도입해서 이미 유공에 공급하기 시작했는데, 유양수 장관의 회고담에 의하면, 선경이 원유 도입 가격에 9%의 커미션을 붙였다 합니다. 선경은 7%는 사우디아라비아 에이전트에게 지불하고 2%를 자신이 먹는다고 했는데, 유 장관은 1배럴당 원유도입가 30달러의 2%(=60센트)만 해도 하루 3만 달러고, 1년이면 1,100만 달러가 된다고 계산했습니다. 엄청난 금액이죠. 게다가 유 장관은 선경이 사우디아라비아 에이전트에게 7% 준다는 것도 그대로 믿을 순 없다고 했습니다. 그리고 향후 선경의 원유 도입량이 늘어나면 2% 커미션 총액도 더 커집니다. 선경이 실제 원유 도입 후 배럴당 얼마를 커미션으로 받았는지는 추후 밝혀야겠습니다만, 어쨌든 선경은 원유도입권을 지렛대로 손쉽게 유공을 인수한 게 아닌가 합니다. 유양수 씨도 회고담에 "유공을 거저 가져가겠다는 것과 다름없었다"라고 썼습니다.

그렇게 2%만 해도 천문학적 금액입니다. 최종현 씨가 나에게는 커미션을 12%라 했는데 유양수 장관에게는 9%로 낮춘 모양이네요.

1979년 12.12사태로 군권(軍權)을 잡은 전두환 등 신군부 세력이 1980년 봄에 배후에서 기회를 노렸던 게 그 후 여러 증언이나 취재기사, 청문회 등을 통해서 드러났는데요. 장관님은 그쪽 사람들과 만나신 적은 없나요.

전혀 없었어요. 한번은 김우중 씨도 자기가 아는 군인들이 있는데 한번 모시고 가겠습니다라고 이야기를 한 적도 있어요. 그리고 어떤 이는 그때 전두환 씨에게 인사를 가서 형님, 형님 하면서 인사했다고 하면서, 나에게도 선을 한번 대 보면 어떠냐고 한 일도 있습니다. 하지만 난 관심이 없었어요. 난 앞으로 애들을 미국에서 대학 공부시키려면 민간기업에 가는 수밖에 없다고 생각했고, 그래서 공직은 끝이라고 단념했어요.

유양수 장관은 앞서 소개한 회고담에서, 자신이 "같은 국무위원의 한 사람으로서 양윤세

선경의 유공 인수에 관한 유양수 장관(1980.5.22~9.2 재직)의 증언 요약

"1980년 6월 중순 모처로부터 유공 민영화 검토 제의를 받았으나 당시 유공의 지분 50%를 소유한 걸프사 지분을 정부가 전량 인수, 국유화하는 것이 최우선책이라는 소신을 밝혔다.
이후 1980년 7월 하순 선경의 C회장이 장관실로 직접 찾아와 단도직입적으로 유공을 자기에게 넘겨달라고 요구했다. 그로 인해 유공 민영화를 독촉하던 고위층의 뒤에 C회장이 있다는 생각을 하게 되었다.
C회장과의 면담이 있은 2주 후 동자부 차관과 관계 실장 및 국장이 국보위에 불려가 유공 불하 문제에 대해 구체적인 계획을 작성-보고하라는 지시를 받고 왔다. 그러나 나는 "내가 장관직에 있는 한 유공 불하는 안된다. 책임은 내가 지겠다" 고 못박았다. 이후 9월에 제5공화국이 출범하면서 나는 3개월이라는 최단명 기록을 세우고 물러났다. 얼마 후 유공은 선경에 불하되었다."

《신동아》 2002년 12월호. 원자료는 유양수, 〈공직과 소신〉, 《남기고 싶은 이야기들-역대 상공 동자부 장관 에세이집》, 산업자원부, 1999.

장관의 동분서주하던 모습을 지켜보면서 그 막중한 임무와 고충을 충분히 이해" 했고, 양 장관님이 "원유의 확보와 도입에서 유통, 국내 광업계의 노사분쟁의 조정 등 많은 문제해결에 심혈을 기울였다" 고 언급했습니다. 양 장관님은 다른 경제장관들에 비해 최악 상황에서 고군분투하셨지만, 유가나 연탄값의 대폭 인상으로 악역을 도맡고 인심을 잃은 게 아닌가 싶습니다. 장관직은 정무직이니 이미지도 매우 중요한데, 그때 동자부 장관을 하시느라 이래저래 손해를 많이 보신 게 아닌가 하는데요.

뭐, 그런 면이 있겠죠. 하지만 난 하느라고 했습니다. 동아일보사에 이현락 씨라고 나중에 편집국장 거쳐 사장을 한 사람이 있는데, 그가 한 2년 뒤에 나와 관련된 기사를 하나 썼어요. 내 상황을 객관적으로 잘 표현해 주었다고 생각

이현락, <경제관료- 동자부, 바람 잘날 없는 발족 5년>

지난 80년 1월, 국내 유가를 일거에 59%나 올림으로써 국내 소비자들의 원성이 한창 들끓던 때였다. 당시 양윤세 동자부 장관은 유가 대폭 인상의 불가피성을 설명하고 국민의 이해를 구하기 위한 TV 정책 대담 프로에 출연했다. 국민들의 지탄을 한몸에 받으면서도 양 장관은 웃는 낯으로 고통을 참아줄 것을 호소했다. 그러나 웃는 낯을 보인 것이 탈이었다. 국민들은 울상인 판국에 주무장관이 무엇을 잘했다고 웃느냐는 지탄의 전화가 그 이튿날 동자부로 쇄도했다. 이때부터 마음대로 웃을 수도 없는 것이 동자부 관리들이라는 푸념이 부안에서 가끔 들린다. …
역대 장관 중 가장 큰 곤욕을 치른 사람은 양 장관. 1979년 2차 석유파동의 와중에서 원유 구득난과 유가 급등에 따른 최악의 에너지 위기를 한몸으로 겪어야 했다.
1980년 초 기름값 59% 인상에 따른 여론과 국회의 책임 추궁을 집중적으로 받아야 했고, 바닥난 원유를 구하기 위해 재임 5개월 중 두 달간 산유국으로 뛰어다니는 곤욕을 치렀다. 동자부 관료들은 당시를 악몽의 시절이었다면서 웃음을 잃은 장관의 모습이 측은하기까지 했다고 말한다. …

《동아일보》 1982.11.27.

해요.

장관 그만두고 몇 년 후에도 시골가면 얼굴 알아보고 대접하는 경우도 있었고, "아, 그 돈 2,000억 원 먹은 사람?"이라면서 간도 크다고 하는 경우도 있었어요. 석유류값 대폭 올린 후 열린 국회 상임위에서 첫 질의한 야당 의원이 석유값 올린 걸로 신당 자금 2,000억 원을 만든 거 아니냐고까지 했잖아요. 10년 지나고도 내가 식당에 들어갔을 때 나에게 인사를 해요. "신문에서, TV에서 많이 뵈었습니다"라고요. 장관은 6개월밖에 안 했는데 말이죠. 뭐 신문, TV에 매일 나왔으니까 말이죠. 사람들이 오랫동안 기억을 하더라고요.

그 시절에 장관직 맡은 것에 대해서 불만이나 후회는 없습니다. 오히려 긍정적으로 생각하는 게 있어요. 내가 장관을 한 것과 관련된 소회 한 가지로서, 내가 남한에 혈연이 있나, 지연이 있나, 학연이 있나 아무것도 없이 이북에서 온 따라지요, 거지였는데, 그런 사람이 대한민국의 장관이 되었다는 게 지금 젊은 이들에게 남겨줄만한 어떤 메시지가 되지 않을까 합니다.

05 공직 생활 18년의 세 은인(恩人)

지금까지 장관님의 증언을 들으니 장관님께서 공직 생활 중에 진심으로 따르고 존경했던 분, 또 장관님을 아끼고 보살펴 주신 분으로 세 분이 계신 것 같습니다. 바로 박정희 대통령, 정일권 국무총리, 장기영 부총리 말입니다. 이 세 분은 장관님께는 어떤 분이었나요.

맞아요. 박 대통령은 내게는 스승 같은 분입니다. 그분에 대해서는, 딱딱하고 준엄한 대통령 각하라기보다는 내가 초등학생 때 자상하고도 자신에게는 엄격하셨던 교장 선생님 같은 느낌을 갖고 있습니다. 정일권 총리와 장기영 부총리는 자상한 큰 형님 같은 분이었어요.

이 세 분 중에서는 정일권 총리를 제일 먼저 만나셨습니다. 하버드대 특별학생으로 1년 가까이 체류할 때는 같은 집에서 생활도 하셨고요. 정 총리와의 초기 교분에 관해 말씀해 주시면요.

그분이 군단장이고 내가 위관급 통역장교일 때는 뭐 특별한 교분이 없었어요. 그러다 미국에서 만나서 하버드에서 같이 생활할 때는 1년 간 거의 붙어 다녔지요.

유학 마치고 귀국하신 후에는 어떻게 다시 만나셨나요. 정일권 씨가 1963년 4월인가 무임소 대사로 귀국한 다음에야 다시 뵌 건가요. 그때는 경제기획원에서 과장으로 근무하실 때네요.

정일권 씨가 하버드 펠로우를 마치고는 영국 옥스퍼드로 가려고 했어요. 그런데 5.16군사혁명이 나서 정일권 씨가 다시 주미대사가 되었어요. 그 후 주미대사를 그만두게 되어서 옥스퍼드로 가게 되었는데, 가기 직전에 한국에 다니러 왔어요. 조선호텔에 체류했는데, 그때 나는 기획원 과장으로서 그분을 반갑게 만났어요. 그리고는 그분이 옥스퍼드로 갔다가 1년쯤 뒤에 민정 이양될 때 초대 최두선 내각의 외무장관으로 복귀한 것입니다. 그리고는 6개월 쯤 뒤에 총리가 된 것이고요.

정일권 씨는 1964년 5월 10일의 약혼식에도 신랑 측 대표로 참석했고, 또 8월 29일 결혼식 후에는 총리 공관에서 피로연도 베풀어 주셨습니다. 총리가 공관에서 소속이 다른 부처 과장의 피로연을 열어 준 것은 아주 이례적인 일로 보입니다.

전무후무한 일이긴 한데, 그 양반이 현실적인 이익을 따져본 겁니다. 내가 유솜 사람들을 거의 장악하고 있을 때니까, 그가 유솜 사람들과 좋은 관계도 맺을 겸 해서 내 결혼식 피로연을 거기서 한 겁니다.

정일권 씨는 1964년 5월부터 1970년 12월까지 무려 6년 7개월간 총리를 했고, 1971년부터 국회의원을 하다가 1973년 3월부터 1979년 3월까지 6년간 국회의장을 했습니다. 전무후무할 기록이라 할 수 있는데, 박 대통령에게서 이렇게 중용될 수 있었던 점은 어떤 것일까요. 그분의 장점이랄까 뛰어난 역량은 어떤 것인가요.

정일권 씨가 박 대통령보다 만주군의 선배예요. 정일권 대위에 박정희 소위였나 그랬을 거예요. 박 대통령이 남로당 군책으로 처벌받을 위기에 있을 때 참모총장으로서 도와준 면도 있을 거예요. 정일권 씨가 자기 야심을 펼친 게 별로 없습니다. 그분 성격이 군인 같지 않아요. 전형적인 외교관 같은 성격입니다. 자기 세력을 만든다든가 하지 않기 때문에 박 대통령에게 위협적인 존재가 아닙니다. 그런 면을 박 대통령이 높이 산 게 아닌가 해요.

정일권 씨가 행정부를 떠나서 국회의원으로서 활동하고 또 1980년에 정계 은퇴를 했는데요, 행정부를 떠난 다음에도 종종 뵈었는지요.

내가 민간기업 옮긴 후에도 외국 나갔다 들어오면 연락드리고 점심이나 저녁 식사를 하곤 했습니다.

그러면 장기영 씨와 관련해서 좀 여쭙겠습니다. 처음에 한일회담 차 일본 가셔서 장기영 씨를 만났을 때에는 좀 썰렁한 분위기였는데, 두 분 사이에 신뢰랄까, 서로 통하게 된 것은 언제부터였나요? 무슨 특별한 계기가 있었나요?

특별한 계기는 없고요. 전에 이야기한대로 그분이 나와 업무를 같이 하면서 점점 가까워진 것이지요.

1974년 주미공사로 나가실 때까지 장기영 씨와 저녁 같이하신 게 수도 없이 많다고 하셨는데요. "오늘 저녁은 나 어디 있습니다" 하면서 저녁 같이하자고 한 것은 말씀하신 것처럼 애교로 장기영 씨가 장관님을 무척 좋아하셨던 모양인데, 장기영 씨는 장관님의 어떤 점을 좋아했을까요.

내가 그분과 저녁 같이하면서 웬만한 좋은 음식점은 다 다녔어요. 뭐, 그분은 내가 그분을 항상 솔직하게 대한 것을 좋게 보지 않았나 해요. 그분이 나에게 업무상 이것저것 물어 보면 난 내 이익을 따져서 대답하지 않고 정도(正道)를 따라서 대답했어요.

장기영 씨가 1977년에 돌아가셨을 때는 미국에 계셨기 때문에 조문도 못하셨지요.

장례기간 중에는 조문을 못하고 1달 쯤 뒤인가 한국에 출장 왔을 때 한국일보사에 가 보니 분향소가 있더라고요. 분향하면서 많이 울었어요.

이제, 박정희 대통령과의 개인적인 추억이랄까 에피소드 등을 여쭙겠습니다. 미국에서 막 유학 생활 정리하고 세계 일주여행 가시려고 할 때 5.16군사정변 뉴스를 들으셨잖아요. 그때 민주당 정부에 대해서는 비판적으로 보셨고, 5.16을 지지했다고 말씀하셨습니다. 뒤에 박정희 정부의 일원으로 일하시면서 자신이 전에 봤던 게 맞았구나 하는, 박정희 대통령에 대해 신뢰를 하게 된 일은 어떤 것이었는지요?

내가 경제기획원 들어갈 때는 박정희 정부의 경제 정책 등에 관해 아무것도 몰랐어요. 그러다 석 달인가 넉 달 후에 경제협력국 기획과장으로 갔잖아요. 그때 국가재건최고회의에서 독일 차관 관계로 회의가 열렸어요. 당시 들여 오기로 한 독일 차관에서 계획사업으로 되어 있던 게 비스코스 인견사-박흥식 씨의 화신에서 하려던 것이죠-가 있었고, 마혼방직이라고 있었고, 또 하나가 전기기기 이렇게 셋이 있었어요. 최고회의에서 이게 지지부진해서 진척이 없는데 이걸 그대로 가지고 갈 것이냐는 지적이 나왔어요. 최고회의 전문위원 중 한 사람이 딴 걸 해야 한다고 주장을 했는데, 알고 보니 자기랑 관계가 있는 회사에게 그 차관을 주려고 한 거예요. 여하튼 계획을 바꾸어야 한다는 주장이 자꾸 나오니까 박정희 의장이 그것을 검토하기 위한 회의를 소집해서 경제기획원장을 참석시키고 실무자를 오라고 했어요. 내가 실무자로서 따라갔지요. 이게 내가 처음으로 박 대통령을 가까이에서 직접 만난 겁니다.

회의장에서 최고위원들 죽 둘러앉은 자리의 뒷줄의 방청석 비슷한 데에 경제기획원장과 내가 앉았습니다. 박 의장이 여기 실무자 왔나 하고 묻더라고요. 내가 벌떡 일어나서 "네. 여기 왔습니다"라고 대답했어요. 박 의장이 "실무자의 의견은 어때?" 하고 묻는 거예요. 그래서 내가 답변했습니다. "이것은 이미 한독 관계에서 합의가 된 사항이고 독일 정부도 이렇게 한다는 걸 알지만 여러 이유가 있어서 신속히 진척되지 않은 것입니다. 그런데 이제 이걸 바꾼다면 절차도 처음부터 다 밟아야 하는데 너무 번거롭고 굳이 이렇게 할 필요가 없는 것 같은데, 제가 조사를 해 봤더니 이것의 수입대체 효과가 매우 좋습니다. 그러니 저는 이걸 그대로 추진해 나가는 게 좋다고 봅니다"라고 자세하게 설명했어요. 그랬더니 그 자리에서 "실무자 하자는 대로 해" 하는 게 의장의 결론이었어요.

사적인 거 없고 공정하게 하려고 하는 것을 직접 보는 처음 기회여서, 내가 속으로 퍽 감탄했어요. 내가 일개 과장밖에 안되는데 내 의견을 존중해 주니까 감격하죠. 그렇게 박 대통령에게 감화가 되기 시작했어요.

그게 어쨌든 기획과장 되신 지 얼마 안 됐을 때이니 1962년 연말 쯤의 일이었을 거 같네요. 그 1년 전 쯤에 정래혁 상공부 장관이 서독에 가서 차관을 얻어 온 게 있는데 그와 관련된 사업이었겠습니다. 그 후 박 대통령과 식사를 같이한다든가 해서 가까이서 뵌 것은 언제가 처음인가요.

공식 석상이나 회의 장소에서는 많이 뵈었지만, 사적으로 처음 식사를 함께 하며 뵈었던 것은 월남을 왕래하던 과장 시절, 1966년 봄이었어요. 월남 방문 중 어느 날 밤에 칙 트리 쾅이라는 승려가 반정부 쿠데타를 일으킨다는 소문이 돌았어요. 그날 저녁 신상철 대사의 초청을 받아 관저에서 저녁밥을 먹었는데, 사이공 정세에 대한 정보 보고가 계속 들어와 긴장 속에 하룻밤을 샌 일이 있었어요. 귀국 후 장기영 부총리에게 이를 보고했더니 무척 흥미롭게 듣고는 청와대에서 대통령께도 보고를 드렸다는 겁니다.

그랬더니 박 대통령께서 점심이나 같이 먹게 양 과장을 데려오라고 하셔서 청와대에 들어갔습니다. 처음으로 박 대통령과 식사를 같이 하게 되었죠. 대통령, 장 부총리, 나 이렇게 셋이 점심을 먹으면서 보고도 하고 질문에 답변도 드렸어요. 나로서는 일개 과장을 대통령께서 점심 자리에 불러 주셨으니 깊이 감동을 받았죠. 아직도 그 자리가 생생히 기억이 납니다.

그런데 참 인상 깊은 게 점심 메뉴였어요. 주식이 우동 한 그릇이고 부식이 김치 한 접시였어요. 소박하죠. 그런데 그 김치가 경상도 김치였어요. 경상도 김치가 어떤 건지 아세요? 아주 짜요.

이북 출신인 나에게 경상도 김치의 인상이 강렬히 박힌 건 6.25전쟁 때였어요. 내가 통역으로 있던 미군 공병 부대가 비행장을 건설하러 진해로 후퇴했어요. 사나흘인가 걸려서 진해로 갔는데 가는 도중 C-레이션만 매일 먹으니까 한식이 엄청 먹고 싶은 겁니다. 진해 내리자마자 민간 집 가서 밥 좀 해 달라 해서 밥을 먹는데 김치가 안 나와요. 제일 먹고 싶은 게 김친데 말이죠. 그래서 김치 좀 달라니까 요만한 종지에 배추 세 조각을 주더라고요. "아, 이게 무슨 김치냐"고 하니까, "잡숴보세요. 이게 김치입니다" 해요. 먹어 보니 신맛은 나는데 짜기가 그냥 소금 덩어리에요. 그렇게 짠 김치는 처음 먹어 봤어요. 그렇게 안 하면 거기서는 날이 더우니까 김치를 보전할 수 없다는 거예요.

그 후 군복무를 하면서 1년을 대구 육군본부 일반참모비서실에서 근무하면서 하숙 생활을 했어요. 대구 김치는 진해보다는 덜하지만 역시 짰어요. 청와대에서 처음 먹어 본 김치는 젓갈을 많이 넣어서 짜지만 달고 맛있던 기억이 납니다.

그 후 대통령 모시고 점심이나 저녁 식사를 같이 한 건 수없이 많았어요. 청와대 경제3비서관 할 때 특히 그랬지요. 대통령과의 제일 마지막 식사가 또 아주 인상적이었어요. 그게 주미공사 하던 중에 1976년인가 내가 한국에 왔을 때예요. 한미경제협의회의 연례 행사로 실업인들을 모집해서 한국에 왔어요. 그렇게 한국에 오면 꼭 청와대에서 리셉션을 했어요. 대통령께서 이들을 접견하시고 간단한 리셉션을 해 주셨어요.

방한 일정이 끝나는 대로 미국에 돌아가려 했더니 비서실에서 연락이 왔어요. 남부지방에 새로 공업단지 등 활발한 사업들이 전개되고 있으니 내가 돌아보고 갈 수 있도록 비행기와 안내 비서관을 한 명 배정하라고 대통령께서 비서실장에게 지시했다는 겁니다. 그래서 오원철 수석 밑에서 근무하던 김광모 비서관과 함께 2박 3일간 여수, 김해 등지를 돌아보고 왔어요. 서울에 돌아오는 날 11시에 대통령께서 접견하시겠다고 해서 청와대로 가서 말씀을 나누다가 점심을 같이 했어요. 이날 메뉴가 주식 만둣국에 김치, 깍두기 반찬 정도였습니다.

1976년에도요?

네, 만둣국에 김치였어요. 이 식사가 내가 그분과 같이 한 마지막 식사가 되었습니다. 첫 식사와 마지막 식사 메뉴가 모두 너무나 검소했다는 게 두고두고 내 기억에서 사라지지 않네요.

또 기억나는 박 대통령의 모습이 있다면요?

내가 기획원 국장 때인데 박 대통령이 나를 부르셨어요. 집무실로 갔는데, 대통령이 접었다 폈다 하는 철제 의자 위에 가부좌를 하고 앉아 계시더라고요. 앞에 그 악보 올려놓는 보면대 같은 거에 지도가 펼쳐져 있었어요. 뭘 하시나 하고 옆에 가서 보니까, 대통령이 그 지도에 고속도로 노선을 그리고 계셨어요. 지도에 파랗고 빨간 선이 그어져 있었어요. 대통령께서 "경부고속도로 노선 그려" 하시더라고요. 그분이 포병사령관을 했기 때문에 지도에 대한 조예가 깊었어요. 우리는 지도를 봐도 잘 모르죠.

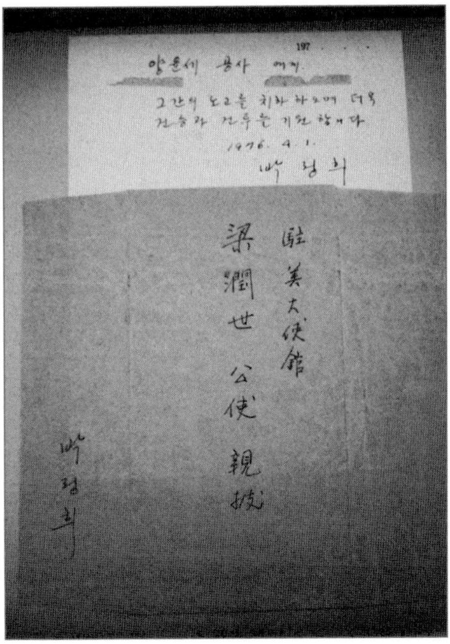

▮1976년 서울 출장 시 박 대통령에게서 받은 친전

경부고속도로 만들 때 박 대통령이 사면초가였어요. 누구도 찬성하는 사람이 없고 사방에서 반대했어요. 대통령이 명령하니까 하지요 하는 정도가 가장 앞장서서 지지한 거였어요. 기획원에서도 대통령이 하라고 하니까 볼멘 표정으로 추진했어요. 장기영 씨도 "요즘 대통령이 사면초가야. 고속도로에 관해서는 대통령 혼자서 밀어붙이고 있어"라고 이야기하기도 했어요. 장기영 씨도 어느 쪽이 맞다고 하지 않고 긴가민가하면서 대통령을 따라간 거예요. 거의 유일하게 성의 있게 "이거 합시다. 얼마 안듭니다" 한 게 정주영 씨예요. 정씨가 거기서 큰 뿌리를 잡은 거죠.

집무실에서 혼자 고속도로 노선을 그리고 있던 박 대통령이 모습이 아주 인상 깊어요. 대통령인 분이 직접 노선을 그리는 것을 보고 감탄을 했어요.

양윤세 연보(1931~)

1931.7	황해도 곡산 출생
1939.4	곡산 보덕국민학교 입학(2학년 편입)
1944.3	보덕국민학교 졸업
1945.4	해주사범 입학
1948.4	월남
1949.4	동성중학교 편입
1950.10	미군 공병대 통역
1953.1	육군 통역장교 입대
1955.7	육군 대위 전역
1955.9	코넬대 입학
1959.6	코넬대 졸업(경제학사)
1959.9	뉴욕대학교 대학원 입학
1960.8	뉴욕대학교 대학원 졸업(국제관계학 석사)
1960.9~1961.5	하버드대 대학원 경제학과 특별학생(special student)
1961.5~1961.12	세계 일주 여행
1961.12	귀국
1962.4~1962.6	내각수반실 외문비서관
1962.6~1962.9	경제기획원 1차산업국 과장
1962.9~1966.10	경제기획원 경제협력국 기획과장(외자총괄과장)
1963.7~	한미경제협력위원회(ECC) 조직, 간사
1965.5	박정희 대통령 미국 국빈방문 수행(비공식 수행원)
1966.10	경제기획원 투자진흥관 승진
1966.12	대한국제경제협의체(IECOK) 창설
1967.3	정일권 총리 미국 국빈방문 수행(공식 수행원)
1967.3	미 투자사절단(Ball Mission) 영접
1968.6	IECOK 유럽회원국 순방 투자진흥 활동
1969.3	아이젠하워 장례 조문, 닉슨 대통령 면담(정일권 총리 수행)
1969.4~5	IECOK 제4차 총회(파리) 참석, 서독, 미국, 일본 출장
1969.6~12	포항제철 건설을 위한 청구권자금 사용 대일 교섭
1971.1~1972.5	농림부 농정차관보

1972.5~1974.2	대통령 경제제3비서관(관광 · 조경 담당)
1974.3~1979.5	주미공사
1979.5~1979.12	수출입은행장
1979.12~1980.5	동력자원부 장관
1982.2~1987.3	(주)한양 고문
1987.3~1990.6	LG그룹 미주 담당 사장
1990.8~1992.8	한라그룹 고문
1992.8~1993.3	한양그룹 고문
1994.3~1996.6	에어링크 코리아 회장

주요 참고문헌

1. 1차 자료

「1963년도 재정안정계획(안)」(재무부, 1963.1.29).

「대이불 어업차관 계약승인(안)」(농림부장관, 1963.2).

「1963년도 재정안정계획 제1차수정(안)」(재무부, 1963.4.30).

「1964년도 재정안정계획 부문별 시행계획」(재무부, 1964.2).

「한국경제개발 현황에 관한 국제개발협회(IDA) 보고서(요지)」(1965.3.3).

「장 부총리의 월남방문 전문 보고」(대통령 비서실, 1966.1.12).

「대월수출 및 용역」(대통령 비서실, 1966.3.12).

「대한국제경제협의기구(가칭)의 구성에 따른 경위 및 건의」(대통령 비서실, 1966.4.1).

「한월 경제협력 현황 보고」(경제기획원, 1966.11).

「월남 증파에 따른 미국의 대한 협조 방안 종합 검토 보고」(대통령 비서실, 1967.1.17).

「전자부분품 제조공장 건설을 위한 외국인투자 인가」(경제기획원, 1968.7).

「KISA와의 종합제철사업에 관한 계약종료 보고」(대통령 비서실, 1969.9.18).

「평택 금강지구 IBRD차관 사업 추진」(대통령 비서실, 1970.12.22).

「관광진흥을 위한 조치상황 보고」(대통령 비서실, 1972.8.19).

「관광객을 위한 요정운영의 합리화」(대통령 비서실, 1972.8.25).

「전국 관광호텔의 현황 분석 및 대책」(대통령 비서실, 1972.10.10).

「합작투자에 의한 관광호텔건설」(청와대 비서실, 1973.3.6).

「민속촌 건립 계획」(청와대 비서실, 1973.3.14).

「설악 · 부여 · 공주 관광 종합 개발계획 요약-2차 시안」(청와대 비서실, 1973.8).

「영동 유스호스텔 건립 계획보고」(청와대 비서실, 1973.9.18).

「73년도 경주관광종합개발실적 사진보고」(청와대 비서실, 1974.1).

Foreign Relations of the United States, 1961-1963, Vol. XXII, Northeast Asia.

Foreign Relations of the United States, 1964-1968, Vol. XXIX, Part I, Korea.

IBRD and IDA, "Korea- Current Economic Position and Prospects," April 19, 1963.

IBRD and IDA, "The Current Economic Position and Prospects of the Republic of Korea," August 6, 1964.

IBRD and IDA, "The Economy of Korea Vol. I Main Report," June 17, 1966.

IBRD and IDA, "The Appraisal of Korea's Second Five-Year Plan," October 24, 1966.

IBRD, "Loan Agreement(Kyongju Tourism Project) between ROK and IBRD," January 4, 1974.

양윤세 연설문, 기고문

양윤세, 〈국제경제인들이 보는 한국: IMF 총회의 인상〉, 《신동아》 1965.12.

Economic Briefing of the Republic of Korea, May 1966, London.

Text of Briefing for his Excellency, the President, Lyndon B. Johnson on Korea's Economic Development Plan at Duksoo palace pavilion, November 1, 1966.

Speech by Director Yoon Sae Yang, December 15, 1966, The Chase Manhattan Bank in New York.

Economic Briefing Presented by Director Yoon Sae Yang(For IECOK Ambassador), February 16, 1967, E.P.B. in Seoul.

Speech Delivered by Director Yoon Sae Yang(Investment Promotion Tour in the U.S.A.), October 5-10, 1967.

Korea Economic Situation(At Korean Economic Symposium sponsored by the Asia Society), March 5, 1968, New York.

Korea's Export Oriented Industries(At Korean Economic Symposium sponsored by the Asia Society), March 5, 1968, New York.

Speech Delivered by Mr. Yoon Sae Yang(The 2nd Annual Meeting of IECOK), April 16, 1968, Washington. D.C.

전국경제인연합회 초청 연설문, 1968.8, 서울.

Yoonsae Yang, "Foreign Investment in Developing Countries: Korea," in Peter Drysdale, *Direct Foreign Investment in Asia and the Pacific*, University of Toronto Press, 1972.

Speech to be given at All Membership Congress of the American Footwear Industries Association, March 26, 1979.

2. 증언록, 회고록, 기관사, 사사

경제기획원, 《개발연대의 경제정책: 경제기획원 30년사 I (1961-1980)》, 1982.

경주개발동우회, 《그래도 우리는 신명 바쳐 일했다》, 고려서적, 1998.
김완희, 《두 개의 해를 품에 안고》, 동아일보사, 1999.
김용식, 《희망과 도전 – 김용식 외교회고록》, 동아일보사, 1987.
김용환, 《개발년대와 IMF 위기시의 재정 · 금융정책 비사》, 매일경제신문사, 2006.
김유택, 《회상 육십오년》, 소파기념회, 1977.
김정렴, 《한국경제정책30년사》, 중앙일보 중앙경제신문, 1990.
김정렴, 《아 박정희》, 랜덤하우스코리아, 1997.
김정렴, 《최빈국에서 선진국까지》, 랜덤하우스중앙, 2006.
김흥기 편, 《비사 경제기획원 33년, 영욕의 한국경제》, 매일경제신문사, 1999.
민병도 외, 《재계회고》 10, 한국일보사, 1981.
박충훈, 《이당 회고록》, 박영사, 1988.
사단법인 경우회, 《經友》 각호, 1988~1992.
산업자원부, 《남기고 싶은 이야기들: 역대 상공 · 동력자원부 장관 에세이집》, 산업자원부, 1999.
SK그룹, 《SK60년사》, 2013.
오원철, 《한국형 경제건설》 ①~⑦, 한국형경제연구소, 1997~1999.
오원철, 《박정희는 어떻게 경제강국을 만들었나》, 동서문화사, 2006.
우종창, 《권력의 역설》, 미래를소유한사람들, 2011.
윌리엄 글라이스틴, 《알려지지 않은 역사》, RHK, 2014(*Massive Entanglement, Marginal Influence*).
육성으로 듣는 경제기적편찬위원회, 《코리언 미라클》 1~4, 나남출판,

2013~2015.
윤병철, 《금융은 사람이다》, 까치, 2014.
이기홍, 《경제근대화의 숨은 이야기》, 보이스사, 1999.
이대환, 《박태준 평전 – 세계 최고의 철강인》, 아시아, 2016.
이병철, 《호암자전》, 중앙일보사, 1986.
이원만, 《나의 정경 오십년》, 코오롱, 1977.
임철규, 〈유솜〉, 《신동아》, 1965년 5월호.
재무부 · 산업은행, 《한국외자도입30년사》, 1993.
조갑제, 《내 무덤에 침을 뱉어라 – 근대화 혁명가 박정희의 비장한 생애》 1~8, 조선일보사, 1998~2001.
조갑제, 《박정희의 결정적 순간들》, 기파랑, 2009.
조중훈, 《내가 걸어온 길》, 나남출판, 1996.
천병규, 《천마 초원에 놀다》, 동백천병규고희기념자전간행위원회, 1988.
최성렬 편, 《뛰면서 생각했다: 張基榮 前副總理獨走 三年의 逸話集》, 동아일보사, 1969.
최중락, 《우리들의 영원한 수사반장 최중락》, 민중출판사, 2007.
한국고고학회, 《일곱 원로에게 듣는 한국고고학 60년》, 사회평론, 2008.
한국관광공사, 《한국관광공사50년사》, 2013.
한국정신문화연구원, 《내가 겪은 민주와 독재》, 선인, 2001.
한운사, 《한국적 최강 CEO 장기영, 뛰면서 생각하라》, 동서문화사, 2006.
황병태, 《박정희 패러다임》, 조선뉴스프레스, 2011.

3. 연구

1) 논문

김낙년, 〈1960년대 한국의 공업화와 그 특징〉, 《1960년대 한국의 공업화와 경제구조》, 백산서당, 1999.

박영구, 〈한국 종합제철 건설과 일본〉, 《한국민족문화》 47, 2013.

배정한, 〈박정희의 조경관〉, 《한국조경학회지》 31(4), 2003.

은정태, 〈박정희시대 성역화사업의 성격과 추이〉, 《역사문제연구》 15, 2005.

이상철, 〈1960-1970년대 한국산업정책의 전개〉, 《경제와 사회》 56, 2002.

이상철, 〈마산 수출자유지역의 초기 발전과정〉, 《경제발전연구》 14(2), 2008.

이상철, 〈수출지원정책의 형성과 경공업제품 수출〉, 박경로 외, 《한국의 무역성장과 경제사회 변화》, 대한민국역사박물관, 2015.

이영훈, 〈20세기 한국 경제사 · 사상사와 박정희〉, 《박정희시대와 한국현대사》, 선인, 2006.

이영훈, 〈1960년대 전반 개발 전략의 전환과 그것의 경제사적 배경〉, 서울대 《경제논집》 51-1, 2012.

인태정, 〈한국근대 국민관광의 형성과정〉, 《한국민족문화》 28, 2006.

임원현 · 황오기, 〈경주관광 종합개발계획의 재조명〉, 《경주대학교논문집》 7, 1995.

주익종, 〈6.25전쟁 후 한국정부의 경제개발론〉, 《6.25전쟁의 재인식》, 기파랑, 2010.

최광승, 〈박정희의 경주고도 개발사업〉, 《정신문화연구》 35(1), 2012.

최상오, 〈한국의 경제개발과 미국, 1948-1955〉, 《미국학논집》 37(3), 2005.

최상오, 〈한국에서 수출지향공업화정책의 형성과정〉, 《경영사학》 25(3), 2010.
최상오, 〈한국의 수출지향공업화와 정부의 역할, 1965~1979〉, 《경영사학》 25(4), 2010.
Haggard, S.M., Byung-Kook Kim and Chung-In Moon, "The Transition to Export-led Growth in South Korea: 1954~1966," *The Journal of Asian Studies* 50(4).
Krueger, A., "Policy Lessons from Development Experience since the Second World War," Handbook of Development Economics Ⅲ *B*, 1995.

2) 단행본

강광하 · 이영훈 · 최상오, 《한국고도성장기의 정책결정체계》, 한국개발연구원, 2008.
기미야 다다시, 《박정희정부의 선택》, 후마니타스, 2008.
김형아, 《유신과 중화학공업화, 박정희의 양날의 선택》, 일조각, 2005.
박태균, 《원형과 변용》, 서울대학교출판부, 2007.
배성인 외, 《유신을 말하다》, 나름북스, 2013.
브라진스키, 《대한민국 만들기 1945~1987》, 책과함께, 2011.
사공일 · 존스, 《경제개발과 정부 및 기업가의 역할》, 한국개발연구원, 1981.
서현진, 《끝없는 혁명 – 한국 전자산업 40년의 발자취》, 이비컴, 2001.
안병직 · 이영훈, 《대한민국, 역사의 기로에 서다》, 기파랑, 2007.
안치용, 《박정희 대미로비 X파일》 상 · 하, 타커스, 2012.
에드워드 메이슨 외, 《한국 경제사회의 근대화》, 한국개발연구원, 1981.

윌리엄 이스터리, 《성장, 그 새빨간 거짓말》, 모티브, 2008.

이경묵 · 박승엽, 《한국 조선산업의 성공 요인》, 서울대 출판문화원, 2013.

이대근, 《해방후 1950년대의 경제》, 삼성경제연구소, 2002.

이대근 외, 《새로운 한국경제발전사》, 나남출판, 2005.

이영훈, 《대한민국이야기》, 기파랑, 2008.

이영훈, 《대한민국 역사》, 기파랑, 2012.

이영훈, 《한국경제사 Ⅰ · Ⅱ》, 일조각, 2016.

이완범, 《박정희와 한강의 기적》, 선인, 2006.

이지수 엮음, 《박정희시대를 회고한다》, 선인, 2010.

정성화 · 강규형 엮음, 《박정희시대와 한국현대사 – 연구자와 체험자의 대화》, 선인, 2007.

한국엔지니어클럽 편, 《조국 근대화의 주역들》, 기파랑, 2015.

홍석률, 《분단의 히스테리》, 창작과비평사, 2012.

朴根好, 《韓國の經濟發展とベトナム戰爭》, 東京:御茶の水書房, 1993.

牛場信彦, 《外交の瞬間: 私の履歷書》, 日本經濟新聞社, 1984.

Cho and Kim(eds.), *Economic Development in the Republic of Korea: A Policy Perspective*, East-West Center, 1991.

Cole, D. and P. Lyman, *Korean Development–The Interplay of Politics and Economics*, Harvard University Press, 1971.

Macdonald, D. S., *U.S.-Korean Relations from Liberation to Self-Reliance-The Twenty-Year Record*, Westview Press, 1992.

찾아보기

1. 사항

[ㄱ]

[ㅅ]

[ㅊ]

[ㅋ]

2. 인명

[ㅅ]

[ㅇ]